VITALI KLITSCHKO/WLADIMIR KLITSCHKO
mit Fred Sellin

Unter Brüdern

Buch

Sie zogen aus, die Welt des Boxsports zu erobern. Als Schwergewichtler errangen sie Titel um Titel und jeder für sich die Königskrone, den goldenen Gürtel eines Weltmeisters. Und selbst wenn sie in blutigen Kämpfen verlieren, bleibt ihnen immer die Sympathie des Publikums. Als Gentlemen der Fäuste, die im Ring hart, aber fair fighten und außerhalb der Boxarenen so charmant wie intelligent auftreten, haben sie die Herzen der Menschen erobert. In Deutschland, dem Land, das längst zu ihrer zweiten Heimat geworden ist – und weit darüber hinaus.

»Unter Brüdern« ist nicht nur die Geschichte des spektakulären Aufstiegs der beiden Ausnahmesportler Vitali und Wladimir Klitschko, sondern gewährt zudem einen faszinierenden Blick auf das Leben zweier außergewöhnlicher Menschen.

Autoren

Vitali Klitschko, 1971 geboren, und sein fünf Jahre jüngerer Bruder Wladimir sind Söhne des untergegangenen Sowjetreiches. Beide begannen mit 14 Jahren ihre Sportlerkarriere. Während Vitali als Kickboxer sechsmal Weltmeister wurde, feierte Wladimir mit dem Olympiasieg 1996 seinen größten Erfolg als Amateurboxer. Im selben Jahr zogen Vitali und Wladimir nach Hamburg um, wo sie als Schwergewichtsboxer ins Profigeschäft einstiegen. Die beiden promovierten Sportwissenschaftler gewannen fast jeden ihrer Kämpfe und die Herzen von Millionen von Fans.

Fred Sellin, Jahrgang 1964, arbeitet als Buchautor in Hamburg und hat u.a. Biografien über Heinz Rühmann und Boris Becker verfasst, die wochenlang auf der SPIEGEL-Bestsellerliste standen.

Vitali Klitschko
Wladimir Klitschko

In Zusammenarbeit
mit Fred Sellin

Unter Brüdern

blanvalet

Umwelthinweis
Alle bedruckten Materialien dieses Taschenbuches
sind chlorfrei und umweltschonend.

1. Auflage
Taschenbuchausgabe März 2006
bei Blanvalet, einem Unternehmen der Verlagsgruppe
Random House GmbH, München.

Umschlaggestaltung: Design Team München
Umschlagfoto: www.carlosanthonye.de
UH · Herstellung: H. N.
Satz: Uhl + Massopust, Aalen
Druck und Einband: GGP Media GmbH, Pößneck
Printed in Germany
ISBN-10: 3-442-36363-2
ISBN-13: 978-3-442-36363-6

www.blanvalet-verlag.de

Inhalt

Geleitwort

Ich habe Vitali und Wladimir Klitschko schon vor Jahren kennen und schätzen gelernt. Beide fielen mir gleich als sympathische und gebildete Menschen auf, die ihrem Gegenüber mit Offenheit und Interesse begegnen.

Unsere Verbindung war natürlich von Anfang an immer eine besondere, da ich selbst sehr gut nachvollziehen kann, was es heißt, im Schwergewicht, dem Flaggschiff des Boxens, ganz nach oben zu wollen.

Ich habe, und so Gott will, wird dies auch weiterhin der Fall sein, ihre Kämpfe im Fernsehen verfolgt und freue mich, dass die Brüder nun auch den Schritt über den Großen Teich gewagt haben. Der Erfolg in den Vereinigten Staaten von Amerika war auch zu meiner Zeit als Profi immer das Ziel, das es zu erreichen galt.

Ich wünsche den Brüdern Klitschko viel Glück und Erfolg auf ihrem privaten und beruflichen Weg, den ich auch weiterhin mit großem Interesse verfolgen werde.

(Max Schmeling)

»Ich muss Boxen nicht als Sport rechtfertigen, weil ich es nie als Sport gesehen habe.
Boxen hat grundsätzlich nichts Spielerisches, nichts Helles, nichts Gefälliges an sich. In seinen intensivsten Momenten ist es ein so ungebrochenes und so machtvolles Bild des Lebens – seiner Schönheit, seiner Verletzlichkeit und Verzweiflung, seines unberechenbaren und oft selbstzerstörerischen Muts –, dass es das Leben selbst ist und kaum ein bloßer Sport.«

(Joyce Carol Oates)

Wehen im Schneesturm

Vitali

Es schien ein gewöhnlicher Nachmittag zu sein. Ich war erst vier Jahre und noch nicht alt genug, um zu erkennen, welche Veränderung mir bevorstand. Dass Mutter im Spielzimmer meiner Gruppe erschien, daran war ich gewöhnt. Damit war es an der Zeit, mich von meinen Spielgefährten zu verabschieden. Ich wusste, dass Mutter mir gleich meine dicke Winterjacke überstreifen würde, die gestrickten Handschuhe und zuletzt die Mütze. Anschließend würde sie meine Hand fest in ihre nehmen, und gemeinsam würden wir den Heimweg antreten. So lief es immer. Und weil das so war, dachte ich mir nichts.

Anfangs hatte ich diesen Moment noch jeden Tag herbeigesehnt, von dem Augenblick an, als Mutter mich morgens einer fremden Frau, die sie »deine Erzieherin« nannte, übergab und allein zurückließ. Ich wollte nicht in den Kindergarten und hatte mich dagegen gesträubt, weil ich mir nichts Schlimmeres vorstellen konnte, als von meiner Mamutschka getrennt zu sein. Ich hing sehr an ihr und fürchtete in meiner kindlichen Angst wohl, dass sie mich nur hierher brachte, weil sie nicht so viel Liebe für mich empfand wie ich umgekehrt für sie. Sie hatte mir zwar erklärt, dass es besser für mich sei, wenigstens einen Teil des Tages auch mit Gleichaltrigen zu verbringen, anstatt nur mit ihr und Großmutter. Es sei wichtig für meine Entwicklung, hatte sie gesagt, und ich hatte zögerlich genickt, obgleich ich mit dem Wort, das ihr so wichtig schien, nichts anzufangen wusste. Ich hielt das für eine dieser Erklärungen, die für Erwachsene typisch waren, wenn sie nicht auf unsere Wünsche eingehen wollten. Dann sagten sie meistens solche komischen Wörter. Es dauerte dann auch eine Weile, bis ich mich mit den anderen Kindern anfreundete und einsah, dass Mutter Recht gehabt hatte.

Wenn ich mich recht erinnere, war es mein Vater, der mir den Kindergarten schließlich schmackhaft machte, ohne dass er sich dessen bewusst sein konnte. Er war Offizier bei den Luftstreitkräften der Roten Armee und eigentlich immer im Dienst. Meistens war er schon aus dem Haus, bevor ich aufstand, und kam abends erst zurück, wenn ich bereits schlief. Ich bekam ihn höchstens am Wochenende mal länger zu Gesicht, oder die wenigen Male, die er mit Mutter und mir gemeinsam frühstückte, weil er ausnahmsweise später als üblich in der Garnison erscheinen musste. An einem solchen Tag brachte er mich einmal auch in den Kindergarten. Er trug wie immer seine Offiziersuniform, die ihm wie ein handgeschneiderter Maßanzug passte und ihm in meinen Augen das Aussehen eines mächtigen Mannes verlieh. Ich liebte diese akkurate Kleidung an ihm und träumte davon, die gleiche Uniform zu tragen, sobald ich nur groß und alt genug sein würde. Offenbar machte Vaters Auftreten bei den Kindergärtnerinnen den Eindruck, er sei einflussreich genug, notfalls Berge zu versetzen. Jedenfalls nutzten sie die Gelegenheit, ihm ihr Leid zu klagen, das auch uns Kinder betraf: Es seien nicht genügend Spielsachen für die Kleinen vorhanden, und es gebe auch kein Geld, um welche anzuschaffen.

Vater hörte sich das an und heckte einen Plan aus, von dem ich, wie die anderen im Kindergarten auch, erst erfuhr, als er eines Tages mit einem dunkelgrünen Armeelastwagen und einer Hand voll Soldaten anrückte. Die jungen Männer trugen nicht so prächtige Uniformen und hatten die Haare dermaßen kurz geschoren, dass man unter den Stoppeln die Kopfhaut sah. Gespannt beobachteten wir Kinder, wie sie sich daranmachten, graue Eisenstangen, seltsam zusammengeschweißte Metallbleche und allerhand Werkzeug abzuladen. An ihren verzerrten Gesichtszügen und dem Schweiß, der jedem in kleinen Rinnsalen von der Stirn floss, konnten wir erkennen, dass die Arbeit anstrengend sein musste. Dennoch schienen die Männer guter Dinge zu sein. Wenn sie zu uns hinübersahen, in unsere vor Neugier weit aufgerissenen Augen, huschte ihnen ein Lächeln übers Gesicht.

Wir rätselten, was sie mit den unförmigen Einzelteilen vorhatten. Zunächst gruben sie auf der Rasenfläche vor dem Haus, die von der Sommerhitze ganz verdorrt war und uns als Spielplatz diente, ein tiefes Loch. Darin befestigten sie das dickste der Rohre so, dass es noch ungefähr einen Meter aus dem Boden ragte. Dann schraubten und hämmerten und sägten sie, und am Ende trauten wir unseren Augen kaum. Die Soldaten hatten uns nicht nur ein Karussell zusammengezimmert, was für uns Grund genug zum Jubeln gewesen wäre. Jeder einzelne Sitz sah auch noch aus wie ein kleines Flugzeug! Schon möglich, dass die blechernen Nachbildungen ein wenig abstrakt ausgefallen waren, aber unsere Phantasie reichte aus, um zu erkennen, worum es sich handeln sollte.

Flugzeuge waren für uns das Größte überhaupt. Nicht die normalen Passagiermaschinen, die die Anfangsbuchstaben der berühmten Konstrukteure *IL*juschin und *TU*polew trugen. Von denen bekamen wir in der verlassenen Gegend, in der wir lebten, so gut wie nie eine zu sehen. Bei den Flugzeugen, die wir kannten und bei denen wir jedes Mal Bauklötze staunten, handelte es sich um die militärischen Ausführungen, nämlich Düsenjäger aus der MiG-Baureihe. Sobald wir das typische Motorengeräusch eines Jets hörten, das schon den Kleinsten von uns bestens vertraut war, blieben wir abrupt stehen und starrten minutenlang zum Himmel. Meistens kamen sie in Formationen angeflogen, zu dritt oder zu sechst, was uns umso mehr in den Bann zog. Und erst wenn sie unserem Blickfeld vollständig entschwunden oder nur noch als winzige Punkte am Horizont auszumachen waren, gingen wir weiter.

Obwohl wir die Männer, die hinter den Steuerknüppeln der Maschinen saßen, von hier unten nicht sehen konnten und auch keinen beim Namen kannten, verehrten wir sie. Sie waren unsere Helden. Alle Jungs, die ich kannte, wollten später einmal Pilot werden. Jeder träumte davon, ich natürlich auch.

Das Flugzeug-Karussell auf unserem Spielplatz war ständig belagert. Trotz des Bewegungsdrangs, der uns Kindern eigen war, reihten wir uns geduldig in die Schlange ein, um in einen der Miniflieger steigen und mitfahren zu können. Im Gegensatz zu meinen Spielgefährten hatte ich aber noch eine andere Mission zu erfüllen, die ich für ausgesprochen wichtig hielt. Immerhin war es ausgerechnet mein Vater gewesen, der dieses Wunderwerk zustande gebracht hatte. Also musste ich die nächsten Tage nutzen, um es jedem im Kindergarten noch einmal ausgiebig zu verkünden, so stolz war ich auf ihn. Es kam mir vor, als würde seine Tat auch mein Ansehen bei den anderen erhöhen. Aber das bildete ich mir womöglich bloß ein. Schade war nur, dass ich selbst nicht mehr allzu oft meine Runden auf dem Karussell drehen konnte. Es verging kein halbes Jahr, und wir mussten Nikolajewka verlassen.

Der letzte Nachmittag, den wir dort verbrachten, war jener, an dem mir alles so normal schien. Mutter hatte mich bestimmt auf diesen Abschied vorbereitet, aber ich musste ihn verdrängt haben. Der gesamte Hausstand unserer Familie war mit einem Lastwagen abtransportiert und auf dem Bahnhof in einem Container verstaut worden. Das musste mir einfach aufgefallen sein. Dass ich mir dennoch nicht vorstellen konnte, was es bedeutete, zum letzten Mal die Tür des Kindergartens hinter mir ins Schloss fallen zu hören, hatte einen einzigen Grund: Ich wusste noch nicht, wie es sein würde, jemanden *nie* wiederzusehen, meinen besten Freund, die anderen Spielgefährten, einen Menschen überhaupt. Das Wort *nie*, seine Endgültigkeit hatte für mich einfach noch keine Bedeutung. So wie ich mit dem Tod nicht das Unwiederbringliche verband, weil mir seine Auswirkungen noch nie begegnet waren. Meine Verwandten lebten alle noch, sogar die Großeltern – bis auf meinen Großvater mütterlicherseits, aber der hatte für mich auch nie existiert. Er war bei einem Autounfall ums Leben gekommen, Anfang der sechziger Jahre, als an mich noch gar nicht zu denken war. Die Erwachsenen meinten, seitdem liege Opa Uljan auf dem Friedhof in Belovodskoe, gleich hinter der Kirche, tief unter der Erde. Das konnte ich mir nicht vorstellen. Großmutter Jewtokia war in seiner Nähe geblieben, sie lebte noch in dem Haus, das sie gemeinsam bewohnt hatten. Und wenn ich sie im Sommer besuchte, nahm sie mich manchmal mit an sein Grab. Beim ersten Mal hatte ich noch gedacht, jetzt würde ich Großvater endlich kennen lernen. Doch an der Stelle, wo er sein sollte, stand nur ein Stein mit seinem Namen drauf.

Manchmal ist Unerfahrenheit gar nicht so schlecht. Was die Trennung von meinen Freunden anging, stellte sie sich durchaus als Vorteil heraus, half sie mir doch, den Verlust ohne größeren Seelenschmerz zu verwinden. Es war das erste Mal in meinem Leben, dass ich Menschen zurücklassen musste, die mir ans Herz gewachsen waren. Ich sollte noch ausreichend Übung darin bekommen. Und niemals wieder sollte es so unproblematisch verlaufen.

Die Erinnerungen an Nikolajewka waren nicht sonderlich beständig, mit jedem Jahr sind sie weiter verblasst. Ein Erlebnis ist mir jedoch im Gedächtnis geblieben, es muss sich im Frühjahr oder Sommer vor unserer Abreise zugetragen haben. Im Gegensatz zu meiner Mutter, der noch heute der Schrecken in die Glieder fährt, wenn sie nur daran denkt, habe ich es als einen meiner ersten Triumphe gespeichert:

In der Nähe unserer Wohnung schlängelte sich ein Bach durch die Landschaft, der auf beiden Seiten mit Gras und Unkraut bewuchert war. Da es ansonsten nichts Spannendes in der Umgebung zu erkunden gab, spielte ich mit den Nachbarsjungen häufig am Bachlauf. Wir falteten Papier zu kleinen Booten und setzten sie aufs Wasser. Oder wir warfen Zweige und getrocknete Grashalme hinein und sahen zu, wie sie von der Strömung fortgetragen wurden. Bis wir eines Tages bemerkten, dass das Ufer eine viel größere Herausforderung bereithielt für Abenteurer, als die wir uns sahen. Hin und wieder hatten wir es zwischen dem üppigen Grün rascheln gehört, und als wir genau hinsahen, erspähten wir die Verursacher der Geräusche: kleine Schlangen.

Wir studierten sie genau, aus sicherer Entfernung, ehe wir entschieden, dass sie ungefährlich sein mussten. Wir legten das einfach fest, obwohl sich keiner von uns mit Schlangen auskannte. Die Viecher waren nicht besonders lang, vielleicht einen halben Meter, und sie waren kaum dicker als unsere Daumen. Das schien uns ein sicheres Indiz für ihre Ungefährlichkeit zu sein. Wir fühlten uns ihnen schon rein körperlich überlegen. Auch ihr Aussehen flößte uns nicht gerade Angst ein: Die Haut schimmerte braun und grün und wies oberhalb des Kopfes zwei dunkle Punkte auf, was zwar ungewöhnlich aussah, aber keinesfalls bedrohlich.

Wir beschlossen, unser Können als Schlangenjäger zu testen. Es erwies sich als äußerst kompliziert, eine von ihnen mit bloßen Händen zu erwischen. Diese Biester bewegten sich plötzlich flinker, als wir erwartet hatten. Aber als echte Jäger gaben wir uns so schnell nicht geschlagen. Wir trafen uns fast jeden Nachmittag in unserem Revier, um es wieder und wieder zu probieren. Ich entwickelte den größten Ehrgeiz, und irgendwann wurde ich belohnt: Es gelang mir tatsächlich, eine zu fassen zu bekommen. Ich packte so fest zu, dass ich sie wahrscheinlich eher erwürgt hätte, als dass sie mir hätte entwischen können. Zumindest nicht, bevor mich meine Freunde ausgiebig bewundert hatten. Ich war der Erste und damit der Oberjäger, selbst die älteren Jungen hatten es nicht geschafft, eine zu fangen.

Gerade wollte ich meine Beute wieder freilassen, als mir einfiel, dass es noch jemanden gab, der bestimmt stolz auf mich sein würde – meine Mutter. So schnell ich konnte, lief ich nach Hause. Die Schlange zappelte einmal kurz, als ich mich in Bewegung setzte, fügte sich dann aber wieder in ihr Schicksal. Und Mutter staunte vielleicht nicht schlecht, als ich in unserer Küche zum Stehen kam, kurz nach Luft schnappte und ihr die Trophäe direkt vors Gesicht hielt! Allerdings schien es weniger Begeisterung zu sein, als ein Schock, der sie für einige Sekunden regungslos dastehen ließ, mit großen Augen und offenem Mund, ohne dass sie ein Wort herausbekam. Als sie ihre Sprache schließlich wiedergefunden hatte, jagte sie mich nach draußen und befahl mir barsch, die Schlange schleunigst ins nächste Gebüsch zu werfen. Wir haben nie herausbekommen, ob sie wirklich gefährlich war.

Als wir Ende 1975 aus Nikolajewka abreisten, hätte ich nicht einmal genau sagen können, auf welchem Flecken der Erdkugel wir uns gerade befanden. Dass mein Heimatland Sowjetunion hieß und das größte der Welt war, jedenfalls was sein Territorium betraf, wusste ich aus dem Kindergarten. Erst viel später jedoch, als ich mich für meine Herkunft stärker interessierte, vollzog ich mithilfe einer Landkarte die einzelnen Stationen der Wanderbewegungen unserer Familie nach. Einige tausend Kilometer waren es schon, die wir Klitschkos bei unseren Umzügen im Lauf der Jahre zurückgelegt hatten. Wer nicht unsere ganze Geschichte kennt, könnte uns glatt für Angehörige eines ruhelosen Nomadenstamms halten. In Wahrheit waren es jedoch die Befehle hochrangiger Militärs und politische Großwetterlagen von einiger Brisanz, die unsere Umzüge erforderlich machten. Nur verstand ich mit vier Jahren noch nichts davon.

Der kleine Ort im östlichen Teil Kasachstans, in der Nähe der chinesischen Grenze, in dem ich nun meine Freunde und Vaters bewundertes Karussell zurückließ, war nicht einmal die erste Station meines noch kurzen Erdendaseins gewesen. Zur Welt gekommen war ich fast tausend Kilometer entfernt, in südwestlicher Richtung, in der kirgisischen Stadt Belovodskoe. Es soll ja noch heute Menschen geben, die ihren Geburtsort ein Leben lang nicht für eine so weite Strecke verlassen. Für Militärangehörige wie meinen Vater war diese Distanz schon damals nicht ungewöhnlich. Ob nun Kirgisien oder Kasachstan, Russland oder Lettland oder die Ukraine, das spielte keine Rolle, bildeten doch diese und all die anderen Sowjetrepubliken ein einziges, unvorstellbar großes Land. Und auf dieses Land, dessen Fläche sich über elf Zeitzonen erstreckte, hatte mein Vater einen Eid geleistet, als er als junger Bursche aus voller Überzeugung in die Rote Armee eingetreten war.

Am Tag nach unserer Verabschiedung im Kindergarten saßen

wir im Zug, Mutter und ich, und zuckelten nordwärts Vaters nächstem Einsatzort entgegen. Er selbst war bereits vorausgereist, um seinen neuen Posten anzutreten und das Notwendigste für unsere Ankunft vorzubereiten. Ich weiß nicht, wie lange unsere Fahrt dauerte, einen halben Tag oder einen ganzen. Das gleichförmige Ruckeln der Räder, das monotone Fahrtgeräusch und der Blick aus dem Fenster wirkten ermüdend, sodass ich immer wieder einnickte. Der Winter hatte über die Landschaft eine riesige weiße Decke gebreitet, die bis zum Horizont reichte und endlos schien. In dieser Region brachte er Unmengen an Schnee und Eis mit sich und für gewöhnlich Temperaturen von dreißig Grad unter dem Gefrierpunkt, tagsüber, nachts konnte es noch kälter sein.

Die meiste Zeit dämmerte ich im Halbschlaf vor mich hin. Als ich – wer weiß, zum wie vielten Mal? – vom Quietschen der Bremsen hochschreckte und der Zug kurz darauf zum Stehen kam, suchte Mutter hastig unsere Gepäckstücke zusammen und meinte, wir müssten jetzt aussteigen. Es war mir ein Rätsel, wie sie wissen konnte, dass das die richtige Station, dass es überhaupt eine Haltestelle war. Nach einem Bahnhof sah es hier nämlich nicht aus. Weit und breit gab es kein Ortsschild, und ein Gebäude, in dem man Fahrkarten lösen konnte, sah ich auch nirgends. Es war, als hätte der Zug auf offener Strecke gehalten. Erst als ich Vaters Gesicht erkannte, das vom eisigen Wind ganz rot gefroren war, verschwanden meine Bedenken. Ich musste grinsen. Seine Gestalt erinnerte mich an einen Schneemann: Die dicke Winteruniform war wie die Pelzmütze auf seinem Kopf überall von einer Schneeschicht bedeckt, die festgefroren schien und auch nicht abfiel, als er mich hochhob und an sich drückte. Wären wir noch länger so stehen geblieben, hätte ich bestimmt bald selbst wie ein kleines Schneegespenst ausgesehen.

Das also sollte mein neues Zuhause sein. Ich schaute mich um, musste dabei die Augen zusammenkneifen, da der Wind die Schneeflocken direkt hineinblies. Komisch: Wir waren so weit gereist, und nun sah es an diesem Ort nicht viel anders aus. Bäume? Fehlanzeige auch hier, so weit das Auge reichte. Irgendwelche Sträucher? Ich konnte keine entdecken. Entweder gab es sie nicht, oder die Schneemassen hatten sie unter sich begraben. Vielleicht würde ich im Frühjahr welche zu sehen bekommen. Falls es hier überhaupt so etwas gab und der grimmige Winter nicht die einzige Jahreszeit war. Aber da machte Vater mir Hoffnung. »Wisst ihr, wie die Menschen diesen Platz hier nennen?«, fragte er uns, ohne eine Antwort abzuwarten, die wir ihm auch gar nicht hätten geben können. Ich jedenfalls nicht, denn dafür reichte meine Vorstellungskraft nicht aus. »Solnetschnoe mesto«, verkündete er lachend, als wäre es ein Witz – *Sonniger Ort*.

Auf dem Weg zur Garnison bestätigte sich mein erster Eindruck. Ich saß neben Mutter auf der Pritsche eines Armeelasters und kuschelte mich, so gut es ging, an sie, um etwas von der Wärme ihres Körpers abzubekommen. Ich klapperte mit den Zähnen, so kalt war mir. Die Plane, die über uns gespannt war, schützte vor dem Wind, nicht aber vor der Kälte, die in unsere Kleider gekrochen kam, sobald wir das warme Zugabteil verlassen hatten. Nach hinten gab sie den Blick auf eine Landschaft frei, deren ebene Weite mir allzu vertraut erschien. Der Horizont wurde lediglich von vereinzelten Hügeln unterbrochen. Nicht, dass es mich enttäuschte, ich hatte noch nichts anderes gesehen. Die Welt, die ich kannte, sah eben so aus. Bis ich erfuhr, was ein richtiger Wald ist, wie das Meer aussieht und wie sich das Rauschen von Wellen anhört, sollten noch einige Jahre vergehen.

Für mich, der in einer gewissen Regelmäßigkeit, in Abständen von ein, zwei, manchmal auch vier Jahren, aus seiner gewohnten Umgebung gerissen wurde, hatte die landschaftliche Gleichförmigkeit durchaus etwas Gutes: Sie machte die ständigen Ortswechsel erträglicher, da mir die Fremde dadurch weniger fremd erschien. Mit den Wohnungen, in die wir nach jedem Umzug einquartiert wurden, verhielt es sich zu meinem Erstaunen nicht anders. Ganz gleich, auf welchem Militärstützpunkt sich die Häuser befanden, in Belovodskoe oder Nikolajewka oder hier in Zhangiztobe oder später in der Tschechoslowakei, überall glichen sie einander wie Zwillingsbauten. Als hätte es für all die Aufträge nur einen Architekten gegeben, der über die einzig genehmigte Bauzeichnung verfügte. Alle waren aus grauen Betonplatten zusammengesetzt, in einer frühen Form kostengünstiger Fertigbauweise, jeweils fünf Stockwerke übereinander, die Fugen mit einer schwarzgrauen Teer-Härter-Mischung abgedichtet. Jede Platte ergab genau eine Zimmerwand. Nur das Bad wurde vollständig vorgefertigt und als komplette Nasszelle eingesetzt. Als Lüftung diente ein Loch, durch das ein Rohr geschoben wurde.

Für die Region, in die wir jetzt geraten waren, taugte die Bauweise der Häuserblocks wenig. Aber die Erwachsenen beklagten sich nicht. Im Vergleich zu den erbärmlichen Hütten, die wir bei unseren Reisen in manch abgelegenen Dörfern gesehen hatten, schienen unsere Behausungen Luxusunterkünfte. Die gravierenden Mängel wurden erst spürbar, wenn man darin wohnte. Nicht nur, dass der Beton aufgrund der extremen Witterung zu bröckeln begonnen hatte. Die Wohnungen waren weder ausreichend gedämmt, noch verfügten sie über so etwas wie eine Zentralheizung. Es existierten auch keine Kachelöfen, die ohnehin nichts genutzt hätten, da es im Umkreis von mindestens fünfzig Kilometern weder Kohle noch Feuerholz zu geben schien. Um in den Zimmern eine halbwegs erträgliche Temperatur zu erreichen, die über fünfzehn, sechzehn Grad Celsius lag, installierten meine Eltern Heizspiralen, die mit Strom betrieben wurden und den ganzen Tag liefen. Im großen Sowjetreich mangelte es an vielem, und hier in der Wildnis ganz besonders. Elektrizität indes schien es im Überfluss zu geben, für die Familien von Militärangehörigen sogar umsonst. In der Schule lernte ich später, dass wir das Wladimir Iljitsch Lenin zu verdanken hatten, unserem großen Vorbild. Er hatte einst die Elektrifizierung des gesamten Landes zur Hauptaufgabe bei der Errichtung des Kommunismus erklärt.

Im Sommer war es genau umgekehrt. Ja, einen Sommer gab es hier tatsächlich! Er begann zwar etwas später, setzte sich dafür aber mit einer Gluthitze fest, die fast unerträglich war. Eine Jahreszeit dazwischen existierte praktisch nicht. Innerhalb weniger

Wochen saugten die Sonnenstrahlen ganze Bäche leer. Man konnte förmlich zusehen, wie das Steppengras sein Grün verlor und großflächig verdorrte, als würde man ein riesiges Brennglas darüber halten. Fast genauso schnell verwandelten sich die Wohnhäuser in eine Saunalandschaft, die auch in den Nächten nur unmerklich abkühlte. Uns Kindern machte das weniger aus, doch die Älteren litten unter dem extremen Klima.

In dem Winter, als wir dorthin zogen, entpuppte sich der *Sonnige Ort* zuerst einmal als wahres Schneeparadies. Die weißen Massen türmten sich vor unserer Haustür, höher, als ich groß war. Für uns Kinder war das ein herrlicher Spielplatz. Mit meinen neuen Freunden grub ich Höhlen und Gänge in den Schnee, obwohl die Eltern uns das verboten. Sie fürchteten, unsere gewagten Bauten könnten einstürzen und wir unter dem Schnee verschüttet werden. Einen Kindergarten mit Aufpasserinnen gab es hier nicht. Sobald dichtes Schneetreiben einsetzte, durften wir das Haus gar nicht mehr verlassen, weil sie Angst hatten, wir könnten die Orientierung verlieren, nicht mehr nach Hause finden und irgendwo da draußen erfrieren. Wenn ich dann aus dem Fenster unserer Wohnung sah, die im obersten Stockwerk lag, fühlte ich mich wie der Kapitän eines gigantischen Schiffes, das in einem unendlichen Schneemeer trieb. Der Wind pfiff dermaßen laut und heftig, dass ich manchmal zu spüren glaubte, wie die Wände schwankten.

Unsere Kaserne bestand aus sechs von diesen Schiffen. Sie waren wie eine Flotte angeordnet, jeweils zwei nebeneinander. Von dem meterhohen Stacheldrahtgeflecht, das das weitläufige Areal einzäunte, konnte ich jetzt nur noch die oberen Reihen ausmachen. Dahinter endloses Nichts. In welche Himmelsrichtung ich auch guckte, andere Wohnhäuser waren weit und breit nicht zu sehen. Der nächste Ort, erklärte Mutter mir, jenes Zhangiztobe, das das Ziel unserer Bahnfahrt gewesen war, lag dreißig Kilometer entfernt. So ungefähr, sagte sie. Was hier, im tiefsten Winter, genauso ungefähr einer Entfernung bis zum Ende der Welt zu entsprechen schien. Eine kaum überwindbare Distanz, die drei Monate später in unserer Familie beinahe über Leben und Tod entschieden hätte.

Das Ganze hing mit Mutters Bauch zusammen, der in letzter Zeit merkwürdig rund geworden war, und mit ihrer Frage, ob ich mir nicht vielleicht ein Brüderchen wünschte. Wenngleich ich beides nicht zusammenbrachte: Was hatte diese seltsame Beule mit einem Brüderchen zu tun?

Heute klingt das schrecklich naiv, damals aber, in der Sowjetunion der siebziger Jahre, war das so eine Sache mit dem Thema Sexualität. Offiziell wurde alles totgeschwiegen, was auch nur im Entferntesten mit der Kopulation von Männern und Frauen zu tun hatte. Eigentlich hätte nur noch gefehlt, dass sie uns Kindern weismachten, der große Onkel Lenin würde die Babys vom Himmel auf die Erde schicken. Aber das ging ja nicht, niemand hätte das geglaubt. Es stimmte zwar, dass Onkel Lenin wie ein Gott für uns war, weil es einen anderen auch gar nicht geben durfte. Doch wir wussten natürlich alle, dass er nicht im Himmel schwebte, sondern in Moskau in seinem Mausoleum lag, gut sichtbar in einem gläsernen Sarg. Der Polituntericht fing schließlich nicht erst in der Schule an, die ersten Lektionen hatte ich bereits im Kindergarten erhalten.

Mutters Frage konnte ich trotzdem beantworten, ohne lange nachzudenken: Na klar wollte ich ein Brüderchen!

»Und wenn es ein Mädchen wird …?«

»Nein, Mamutschka, ich will kein Schwesterchen! Ich will einen Bruder!«

Sie brauchte gar nicht erst zu versuchen, mir etwas anderes schmackhaft zu machen. Welcher Junge in meinem Alter war schon gut auf Mädchen zu sprechen! Es gab zwar keinen bestimmten Grund dafür, ich meine, es war nichts vorgefallen, die Mädels aus der Nachbarschaft hatten mir nichts getan. Aber eine Schwester? Das kam nicht in Frage. Niemand von meinen Freunden hätte anders reagiert, da war ich mir absolut sicher. Dass ich wirklich glaubte, die Entscheidung beeinflussen zu können, ob es ein Junge oder Mädchen würde, lag an meinen Eltern.

»Gut«, sagten sie eines Tages, »dann müssen wir ab jetzt fleißig Geld sparen. Und wenn wir genug beisammen haben, gehen wir zum Markt und holen ein Brüderchen für dich.«

Sie stellten eine Spardose auf den Küchenschrank und steckten jeden Abend ein paar Kopeken hinein, manchmal sogar einen Rubel. Natürlich wollte ich auch meinen Teil beisteuern. Wenn schon, dann sollte so viel zusammenkommen, dass es für ein Prachtexemplar von Bruder reichte. Da ich von den Eltern kein Taschengeld bekam und meine Ersparnisse äußerst bescheiden ausfielen, beruhigte ich mein Gewissen mit dem Wechselgeld, das übrig blieb, wenn ich zum Einkaufen ging. Mutter hatte mir erlaubt, davon Süßigkeiten zu kaufen, als Belohnung, aber darauf verzichtete ich jetzt lieber. Mir war wichtiger, dass ich so schnell wie möglich ein Brüderchen bekam.

Als der ersehnte Tag endlich gekommen war, fuhren Mutter und Vater jedoch ohne mich los. Ich lag in meinem Bett, schlief fest und sollte erst am folgenden Morgen erfahren, was geschehen war. Die beiden steuerten auch nicht das nächste Geschäft oder einen Markt an, wie sie gesagt hatten. Ihr Weg führte sie geradewegs in eine Schneehölle. Die Wehen setzten bei Mutter ausgerechnet in jener Nacht ein, in der einer der schlimmsten Schneestürme übers Land tobte, den meine Eltern jemals erlebt hatten. Und das, obwohl der Kalender bereits die letzte Märzwoche anzeigte.

Das Brüderchen meldete sich so heftig und in so kurzen Abständen, dass höchste Eile geboten war. Wie sich herausstellte, taten auf dem Militärstützpunkt weder ein Arzt noch eine Hebamme Dienst. Wenigstens gelang es meinem Vater, einen fahrbereiten Militärjeep aufzutreiben, einen Reservekanister mit Benzin für den Notfall, und zwei Soldaten, die meine Eltern begleiteten. Wer weiß, was ohne ihre Unterstützung passiert wäre! Denn die einzige Straße, die zum Krankenhaus führte, war vom Schnee zugeweht und nahezu unpassierbar. Nichts deutete darauf hin, dass das Schneetreiben in absehbarer Zeit nachlassen würde. Es schien immer dichter zu werden. Selbst im schnellsten Intervall kämpften die Scheibenwischer vergeblich gegen die Flocken an. Die waren so groß, dass sie wie nasse Wattebäusche gegen die Frontscheibe klatschten und dem Fahrer die Sicht nahmen. Stellenweise ging es so langsam voran, dass der Tachometer nichts mehr anzeigte.

Plötzlich gab es einen Ruck, und der Wagen bewegte sich überhaupt nicht weiter. Mutter erschrak. Niemand im Auto hatte eine Vorstellung, wie weit es noch bis zum Krankenhaus war. Bei dem Gedanken, dass es womöglich Stunden dauern könnte, ehe sie ihr Ziel erreichten, geriet sie in Panik. Sie erinnerte sich an meine Geburt und wie stark die Schmerzen unmittelbar vor der Niederkunft gewesen waren. Sie spürte, dass es auch jetzt jeden Augenblick so weit sein konnte. Vater versuchte, sie zu beruhigen, obwohl ihm selbst nicht wohl war. Vorsichtig drückte er die Autotür auf und schob dabei eine Schneewand beiseite. Er sprang hinaus, um sich das Dilemma anzusehen: Offenbar waren sie von der Fahrbahn abgekommen. Bis zum Dach steckten sie in einer Schneewehe fest. Es ging keinen Millimeter mehr vorwärts. Der Soldat hinter dem Lenkrad schaltete den Rückwärtsgang ein, doch auf dem weichen Schnee griff das Profil der Reifen nicht. Die Räder drehten durch, der Motor heulte auf.

Mobiltelefone existierten damals noch nicht. Es gab auch kein anderes Mittel, mit dem sie Hilfe herbeirufen konnten. Selbst wenn sie Leuchtkugeln dabeigehabt hätten, wäre bei dem Schneegestöber das Warnsignal keine fünf Meter weit zu sehen gewesen. Sie mussten sich allein befreien, oder sie würden in der Kälte jämmerlich zugrunde gehen. Vater erzählte mir später, dass er für einige Minuten selbst die Hoffnung verloren habe. Aber dann habe er Mutter gehört, wie sie im Auto vor Schmerzen wimmerte und wie sie versuchte, ihre Schreie zu unterdrücken. Wenn das Kind hier draußen zur Welt käme, sei es ihm durch den Kopf geschossen, besäße es kaum eine Chance, es würde erfrieren. Denn der Jeep war nicht mit so etwas Komfortablem wie einer Heizung ausgestattet. Und Mutter würde wahrscheinlich verbluten. Diese Gedanken hätten ihn fast wahnsinnig gemacht.

Deshalb trieb er die Soldaten an und sich selbst auch. Gemeinsam schaufelten sie den Jeep frei. Sie stemmten ihre Körper gegen die Motorhaube, um ihn rückwärts auf die Straße zurückzuschieben. Gerade als der Wagen zu rollen begann, gab der Boden unter ihren Stiefeln nach, sie verloren den Halt, rutschten weg und landeten der Länge nach im Schnee. Es schien eine Ewigkeit zu vergehen. Schwer atmend rappelten sie sich auf, vor ihren Mündern gefror die Atemluft zu Reif. Sie versuchten es erneut, mit all der Kraft, die noch in ihnen steckte. Sie prusteten und stöhnten, um auch die letzten Reserven zu mobilisieren. Endlich löste sich die unsichtbare Bremse, die Räder bewegten sich wie in Zeitlupe, und sie setzten nach, Zentimeter um Zentimeter, bis der Jeep wieder auf der Fahrbahn stand.

Gerade noch rechtzeitig erreichten sie das Krankenhaus. Die Krankenschwestern schoben Mutter sofort in den Kreißsaal. Vater wartete mit den Soldaten auf dem Gang, sie blieben über Nacht. Am nächsten Morgen hatte sich der Sturm halbwegs gelegt. Als ich zu Hause aufwachte, war niemand da. Ich blieb im Bett liegen, bis Vater zurückkam. Seine Uniform war so weiß wie an dem Tag, als er uns von der Bahn abgeholt hatte. Er stand vor mir und keuchte, aber er lächelte. Er wirkte erschöpft. Die Schneeschicht, die seine Kleidung überzog, begann zu schmelzen. Unter seinen Stiefeln bildete sich eine Pfütze. Er sagte, dass Mutter zum Markt gefahren sei.

»Um das Brüderchen zu holen?«

»Ja.«

Oh, war ich enttäuscht! So lange hatte ich auf Süßigkeiten verzichtet, und jetzt durfte ich nicht einmal dabei sein, wenn sie das Brüderchen aussuchte!

»Bestimmt hat sie eine gute Wahl getroffen«, versuchte mich Vater zu trösten. »Morgen fahren wir zu ihr und sehen uns den Pfundskerl an.«

Das Brüderchen bekam den Namen Wladimir, und den gleich zweimal. In unserer Heimat ist es seit Menschengedenken Tradition, dass jedes Kind neben seinem Rufnamen auch den Namen des Vaters trägt, ganz gleich, ob Junge oder Mädchen, allerdings mit einer entsprechenden Endung versehen, die den kleinen Unterschied sichtbar macht. Deshalb heißt Mutter Nadeshda und – nach ihrem Vater – Uljanowna und Vater Wladimir und Radionowitsch.

Bei der Suche nach einem Namen für mich sollen Mutter und Vater angeblich in ihre erste Ehekrise geraten sein. Kurz vor meiner Geburt lief ein amerikanischer Film in den sowjetischen Kinos an, ein Umstand, der an sich schon einer kleinen Kulturrevolution gleichkam. In unseren Kinos liefen normalerweise Filme aus den sozialistischen Ländern, meistens sowjetische Produktionen, die im Zweiten Weltkrieg spielten. Nun war *Spartakus* nicht gerade der neueste Streifen; Hauptdarsteller Kirk Douglas und das Drehteam hatten die Premiere bereits elf Jahre zuvor in den USA gefeiert – meinen Vater begeisterte er trotzdem. Er sah sich die Heldentaten des rebellischen Sklaven gleich mehrmals an und beschloss irgendwann, seinem Erstgeborenen den Namen Spartakus zu geben. Doch während er dachte: »Was für ein großer Name, genau der richtige für meinen Spross!«, schüttelte Mutter energisch den Kopf: »Was für eine absurde Idee! Mein Sohn soll anders heißen!« Vater ist vom Sternzeichen Stier, denen wird ein Dickschädel und Starrköpfigkeit nachgesagt. Mutter ist Löwe, also auch niemand, der sich einfach unterbuttern lässt. Noch dazu war sie hochschwanger und deshalb ohnehin etwas gereizt.

Ein Nachbarjunge soll den Lärm der Auseinandersetzung gehört und an ihrer Wohnungstür geklingelt haben. Kurzerhand besann sich Vater seiner diplomatischen Ader und ernannte den Ahnungslosen zum Schlichter. Der Bursche sei unparteiisch, meinte er, sollte er doch einen Namen vorschlagen. Der erstbeste, der dem Buben einfiel, war Vitali. Dabei beließen sie es auch. Wenn ich mir vorstelle, Ringsprecher Michael Buffer würde mich heute mit seiner sonoren Bauchstimme als »Spartakuuuuus Klitschkooooo« zu einem Kampf in den Ring rufen! Bei diesem Gedanken wird mir ganz anders.

Und weil ich gerade bei Namen bin: Was wurde und wird in

unseren Familiennamen nicht alles hineingeheimnist! Dabei ist er nicht einmal außergewöhnlich. In der Ukraine, wo unsere Vorfahren ursprünglich herkamen, ist er so geläufig wie Müller und Schulze hierzulande. Will man überhaupt eine tiefere Bedeutung in dem Namen sehen, so kann man sie im Wortstamm suchen und muss tief in der Vergangenheit graben. In der kyrillischen Schrift ist er vier Buchstaben lang, im Deutschen ganze sieben: *Klitsch*. Der Begriff stammt aus dem Mittelalter und war so etwas wie ein Kriegsruf, allerdings einer, der nicht zum Angriff, sondern zur Verteidigung aufrief. Wenn die Wachen auf ihren Beobachtungsposten eine Gefahr für die Bewohner der Siedlung oder des Dorfes erkannten, stießen sie einen ganz bestimmten Laut aus, den Klitsch. Wird der Begriff heute verwendet, ist eher ein Aufruf gemeint, der Menschen zu gemeinsamem Handeln bewegen soll. Mit Schlägen oder gar k. o. schlagen, wie manch einer es zusammengedichtet hat, hat unser Name also nichts zu tun, auch wenn das – rein beruflich betrachtet – inzwischen unser Metier geworden ist.

Ich erkläre das, weil es Leute gibt, die behaupten, uns sei der Beruf des Boxers praktisch mit dem Namen in die Wiege gelegt worden. Nach dieser Logik hätte mein Vater boxen müssen, mein Großvater und all die Ahnen vor ihnen, so lange, wie es diesen Kampfsport schon gibt. Ich kenne aber niemanden aus dem väterlichen Zweig unserer Familie, der jemals lederne Fäustlinge übergestreift hätte, um seine Kräfte von Mann zu Mann in einem Ring zu messen. Der Einzige, bei dem ich überhaupt einmal Boxhandschuhe gesehen habe, war mein Onkel Alexander, aber der hat so ziemlich jede Sportart ausprobiert und gehört zur Linie meiner Mutter. Und die hätte nun wirklich einiges darum gegeben, wenn sie uns von der Boxerei hätte abhalten können. Ihr schwebte viel eher vor, dass aus mir ein Arzt würde, ein Pädagoge oder wenigstens ein begnadeter Akkordeonspieler. Sie bringt es bis heute nicht übers Herz, ihren Söhnen beim Kämpfen zuzusehen.

In anderer Hinsicht lässt sich unsere genetische Veranlagung indes schwerlich bestreiten. Schon auf den ersten Fotos von meinem Bruder und mir ist das deutlich zu sehen. Wenn man nicht gewusst hätte, dass ganze vier Jahre und acht Monate zwischen ihm und mir lagen, wir wären ohne weiteres als eineiige Zwillinge durchgegangen. Für diejenigen, die uns nur von Bildern oder aus dem Fernsehen kennen, ist das anscheinend heute noch so. Sicherlich rührt dieser Eindruck auch daher, dass unsere Körper im Laufe der Jahre in etwa das gleiche Gewicht erreicht haben – hundertzehn Kilo, mal ein paar mehr, mal ein paar weniger – und wir nahezu gleich groß sind. Die zwei Zentimeter, die ich größer als Wladimirs zwei Meter bin, fallen ja selbst dann kaum auf, wenn wir direkt nebeneinander stehen. Dabei sind wir, abgesehen von diesen äußerlichen Ähnlichkeiten, durchaus sehr unterschiedlich, nicht nur, was unseren Kampfstil angeht.

Aber ich greife vor. Ich war mit der Auswahl meiner Mutter voll zufrieden, von dem Augenblick an, als ich unseren Familienzuwachs das erste Mal so richtig zu sehen bekam, wie er sich in voller Pracht auf dem Küchentisch streckte. Das allererste Mal zählte nämlich nicht, das verlief ziemlich enttäuschend. Zwar hatte sich das Wetter schlagartig geändert, der Himmel strahlte plötzlich in klarem Blau, als hätte es nie eine Wolke gegeben. Vater nahm mich mit zum Krankenhaus, wie er es versprochen hatte, doch als Kind durfte ich da nicht hinein. Vater versicherte mir, dass es nicht an mir lag, sondern allgemeine Vorschrift war. Ich musste mich damit begnügen, vor dem Krankenhaus zu stehen und ein weißes Bündel zu betrachten, das Mutter auf dem Arm hielt, während sie zwei Stockwerke über mir hinter einer Fensterscheibe stand. Dieses zusammengefaltete Kissen sollte mein Brüderchen sein? Aus dieser Entfernung konnte ich kaum seinen Kopf erkennen!

Als Vater und ich nach Hause zurückkehrten, beschlichen mich zusätzliche Zweifel. Die Spardose in der Küche stand nämlich immer noch da und fühlte sich noch genauso schwer an. Es schien keine einzige Kopeke zu fehlen.

Wenn ich ehrlich bin, ließ meine Begeisterung fürs Brüderchen dann auch ziemlich schnell nach. Bisher war ich der Mittelpunkt unserer kleinen Familie gewesen. Auf einmal drehte sich alles um Wladimir, als hätte ich mich mit seiner Ankunft in Luft aufgelöst. Ich hatte meine Eltern nie so besorgt erlebt: Mal rannten sie hierher, dann wieder dorthin, nur um dem kleinen Hosenscheißer das Dasein so angenehm wie möglich zu machen. Das war tagsüber schon schwer zu ertragen, nachts wäre ich am liebsten davongerannt. Denn wenn er uns mit seinem Schreien aus dem Schlaf riss, sprangen sie auf und bemutterten ihn. Dass auch mir zum Heulen zumute war, weil ich bei diesem Lärm nicht schlafen konnte, schienen sie nicht einmal zu bemerken.

Anfangs machte mich das wütend, irgendwann war ich nur noch traurig. Eines Tages, als das Brüderchen gerade schlief und ich mit meiner Mutter allein war, sah ich sie mit großen Augen an. Wie lange hatte ich mein Leid so tapfer ertragen! Eine Woche oder einen Monat, es kam mir wie eine Ewigkeit vor. Jetzt platzte es aus mir heraus wie ein verzweifelter Hilferuf: »Mamutschka, du hast mich gar nicht mehr lieb!«

Sie schmunzelte, hockte sich vor mich hin und nahm meinen Kopf in ihre warmen Hände. Beinahe hätte ich losgeheult, riss mich aber zusammen. Schließlich wollte ich ihr großer Junge sein. Außerdem sagte Vater immer, richtige Männer würden niemals weinen. So belanglos diese Situation erscheinen mag, weil sie wahrscheinlich jedem Erstgeborenen so oder ähnlich begegnet – aus heutiger Sicht war es ein denkwürdiger Moment für mich. Während ich mich als fast Fünfjähriger abmühte, den starken Mann zu markieren, sprach Mutter jene Sätze, die mich trösten sollten, von denen ich inzwischen aber weiß, dass sie mich bis ans Ende meiner Tage begleiten werden, als hätte ich in unserer kleinen Küche einen Schwur geleistet: »Unser Wowa«, sagte Mutter, »ist nun mal der Kleinste in der Familie. Deshalb tragen ich und Vater und auch du die Verantwortung dafür, dass ihm nichts Böses zustößt. Niemals.«

Inzwischen sind Wladimir und ich längst erwachsen. Wir haben getrennte Wohnungen und fahren höchst selten gemeinsam in den Urlaub. Wir sehen uns häufig, hocken aber nicht ständig aufeinander. Jeder von uns hat sein Leben selbst in die Hand genommen. Ich habe Natalie, meine wunderbare Frau, und zwei Kinder, eine eigene Familie, die ich über alles liebe. Das bedeutet höchstes Glück und ist zugleich eine große Herausforderung. Es ändert aber nichts daran, dass meine Verantwortung für Wladimir geblieben ist. Irgendwie ist er immer noch mein kleines Brüderchen, auch wenn das mein Leben nicht unbedingt einfacher macht. Aber daran habe ich mich mit den Jahren gewöhnt. Es war ja von Anfang an so.

Gefährliche Spiele

Wladimir

Mutters und Vaters Fürsorge konnte nicht groß genug sein, denn wir lebten in einer gefährlichen Gegend. Es geschahen seltsame Dinge, manchmal sogar mitten in der Nacht. Einen ersten Zwischenfall habe ich nicht bewusst mitbekommen, davon hat mir Vitali später berichtet. Er passierte, als ich noch so klein war, dass ich meine Tage im Kinderwagen verbrachte. Ich döste vor mich hin und gab nur dann einen gequälten Laut von mir, wenn es mich nach Mutters Brust verlangte oder wenn sich in meiner Windel so viel angesammelt hatte, dass es sich nicht mehr angenehm warm, sondern unangenehm feucht anfühlte. Beides war aber nicht der Fall, als ich eines Nachts Mutter, Vater und Vitali mit lautem Geschrei aus dem Schlaf riss. Mein Bruder erzählte, es habe damals so gerumpelt und gedonnert in unserem Haus, dass die Wände wackelten und der Fußboden schwankte wie die Planken eines Hochseedampfers bei Windstärke zwölf. Dadurch habe sich das Rollgestell mit meinem Bettchen selbstständig gemacht und sei gegen die Wand gekracht – der erste Unfall meines Lebens. Keine fünf Sekunden später sei der Spuk vorbei und alles wieder still und ruhig gewesen. Ich aber brüllte weiter.

Ein Erdbeben, meinte Vater. Mutter nickte, und Vitali glaubte es. Als ich alt genug war, dass ich mir etwas unter einem Erdbeben vorstellen konnte, glaubte ich es ebenfalls. Es donnerte und bebte und schepperte auch in den nächsten Jahren, mitunter zwei, drei Mal in einer Woche und dann wieder einen ganzen Monat nicht, sodass wir es beinahe vermissten. Schnell lernten wir zu unterscheiden, ob sich die mysteriösen Kräfte über oder unter uns entluden.

Die über uns waren weniger geheimnisvoll. Wir konnten sie sehen, sobald sie von Vaters Stützpunkt aus rasant in den Himmel stiegen, beschleunigten und einen weißen Kondensstreifen hinterließen. Hörten wir dann einige Minuten später das typische Donnern, das an ein entferntes Sommergewitter erinnerte, dann wussten wir, dass die Düsenjets irgendwo im Nirgendwo die Schallmauer durchbrochen hatten.

Anders verhielt es sich mit den gespenstischen Mächten, die unter der Erde ihr Unwesen trieben. Dass das keine riesigen tobenden Monster waren, was ich mir als Kind manchmal vorstellte, wenn der Boden mal wieder bebte, sondern Menschen wie wir, gehörte zu den bestgehüteten Geheimnissen der sowjetischen Staatsmacht. Es gab sogar einen eigenen Geheimdienst dafür, der nicht einmal dem Komitee für Staatssicherheit, dem KGB, unterstand, der sonst für alle Staatsheimlichkeiten verantwortlich war. Herausgekommen ist alles später doch, aber da lebten wir längst nicht mehr im *Sonnigen Ort*.

Belogen hat uns Vater nicht, indem er uns die wuchtigen Erschütterungen als Erdbeben erklärte. Es waren ja welche, wenn sie auch keinesfalls natürlichen Vorgängen im Erdinneren entsprangen. Möglich, dass er die ganze Wahrheit damals selbst nicht kannte, oder einfach seinen Vorgesetzten vertraute, denen bei der kommunistischen Partei und denen beim Militär.

In Wirklichkeit saßen wir ahnungslos auf einem Pulverfass, das jedes Mal explodierte, wenn hoch qualifizierte Wissenschaftler nach empirischen Beweisen für ihre Experimente suchten. Ihr apokalyptischer Forscherdrang basierte auf einem Projekt, das

Jossif Stalin dreißig Jahre zuvor in der Nähe von Semipalatinsk in Gang gebracht hatte, nachdem die Amerikaner Atombomben auf Hiroshima und Nagasaki abgeworfen hatten. Seit dieser Zeit führten sie auf einem riesigen Areal neben dem kleinen Ort Konetschnaja Atomwaffentests durch. In der Anfangsphase ließen sie die radioaktiven Sprengladungen einfach auf der Wiese detonieren, und die freigesetzte Strahlung zog in alle Himmelsrichtungen, über zehn Jahre lang. Seit den sechziger Jahren wagten sie das nicht mehr. Stattdessen veranstalteten sie die inszenierten Supergaus unterirdisch. Jedes Mal bebte dann in der Region weiträumig die Erde, auch in Zhangiztobe und dem *Sonnigen Ort*, die beide in unmittelbarer Nachbarschaft liegen – zumindest nach den Maßstäben, die in der kasachischen Steppe gelten. Die hundertdreißig Kilometer dazwischen dürften auf jeden Fall nicht ausgereicht haben, damit wir in unserer Garnison von den radioaktiven Wolken verschont blieben.

Und Konetschnaja war lediglich das erste Testgebiet. Von diesen organisierten Himmelfahrtskommandos existierten bald reichlich in Kasachstan. Scheinbar nicht nur zu rein militärischen Zwecken. Atomare Sprengsätze wurden auch benutzt, um künstliche Seen in die Landschaft zu sprengen. Dass das Wasser, die Umgebung und die Fische, die zur Zucht darin ausgesetzt wurden, anschließend verstrahlt gewesen sein dürften, schien die, die das ausheckten, nicht zu stören. Ich vermute, dass sie auch nicht in diesem Gebiet leben mussten. Später las ich, dass es in Kasachstan kaum einen Landstrich geben soll, der nicht radioaktiv verseucht ist.

Aber das wurde erst viel später erforscht und verraten, als es nicht nur in den berüchtigten Testanlagen krachte, sondern im gesamten Staatsgebälk der UdSSR, Ende der achtziger, Anfang der neunziger Jahre. Dabei gab es schon vorher Statistiken über den alarmierenden Anstieg von Krebserkrankungen, vor allem Leukämie, über eine allgemein erhöhte Sterberate und die auffallend starke Zunahme von Anämie bei Kindern. Bestimmt haben diese Zahlen die Eingeweihten auch aufgeschreckt, nur bekannt werden durften sie nicht. Solche Daten unterlagen derselben Geheimhaltungsstufe wie die Atomversuche, die sie verursachten. Ihre Veröffentlichung wäre einem versuchten Staatsstreich gleichgekommen und entsprechend geahndet worden. Es soll ja einige besonders mutige Rufer in der Wüste gegeben haben, aber die verloren alle ihren Job, wenn nicht noch mehr.

Ich möchte nicht wissen, wie viel wir wirklich abbekommen haben. Keinem von uns hängten sie damals ein Dosimeter um. Ich weiß auch nicht, ob es an der gefährlichen Strahlung lag, aber sonderlich robust war meine Konstitution im Kindesalter nicht. Mutter sagt, ich hätte von klein auf kaum eine Krankheit ausgelassen. Zuerst Mumps und Röteln, dann Scharlach und Masern, später noch Hepatitis, zum Glück die harmloseste Variante, und zwischendurch in regelmäßigen Abständen Angina. Einmal erwischte es mich so schlimm, dass sie mich schleunigst in ein Krankenhaus bringen mussten. Hals und Mandeln waren dermaßen geschwollen, dass ich kaum noch Luft bekam und um ein Haar erstickt wäre.

Ganz zu schweigen von den unzähligen Erkältungen, die ich mir zwischendurch einfing. Einundvierzig Grad Fieber waren zwar alarmierend, aber keine Seltenheit. Wenn es mich erwischte, dann richtig. Da es in den Kasernen, in denen wir lebten, keine Kinderärzte gab und die erforderlichen Medikamente nur selten aufzutreiben waren, blieb ich Mutters Heilungskünsten überlassen. Eigentlich ist sie ausgebildete Pädagogin, aber notgedrungen mauserte sie sich zu einer perfekten Krankenschwester. Sie wusste immer, was zu tun war. Mit kalten Wadenwickeln zum Beispiel bekam sie das Fieber am schnellsten herunter. Die beste Medizin aber waren immer ihre Liebe und die Streicheleinheiten.

Selbst wenn ich gesund war, was in meinen ersten Lebensjahren wirklich selten vorkam, schien es besser, mich im Auge zu behalten. In meiner Experimentierfreude schreckte ich bereits als Zweijähriger vor nichts zurück. Womöglich war es auch Hunger gewesen, der mich dazu verleitete, ausgerechnet in unserem Badezimmer nach Essbarem zu suchen. Einmal entdeckte ich dabei

Vaters Rasierklingen. Die waren klein und handlich, außerdem glänzten sie so schön. An ihren Geschmack kann ich mich nicht mehr erinnern. Auch den Rest erzählte Vater mir erst, als ich etwas älter war: Da sie mich allein zu Hause gelassen hatten, wollte er in der Mittagszeit nur kurz nach dem Rechten sehen. Es muss sein siebter Sinn gewesen sein. Er fand mich, wie ich auf dem Rücken lag und kräftig kaute. Angeblich war nirgends Blut zu sehen gewesen. Trotzdem sei ihm mein Appetit nicht geheuer vorgekommen. Deshalb sah er nach, was ich da gerade zermalmte.

Wenn ich bis dahin tatsächlich noch keine abbekommen haben sollte, im Krankenhaus erhielt ich meine erste Strahlendosis. Zuerst fischten sie mir mit einer Pinzette die Metallsplitter aus dem Mund, die Vater bei seinem hektischen Rettungsversuch nicht erwischt hatte. Als Nächstes legten sie mich unter eine Apparatur, die meine inneren Organe röntgte, um ganz sicherzugehen. Und zum Schluss atmeten alle auf, denn aus irgendwelchen Gründen hatte ich keines der winzigen Teile verschluckt.

Ein paar Jahre später musste ich mich partout als Elektriker versuchen. Leider wählte ich dafür das falsche Werkzeug: ein geheimnisvolles Gerät, das aus gebogenen Metalldrähten bestand. Normalerweise benutzte Mutter es, um ihre Wimpern zu formen. Es schien mir jedoch viel besser geeignet, die Stromspannung in unserem Badezimmer zu messen. Die Drähte passten hervorragend in die Löcher der Steckdose. Doch noch ehe diese Erkenntnis in meinem Hirn angekommen war, traf mich ein Stromschlag, der meinen Körper von den kleinen Zehen bis zur letzten Haarspitze durchzuckte. Anstatt den winzigen Metallgriff augenblicklich loszulassen, schrie ich nach Leibeskräften, dass es Mutter in der Küche durch Mark und Bein fuhr. Irgendwie muss ich meine Finger dann doch gelöst und den Stromkreis unterbrochen haben. Das Zittern hörte trotzdem nicht gleich auf, und mein Herz hämmerte, als wollte es zerspringen.

In unserer Familie herrschte eine strenge Hierarchie. Da war keine Spur von Demokratie. Wenn man so will, lieferten wir ein verkleinertes Abbild unserer Gesellschaft. Vater nahm die wichtigste Position ein, die des Regierungschefs. Er verdiente das Geld, zumindest den größten Teil, und er entschied alles. Mutter begnügte sich mit dem Posten eines Ministers. Sie folgte Vater bedingungslos, war ihm unterstellt, aber nicht ganz machtlos, da es uns noch gab. Vitali und ich rangierten weit darunter, wir hatten uns mit der Rolle der Befehlsempfänger zu begnügen. In dieser Position wäre es uns nicht in den Sinn gekommen, mit unseren Eltern zu diskutieren. Natürlich konnten wir unsere Meinung sagen, aber im Zweifel wurde der keine Bedeutung beigemessen.

Das klingt nicht gerade nach überschäumender Zuneigung, doch ich empfand es nicht so. Ich wurde in diese Familie hineingeboren und wuchs mit ihren Umgangsformen auf. Für mich waren sie normal. Sie waren ja auch nicht schlecht, sonst hätte ich mich von Mutter und Vater nicht so geliebt gefühlt, wie ich das heute noch tue – von Mutter mehr, von Vater etwas weniger, da er strenger mit uns umging. Was wiederum von seiner eigenen Erziehung herrührte und dem Pflichtgefühl, seine Kinder zu vorbildlichen Staatsbürgern erziehen zu müssen. Wie Kinder in anderen Ländern gegen Tetanus und Diphtherie geimpft werden, bekam man bei uns zusätzlich von klein auf noch die kommunistische Ideologie injiziert. Auch Vater, der ein Jahr nach dem Ende des Zweiten Weltkriegs geboren wurde, erhielt schon regelmäßig solche Impfungen – von seinem Vater, einem überzeugten Kommunisten, von den Lehrern in der Schule, beim Studium an der Parteihochschule und anschließend beim Armeedienst. Dort sogar täglich.

Ich hegte keinen Zweifel, dass sich hinter Vaters rauer Schale tiefe Liebe zu uns verbarg. Jedes Mal, wenn er von einer Dienstreise oder aus einem Manöver zurückkehrte, brachte er uns Geschenke mit. Spielzeug war das selten, darauf waren wir auch gar nicht so scharf. Am meisten freuten wir uns, wenn er Pralinen aus der Tasche zog oder eine Dose mit Süßmilch, die gezuckert und dickflüssig wie Kaffeesahne war. Die gab es nur selten zu kaufen. Sie war das Leckerste überhaupt, schmeckte uns besser als die meisten Bonbons, die wir kannten.

Beim Thema Erziehung spielte noch ein anderer Umstand eine wichtige Rolle: Die ersten Jahre unseres Lebens verbrachten wir ausschließlich in Kasernen. Das war eine begrenzte und sehr eigene Welt, die meistens an einem Stacheldrahtzaun endete und weit abseits von Dörfern oder Städten lag. Die Orte trugen nicht einmal richtige Namen, sondern Nummern, wie die geheimen Atomtestanlagen. Kontakt zu Zivilisten hatten wir so gut wie nie. Unsere Nachbarschaft bestand ausnahmslos aus Offiziersfamilien, Vaters Freunde waren Militärs, Mutters Freundinnen waren deren Frauen. Und meine und Vitalis Spielkameraden rekrutierten sich aus deren Söhnen. Die Jungs sammelten die gleichen Erfahrungen wie wir, sie erlebten das Gleiche. Bei ihnen zu Hause lief es kaum anders als bei uns, in ihrer Strenge glichen deren Eltern den unseren. Wodurch hätten wir auf die Idee kommen sollen, dass es auch ein anderes Leben gab?

Vater stammt aus einer Offiziersfamilie. Sein Urgroßvater hatte in Versailles studiert und diente später dem Zaren, wie nach ihm auch sein Sohn, Vaters Großvater. Dessen Sohn, der wiederum mein Großvater war, hielt ebenfalls an der Familientradition fest. Nur dass sich die Zeiten inzwischen geändert hatten – und die Befehlshaber: Seine Uniform war die der Roten Armee, mit ihr kämpfte er sich durch den Zweiten Weltkrieg. Vater gab seine Erziehungsprinzipien und die seiner Vorfahren an Vitali und mich weiter. Seinen Beruf verstand er seit jeher als Berufung, und das ist noch heute so. Er lebt das Militärische mit jeder Faser seines Körpers. Er liebt klare Regeln, pocht auf Disziplin und verlangt peinliche Ordnung, privat und im Dienst. Den betrachtet er keineswegs als beendet, nur weil er nach Hause kommt und die Lederstiefel gegen Hauspantoffeln tauscht.

Neben den Posten waren bei uns auch die häuslichen Aufgaben klar verteilt. In diesem Fall schied Vater allerdings aus, so selten wie er da war, außer wenn kleinere Reparaturen anfielen, eine Steckdose keinen Strom gab, eine Tür klemmte oder ein elektrisches Gerät versagte. Der Großteil der Hausarbeit blieb an Mutter hängen. Sie tapezierte sogar, und wir halfen ihr dabei. Je älter wir wurden, desto mehr fiel an uns ab, vor allem, wenn sie arbeiten ging. Auf einem Stützpunkt bekam sie eine Stelle als Kindergärtnerin, auf einem anderen kümmerte sie sich um die Garnisonsbibliothek. Mich traf in der Regel das Glück des Jüngsten, der weitestgehend verschont blieb oder die leichteren Aufträge erhielt. Vor einer Pflicht konnte ich mich allerdings so wenig drücken wie Vitali: Schuhe putzen, jeden Abend, und zwar sorgfältig, damit wir Vaters Anforderungen genügten. Da war er äußerst penibel, wie er überhaupt zu ungeheurer Sorgsamkeit neigte, was speziell seine Uniform, aber auch die Kleidung allgemein betraf. Schummeln lohnte nie, da er solche Dinge selbst kontrollierte und uns umgehend aus dem Bett holte, wenn er nicht zufrieden war, ganz gleich, wie spät es war. Allzu ungeschickt können wir uns jedoch nicht angestellt haben. Nach einiger Zeit vertraute er uns sogar seine Dienststiefel und das Koppelzeug an. Und wehe, wir waren so leichtsinnig, einen winzigen Striemen auf dem gewienerten Leder zu übersehen!

Einer von Vaters Grundsätzen, den er häufig wiederholte, lautete: »Kinder müssen beschäftigt werden, sonst stellen sie nur Blödsinn an!« Ich wurde den Verdacht nicht los, dass er durch seine eigene Kindheit darauf gekommen sein musste. Wenn ich ehrlich bin, lag er damit auch bei seinen Söhnen nicht so falsch. Wer noch nie in einer Kaserne gelebt hat, in unmittelbarer Reichweite von Truppenübungs- und Schießplätzen, kann nicht einmal ahnen, welchen Verlockungen Jungs ausgesetzt sind, die ihren Forscherdrang so wenig zu zügeln wussten wie Vitali und ich. Auch darin waren sich die Militärbasen, die wir durch Vaters häufige Versetzungen nacheinander kennen lernten, ziemlich ähnlich.

Der Teil vom *Sonnigen Ort*, in dem Vater seinen Dienst versah, glich einem Hochsicherheitstrakt. Wie Guantanamo im kasachischen Ödland, nur dass niemand gefangen gehalten wurde. Ringsum meterhohe Zäune, obendrauf Stacheldraht, dahinter mit Kalaschnikows bewaffnete Soldaten, die Tag und Nacht patrouillierten. Offiziell bewachten sie ein Düsenjäger-Geschwader. Dass auf dem Gelände gleichzeitig Atomraketen lagerten, war *top secret.*

Da Vitali verdonnert wurde, auf mich aufzupassen, solange Mutter nicht zu Hause war, musste er mich häufig mitnehmen, wenn er mit seinen Freunden loszog. Sie waren so alt wie er oder ein bisschen älter. Ich liebte es, mit den Größeren auf Tour zu gehen. Die Jungs in meinem Alter hatten längst nicht so spannende Ideen. Vielleicht lag es daran, dass es vor den Wohnhäusern keine Spielplätze für uns gab, keine Sandkästen, keine Klettergerüste, nicht einmal eine einfache Schaukel. Ich befürchte aber, dass es mehr die von den Erwachsenen ausgesprochenen Verbote waren, die unsere Neugier anstachelten und den Drang nach Abenteuern weckten. Jeder Zaun lud uns förmlich dazu ein, nach einem Loch zu forschen, das groß genug war, sich hindurchzuzwängen, um auf verbotenes Terrain zu gelangen. Jeder Wachposten war Herausforderung für uns, ihn auszutricksen, damit wir uns unbeobachtet an ihm vorbeischleichen konnten. Und jeder halbwegs geheimnisvolle Gegenstand, den wir auf dem Boden fanden, war nur dazu da, ihn aufzuheben und einzustecken.

Der Schießplatz zog uns am stärksten an, vermutlich weil es dort am gefährlichsten zuging. Sobald die Maschinengewehrsalven auf dem Gelände verstummten, machten wir uns auf den Weg. Anfangs lasen wir noch jeden Krempel auf, den wir finden konnten. Irgendwann gingen wir dazu über, nur noch scharfe Patronen mitzunehmen, Blindgänger, von denen erstaunlich viele auf dem Boden lagen. Was sollten mutige Kerle wie wir auch mit leeren Hülsen anstellen? Wir hatten allerlei mit ihnen herumexperimentiert, aber zu mehr als hineinzupusten und ein kleines Liedchen zu pfeifen taugten sie einfach nicht.

Uns fielen aufregendere Spielchen ein. Mit der Zeit dürften wir ein ganzes Bataillon von Schutzengeln verschlissen haben. Zweifelsohne lag das an unserer Vorliebe für alles, was mit militärischer Ausrüstung zu tun hatte, Waffen und Munition eingeschlossen. Da wir sozusagen vom ersten Atemzug an damit konfrontiert waren, verloren diese Dinge ihren Schrecken, bevor uns klar wurde, was ein Schrecken überhaupt ist. Eine Waffe gehörte zu Vaters Uniform wie die Orden an seiner Brust und das Schützenabzeichen. Wir äfften nicht nur die Wachposten nach, indem wir einen unserer Spielgefährten aufforderten: »Halt, stehen bleiben oder ich schieße!« Wir taten dann auch so, als würden wir losballern, und ahmten die entsprechenden Schießgeräusche nach. Wenn wir »Feuergefecht« spielten, konnte es passieren, dass ich Vitali mit einer imaginären Maschinenpistole im Dauerfeuer niedermähte – *rattattattata*. Er verteidigte sich natürlich und tat das Gleiche mit mir. Wir dachten uns nichts dabei. Diese Ballereien gehörten auch eher zu den harmloseren Varianten unserer Freizeitbeschäftigungen. Wirklich gefährlich wurde es, sobald wir uns an echter Ausrüstung vergriffen.

Trotz der Kargheit der Steppenlandschaft, die sich um die Kaserne erstreckte, lebten eine Menge wilder Tiere in dieser Prärie. Von beißwütigen Schakalen blieben wir zum Glück verschont, obwohl wir die nachts manchmal heulen hörten. Wildhasen wagten sich dichter an unsere Häuser heran, und manchmal bekamen wir auch Antilopen zu sehen. Genug Getier für Vater, um hin und wieder auf die Jagd zu gehen. Die entsprechende Ausrüstung bewahrte er in einem Schrank zu Hause auf. Eines Nachmittags entdeckten Vitali und ich dieses Versteck. Es war wie ein Reflex, wir konnten unsere Hände einfach nicht von den Patronen lassen, die dort ordentlich aufgereiht lagen. Dabei hatte Vater uns ausdrücklich verboten, sie auch nur anzurühren! Wir stibitzten gleich einen ganzen Packen. Wer von uns auf die Idee kam, ein Experiment damit anzustellen, habe ich vergessen. Ich war bestimmt noch zu jung. Auf alle Fälle verstauten wir die Patronen blitzschnell in unseren Hosentaschen und machten uns aus dem Staub, ehe Mutter irgendetwas mitbekam.

Vor dem Haus überlegten wir, in welche Richtung wir verschwinden sollten. Wenn wir wollten, dass uns niemand sah, mussten wir den nächsten Hügel ansteuern, der allerdings recht weit weg war. Unter anderen Umständen hätte ich einen solchen Fußmarsch langweilig gefunden. Aber die Aussicht auf das, was wir vorhatten, trieb mich Schritt für Schritt voran, ohne dass ich maulte. Es kribbelte richtig im Bauch! So mussten sich Forscher fühlen, die vor einem wichtigen Experiment standen, von dem sie sich ein spektakuläres Resultat erhofften. Ich war gespannt, was passieren würde, wenn wir gleich ein kleines Feuerchen machten und die Patronen hineinwarfen.

Womöglich hatten wir einfach nur Glück, dass wir in den entscheidenden Sekunden auf der richtigen Seite standen beziehungsweise lagen. Als das Feuerwerk losging, warfen wir uns zu Boden. Instinktiv muss uns das am sichersten erschienen sein. Um uns herum rumste und pfiff es, dass ich fast taub wurde. Aber das störte mich nicht. Vielmehr war ich enttäuscht, dass die Knallerei schon nach wenigen Minuten vorüber war. Hätten wir doch mehr Patronen mitgenommen! Ich war regelrecht aus dem Häuschen. Meine Wangen glühten. Dabei hätten wir beide von den umherfliegenden Geschossen getroffen werden, hätten verletzt oder womöglich tot daliegen können! Das weiß ich heute, damals dachte ich nicht für einen Sekundenbruchteil an die Gefahr, der wir entgangen waren.

Vitali muss sie zumindest geahnt haben. Er schien sich nicht halb so sehr zu freuen, wirkte plötzlich sehr ernst. Und als der Rauch sich verzogen hatte, rang er mir in verschwörerischem Ton ein Versprechen ab: »Du darfst niemandem davon erzählen! Hörst du? Das muss unser Geheimnis bleiben!«

Seine Geheimnistuerei verstand ich völlig falsch. So hatte mein Bruder noch nie mit mir gesprochen. Er und ich, wir hüteten jetzt ein großes Geheimnis! Ich fühlte mich gleich viel älter. Offenbar hatte ich die Mutprobe bestanden. Ab sofort war ich in seinen Augen nicht mehr der kleine Quengelgeist, sondern ihm ebenbürtig. Ich schwor bei Onkel Lenin, meine Klappe zu halten. Niemals würde ich unser Geheimnis preisgeben, niemandem auf der ganzen Welt!

Dieses *Niemals* dauerte ungefähr zehn Minuten, höchstens fünfzehn. Genau so lange, wie ich brauchte, um den Hügel hinter mir zu lassen und nach Hause zu rennen Es war alles so aufregend, und was ein Schwur bedeutete, wusste ich doch gar nicht. Vitali hatte es nicht so eilig, aber das war mir egal. Ich kam völlig außer Puste an. Mutter und Vater waren in der Küche. Er saß am Tisch und las Zeitung, sie kochte das Abendessen. Ich blieb in der Tür stehen, holte dreimal tief Luft, dann legte ich los: »Ihr könnt euch gar nicht vorstellen, was grade passiert ist…«

Die Sätze purzelten nur so aus mir heraus. Ich bemerkte nicht einmal, wie Vaters Miene schlagartig in dem Augenblick versteinerte, als ich seine Patronen erwähnte. Ich war so begeistert, so in Fahrt, dass ich alles haarklein loswerden wollte. Selbstverständlich in der Annahme, Mutter und Vater würden sich mit mir freuen. Ein Irrtum, wie sich herausstellte, der für Vitali ziemlich schmerzhaft enden sollte. Ich war zwar froh, keine Schläge abzubekommen, gleichzeitig aber völlig durcheinander.

Für Vater zählte prinzipiell nicht, wer von uns beiden etwas anstellte oder sich dabei erwischen ließ, sondern wer der Ältere war. An den hielt er sich, wenn er, wie an diesem Abend, eine Strafe für angebracht empfand. Mit der Hand oder mit einem Gürtel, das richtete sich danach, wie schwer er das Vergehen bewertete und wie sehr er in Rage war.

Als Zweijähriger soll es mir einmal gelungen sein, auf unseren Fernseher im Wohnzimmer zu klettern und, nackt wie ich war, meinen Strahl zielgenau auf die Steckdose zu richten. Ein kleiner Blitz, und in der Wohnung fiel der Strom aus. Der Fernseher war auch hinüber. Und wer kassierte dafür? Vitali. Im Grunde lief es immer darauf hinaus, bis ich älter war und Vitali nicht mehr meinen Aufpasser spielen musste. Für Vater steckte nämlich Logik dahinter: Er tolerierte meinen Unsinn nicht, weil ich der Jüngere war, der Unerfahrene, der es nicht besser wissen konnte. Er handelte nur so, weil nach seinem Verständnis nicht ich, sondern Vitali versagt hatte. Vitali hatte seinen Auftrag nicht ordnungsgemäß erfüllt, vergleichbar einem Soldaten, der einen Befehl nicht ausführte.

Mein Bruder war sicher kein Waisenknabe, aber ungerecht war das manchmal schon. Im Nachhinein kann ich verstehen, warum er nicht sonderlich erpicht darauf war, Tag für Tag meinen Babysitter zu spielen. Immer musste er doppelt einstecken. Zumal es gelogen wäre, würde ich behaupten, mein Mitteilungsdrang hätte mit zunehmendem Alter nachgelassen.

Dabei war ich lange Zeit ausgesprochen sprechfaul gewesen. Vielleicht hatte sich Vitali zu sehr darauf verlassen, und vielleicht konnte ich mich plötzlich nicht mehr zurückhalten, gerade weil ich so lange geschwiegen hatte. Als wäre der berühmte Knoten in mir geplatzt. Jedem war das ein Rätsel, vor allem meinen Eltern. Bis ich ungefähr drei Jahre alt war, mussten sie sich ernsthaft fragen, ob meinem Gehirn irgendeine kleine Windung fehlte. Die Wahrheit ist, dass ich mich schlicht weigerte, sprechen zu lernen.

Heute beherrsche ich mit Russisch und Ukrainisch zwei Sprachen ziemlich perfekt und zwei andere, Deutsch und Englisch, zumindest so gut, dass ich mich ohne größere Probleme verständigen kann. Wie viele Jahre sind seitdem vergangen? Man sagt, dass Sportlerjahre wie Hundejahre zählen. Demnach wäre ich jetzt nicht achtundzwanzig, sondern deutlich über hundert. Es kommt mir tatsächlich wie eine Ewigkeit vor. Man hätte das erste Zeitungsinterview aufnehmen müssen, das ich als Fünfzehn- oder Sechzehnjähriger gab, um sich meine peinlichen Anfänge vorstellen zu können: was für ein Gestotter! Oder das erste Fernsehinterview für *Ukrainskaja Telebaschnia*, den ukrainischen Zentralsender: Irgendeine Meisterschaft stand bevor. Ich gehörte zu den Favoriten und sollte berichten, wie ich mich auf meine Kämpfe vorbereite. Die Fernsehleute kamen ins Gym und bauten ihre Technik auf, Kamera, Licht und Mikrofon. Sie schalteten alles ein, und dann sollte ich loslegen. Ich hätte ihnen besser zeigen sollen, wie ich mich für den Wettkampf fit machte. Kein einziger vollständiger Satz kam mir über die Lippen. Immer wieder mussten wir abbrechen und von vorn beginnen.

Schon sonderbar, dass es damals ausgerechnet die Soldaten von Vaters Einheit fertig brachten, meine bleierne Zunge zu lockern. Es geschah, als er mich die ersten Male zum Dienst mitnahm. Da er seine Aufgaben erledigen musste, mich aber unter keinen Umständen frei herumlaufen lassen konnte, vertraute er mich der Obhut von ein paar Soldaten an. So ein kleiner Wicht schien denen eine willkommene Abwechslung zu sein. Keiner war auch nur annähernd so streng wie Vater. Im Gegensatz zu den Offizieren hielten sich die Soldaten nicht freiwillig in der Kaserne auf. Sie durften auch ihre Familien nicht zum Einsatzort mitbringen. Wenn sie Frau und Kinder hatten, lebten diese meist Hunderte von Kilometern entfernt, sodass sie monatelang von ihnen getrennt waren. Mein Erscheinen wird sie einerseits an ihr normales Leben erinnert haben, nach dem sie sich sehnten. Andererseits war ich das Kind ihres Vorgesetzten. Und aus diesem Grund muss es ihnen einen Heidenspaß bereitet haben, mir möglichst viel Unsinn beizubringen.

Sie brauchten sich nicht übermäßig raffiniert anzustellen, ich entpuppte mich auch so als gelehriger Schüler. Wie ein hungriger Wolf schnappte ich jedes Wort auf, das sie mir hinwarfen. Ich kaute es einmal durch, brabbelte es nach und wiederholte es so oft, bis es saß. Was meinen Eltern bei allem ernsten Bemühen nicht ansatzweise gelungen war, schafften die Soldaten auf Anhieb und nahezu perfekt. Und bloß mit ihrem Lachen. Wenn sie mich nur angesehen und geschwiegen hätten – ich wäre wahrscheinlich stumm geblieben. Ihr Lachen aber löste alles aus. Es beendete meine Blockade, weil es wie Beifall in meinen Ohren klang und sich im Bauch so warm anfühlte. Es bedeutete Anerkennung, Bestätigung, Sympathie, alles zusammen. Ich konnte nicht genug von diesem Lachen hören. Ich brabbelte einfach die Worte nach, die sie mir vorsagten, selbst die kompliziertesten bekam ich hin. Am liebsten hätte ich gar nicht wieder aufgehört, damit der Applaus nur nicht verstummte.

Für die Auftritte, die ich nach meinen Lektionen bei den Soldaten zu Hause hinlegte, erntete ich nicht einmal ein Lächeln, nur verärgerte Blicke. Mutter und Vater wirkten, als wünschten sie mich zum Teufel oder sich lieber wieder einen stummen Sohn. Ich verstand die Welt nicht mehr. Da wollte ich ihnen zeigen, wie fleißig ich sprechen gelernt hatte, und dann das! Vielleicht hatte ich nicht gut aufgepasst und die Wörter falsch ausgesprochen? Ich versuchte es mit ein paar anderen. Aber keins von den Wörtern, die zu meinem neu erworbenen Sprachschatz gehörten, rief bei meinen Eltern eine Reaktion hervor, die mit dem Jubel der Soldaten auch nur annähernd vergleichbar gewesen wäre. Je mehr ich zum Besten gab, desto zorniger blickten sie drein.

Im Einzelnen wiederhole ich die Ausdrücke lieber nicht, mit denen ich damals um mich warf. Wenn man davon ausgeht, dass Wortschöpfungen wie *swinja sobaka*, also Schweinehund, und *zadnitza litzo*, was frei mit Arschgesicht übersetzt werden kann, noch zu den harmlosesten Formulierungen gehörten, kann man sich ungefähr vorstellen, von welchem Kaliber die anderen waren. Dazu muss man wissen, dass die russische Sprache eine sehr bildhafte und gegenständliche ist und ein schier unerschöpfliches Reservoir an Schimpfwörtern bietet. Viele sind derart eigentümlich, dass sie sich in keine andere Sprache der Welt übersetzen lassen.

Mutter und Vater legten es gar nicht erst darauf an, mir die tiefere Bedeutung der schmutzigen Wörter zu erklären. Die erfuhr ich eher von Vitali. Die Eltern verlangten, dass ich mir die Ungetüme ein für alle Mal aus dem Gedächtnis riss. Ihr Verbot war schön und gut, nur war die Sache damit leider nicht ausgestanden. Selbst wenn ich gewollt hätte, die Soldaten hatten gründliche Arbeit geleistet. Die meisten Wörter bekam ich nämlich nicht mehr aus dem Kopf.

Erschwerend kam hinzu – und das war vielleicht sogar das Entscheidende –, dass auch die fröhlichen Gesichter der Soldaten ziemlich lebhaft in meinem Hirn herumspukten. Vater nahm mich auch weiterhin ab und zu in die Garnison mit und ließ mich für ein paar Stunden bei ihnen. Wenn man so will, sammelte ich in den schäbigen Soldatenunterkünften meine erste Bühnenerfahrung. Der Boxring ist ja auch eine Bühne. Es mag ein zweifelhaftes Stück gewesen sein, das ich da aufführte, aber es war trotzdem eindrucksvoll zu erleben, wie ich jemanden durch das, was ich tat, begeisterte und zu Emotionen hinriss. Damals habe ich nicht darüber nachgedacht, warum das so war, dafür war ich zu jung. Aber ich weiß noch genau, wie sehr ich es genoss, solche Reaktionen hervorzurufen. Wie verliebt ich darin war, im Mittelpunkt zu stehen und umjubelt zu werden. Dieses Gefühl habe ich bis heute nicht vergessen. Und mittlerweile habe ich den Verdacht, dass es diese Bewunderung ist, diese Form der Anerkennung, die mich antreibt bei allem, was ich tue.

Ich werde oft gefragt, warum ich boxe. Und bei vielen schwingt dabei das kleine Wörtchen *noch* mit. Sie meinen, dass ich doch längst genug verdient haben müsste. Ich behaupte nicht, dass Profiboxer schlecht bezahlt werden, vorausgesetzt, sie haben Erfolg. Aber darum geht es gar nicht. Sonst könnte man darüber streiten, ob überhaupt so etwas wie Geld das Risiko aufwiegen kann, das ich eingehe, indem ich mich im Ring einem Boxkampf stelle. Wie viele Dollar ist denn meine Gesundheit wert? Und wie viele mein Leben? Darauf liefe es schließlich hinaus. Wie in jedem Sport geht es um Sieg oder Niederlage. Mit dem kleinen, aber entscheidenden Unterschied, dass man im Boxring mehr als bloß eine Niederlage riskiert, mehr als einen Niederschlag, einen Knockout. Beim Boxen setzt man alles auf eine Karte. Einen zweiten Platz gibt es nicht. Es geht um Sein oder Nichtsein, um alles oder nichts. Darum, dass ein einziger Schlag die Karriere ruinieren und jahrelanges Training zunichte machen kann, die tägliche Schinderei und all die Entbehrungen, denen man sich unterwirft. Ich will es nicht dramatisieren, aber es gibt genügend Beispiele. Schlimmstenfalls ist es so, dass man seine Gesundheit aufs Spiel setzt. Und allerschlimmstenfalls sein Leben.

Sicherlich ist Geld auch eine Motivation, aber nicht die ausschlaggebende. Vitali sagt immer, wer mit Dollarzeichen in den Augen in den Ring steigt, hat schon vor dem ersten Gong verloren. Und so ist es auch. Wenn ich in einen Kampf gehe, ist mein Ziel niemals, Geld zu verdienen. Ich will dann nur eines – gewinnen!

Ich habe die Hälfte meines bisherigen Lebens in diesen Sport investiert. Und die überwiegende Zeit davon, ohne Reichtümer zu verdienen. Ich kenne niemanden, der sich mit vierzehn für eine Sportart entschieden hätte, weil er ans große Geld dachte! In diesem Alter trifft man Entscheidungen aus anderen Gründen. Noch dazu in einem Land, in dem Profisportler offiziell verpönt waren, als Ausgeburten des Kapitalismus galten. Als ich anfing, dachte ich weder an Geld noch an eine Profilaufbahn. Es machte mir nicht einmal Spaß, anderen Jungs gegenüberzutreten, um mit ihnen die Kräfte zu messen. Der einzige Grund, weshalb ich in den Ring stieg, war die Anerkennung, die mich erwartete, wenn ich ihn als Sieger verließ. Für mich war ein Sieg mehr als nur ein sportlicher Erfolg. Es war zugleich der Beweis, dass ich etwas besser beherrschte als andere, dass ich kräftiger und trickreicher und ausdauernder war, geistig mehr auf der Höhe als mein Gegner. Sobald ich das spürte, stellte sich ein verdammt gutes Gefühl bei mir ein. Es war die perfekte Gelegenheit für mich, Bewunderung und Beifall zu bekommen. Und genau hier schließt sich der Kreis wieder. Im Grunde war es nichts weiter als die Steigerung jener Gefühle, die Vaters Soldaten in mir geweckt hatten.

Meine Eltern konnten mich damals übrigens nicht so leicht entmutigen. Ich hielt mich ihnen gegenüber zwar mit meinen Kraftausdrücken zurück. Allein dass sie mir den erhofften Beifall verwehrten, musste ja nicht bedeuten, dass er anderswo nicht doch zu bekommen war. Ich beschloss, es außerhalb unserer Wohnung zu versuchen, in sicherer Entfernung von Mutter und Vater. Vitali konnte bald ein Lied davon singen, ein Klagelied allerdings. Er muss mich für meine Auftritte gehasst haben. Mit sicherem Gespür wählte ich stets Orte aus, an denen meine ungehörigen Sprachübungen so angebracht waren wie Blondinenwitze auf einer Beerdigung. Das Lebensmittelgeschäft zum Beispiel, in das Mutter uns immer zum Einkaufen schickte. In einem unüberschaubaren Supermarkt wäre das nicht so ein Problem gewesen, dort hätte mich wahrscheinlich niemand beachtet. Doch die Läden bei uns waren viel kleiner. Selbst wenn ich in der hintersten Ecke stand, hörte jeder, was ich von mir gab, und das war eine Menge. Nacheinander zeigte ich auf die Gläser mit Letscho, die in einem Regal standen, auf das Fach mit dem Gebäck und auf die Butter, und bedachte dabei jeden Gegenstand mit einem von den Soldatenwörtern. Das war selbst für Vitali zu viel. Er wäre vor Scham am liebsten im Boden versunken.

Nicht einmal Großmutter Jewtokia, die ich über alles liebte, gelang es, mir das auszutreiben, obwohl sie es wirklich mit Geduld versuchte. Einmal nahm sie mich an der Hand und ging mit mir zu einem eingezäunten Gelände, das von Hunden bewacht wurde. Vor dem Zaun blieb sie stehen und sagte: »So, jetzt sprichst du alle bösen Wörter aus, die du kennst. Dann wirfst du sie zu den Hunden rüber. Die fressen sie auf, und du bist sie dann für immer los.« Ich sah zu dem Zaun hoch, konzentrierte mich und legte los. Ich gab mir wirklich Mühe, damit mir auch alle Wörter einfielen – aber es nutzte nichts. Sie haben den Hunden wohl nicht geschmeckt.

Erst mit fünf Jahren bekam ich diese unangenehme Angewohnheit einigermaßen in den Griff. Möglicherweise half die Ortsveränderung: Wir waren wieder einmal umgezogen.

Träume unterm Sternenhimmel

Vitali

»Wie es aussieht, hast du schon Freunde gefunden.«

Vater saß vor seinem Abendessen und grinste mich an. Dann sah er zu Mutter hinüber und zu Wladimir, ohne seinen Gesichtsausdruck zu verändern. Wie konnte er das lustig finden? So ramponiert, wie ich war?

»Das ist eine schreckliche Schule!«, erklärte ich ganz aufgeregt, weil die Wut wieder in mir hochkam. Wenn er die Wahrheit hörte, würde ihm das Lächeln schon vergehen. Ich wollte ihm sagen, dass die anderen Jungs gemein zu mir gewesen seien. Dass keiner von den Lehrern mir geholfen habe. Und dass ich am Nachmittag einen Entschluss gefasst hätte: Nie wieder wollte ich einen Fuß in dieses Schulgebäude setzen! Jedes dieser Worte hatte ich mir zurechtgelegt, in Gedanken so oft ausgesprochen, bis ich sie auswendig konnte. Nur wollte Vater keins davon hören.

»Erzähl mir nicht, dass die anderen gemein zu dir sind«, unterbrach er mich, und dabei grinste er nicht mehr. »Beweis ihnen, dass du ein ganzer Kerl bist!« Ein Klitschko lasse sich nicht unterkriegen, so etwas in der Art sagte er auch noch. Ich machte nur »mhm«, nickte kurz und starrte dann wieder stumm auf meinen Teller. Der Appetit war mir gründlich vergangen. Ich hätte fast losgeheult. Mein geschwollenes Auge schien Vater überhaupt nicht zu beeindrucken. Mutter hatte mich wenigstens in den Arm genommen, als ich nach Hause gehumpelt kam!

Ich war acht Jahre alt, ging in die zweite Klasse und hatte meinen ersten Schultag hinter mich gebracht, nicht den ersten im neuen Schuljahr, den ersten in meiner neuen Klasse. Vaters Versetzungen richteten sich für gewöhnlich nicht danach, ob gerade Schulferien waren oder nicht. Das hätte einiges leichter gemacht. Die Schule zu wechseln und seine Freunde zurückzulassen war an sich schon schwer genug; sich in einer neuen Klasse zurechtzufinden war auch nicht eben leicht. Aber in eine fremde Klasse zu kommen, die schon mitten in einem Schuljahr steckte, war hundertmal schwerer. Ich habe es oft genug erlebt. In jedem Schuljahr kommt es auf die ersten Wochen an. In ihnen werden die Claims abgesteckt, und jedem wird seine Rolle zugeteilt. Und gnade dir Gott, du hast in dieser Zeit versäumt, deine Position zu klären. Kinder sind so ehrlich, wie sie brutal sein können.

Meine Hoffnung hatte an diesem Morgen exakt bis zur ersten großen Pause angehalten. Bis dahin schien die Sonne. Dann umzingelten mich die anderen Jungs und alles verdüsterte sich. Das lag an ihren Gesichtern, die mich taxierten, als käme ich geradewegs vom Mars. Es war allerdings nicht Neugier, weswegen sie so finster dreinschauten. Sie wollten nicht wissen, woher ich kam und wie ich hieß. Es interessierte sie auch nicht, was mein Lieblingsspielzeug war und wer mein geheimer Held, ob ich Geschwister habe oder was meine Eltern von Beruf sind. Sie pöbelten einfach drauflos, schubsten mich abwechselnd hin und her und traten mit den Füßen nach mir. In diesem Gerangel traf mich irgendwann eine Faust, so kraftvoll, dass ich für ein paar Sekunden Sterne sah.

Bestimmt ging es ihnen gar nicht um Gewalt. Es war nur ihre Art von Sprache. Es sollte keine Missverständnisse geben, um ja keine Zweifel aufkommen zu lassen. Bevor ich mir etwas anderes einbildete, sollte ich wissen, dass ich für sie die Nummer *Letzter* war. Ich sollte mich gefälligst hinten anstellen.

In einer solchen Situation hat man genau zwei Möglichkeiten. Indem ich mich schleunigst verdrückte, wählte ich die falsche. Wenn einem der Rückzug als Feigheit statt Vernunft ausgelegt wird, rächt es sich immer. Diese Lektion hatte ich nur noch nicht gelernt.

Am nächsten Tag hielten sich meine neuen Mitschüler zurück, bis der Unterricht vorbei war. Ich traute dem Frieden allerdings nicht – zu Recht. Sie hatten nur auf eine geeignete Gelegenheit gewartet, also darauf, dass wir uns außer Reichweite der Lehrer befanden. Auf dem Nachhauseweg traten und schlugen sie dann so fest zu, als wäre das am Vortag lediglich die Aufwärmrunde gewesen. Was höchstwahrscheinlich daran lag, dass ich diesmal nicht stillhielt. Sie waren mir zahlenmäßig überlegen. Ich hatte nicht die geringste Chance, das wusste ich. Mir blieb aber keine Wahl. Wenn Vaters Theorie stimmte, konnte es nur auf diesem Wege gelingen, mir Respekt zu verschaffen. Am Ende trug ich zwar eine blutige Nase davon – einer meiner Kontrahenten aber auch. Es ging also aufwärts.

Es genügte jedoch nicht, einmal zu beweisen, dass ich kein Feigling war. Die ersten Gefechte waren offenbar nur der Auftakt zu einer ganzen Reihe von Auseinandersetzungen. Fast einen Monat zog sich diese Phase hin. Kaum ein Tag verging, an dem ich ohne Blessuren nach Hause kam. Diese schmerzten nicht nur mich, auch Mutters weichem Herz taten sie weh. Allein Vater blieb eisern. »Kämpf das aus, Junge«, sagte er. Und: »Du musst dich beweisen!« Oder etwas Ähnliches. Was ich damals nicht besonders verständnisvoll fand. Immerhin hatte ich ja nicht damit angefangen. Heute finde ich, es war richtig, dass er darauf bestand. Es gibt keine bessere Schule als das Leben. Und je härter die Prüfungen in jungen Jahren ausfallen, desto besser ist man gerüstet für all die Unwägbarkeiten, die einem in Zukunft bevorstehen. Meine Situation wäre nicht einfacher geworden, mir wäre nicht geholfen gewesen, hätte Vater in meine Klagen eingestimmt. Er sah natürlich, dass ich ungerecht behandelt wurde. Aber wann geht es im Leben schon gerecht zu? Gerechtigkeit ist kein Naturgesetz, Gerechtigkeit muss man sich erkämpfen. Bei mir fing dieser Kampf ein bisschen früh an. Im Grunde aber profitiere ich heute noch davon. Wer weiß, ob ich es ohne diese Erfahrungen jemals gewagt hätte, meine Heimat zu verlassen? Ob ich ohne die Gewissheit, mich überall durchboxen zu können, nach Deutschland gezogen wäre? Ob ich das Abenteuer Amerika eingegangen wäre? Und ob ich überhaupt ausreichend Mut aufgebracht hätte, mein Glück als Boxer im Profigeschäft zu versuchen?

Wir wohnten jetzt in der Nähe von Lugovoj. Wie üblich bestand unsere Postanschrift aus einer Zahlenfolge, die Vaters Standort geheimnisvoll verschlüsselte. Landschaftlich brachte der Umzug kaum eine Veränderung, außer dass hier noch weniger wuchs und sich die Steppe nach einigen Kilometern in einer riesigen Sandwüste verlor. *Sonniger Ort* lag im Nordosten Kasachstans, Lugovoj im Süden. Auf dem Weg dorthin müssen wir fast an Belovodskoe vorbeigekommen sein, meinem Geburtsort im heutigen Kirgisien. Belovodskoe lag von uns aus rund hundertzwanzig Kilometer entfernt. Das war das Beste an Vaters Versetzung, denn dadurch war der Weg zu Großmutter Jewtokia nicht mehr so weit. Wir konnten in den Sommerferien schneller bei ihr sein, und sie konnte uns zwischendurch öfter mal besuchen. Abgesehen von den Querelen in der Schule erleichterte das so ziemlich alles. Großmutters Liebe und ihre Zuneigung waren wie ein Rettungsanker, sie war eine Seele von Mensch. Wenn ich an sie denke, wird mir heute noch warm ums Herz. Leider ist sie inzwischen gestorben.

Großmutter hätte nicht gewollt, dass wir Berufsboxer werden. Das wäre kein Sport für sie gewesen. Mutter ist ihr da sehr ähnlich. Großmutter hätte sich niemals diese brutalen Schläge ansehen können. Es hätte ihr das Herz gebrochen, uns leiden zu sehen, so geschunden, wie unsere Gesichter nach einem Kampf manchmal aussehen. Trotzdem hätte sie unsere Entscheidung akzeptiert, und sie wäre stolz auf uns, auf unseren Erfolg gewesen. Sie war überaus verständnisvoll und dachte immer zuerst an die anderen. Von sich selbst machte sie nie viel Aufhebens. Ihr war wichtig, dass es ihren Kindern und den Enkelkindern gut ging. Ich habe mich oft gefragt, wie sie so viel Lebensfreude ausstrahlen konnte, nach allem, was sie hatte durchmachen müssen. Viele wären an dem zerbrochen, was ihr das Schicksal auferlegte. Sie war noch ein Kind, als während einer Hungersnot Anfang der dreißiger Jahre alle ihre Geschwister starben. Später verlor sie ihren Ehemann, der im Zweiten Weltkrieg fiel. Ihr zweiter Mann, unser Großvater, arbeitete als Kraftfahrer und kam bei einem Unfall ums Leben. Als wäre all das nicht Schmerz genug gewesen, musste sie auch noch zwei ihrer Kinder zu Grabe tragen. Dass ein Mensch so viel Leid aushalten kann, ohne zu verbittern, wird mir ewig ein Rätsel bleiben.

Ich konnte es kaum erwarten, wenn in den Ferien ein Besuch bei Großmutter bevorstand. Es war, als würde ich in ein fremdes Leben eintauchen. Bei ihr war die Welt komplett anders: Sie bewohnte ein kleines Häuschen mit Garten, über den ihr Hund Schutschka wachte. Zu Schutschka gehörte eine Hundehütte, die aus alten Holzbrettern zusammengezimmert war. Er hatte zotteliges Fell wie ein Straßenköter, von einer undefinierbaren Farbe, die zwischen ausgeblichenem Schwarz und schmutzigem Grau changierte. Trotzdem wuchs er mir ans Herz. Ich liebte alle Hunde, aber Schutschka besonders, weil er Großmutter gehörte. Ich war so vernarrt in ihn, dass ich am liebsten seine Hütte mit ihm geteilt hätte. Einmal probierte ich das auch aus. Nachdem ich mich jedoch irgendwie hineingezwängt hatte, war für ihn kein Platz mehr.

Wäre es nach mir gegangen, hätte ich Schutschka nach den Ferien zu uns mitgenommen. Doch Vater war strikt dagegen. Außerdem war der Hund Großmutters einziger Gefährte. Dass sie einsam war, wollte ich nun auch nicht, obwohl ich keine Angst um sie zu haben brauchte, denn sie war eine couragierte Frau, die sich vor nichts zu fürchten schien. Ich weiß noch, dass sie eine Zeit lang als Wachposten arbeitete. Sie war zwar bereits Rentnerin und hätte von dem Geld, das ihr der Staat zahlte, leben können. Doch sie wollte nicht faul zu Hause sitzen und warten, dass die Tage vergingen. In jenem Sommer kam ein Trupp Geologen in den Ort. Sie stellten in der Umgebung Bodenuntersuchungen an. Dafür brachten sie Spezialfahrzeuge mit, große Lastwagen, die mit verschiedenen Apparaturen ausgerüstet waren. Die wurden nachts auf einem eingezäunten Gelände abgestellt, das bewacht werden musste, da die Gerätschaften sehr wertvoll waren.

Diese Aufgabe übernahm Großmutter. Ich fand das sehr mutig. Sie bekam zwar eine Schrotflinte, für den Notfall. Aber ich schätze, damit hätte sie im Ernstfall nicht viel ausrichten können. Solange ich bei ihr wohnte, nahm sie mich jeden Abend mit. In der Holzbude, die als Wachhäuschen diente, stand eine Liege, auf der konnte ich schlafen. Meistens fand ich es aber so aufregend, dass ich mich anstrengte, meine Augen lange offen zu halten, um Großmutter zu unterstützen. Am mächtigsten kam ich mir vor, wenn ich für einen Moment ihre Waffe halten durfte. Bis ich feststellte, dass gar keine Patronen eingelegt waren.

Als ein Monat herum war und der Lohn ausgezahlt wurde, ließ ich mich aber nicht austricksen. Ich fand, dass mir auch ein Teil zustand. Großmutter reagierte ganz schön verblüfft auf meine Forderung, sah es aber ein und gab mir zehn Rubel. Das verschlug wiederum mir die Sprache. So viel Geld hatte ich noch nie besessen. Es reichte für ein Paar neue Schuhe, eine Hose und ein

Hemd. Die kauften wir zusammen auf dem Markt, bevor Mutter und Vater mich wieder bei ihr abholten.

Wladimir leistete sich ganz andere Schoten, wenn er Großmutter besuchte, obwohl er sie genauso liebte wie ich. Vor allem ihre lustigen Sprüche. Die hat er immer noch drauf. Aber irgendwie entwickelte er ein Talent dafür, ihre Geduld zu strapazieren. Entweder trampelte er in ihrem Garten zielsicher über die Beete, in denen sie gerade frische Pflänzchen gesetzt hatte. Oder er spuckte in den Brunnen hinterm Haus, aus dem sie das Trinkwasser holte. Eine Wasserleitung gab es in dem Dorf noch nicht. Einmal fuchtelte er mit ihrer Schrotflinte herum, bis sich ein Schuss löste, dessen Ladung in der Wohnzimmerdecke landete. Und seine Schandtaten erst, die er an ihren Küken verübte!

Großmutter hatte sie bei einem Bauern gekauft, um sie großzuziehen und später zu schlachten. Mit der Fleischversorgung war es in den Dörfern nicht weit her. Am sichersten fuhr man, wenn man sich selbst ein paar Tiere hielt. Die kleinen Viecher waren frisch geschlüpft und konnten gerade laufen. Aber das genügte meinem ungeduldigen Brüderchen nicht. Wladimir wollte ihnen gleich das Fliegen beibringen. Er schleuderte ein Küken in die Höhe, dann noch eins und alle anderen danach. Er warf sie, so hoch er konnte, und wunderte sich, dass sie nicht in der Luft blieben und umherflatterten, sondern wie Steine auf den Erdboden klatschten und sich sämtliche Knochen brachen. Zwei oder drei überlebten die Stürze, mit denen war aber auch nichts mehr anzufangen.

Die folgenden Schuljahre in Lugovoj liefen besser, ich gehörte jetzt dazu. Mutter achtete streng darauf, dass auch die Zensuren stimmten. Sie verlangte Vieren und Fünfen. Bei uns war das genau umgekehrt: Eine Fünf war die beste, eine Eins die schlechteste Note. Eine Drei akzeptierte Mutter in Ausnahmefällen gerade noch, Vater fiel das schon schwerer. Unsere häufigen Umzüge, durch die ich viele Unterrichtsstunden versäumte, zählten als Ausrede nicht. Vater duldete ohnehin selten irgendwelche Ausflüchte, und in schulischen Angelegenheiten sowieso nicht. Ging eine Arbeit doch mal in die Hose, brauchte ich gar nicht erst zu fragen, ob ich nach der Schule mit meinen Freunden spielen durfte. Während ich sie vor dem Haus lärmen hörte, musste ich im Zimmer sitzen und so lange lernen, bis ich beim nächsten Mal besser sein konnte als alle anderen.

Heute bin ich froh darüber, dass Mutter und Vater so konsequent waren. Damals ließ ich mir allerdings einige Tricks einfallen, sobald in der Schule schwere Arbeiten anstanden. Am sichersten funktionierte die Masche mit einer vorgeschobenen Krankheit. Halsschmerzen, Ohrenschmerzen, Bauchschmerzen – die Klassiker eben, die ich auch vortäuschen konnte, ohne Fieber zu haben, und die Mutters Herz erweichten. Sie fiel fast jedes Mal darauf herein. Wladimir war ja ständig krank, warum sollte es mich nicht hin und wieder auch erwischen?

Entweder kannte Vater solche Schwindeleien aus der eigenen Kindheit, oder er durchschaute mich. Was ich mir auch einfallen ließ, sobald er zu Hause war, kam ich mit keiner meiner Notlügen weiter. Einmal glaubte ich, besonders clever vorzugehen, indem ich bereits am Abend vorher eine Fußverletzung simulierte. Ich jammerte, ich könne kaum auftreten. Der Weg zur Schule sei mindestens einen Kilometer lang und in meinem Zustand unmöglich zu bewältigen. Um ganz sicherzugehen, mussten sich die Schmerzen über Nacht natürlich verschlimmern. Am Frühstückstisch dürfte ich so kläglich geklungen haben, als habe mein letztes Stündlein geschlagen. Dummerweise hatte Vater noch keinen Dienst, und zu allem Überfluss wusste er, wie meinem Dilemma beizukommen war. »Wenn du nicht laufen kannst«, sagte er, »dann muss ich dich halt tragen.« Ich traute meinen Ohren nicht. Es wäre schon verheerend genug, wenn er mich in die Schule schickte, denn ich hatte mich auf meine Schauspielkünste verlassen und war nicht vorbereitet. Aber den Weg dorthin auf Vaters Rücken absolvieren zu müssen, wäre noch schlimmer, als die Arbeit zu verhauen. Es würde mein so mühsam und schmerzhaft erworbenes Ansehen bei den anderen ruinieren. Aber das konnte ich ihm natürlich nicht sagen. Und so kam die Katastrophe unweigerlich auf mich zu. Vater setzte mich tatsächlich auf seine Schultern, als sei ich ein Baby, und marschierte los. Ich bin fast gestorben da oben. Mit diesem Auftritt machte ich mich zum Gespött der ganzen Schule. Meine Mitschüler lästerten noch Wochen später darüber.

Denke ich an Lugovoj zurück, scheint es mir, als wären die Jahre dort im Eiltempo verrauscht. Wladimir kam in die Schule, ich musste nicht mehr ständig auf ihn aufpassen und hatte dadurch zusätzliche Freiräume. Damals entdeckte ich meine sportliche Ader, wenngleich die noch nichts mit Boxen zu tun hatte. Zunächst legte ich einen unangenehmen Fehlstart hin, im wahrsten Sinne des Wortes. Irgendwie hatte ich erfahren, dass im Nachbarort eine Kartbahn eröffnet wurde. Heute sind solche Bahnen nichts Besonderes mehr, damals, in der Sowjetunion, waren sie eine Seltenheit. Um sich den Reiz annähernd vorstellen zu können, den die kleinen Flitzer auf uns ausübten, muss man wissen, dass sich nur wenige Familien ein eigenes Auto leisten konnten. Und wenn sie das Geld dafür hatten, mussten sie fast zehn Jahre warten, ehe sie eins bekamen. Wir hatten noch keins. Deshalb war die Aussicht, bereits als Kind einen motorisierten Untersatz steuern zu können, mehr als verlockend. Ich wollte unbedingt ein kleiner Rennfahrer werden. Doch ehe ich das erste Mal in ein Kart steigen durfte, musste ich lernen, wie der Motor funktioniert und die Lenkung, wo welche Pedale sitzen und wie man sie bedient. Geduldig ließ ich das über mich ergehen und fieberte insgeheim dem ersten Fahrtraining entgegen. Von meiner späteren Körpergröße war zu diesem Zeitpunkt noch nichts zu ahnen. Meine Beine passten problemlos zwischen Sitz und Lenkrad.

Vor dem Start instruierte uns der Trainer, die ersten Runden vorsichtig und vor allem langsam anzugehen. Ich wäre froh gewesen, wenn ich es einmal herum geschafft hätte. Nach dem Startsignal verstrichen drei Sekunden, höchstens, und ich stand wieder. Der vor mir auch. Ich hatte das Gas nicht angetippt, stattdessen einmal kräftig durchgedrückt, bis ich auf einen Widerstand stieß. Ich war nicht angefahren, sondern wie eine Raubkatze losgesprungen. Das Kart war gründlich demoliert und die Laune unseres Trainers hinüber. Mit dieser Aktion hatte ich seine Sympathie verscherzt. Er brummte mir einen Monat Fahrverbot auf und beorderte mich zur Putzkolonne, die sich um die Wartung der Fahrzeuge kümmerte. Darauf hatte ich keine Lust. Außerdem war mir der Vorfall peinlich. Also gab ich es lieber gleich auf. Zu einem ernsthaften Konkurrenten für Michael Schumacher hätte ich es wahrscheinlich sowieso nicht gebracht.

Als Nächstes machte ich mich daran, die Welt der Musik zu erobern. Die Eltern nahmen uns einmal mit nach Alma-Ata, der größten Stadt im Umkreis von schätzungsweise fünfhundert Kilometern. Ich nehme an, Vater hatte beruflich dort zu tun. Wir bummelten durch die Stadt. Vor einem Schaufenster blieb ich stehen, die Eingebung traf mich wie ein Blitz: Da lag ein Akkordeon. Ein einziger Blick genügte und ich verliebte mich in das Instrument mit den schwarzen und weißen Tasten, den vielen Knöpfen und dem glänzenden Gehäuse. Ich weiß nicht wie, aber ich überzeugte Mutter und Vater an Ort und Stelle, dass ich Musiker werden müsse. Dass ein Musiker ohne Instrument so viel ist wie ein Soldat ohne Waffe, erkannten sie selbst. Um mein eben erwachtes Talent auszuschöpfen, benötigte ich ein Akkordeon, genau dieses. Während der gesamten Rückfahrt hielt ich es fest auf meinem Schoß umklammert.

Etwa eine Woche später begriff ich, dass Liebe sehr flüchtig sein kann und dass es Dinge gibt, die man besser für sich behält. Ich verfluchte meine Eingebung und den Wunsch, das Akkordeon zu besitzen. Es gibt herrliche Akkordeonstücke. Doch ich bekam nicht ansatzweise die richtigen Töne zustande. Die vielen Tasten verwirrten mich. Was ich herausquetschte, klang nicht nach einer Tonleiter und schon gar nicht nach einem Lied. Mehr nach jaulender Kreissäge oder quietschender Schleifmaschine. Mit meiner Geduld war es ruckzuck vorbei. Wahrscheinlich lag mein Talent doch eher auf einem anderen Gebiet. Auch Mutter hätte das unschwer erkennen können, tat es aber nicht. Ihr wollte nicht in den Kopf, dass sie das Geld fürs Akkordeon umsonst ausgegeben haben sollte. Stattdessen meldete sie mich in einer Musikschule an.

Drei Jahre lang quälte ich mich von Woche zu Woche, bis Vaters nächste Versetzung anstand. Ein Hoffnungsschimmer: Die gute Nachricht war, dass es in unserem nächsten Wohnort keine Musikschule gab und auch in erreichbarer Nähe nicht. Doch für die schlechte sorgte Mutter. Sie suchte hartnäckig, bis sie in unserer neuen Nachbarschaft einen Privatlehrer auftrieb. Damit sich der Aufwand auch lohnte, musste Wladimir diesmal mit dran glauben. Begeistert war er nicht.

Wenigstens vergällten mir diese Pflichtstunden nicht die Liebe zur Musik. Später, als ich nicht mehr gezwungen wurde, stieg ich freiwillig auf Gitarre um. Nur so zum Spaß, für mich, brachte ich mir ein paar Griffe bei. Wladimir versuchte es mit dem Saxofon. Heute erweisen sich unsere musikalischen Grundkenntnisse, von denen einige hängen geblieben sind, durchaus als Vorteil. Das mag komisch klingen, aber in unserem Job kann es nicht schaden, so etwas draufzuhaben. Als wir vor einiger Zeit bei Thomas Gottschalk in *Wetten dass…?* zu Gast waren, konnten wir darauf zurückgreifen. Zur Überraschung der Zuschauer, die nicht damit rechneten, dass wir anstatt mit Boxhandschuhen mit Gitarre auf die Bühne kamen. Wir trauten uns sogar, ein Lied unserer russischen Lieblingsband *Zeitmaschine* zum Besten zu geben. Und das Ganze live. *The Show must go on*, auch außerhalb des Rings. Boxen ist zwar ein Sport, Profiboxen aber eben auch ein großes Showgeschäft. Für den, der wie wir ganz oben mitmischt, gehören nicht nur Training und Kämpfe zum Pflichtprogramm. Beinahe so wichtig sind PR-Auftritte. Die Bekanntheit eines Sportlers bestimmt maßgeblich seinen Marktwert. Je populärer er ist, umso mehr Menschen lockt er in die Arena oder vor die Bildschirme.

Ich sage immer, gute Kämpfe sind für unseren Erfolg das, was das Fundament für ein Haus ist. Erst wenn die Grundlage ausgehärtet, also beständig ist, kann man die einzelnen Stockwerke hochziehen. Die wiederum stehen für das, was man mit dem Erfolg erreichen kann: Prominenz, Anerkennung, lukrative Werbeverträge. Die Qualität des Fundaments entscheidet, wie hoch das Haus sein wird, das man darauf errichten kann, ob es ein kleines Häuschen wird oder ein Wolkenkratzer. Und wie prächtig das Gebäude ausgestattet ist. Dieser Glanz fällt auf den Sportler zurück und wertet ihn zusätzlich auf. Beginnt das Fundament jedoch zu bröckeln, so stürzt das Gebäude ein. Je höher es gebaut ist, desto schneller und umso lauter ist der Knall, den es verursacht.

Ich bin meinen Eltern dankbar, dass sie meine Experimentierfreudigkeit in der Kindheit unterstützten, obwohl ich anfangs nicht sehr zielstrebig war. Bis auf eine Ausnahme, eine frühe Leidenschaft, die sich bis heute erhalten hat: das Fotografieren. Ich weiß nicht, wie viele Bilder ich über die Jahre geschossen habe. Es müssen Tausende sein. Aber ich erinnere mich gut, wie es begann. Ich war gerade sieben. Einer der Offiziere in der Garnison gründete einen Fotozirkel, wie das bei uns hieß. Er war ein begeisterter Fotograf, der seine Kamera überallhin mitnahm. Die Vorstellung, dass er damit einen bestimmten Augenblick für die Ewigkeit festzuhalten vermochte, den es so niemals wieder geben würde, faszinierte mich. Der künstlerische Aspekt war damals noch nebensächlich. Regelrecht infiziert wurde ich an dem Tag, als er mich in die Geheimnisse der Dunkelkammer einweihte. Völlig dunkel war es darin gar nicht. Eine weinrote Glühlampe tauchte den Raum in ein merkwürdig diffuses Licht, alles sah aus wie auf einem rötlich eingefärbten Negativbild. Ich erkannte die Umrisse, aber keine Details. Ich sah die Silhouette des Lehrers, die groben Züge seines Gesichts. Seine Augen hatten sich in zwei dunkle, stumpfe Punkte verwandelt, als hätte jemand das Weiße darin übermalt. Es wirkte gespenstisch, wie in einem Gruselfilm. Meine Augen gewöhnten sich nur langsam an das Schummerlicht, und ich brauchte einige Minuten, um mich zurechtzufinden. Auf einem Tisch stand links ein Vergrößerungsgerät, rechts daneben sah ich drei rechteckige Plastikwannen mit Flüssigkeiten. Das Wunder geschah in der ersten Wanne, sobald unser Zirkelleiter ein Blatt Fotopapier hineinlegte, das er zuvor unter dem Vergrößerungsgerät belichtet hatte. Er tauchte es mithilfe einer Plastikzange unter und schwenkte es vorsichtig in der Entwicklerlösung. Die weiße Oberfläche verfärbte sich allmählich, bis sich erste schwache Konturen eines Bildes abzeichneten und immer deutlicher wurden. Ich stand mit offenem Mund daneben, war derart erstaunt, dass ich glatt zu atmen vergaß. Dass musste ein Zaubertrick sein!

Bei diesem Hobby bewies ich mehr Ausdauer. Auch nachdem unser Lehrer erklärt hatte, dass es sich weder um ein Wunder noch um einen Zaubertrick handelte, sondern um das Resultat chemischer Prozesse, erlosch mein Interesse nicht. Meine Eltern kauften mir einen Fotoapparat, eine *Smena 8 M*, die mit einem Kleinbildfilm bestückt werden musste. Die Kamera war für damalige Verhältnisse ziemlich modern und nicht gerade billig, obwohl sie nur ein festes Objektiv mit dürftiger Brennweite hatte und keinerlei Automatikfunktionen besaß. Den Film musste ich per Hand weitertransportieren. Statt genauer Belichtungszeiten wurde das Symbol für das jeweilige Wetter eingestellt. Ich konnte zwischen Gewitterwolken, bewölktem Himmel, verschleiertem Himmel, schwachem und strahlendem Sonnenschein wählen. Laut Bedienungsanleitung funktionierte die Kamera bei Temperaturen zwischen minus fünfzehn und plus fünfundvierzig Grad, was in unseren Breiten nicht unwichtig war. Im Sommer konnte es extrem heiß werden, im Winter fotografierte ich sowieso kaum. Ein Problem stellten die Filme dar, die schwer zu bekommen waren. Vater brachte mir manchmal welche aus der Garnison mit, die eigentlich von den Flugzeugbesatzungen für Luftbildaufnahmen verwendet wurden. Sie hatten zwar nicht exakt das vorgeschriebene Format, doch ich probierte so lange, bis sie irgendwie hineinpassten.

Ich besitze noch einen ganzen Stapel von Fotos, die ich mit dieser Kamera aufgenommen habe. Die Qualität lässt zugegebenermaßen zu wünschen übrig. Bei einigen war ich offenbar zu ungeduldig und habe sie nicht lange genug ausfixieren lassen. Sie sind jetzt ziemlich fleckig, aber man kann das ursprüngliche Motiv noch erkennen. Andere sehen aus, als hätte ich sie durch einen Nebelschleier aufgenommen. Und ein paar weisen Spuren von Fusseln auf, die wie helle Kratzer aussehen, ein Zeichen dafür, dass ich mit den Negativen nicht sorgfältig genug umgegangen war. Viele der Bilder sind nicht in dem Fotolabor unseres Zirkels entstanden. Der Offizier, der uns anleitete, hatte immer nur Zeit, wenn er nicht im Einsatz war. Manchmal blieb er so lange weg wie Vater. Deshalb richtete ich mir zu Hause selbst ein kleines Labor ein. Meine Eltern kauften mir die nötigen Geräte, und ich okkupierte unser Badezimmer, sobald ich einen oder zwei Filme voll geknipst hatte. Manchmal ging das allerdings schief, zum Beispiel, weil Vater unversehens die Tür öffnete oder das Licht im Bad einschaltete, wenn er nach Hause kam. Er konnte schließlich nicht ahnen, dass ich gerade mühsam versuchte, einen Film in die Entwicklungsdose zu spulen.

Die Motive, die es bis aufs Papier schafften, sind in Schwarz-Weiß aufgenommen. An Farbe war damals bei uns noch nicht zu denken, jedenfalls nicht für Hobbyfotografen. Trotzdem bin ich froh, dass ich sie habe. An bestimmte Erlebnisse würde ich mich ohne diese Aufnahmen wahrscheinlich nicht mehr erinnern. Allerdings wecken sie heute auch ein seltsames Gefühl in mir. Vieles liegt nicht einmal zwanzig Jahre zurück, und doch scheint es aus einer anderen Epoche zu stammen, als würde es gar nicht zu meinem Leben gehören. Dabei bin ich erst dreiunddreißig. Meine Kindheit kommt mir so weit weg vor, als sei ich doppelt so alt.

Alles hat sich in der kurzen Zeit rasant schnell verändert. Es ist fast unglaublich: Die letzten zwanzig Jahre, die zeitgeschichtlich nicht mehr als einen schnellen Atemzug ausmachen, einen hastigen Seufzer, werden mittlerweile in den Geschichtsbüchern abgehandelt. Wer erinnert sich zum Beispiel noch an Leonid Breschnew? Breschnew war ein mächtiger Mann, der fast zwanzig Jahre lang die Weltgeschicke mitbestimmte. Ob zum Guten oder Schlechten, da haben sich die Meinungen gewandelt. In der

Schule stellten sie ihn uns als Vorbild hin. Lenin galt als Gott. Einer unserer Schlachtrufe hieß: »Lenin hat gelebt, Lenin lebt, Lenin wird immer leben.« Aber Genosse Breschnew kam gleich nach ihm, er war eine Art Jünger von Lenin, ihn hatten wir genauso zu verehren. Wir sprachen fast jeden Tag über den Chef im Kreml, bis er 1982 starb.

Überhaupt begann jeder Unterrichtstag mit einer fünfzehnminütigen politischen Unterweisung – *Was geschieht in der Welt?* Ob das an den zivilen Schulen genauso gehalten wurde, weiß ich nicht. Aber an den Schulen, die wir Kinder von Militärangehörigen besuchten, gehörte es zum Pflichtprogramm. Die Fragen, die wir besprachen, waren immer die gleichen: Wer sind die Feinde, die unser Land bedrohen? Wer sind unsere Freunde? Und was macht unser Generalsekretär? Also Breschnew. Und die Antworten glichen sich natürlich auch: Die bösen Amerikaner hatten es auf uns abgesehen und die verfluchten Chinesen. Dazu zeigten uns die Lehrer entsprechende Fotos von schwer bewaffneten GIs und die Gesichter von Asiaten, so einschüchternd und abstoßend wie der Glöckner von Notre Dame. Eine Art von Propaganda, die auf uns Kinder nachhaltig wirkte. Ich dachte, wir lebten auf einer Insel der guten Menschen und seien von Feinden umzingelt, die uns angreifen und töten oder zu Sklaven machen wollen. Wir Schüler hatten sogar ein eigenes Zentralorgan, die *Pionerskaja Prawda*. Das war ein durch und durch politisches Blatt, das für Kinder geschrieben war und uns früh auf den kommunistischen Kurs einschwor.

Alle in unserer Klasse waren Pioniere, es war im Grunde Pflicht. Die Erwachsenen stellten es nur geschickt an, damit wir es nicht als Pflicht empfanden, sondern als eine Frage des Ansehens, als Ehrensache. Das führte so weit, dass wir stolz das Pionierabzeichen trugen, einen kleinen Stern, auf dem das Konterfei von Lenin als Kind abgebildet war. Ohne dieses Abzeichen in die Schule zu kommen, galt als schlimmes Vergehen, man konnte gleich wieder umkehren.

In der vierten Klasse wurde die Angelegenheit noch ernster.

Wir erklommen die nächste Stufe in der Pionierhierarchie. Als äußeres Zeichen bekamen wir während einer festlichen Zeremonie rote Halstücher umgebunden. Davor mussten wir ein Gelöbnis sprechen, in dem wir unsere Treue zu Lenin, zu unserem Land und zum Kommunismus beteuerten. So eine Art Fahneneid. Das Halstuch trugen wir von da an täglich. Die Lehrer trichterten uns ein, dass wir sonst unseren Status als Pioniere und damit die Achtung der Gesellschaft verlören. Wir dachten nicht weiter darüber nach, sondern übernahmen diese Denkweise einfach. Die Hirnwäsche funktionierte perfekt. Wenn wirklich mal einer ohne sein rotes Tuch auftauchte, ließen wir ihn unsere Missachtung deutlich spüren. Wäre ich nicht selbst dabei gewesen, ich könnte es mir heute kaum vorstellen.

Wir wurden in dem Glauben erzogen, dass der Prozess unserer Menschwerdung erst mit dem Eintritt in die kommunistische Partei abgeschlossen sein würde. Das war das große Ziel, darauf lief alles hinaus. Es wurde mit dem Erwachsenwerden gleichgesetzt. Die Zeit bei den Pionieren stellte dabei nur eine Etappe dar. Mit vierzehn folgte die nächste Bewährungsprobe. Es hieß, nur wer gut in der Schule sei, dürfe die nächsthöhere Stufe erklimmen und Komsomolze werden. Anscheinend wurde das geforderte Leistungsniveau recht großzügig ausgelegt, denn am Ende nahmen sie uns doch alle in den Jugendverband auf, als Kampfreserve der Partei. Diese Formulierung gebrauchten sie wirklich. Und wir fanden das normal.

Manchmal erscheint mir all das wie ein Traum, als hätte ich diese Zeit nicht wirklich erlebt, als hätte es sie gar nicht gegeben. Wenn die Erinnerungen nicht wären! Letztens erst fielen mir zwei außergewöhnliche Aufnahmen in die Hände. Auf der einen bin ich vor einer MiG-29 zu sehen.

Ein- bis zweimal im Jahr fand in Vaters Garnison eine Art Tag der offenen Tür statt. Bei dieser Gelegenheit, die in erster Linie als vertrauensbildende Maßnahme für die Bevölkerung in der Umgebung gedacht war, durften Zivilisten das ansonsten streng bewachte Gelände betreten. Die Soldaten und Offiziere präsentierten einen Teil der militärischen Ausrüstung. Selbstverständlich nicht die Atomraketen, deren Bereich blieb abgeschirmt. Aber eine MiG aus nächster Nähe zu betrachten, war auch schon ein Erlebnis. Bei einer dieser Veranstaltungen entstand das Foto. Mit der rechten Hand halte ich mich lässig an der Maschine fest, als wollte ich im nächsten Augenblick hineinklettern. Auf dem Kopf trage ich einen echten Pilotenhelm. Den hätte ich zu gerne behalten.

Die Aufnahme hatte ein Freund mit meinem Apparat gemacht. Den gab ich für gewöhnlich ungern aus der Hand, aber ich wollte unbedingt ein Foto haben, wie ich in dieser Montur vor dem Jet stehe. Es fehlte bloß noch die richtige Pilotenuniform, aber das schien mir nur eine Frage der Zeit zu sein. Hätte mich an diesem Tag jemand nach meinem Berufswunsch gefragt, ich hätte keine Sekunde nachdenken müssen.

Das Militärische lag mir im Blut, scheinbar hatte ich das von Vater geerbt. Das zweite Foto verdeutlicht es noch stärker. Es zeigt mich mit höchstens vierzehn Jahren, wie ich vor einem hohen Strauch stehe und eine Maschinenpistole vor der Brust halte, haargenau mit dem Griff, den Wachsoldaten üblicherweise benutzen. Den Lauf halte ich mit der rechten Hand von unten umschlossen, den Kolben mit der linken von oben. Die Kalaschnikow scheint einsatzbereit, ein Bajonett ist aufgepflanzt, und im Schaft steckt ein Dreißiger-Magazin. Die Qualität ist nicht besonders gut. Der Kontrast ist zu schwach, die Aufnahme etwas nebelig, als wäre sie zu lange belichtet.

Meine erste Begegnung mit den Waffen der Roten Armee lag da schon Jahre zurück. Wenn ich daran denke, wie ich zum ersten Mal den Waffenraum von Vaters Einheit betrat! Ich war überwältigt. Es roch nach geöltem Metall, an den Wänden stand eine ganze Armee von Kalaschnikows in Reih und Glied. Ich durfte sogar eine anfassen und hochnehmen. Ihr Gewicht überraschte mich. In den Händen der Soldaten sahen die Maschinenpistolen immer so leicht aus. Ein anderer Bereich war für Maschinengewehre und Panzerfäuste vorgesehen, sie waren noch schwerer.

Der Soldat, der mich herumführte, kannte alle technischen Details. Begierig sog ich jedes seiner Worte auf. Er führte mir vor, wie man ein Bajonett aufsteckt, wie man geschickt Patronen in ein Magazin füllt und welche Handgriffe vonnöten sind, um es sekundenschnell einzusetzen.

Besonders romantisch klingt das aus heutiger Sicht nicht. Ein kleiner Junge, der peu à peu an das Waffenarsenal der Sowjetarmee herangeführt wurde. Für den Sohn eines Offiziers war das jedoch durchaus üblich. Meine Freunde sammelten die gleichen Erfahrungen, solche Dinge interessierten die meisten von uns. Vater zog mich in der Überzeugung groß, als sein Sohn müsse ich in absehbarer Zukunft bereit sein, dem Vaterland zu dienen. Und »dienen« bedeutete für ihn, mit der Waffe in der Hand, auf einem Kriegsschiff, in einem Panzer oder in einem Kampfbomber. Er vertrat die gleiche Meinung wie unsere Lehrer: Unsere wichtigste Aufgabe sei es, unsere Heimat zu lieben und sie zu verteidigen. In der achten Klasse bekamen wir Wehrkundeunterricht, jede Woche zwei Stunden. Das Ziel der Ausbildung bestand darin, uns für einen möglichen Kriegseinsatz zu trimmen. Mit der Theorie hielten wir uns nicht lange auf. Die Lehrer brachten uns bei, wie wir eine Kalaschnikow zu bedienen hatten, ein Maschinengewehr und die Pistolen, die zur Ausrüstung der Roten Armee gehörten. Mit Rauchbomben inszenierten sie einen Gasalarm. Auf ihren Befehl hin warfen wir uns auf den Boden und setzten die Gasmasken auf.

Für mich waren es die aufregendsten und schönsten Tage, wenn Vater mich in die Garnison mitnahm. Mit zwölf durfte ich ihn sogar auf den Schießplatz begleiten, wenn dort Übungen stattfanden. Nacheinander lernte ich alle Waffentypen kennen, über die die Armee verfügte. Die meisten davon durfte ich sogar selbst ausprobieren. Nicht allein natürlich, Vater stellte mir immer erfahrene Soldaten zur Seite. Ich kletterte mit ihnen in einen Panzer. Sie brachten mir bei, wie man ein Ziel ins Visier nimmt, und ich feuerte per Knopfdruck die Geschosse ab. Die Soldaten erlaubten mir auch, in das Cockpit eines der geliebten

Düsenjets zu steigen, und sie beschrieben mir, was geschehen würde, wenn ich auf einen der Bedienungsknöpfe drückte. Sie gaben mir ein Spezialfernglas, mit dem ich problemlos fünf Kilometer weit sehen konnte. Und ein anderes, das es wie von Zauberhand möglich machte, im Dunkel der Nacht die Gegend zu beobachten. Doch die spannendsten Stunden erlebte ich, wenn ich Vater in die Kommandozentrale begleiten durfte. Dort konnte ich mitverfolgen, wie die gesamte Militärmaschinerie in der Garnison funktionierte, vom Befehl des Kommandanten bis zur Reaktion eines Soldaten.

Ich würde in Vaters Fußstapfen treten, daran bestand weder bei ihm noch bei mir der leiseste Zweifel. Ich hätte eine entsprechende Bewerbung schon mit zehn Jahren abschicken können, so überzeugt war ich davon, und so sehr zog es mich zum Militär. Vater war mein Vorbild, mein ganz privater Held. Ihm eiferte ich nach. Wie er wollte ich zu den Luftstreitkräften. Wer bei ihnen diente, gehörte zur Elite. Ihre Uniform war die schönste, die stolzeste, und sie genossen die größte Hochachtung. Offensichtlich verspürte ich schon damals den Drang, eines Tages ganz oben zu landen.

Etwas hatte sich mit unserem Umzug nach Lugovoj allerdings geändert. Bis dahin hatte ich davon geträumt, später als Pilot mit einer MiG über den Himmel zu jagen und waghalsige Manöver zu fliegen. Hoch hinaus wollte ich immer noch, aber jetzt. sollte es viel weiter hinauf gehen, ganz nach oben, bis ins Weltall. Das lag nicht nur daran, dass uns die Lehrer in der Schule von Jurij Gagarin vorschwärmten. Von seiner Heldentat hatte ich schon im Kindergarten gehört. Im April 1961 hatte er mit einer *Wostok*-Raumkapsel die Erde umkreist, als erster Mensch der Welt. Für uns Kinder war der verstorbene Kosmonaut Gagarin ein Gott. In der offiziellen Rangfolge unserer Götter rangierte er gleich hinter Lenin und Breschnew. In meiner privaten teilte er sich den Platz mit Onkel Lenin, obwohl der für etwas anderes stand.

Die meisten anderen Kosmonauten, die ihm als Weltraumflieger folgten, lebten noch, aber auch ihnen haftete bereits der Nimbus des Unerreichbaren an. Valeri Bykowski, Wladimir Dshanibekow, Alexander Iwantschenkow, Georgi Gretschko und wie sie alle hießen – sie wurden zu »Helden der Sowjetunion« ernannt und genossen höchstes Ansehen. Alexej Leonow nicht zu vergessen, der 1965 als erster Mensch frei im Weltraum schwebte. Und Jurij Romanenko, der in meiner Jugendzeit gleich sechs Mal als Kommandant ein *Sojus*-Raumschiff befehligte. Jeden erfolgreichen Flug feierten wir als Sieg des Kommunismus. Die Missionen, die wie das *Sojus-11*-Projekt in einer tödlichen Tragödie endeten, kamen einer nationalen Katastrophe gleich. Wir Kinder kannten die Namen aller Kosmonauten und sprachen sie stets voller Ehrfurcht aus. Für uns waren sie die wertvollsten Menschen, die unter der Sonne lebten.

Eines Tages ereignete sich etwas Unfassbares: Mein bester Freund Kolja, der mit seinen Eltern im Haus gegenüber wohnte, kam zu mir gerannt. Koljas Vater diente als Offizier in derselben Garnison wie meiner. Ich saß gerade mit Wladimir vor dem Fernseher, um mir den Start einer bemannten *Sojus*-Rakete anzusehen, der auf dem Ersten Kanal live übertragen wurde, wie jedes Mal, wenn sie ein Raumschiff in den Himmel schossen. Am nächsten Tag würden wir, auch wie immer, ausführlich in der Schule darüber sprechen.

Vater hatte mir einmal erklärt, dass die Startrampe für die Raketen »gar nicht so weit weg« stünde, im Raumfahrtzentrum bei Baikonur. Dabei lag der Ort immerhin gut und gerne siebenhundert Kilometer entfernt. Doch an diesem Abend begriff ich, wie Vater das mit der Entfernung gemeint hatte.

Kolja war ganz aufgeregt. Was er mir sagen wollte, sollten meine Eltern nicht hören. Er flüsterte mir ins Ohr, dass wir sofort aufs Dach klettern müssten. Unsere Wohnhäuser hatten Flachdächer. Obwohl man darauf gut stehen konnte, war uns Kindern der Zutritt verboten und die Dachtür stets fest verriegelt. Doch Kolja und ich hatten vor einiger Zeit ein Schlupfloch ausbaldowert, das groß genug war, um aufs Dach zu gelangen. Erst da oben bemerkte ich, dass Kolja ein Fernglas dabei hatte. Es war

Sommer, der Himmel war klar. Die Sterne schienen so tief zu hängen, dass ich dachte, ich könnte sie mit den Fingerspitzen berühren.

»Da!«, rief Kolja und schaute durch das Fernglas zum Himmel. »Da…, da…!« Seine Begeisterung schien sich mit jeder Wiederholung zu steigern. Als hätte er gerade einen neuen Planeten entdeckt. Ich starrte in dieselbe Richtung, die vielen Sterne verwirrten mich. Doch einer war deutlich größer als die anderen. Er schien auch heller zu leuchten und sah aus, als zöge er einen Feuerschweif hinter sich her. Und er bewegte sich. Kolja reichte mir das Fernglas, damit konnte ich es erkennen: Es war kein Stern. Es war die Rakete, die ich eben noch auf dem Bildschirm gesehen hatte! Sie flog jetzt in hohem Bogen direkt über uns entlang. So nah, dass ich sie auch mit bloßem Auge sehen konnte.

Lange starrten wir in den sternengesprenkelten Nachthimmel und sahen zu, wie sich die Rakete entfernte und schließlich nur noch ein winziger weißer Punkt war. Und danach blieben wir noch ein paar Minuten auf dem Dach stehen. Kolja sagte nichts, ich blieb auch stumm, als hielten wir Andacht. Als sei uns hier oben der liebe Gott erschienen.

Von diesem Tag an versuchten wir, keinen der Raketenstarts zu verpassen. Manchmal nahmen wir Wladimir aufs Dach mit, dem es ebenfalls die Sprache verschlug. Ich weiß nicht, wie es ihm und meinem Freund Kolja erging, ich für meinen Teil hatte meine Religion jedenfalls gefunden. Ich war geradezu beseelt von der Vorstellung, selbst einmal in einer *Sojus*-Rakete zu sitzen und ins Weltall zu fliegen. Es war das größte Abenteuer, das ich mir vorstellen konnte.

Verliebte Blicke

Wladimir

Niemand saß so lange im Zug wie wir. Spätestens an der Station vor der Grenze verließen die letzten Fahrgäste, die mit uns in Kasachstan eingestiegen waren, die Bahn. Zu diesem Zeitpunkt lagen bereits vier Tage Reise hinter uns, vielleicht auch fünf oder sechs. Wir rollten Tag und Nacht, begleitet von der immer gleichen Melodie der ratternden Räder, sodass ich jedes Zeitgefühl verlor. Noch nie waren wir so viele Tage unterwegs gewesen. Am Grenzübergang hielten wir lange. Die Zöllner stellten einen Waggon nach dem anderen auf den Kopf, damit ihnen kein Schmuggelgut durch die Lappen ging. Ich fragte mich, wonach genau sie suchten. Die Menschen in der Sowjetunion lebten wahrlich nicht in einem solchen Überfluss, als dass sie etwas außer Landes hätten schaffen können. In vielen Regionen mangelte es selbst an Lebensmitteln, von irgendwelchen Luxusgütern ganz zu schweigen.

Unserer Familie ging es nicht schlecht, wir mussten nicht hungern, und wir hatten genug zum Anziehen. Wir trugen natürlich keine Markenprodukte. Die gab es gar nicht, und Mode interessierte mich noch nicht. Ich zog die Hosen an, die Mutter mitbrachte. Der Schnitt spielte keine Rolle und die Farbe auch nicht. Außerdem musste ich Vitalis Sachen auftragen, wenn er aus ihnen herausgewachsen war. Ich besaß zwei Paar Schuhe, wie mein Bruder. Ein Paar für den Sommer, eins für den Winter. Das war nicht selbstverständlich. Schuhe waren Mangelware, deshalb waren sie vergleichsweise teuer. In armen Bauernfamilien bekamen die Kinder manchmal nur dicke Stoffreste um die Füße gewickelt, die am Knöchel mit Bindfäden verschnürt wurden. Selbst im Vergleich zu einem Fabrikarbeiter verdiente Vater ungewöhnlich gut. Jeden Monat bekam er hundertfünfzig oder hundertsechzig Rubel. Von dem Geld sparten meine Eltern noch, zum Beispiel auf einen Sommerurlaub. Wir verreisten aber nicht jedes Jahr, dafür reichte es nicht. Meistens schickten unsere Eltern Vitali und mich in den Ferien zu Großmutter Jewtokia. Hin und wieder bekam Vater für die Familie einen Platz in einem Militärsanatorium der Luftstreitkräfte am Schwarzen Meer. Wenn wir Glück hatten, begegneten wir dort berühmten Kosmonauten. Einmal trafen wir Pawel Popowitsch. Er hatte Jurij Gagarin persönlich gekannt, war ein Jahr nach ihm als Kommandant des Raumschiffs *Wostok 4* ins Weltall geflogen und 1974 noch einmal mit *Sojus 14*. Popowitsch gehört zu den Helden meiner Kindheit. Ich kannte ihn nur von Fotos aus der Zeitung und erstarrte fast vor Ehrfurcht, als ich ihn leibhaftig und aus der Nähe sah. Vitali ist sogar zu ihm hingegangen und hat ihn berührt.

Ich verehre Popowitsch heute noch. Nicht alle Kosmonauten haben ihren Ruhm verkraftet, aber er ist ein großartiger Mensch geblieben. Er stammt aus der Ukraine, aus der Nähe von Kiew. Anfang der neunziger Jahre wurde ein Boxturnier nach ihm benannt. Dort traf ich ihn wieder. Es ging um die Qualifikation für eine Europameisterschaft. Ich gewann, und er überreichte mir bei der Siegerehrung einen Pokal. Was war ich stolz, von diesem bedeutenden Mann geehrt zu werden! Ungefähr zehn Jahre danach, im Dezember 2003, liefen wir uns noch einmal über den Weg, in einer VIP-Lounge auf dem Flughafen Moskau Scheremetjewo. Bei dieser Begegnung dürfte ich mich ziemlich blamiert haben. Diesmal war er es, der auf mich zukam: »Na, Wladimir, erinnerst du dich noch an mich?« – »Entschuldigen Sie, aber …« Ich weiß nicht, was mit meinen Augen los war. Ich erkannte ihn nicht. »Du hast damals bei meinem Turnier gewonnen, und ich habe dir gratuliert«, half er mir auf die Sprünge. Ich hatte offenbar eine Ladehemmung, der Groschen fiel einfach nicht. »Es tut mir Leid, aber ich habe auf vielen Turnieren gekämpft.« Ich hätte es ihm nicht übel nehmen können, wenn er mich für einen arroganten Schnösel gehalten und mich einfach stehen gelassen hätte. Ich hatte in der Zwischenzeit eine olympische Goldmedaille gewonnen und mir als Profiboxer einen Namen gemacht, dennoch war der Berühmtere zweifellos er. Was bedeuteten meine irdischen Siege, verglichen mit seinen Heldentaten im Kosmos? Dass er nicht beleidigt war, sich stattdessen mir vorstellte, zeigte seine Größe. Von einem wie Popowitsch kann man immer noch lernen.

Doch wieder zurück zu unseren finanziellen Verhältnissen: Wie die meisten Männer in der Sowjetunion träumte Vater von einem Auto. Darauf sparte er. Ein eigener Wagen galt als Statussymbol, er zeigte, dass man es zu etwas gebracht hatte. Wer ein Auto besaß, gehörte zur Elite. Professoren fuhren Autos, hohe Politiker und die Chefs von großen Fabriken. Die Leute unternahmen die verrücktesten Sachen, um an einen eigenen Wagen zu kommen. Manche verkauften sogar ihr Haus, um sich einen leisten zu können, und wohnten dann darin. Vater wünschte sich einen Lada. Der kostete neun- bis zehntausend Rubel. Leider hat er sich seinen Traum nicht verwirklichen können. Als er Ende der achtziger Jahre die erforderliche Summe endlich beisammen hatte und mit der Bestellung fast an der Reihe war, setzte die Inflation ein. Vater hätte nur noch zwei oder drei Monate auf die Auslieferung warten müssen, doch auf einmal verlor das Geld, das er mühsam zusammengespart hatte, an Wert, jeden Tag ein bisschen mehr. So etwas hatten wir noch nie erlebt. Vater wollte nicht wahrhaben, was da vor sich ging. Ich sagte ihm, er solle sich von seinen Ersparnissen wenigstens noch schnell etwas anderes kaufen, ehe er gar nichts mehr dafür bekäme. Aber er meinte, die Inflation könne höchstens eine vorübergehende Erscheinung sein, bald werde das Geld wieder seinen ursprünglichen Wert besitzen. Wie bitter enttäuscht er war, als es dann gerade noch für eine kleine Schleifmaschine reichte! Er litt lange darunter. Als wir später Profis wurden und harte Währung verdienten, schenkten wir ihm zum fünfzigsten Geburtstag einen Wrangler-Jeep.

Vielleicht suchten die uniformierten Männer, die Pistolen in ihren Holstern am Gürtel trugen, im Zug auch nach geheimen Wodkavorräten. Wodka schien es reichlich zu geben. Es hätte mich auch gewundert, wenn das anders gewesen wäre, Wodka ist schließlich unser Nationalgetränk. Worauf sie es auch abgesehen haben mochten, die Koffer, die in unserem Abteil standen, schienen mir völlig unverdächtig, die Gepäckstücke der Leute nebenan ebenfalls. Mutter, Vitali und mich ließen die Zollbeamten zum Glück in Ruhe. Vater war nicht dabei, er war wie üblich vorgereist. Bevor unser Zug seine Fahrt fortsetzen konnte, mussten sämtliche Räder und Achsen ausgetauscht werden. Die Gleise jenseits der Grenze waren schmaler. Dafür wurde jeder Waggon mit einer hydraulischen Hebevorrichtung aus den Schienen gehoben, die Radachsen wurden entfernt und durch andere ersetzt. Das dauerte noch einmal mindestens zwei Stunden. Niemand durfte währenddessen den Zug verlassen, alle Türen waren von außen verriegelt.

Als wir endlich an unserem Ziel eintrafen, hätte ich nicht sagen können, wie viele Tage oder Wochen wir insgesamt unterwegs gewesen waren. Wenigstens lohnte sich die lange Reise diesmal. Hier sah alles vollkommen anders aus: Erhebungen, bei uns nie höher als ein Hügel, waren hier richtige Berge, der gewaltigste über tausend Meter hoch. Statt der endlosen Weite von Steppen und Wüsten standen so viele Bäume auf einem Fleck, dass man sie als Wald bezeichnen konnte. Zum ersten Mal in meinem Leben sah ich Kiefern, Buchen und Fichten. Sie ragten fast so hoch in den Himmel wie unser neues Wohnhaus in der Kaserne, das Einzige, was mich an unser altes Zuhause erinnerte. Es glich dem letzten Quartier, als hätte es jemand für uns komplett hierher verfrachtet. Sogar die Aufteilung der Zimmer war identisch. Wir hatten die Sowjetunion verlassen und waren in der Tschechoslowakei gelandet, die damals ČSSR hieß, im nördlichen Teil von Böhmen, keine fünfzig Kilometer von der Grenze zur DDR. So weit das auch von Vaters bisherigem Einsatzort bei Lugovoj entfernt lag, für mich war es kein Ausland. Wie vorher in Kasachstan hielten wir uns auch hier in einer sozialistischen Republik auf. Und wie dort waren auch hier die Streitkräfte der Roten Armee stationiert. Nach meiner kindlichen Logik schien mir das nur möglich, wenn die eine Republik wie die andere zu meinem großen Heimatland gehörte. So hatte Vater uns das auch erklärt. Hier lebten eben nicht Kasachen, sondern Tschechoslowaken. Dass ihre Muttersprache der unsrigen nur entfernt ähnelte, sprach nicht dagegen.

Russisch und Lettisch zum Beispiel unterscheiden sich viel deutlicher. Außerdem konnten wir unsere Sprache beibehalten. Als Kinder der Sowjetarmisten gingen wir auf eine separate Schule, die den Einheimischen verschlossen blieb.

Wer das Gebiet in der Nähe von Mladá Boleslav einst als Militärgelände auswählte, hat eine vorzügliche Wahl getroffen. Einen geheimnisvolleren Abenteuerspielplatz konnte ich mir nicht vorstellen. Nördlich eines wunderschönen Sees, der in einem der nächsten Sommer für mich von Bedeutung sein sollte, erstreckte sich ein unübersichtliches Areal von Nadel- und Mischwäldern, vereinzelt unterbrochen von Bergen und steilen Sandsteinfelsen. Vaters neue Dienststelle, wie immer ein Stützpunkt der Luftstreitkräfte, befand sich mittendrin, einen Steinwurf von Hradčany entfernt, einem kleinen Dorf, das nur auf sehr detaillierten Landkarten zu finden ist. In unmittelbarer Nachbarschaft waren Panzereinheiten der Sowjetarmee und verschiedene Kommandos der einheimischen Streitkräfte stationiert. Ich fand das spannend. Die Einwohner der umliegenden Ortschaften waren von dieser Truppenpräsenz nicht annähernd so begeistert. Weite Teile des fast unberührten Landstrichs waren Sperrgebiet. Diese Bereiche durften sie entweder gar nicht oder nur mit einer Sondergenehmigung betreten. Solche Vorschriften galten natürlich auch für uns, mit dem kleinen Unterschied, dass wir keine Sekunde daran dachten, sie einzuhalten. Die waghalsigen Erkundungen auf den bisherigen Truppenübungsplätzen hatten Vitali und mich in meinen Augen gewissermaßen zu berechtigten Vorschriftenbrechern qualifiziert. Immerhin verfügten wir über jahrelange Erfahrungen im Umgang mit Blindgängern und all dem anderen Militärmüll.

Ich hätte es besser wissen müssen, schließlich war ich kein kleines Kind mehr. Ich ging nämlich schon zur Schule, obwohl ich altersmäßig noch gar nicht an der Reihe gewesen wäre. Im letzten Frühjahr, noch in Lugovoj, hatte ich es einfach nicht mehr ausgehalten. Ich war gerade sechs geworden. Vitali besuchte bereits die vierte Klasse, ich dagegen turnte immer noch im Kindergarten herum. Ich war zwar nach ihm geboren, wollte aber nicht ewig der Zweite bleiben. Wenigstens ein bisschen wollte ich aufholen. Die Schule sollte der erste Schritt sein. Mit einem Schulranzen auf dem Rücken würde ich zu den Großen gehören. Von diesem Plan ließ ich mich nicht abbringen, auch nicht mit dem blöden Argument, ich sei noch zu jung. Damit kam Mutter bei mir nicht weiter. Ich lag ihr so lange in den Ohren, bis sie einen Termin mit dem Schuldirektor vereinbarte. Was ich dem alles versprach, damit er seinen Segen gab! Ich würde jeden Tag pünktlich in der Schule erscheinen und im Unterricht niemals stören. Ich würde fleißig lernen und immer versuchen, die besten Noten zu bekommen. Und selbstverständlich würde ich ein guter Pionier sein, die Lehrer achten und Onkel Lenin auch.

Ich haute mächtig auf den Putz, aber es lohnte sich: Im Sommer kaufte Mutter mir einen Schulranzen und eine Schuluniform, die ich zu meiner Einschulung am 1. September stolz präsentierte. Vorgeschrieben waren dunkelblaue Jacke und Hose sowie ein weißes Hemd. Im ganzen Land trugen die Schüler das Gleiche, die Mädchen Röcke statt Hosen. Solange wir die Schuluniform anhatten, zwangen uns die Lehrer, unser Temperament im Zaum zu halten und auf unsere Kleidung aufzupassen. Sie achteten streng darauf, dass wir das Klassenzimmer in einem anständigen Aufzug betraten. Schon an der ersten Schule war mir diese Kontrolle äußerst gewissenhaft erschienen. An der neuen in Hradčany wurde ein geradezu militärischer Drill praktiziert. Unsere Sachen hatten sauber und gebügelt zu sein, nicht nur montags. Schmutzflecken sahen die Lehrer als groben Verstoß. Beim ersten Mal drückten sie vielleicht ein Auge zu. Erschien man allerdings wiederholt mit fleckiger Uniform zum Unterricht, wurde man ermahnt. Half auch das nichts, bekamen es die Eltern beim nächsten Elternabend zu hören. Oder sie wurden außer der Reihe in die Schule bestellt, was noch schlimmer war. Die Strenge der Lehrer war ganz nach Vaters Geschmack. Auch er behandelte seine Uniform wie ein Heiligtum. Nicht einmal Mutter ließ er heran, wenn ein Knopf anzunähen oder eine Naht auszubessern war. Das erledigte er selbst. Von seinen Kindern verlangte er den gleichen Einsatz. Aus diesem Grund lernte ich bügeln – mit achteinhalb Jahren. Meine Lieblingsbeschäftigung war das gewiss nicht, aber ich stand so oft an einem Bügelbrett, dass mit der Zeit ein Meisterbügler aus mir wurde. Heute ist das ganz nützlich, so häufig wie ich unterwegs bin und aus Koffern leben muss. Bevor ich mir ansehe, wie schlampig in vielen Hotels Anzüge und Hemden geplättet werden, greife ich lieber schnell selber zum Bügeleisen.

Schule kann sicherlich Spaß machen, aber nicht unter den Bedingungen, die in Hradčany herrschten oder an der Schule in Mimon, die ich anschließend besuchte. Mimon ist ein etwas größerer Ort, vier oder fünf Kilometer von Hradčany entfernt. In beiden Schulen ging es fast strenger zu als in Vaters Garnison. Die Lehrer scheuchten uns wie Aufseher ihre Gefangenen. »Disziplin« und »Ordnung« waren die Begriffe, die sie am häufigsten gebrauchten. Aus unerfindlichen Gründen bestanden sie darauf, dass wir unsere Jacketts während des Unterrichts geschlossen hielten. Nicht einmal einen Knopf durften wir öffnen, so unbequem das auch war. Wer seinen Lenin-Stern einmal vergaß oder später das rote Halstuch, wurde nach Hause geschickt, um seinen regulären Status schleunigst wiederherzustellen. Die Sitzordnung in unserem Klassenraum glich einem großen Siegerpodest. Niemand durfte sich selbst seinen Platz auswählen. Der Lehrer setzte jeden entsprechend seinem Leistungsstand. Die vorderste Reihe blieb den besten Schülern vorbehalten. In der zweiten saßen die, die nicht ganz so glänzten und das gute Mittelfeld bildeten. Die Schlechtesten hatten sich nach hinten zu verkriechen. Zum ersten Mal erlebte ich so etwas wie eine Leistungsgesellschaft, und sie funktionierte sogar. Das strenge Regiment der Lehrer schüchterte uns ein. Wir schämten uns tatsächlich, wenn es nur für einen der hinteren Stühle reichte. Die Ränge wurden von Woche zu Woche neu verteilt. Jeder bekam seine Chance.

Immer klappte es nicht mit guten Noten. Ich richtete mich bei den Dreierkandidaten ein, in der mittleren Reihe, das war ein gemütliches Plätzchen. Wenn ich bedenke, wie versessen ich darauf gewesen war, frühzeitig in die Schule zu kommen, hielt sich meine Begeisterung mittlerweile sehr in Grenzen. Nicht einmal den Sportunterricht konnte ich ungetrübt genießen. Ich war nicht untalentiert, lief schneller als die anderen und stellte mich auch beim Geräteturnen halbwegs geschickt an. Sobald jedoch ein Ball ins Spiel kam, stieß ich an meine Grenzen.

Das einzige Fach, das wirklich mein Herz eroberte, war Russische Literatur. Mutter hatte uns früher jeden Abend Märchen vorgelesen. Möglich, dass mein Interesse daher kam. Wir besaßen zu Hause einen dicken Wälzer mit russischen Volksmärchen, die wir nacheinander alle zu hören bekamen. *Der dumme Ivan* war meine Lieblingsgeschichte, die kannte jedes Kind in der Sowjetunion. Sie handelt von einem Vater, der drei Söhne hatte. Zwei von ihnen waren verheiratet, Ivan, der Jüngste, noch nicht. Alle hielten ihn für dumm, bis er sie vom Gegenteil überzeugte. Am Ende bekam er nicht nur die schöne Tochter des mächtigen Zaren zur Gemahlin, sondern auch einen prächtigen Palast. Darin lebten sie viele Jahre glücklich zusammen, und wenn sie nicht gestorben sind … Ein Märchen eben.

Ich liebte es, Gedichte zu lernen und sie vor der Klasse vorzutragen. Es gab so viele begnadete russische Dichter: Michail Lermontow, Anna Achmatowa, Michail Lomonosow, Maxim Gorki, Boris Pasternak. Und Alexander Puschkin natürlich, dessen Werke ich regelrecht verschlang. Ihn hielt ich für den Besten, wobei mich einige Texte von ihm, die nicht auf dem Lehrplan standen, besonders interessierten. Man kann sich vorstellen, wie es die Phantasie eines Jungen in meinem Alter beflügelte, wenn er las:

Warum in loser Hüllen Tücke
Mit weicher Stimme, heißem Blicke
Suchst zu entflammen du mein Herz
Und mich zu schwülem Sinnenglücke
Zu reizen durch zweideut'gen Scherz?

Ein paar Klassen höher nahmen wir die Verse von Wladimir Majakowski durch. Seine Treppenreime ließen sich nicht mehr so einfach rezitieren, es dauerte länger, bis ich sie auswendig konnte. Dafür hatten sie es in sich, so gewöhnungsbedürftig ihre Sprache auch war. Manche Gedichte stellen eine eigentümliche Mischung aus aufgesetzter politischer Agitation und derber Alltagssprache dar. Plötzlich las ich Worte, die mich an jene verbotenen erinnerten, die mir einst die Soldaten beigebracht hatten – *Speichellecker* und *Kriecher* und *Stachelschwein.* Für mich stand fest: Majakowski musste ein furchtloser Mann gewesen sein, so, wie er die Dinge beim Namen nannte. Ich konnte mir nicht vorstellen, dass es in der Zeit, als er seine Gedichte verfasste, in unserem Land lockerer zugegangen sein sollte. Andererseits schrieb er in seinem Gedicht *Syphilis* vom Fremdgehen und von letzten Gelüsten und einer Pfeife, die lang ist und Gestank verbreitet, von Laster und Sündenmorast. Das war starker Tobak für meine Ohren. Solche Wörter beschleunigten meinen Puls sofort. Schließlich war Sexualität ein verbotenes Thema. Wenn es stimmte, was unsere Lehrer predigten, dann gehörten solche schmutzigen Angelegenheiten wie Sex, Prostitution und Treulosigkeit nicht zu unserer, sondern zu einer anderen, zur verdorbenen westlichen Welt.

Die Liebe zu Gedichten ist übrigens geblieben. Ab und zu versuche ich mich selbst als Dichter, meistens, wenn ich verliebt bin. Das sind dann sehr intime Zeilen. An meine großen Vorbilder reiche ich mit meinem Kauderwelsch natürlich nicht heran, aber das eine oder andere Frauenherz habe ich damit schon erobert.

Wobei mir das auf Deutsch oder Englisch noch schwer fällt. In meiner Muttersprache gebe ich einen besseren Poeten ab. Harald Schmidt wird mir das wahrscheinlich nicht abnehmen. In einer seiner Shows wollte ich einmal besonders glänzen. Leider ging mein Vorhaben nach hinten los. Womöglich war ich übermotiviert, wie wir Sportler sagen. Jedenfalls reimte ich fleißig auf dem Weg dorthin. Ich hielt die Verse auch für gelungen. Die Leute im Studio wohl nicht so. Bescheidener Applaus. War ich froh, als ich die peinlichen Minuten hinter mich gebracht hatte!

In der Schule jedenfalls schien ich für das Fach Literatur einigermaßen begabt zu sein. In anderen Disziplinen offenbarte ich hin und wieder Schwächen, die mit entsprechenden Noten bestraft wurden. Damit nach Hause zu gehen, kostete einige Überwindung, zumal ich des Öfteren erlebt hatte, was Vitali blühte, wenn er unseren Eltern eine Eins oder Zwei vorlegte. Sie forschten nach dem Grund seines Versagens, jeder auf seine Art. Zuerst Mutter mit ihren Fragen, Vater dann später mit seinen Schlägen. Einer solchen Konfrontation versuchte ich möglichst aus dem Weg zu gehen. Meistens verschwieg ich die schlechte Botschaft einfach. Das dazugehörige Heft ließ ich sicherheitshalber verschwinden, was freilich nur dann Sinn machte, wenn die Zensur noch nicht in meinem Notenheft stand. Wir mussten es jedes Wochenende den Eltern vorlegen und unterschreiben lassen. Zum Glück war mancher der Lehrer so vergesslich wie ich gelegentlich mit meinen Hausaufgaben. Und der umliegende Wald unüberschaubar groß und verwildert, er bot unzählige Verstecke. Anscheinend kannte Vitali auch einige davon. Einmal kam er prompt mit einem meiner abgelegten Hefte zurück, von dem ich glaubte, dass es unter Gras und Laub längst verwest sei.

Später fand Vitali schließlich das perfekte Versteck. Allerdings nicht im Wald, sondern in unserer Wohnung, genauer gesagt im Badezimmer. Hinter einer Wand befand sich ein Lüftungsschacht, zu dem ein Rohr führte. Wenn man die Hefte ein bisschen bog, passten sie genau hinein. Anfangs war ich skeptisch, die Dokumente meiner Schandtaten so nah bei den Eltern zu deponieren. Doch der Schacht erwies sich als das sicherste Versteck, das man sich denken konnte. Beinahe fünfzehn Jahre blieben die Hefte unentdeckt, bis meinen Bruder eines Tages Langeweile plagte.

Wir lebten beide schon als Profiboxer in Hamburg, die Sowjetarmee existierte längst nicht mehr. Es war unser erster Sommer in Deutschland. Vitali hatte gerade seinen Kampf gegen den Amerikaner Jim Hayes absolviert. Eine klare Sache, er knockte ihn in der zweiten Runde aus. Nach einem Fight weiß man manchmal nicht so recht, wohin mit sich. Man hat sich wochenlang vorbereitet und auf diesen einen Tag konzentriert. Egal, wie der Kampf ausgeht, man benötigt Zeit, um den Kopf wieder freizubekommen. Vitali entschied sich für eine lange Autofahrt. Achthundert Kilometer weiter südöstlich fand er sich in einer Geisterstadt wieder: Die alten Kasernengebäude von Hradčany, sie standen noch, allerdings wohnte schon lange niemand mehr in ihnen, so verwahrlost sahen sie aus. Türen waren eingetreten, die meisten Fensterscheiben zerschlagen. Unkraut überwucherte die Wege, als hätte seit Jahren kein Mensch die Gegend betreten. In unserer alten Wohnung hing die Tapete in Fetzen von den Wänden. Es war immer noch dieselbe, die wir nach unserem Einzug mit Mutter angeklebt hatten. Zur Dämmung hatten wir eine Schicht alter Zeitungen druntergekleistert. Die Schlagzeilen konnte Vitali noch lesen, sie stammten vom November und Dezember 1982. Einige berichteten vom Tod unseres Generalsekretärs Leonid Breschnew, andere von der Ernennung seines Nachfolgers, Jurij Andropow, eines Armeegenerals, der zuvor fünfzehn Jahre lang KGB-Chef gewesen war.

Vitali erzählte mir nach seiner Rückkehr, dass er sich wie in einer Zeitmaschine gefühlt habe. In unserem alten Badezimmer seien Erinnerungen an früher hochgekommen. Wie wir als Kinder in der Wanne saßen und mit kleinen Booten spielten, die wir aus Papier gebastelt hatten. Auf einmal sei sein Blick zu dem Lüftungsrohr gewandert. Alles habe er erwartet, nur nicht, auf einen Stapel Hefte zu stoßen. Auf jedem einzelnen standen mein Name und die jeweilige Klassenstufe. Nicht eines war annähernd voll geschrieben. In allen endeten meine Eintragungen haargenau an der Stelle, die mit einer schlechten Note versehen war oder mit einer nicht sehr freundlichen Mitteilung für meine Eltern.

Zu meiner Verteidigung muss ich erklären, dass es in Hradčany und Umgebung verdammt viele Beschäftigungsmöglichkeiten gab, die weitaus interessanter waren, als die Schulbank zu drücken. Immerhin hing das Spannendste, was ich dort erlebte, mit einer Schule zusammen, einer, die noch nicht existierte, aber schnellstmöglich errichtet werden sollte. Eines Tages rückten deshalb einheimische Bauarbeiter mit Baggern auf dem abgesperrten Militärgelände an, wo wir wohnten. Sie begannen das Fundament und das Kellergeschoss auszuheben. Plötzlich mussten sie ihre Arbeit unterbrechen: Die Baggerlöffel hatten ein Stück dunkelster Vergangenheit freigelegt. Unter dem Erdreich kam vermoderte Kriegstechnik zum Vorschein: Gasmasken, Stahlhelme, zerschlissene Reste von Uniformen, halb verrottete Stiefel, Patronen und verrostete Pistolen. Das alles musste seit dem Zweiten Weltkrieg dort gelegen haben. Offenkundig waren die Baggerführer auf ein ehemaliges Depot der deutschen Wehrmacht gestoßen.

Das Grundstück wurde sofort abgesperrt, eine Maßnahme, die Vitali, ich und ein paar von unseren Freunden natürlich als Einladung verstanden. Ungeduldig warteten wir, bis die Bauarbeiter am Nachmittag verschwanden. Dann kletterten wir über die Absperrung und machten uns auf die Suche. Patronen lagen noch ziemlich viele herum. Wir fanden auch ein paar Bajonette, einen Behälter mit Chlor und sogar eingeschweißte Kondome. In einer Ecke stießen wir auf Weinflaschen, die noch voll waren. Wir vergriffen uns lieber nicht daran. Doch dieser ganze Kram war nichts gegen das, was Vitali ausgrub: eine echte Maschinenpistole. Sie war völlig verrostet, kein Teil, das sich an ihr noch bewegen ließ. Aber das war auch nicht wichtig. Er hielt eine richtige Waffe in seinen Händen, so etwas wie einen Hauptgewinn! Alle anderen Jungs beneideten ihn darum. Die älteren versuchten sogar, sie ihm auf der Stelle abzuknöpfen, aber er verteidigte seine Beute, drückte sie mit den Händen fest an die Brust und lief schnurstracks nach Hause. Bei Vater hielt sich die Freude über das Fundstück erwartungsgemäß in Grenzen. Bestimmt hundertmal hatte er uns schon verboten, Waffen oder Munition, die im Gelände herumlagen, auch nur anzurühren. Doch irgendwie gelang es Vitali, ihn davon zu überzeugen, dass diese Maschinenpistole in dem Zustand nichts weiter als ein harmloses Spielzeug darstellte. Nach einer ziemlich langen Diskussion und genauester Untersuchung sah er das, zu meiner und Vitalis Überraschung, sogar ein. Mein Bruder durfte sie tatsächlich behalten.

Nachdem wir die Baugrube ausgiebig erforscht hatten und die Aufregung nach einigen Tagen abgeklungen war, dehnten wir unsere Erkundungen wieder auf das gesamte Sperrgebiet aus. Keine Ahnung, warum uns diese ewige Suche nach den Hinterlassenschaften militärischer Übungen niemals langweilig wurde. Dass uns die Verbote der Erwachsenen nicht aufhielten, kann ich selbst heute, nach zwanzig Jahren, nachvollziehen. Es gibt ein Alter, in dem einen vor allem das reizt, was ausdrücklich verboten ist. Warum wir unsere Spielchen allerdings nicht spätestens dann bleiben ließen, als es ein paar andere Jungs erwischte, ist mir schleierhaft. Vielleicht, weil es häufiger vorkam, dass Kinder mit Blindgängern hantierten, die in die Luft gingen und ihnen eine Hand oder ein paar Finger abrissen. Weil wir uns an die Nachrichten von solchen Unfällen gewöhnten. Oder weil wir uns für schlauer, erfahrener und unverwundbar hielten. Dieses Gefühl der Unverwundbarkeit trifft es in meinem Fall am ehesten. Ich dachte damals wirklich, dass Verletzungen etwas waren, was nur anderen zustieß. Ich hatte lediglich Angst vor einer schlechten Note, und ich fürchtete mich vor Vaters Reaktion darauf. Das änderte sich auch nicht an dem Tag, als ich von den ersten Todesfällen in unserer Schule erfuhr. Drei oder vier Jungen aus einer anderen Klasse hatten mit einer alten Granate gespielt, die explodierte und zwei von ihnen in Stücke riss. Ein dritter verlor beide Hände.

Wir hörten einfach nicht auf. Einmal war es Vitali, der auf dem Truppenübungsplatz eine Panzermine aufspürte und in unsere Wohnung schleppte, weil er sie nicht den anderen Jungen überlassen wollte. Dann wieder brachte ich es fertig, aus dem Schwarzpulver alter Patronen eine Sprengladung zu basteln und sie an der falschen Stelle anzuzünden. Sie detonierte, bevor ich mich in Sicherheit bringen konnte. Die Schutzengel halfen mal wieder: Meine Ohren blieben zwar ein Weilchen taub, und eine Hand blutete ein bisschen. Ich hätte bei diesem Experiment aber ebenso gut draufgehen können.

Vater versuchte, unsere Affinität zu Waffen in die richtigen

Bahnen zu lenken. Er besorgte uns ein Luftgewehr, das wir allerdings nur in seinem Beisein benutzen durften. So lautete die Absprache, an die wir uns auch hielten – eine Zeit lang jedenfalls. Bis der Tag kam, an dem Vitali und ich alleine zu Hause waren und beschlossen, heimlich eine kleine Schießübung zu veranstalten. Wir nahmen das Gewehr, die Kugeln und eine Zielscheibe und verschwanden in unserem Zimmer. Wir befestigten die Scheibe an der Tür und ballerten los. Dabei wechselten wir uns ab, um den besten Schützen zu ermitteln. Vitali gewann den Wettstreit, er war weitaus geübter.

Die ganze Zeit über behielten wir die Uhr im Blick, damit wir rechtzeitig aufhören und unsere Spuren beseitigen konnten, bevor Mutter nach Hause kam. Wir putzten die Waffe sorgfältig und räumten sie wieder an ihren angestammten Platz. Dann sammelten wir die Geschosse vom Boden auf. Ein winziges Stück Blei hätte uns verraten können. Also achteten wir sorgfältig darauf, keines zu übersehen. Zum Schluss fiel uns die Scheibe ein, sie hing noch an der Tür. Vitali nahm sie ab, und in diesem Moment sahen wir die Bescherung: Die Stelle dahinter glich einem großen Sieb. Unsere Geschosse hatten die dünne Spanplatte durchlöchert. Da war nichts zu reparieren. Vaters Reaktion muss ich nicht erst beschreiben.

Mit der Zeit erweiterte sich mein Aktionsradius. Zu Fuß war jeder Kilometer eine Strapaze gewesen, aber mit einem Fahrrad konnte ich den Truppenübungsplatz, die Schule in Mimon und ein paar andere Orte in der Gegend ohne größere Anstrengung erreichen. Gemessen an den Dimensionen von Kasachstan lebten wir hier in einer überschaubaren Spielzeugeisenbahn-Landschaft. Nach knapp hundert Kilometern wäre man in Prag gewesen, in der größten Stadt des Landes. Vitali besaß schon länger ein Fahrrad, ich hatte mir eins zum letzten Neujahrsfest gewünscht. Das war unsere Art von Heiligabend, sozusagen die kommunistische Variante. Mit irgendeinem Gott hatte das nichts zu tun, wir begrüßen lediglich das neue Jahr. Das eigentliche Weihnachten hatten die Bolschewiki ja nach der Oktoberrevolution 1917 abgeschafft. So, wie Stalin mit seiner Atheismus-Doktrin in den dreißiger Jahren befahl, die meisten Kirchen sprengen oder schließen und jegliche Religion verbieten zu lassen. Fortan durfte es nur noch eine Religion geben, nämlich die der kommunistischen Partei.

Nowui God, das Neujahrsfest, feierten wir am letzten Tag des Jahres. Statt des Weihnachtsmanns brachten Väterchen Frost und Schneewittchen die Geschenke. Es gab sogar einen festlich geschmückten Tannenbaum, denn der war nicht verboten. Die Gaben unter dem Baum fielen in der Regel bescheiden aus. Ein Fahrrad wäre viel zu teuer gewesen. In unserer Familie war es Brauch, seine Wünsche am Silvestertag auf einen Zettel zu schreiben. Damit sie sich im kommenden Jahr auch erfüllten, musste er um Mitternacht in den Mund gesteckt und hinuntergeschluckt werden. Schon deshalb schien es ratsam, sich zu beschränken, damit die Wünsche auf ein kleines Blatt passten. Ich notierte nichts außer dem Fahrrad, kaute den Zettel sorgfältig, bis mir das Papier ausreichend geschmeidig erschien, und schluckte ihn herunter. Wie Väterchen Frost ihn allerdings in meinem Magen finden und entziffern sollte, fragte ich mich lieber nicht.

Nach einigen Wochen schickte er mir tatsächlich eine Botschaft. Die konnte zwar jeder lesen, da sie im Anzeigenteil unserer Zeitung stand, dennoch war ich überzeugt, dass sie nur mir galt. Ausgerechnet ein sowjetischer Offizier, der auch noch im selben Haus, nur ein paar Eingänge weiter wohnte, bot ein Fahrrad zum Verkauf! Das einzige Hindernis stellte jetzt noch der Preis dar. In diesem Punkt konnte auch Väterchen Frost nicht helfen. Der Nachbar verlangte achthundert Kronen, da es sich um ein neuwertiges Modell handelte. Mutter stöhnte und meinte, so viel könne sie mir nicht geben. Sechshundert, mehr seien nicht drin, ich solle es damit versuchen. Unbedarft, wie ich in geschäftlichen Angelegenheiten war, nahm ich das Geld an mich und ging die Sache an. So groß würde der Unterschied schon nicht sein.

Und wenn ich tausend Kronen in der Tasche gehabt hätte, für

dieses Fahrrad hätte ich jede einzelne hergegeben! Sein dunkelblauer Lack glänzte, die silbernen Speichen blitzten – es war das schönste Rad, das ich jemals gesehen hatte. Ich musste es haben. Ich wusste bloß nicht, wie ich es anstellen sollte. Also redete ich einfach drauflos, wie wunderschön es sei und wie sehr ich mir ein Fahrrad wünschte und wie gut ich es pflegen würde. Das Geld erwähnte ich erst am Schluss. Gut, dass ich allein zu ihm gegangen war, das gab den Ausschlag. »Eigentlich wollte ich mit dem Preis nicht runtergehen«, sagte er. »Aber ich sehe ja, wie sehr du kleiner Kerl dir das Fahrrad wünschst.« Ich hatte es geschafft!

Im nächsten Sommer brauchte ich das Fahrrad dringend, um mir ein bisschen Freiheit zu verschaffen. Das Gelände, auf dem wir und die Familien der anderen sowjetischen Offiziere wohnten, war rundherum eingezäunt. Wir lebten wie in einer kleinen, eingeschlossenen Stadt. Die Bewohner durften nicht hinaus, und den Tschechoslowaken war es nicht erlaubt, hereinzukommen. Sie waren allerdings auch nicht sonderlich erpicht darauf, unser Freigehege zu betreten. Wollte einer von uns das Areal regulär verlassen, musste er zuvor einen Ausgangsschein beantragen. Es wurde genau kontrolliert, ob man zur festgeschriebenen Zeit den Schlagbaum wieder passierte. Wer das Zeitlimit nicht einhielt oder die Vorschriften gänzlich umging und sich erwischen ließ, wurde bestraft. Im schlimmsten Fall drohten einige Tage Gefängnis. Die Zellen befanden sich in der Garnison und waren etwa so komfortabel wie Kaninchenställe. Für uns Kinder galten die gleichen Regeln, mit der Ausnahme, dass wir bei Verstößen nicht ins Gefängnis gesteckt wurden. Abgesehen von einer Gardinenpredigt konnte uns also nichts Ernstes passieren. Eine Tracht Prügel von Vater eingeschlossen, der unsere Vergehen im Zweifel beim Standortkommandanten ausbaden musste.

Wir ließen uns selten erwischen, aber wir waren oft unterwegs. Wir hätten zehn Jahre dort wohnen bleiben können, ohne dass es uns gelungen wäre, die Gegend vollständig zu erkunden. In der Nähe erstreckte sich eine Teichlandschaft mit Sumpfgebieten, die nicht ungefährlich war. Wir trieben uns am Flusslauf der

Ploučnice herum, entdeckten den verwilderten Stadtpark von Mimon, in dessen Mitte sich ein kleiner See befand. Einige Kilometer südlich stießen wir auf einen erheblich größeren, dessen Badeufer wir besonders in den Sommermonaten häufig ansteuerten. Hier tobte das Leben, und hier verlor ich zum ersten Mal mein Herz. Vorher fand ich Mädchen eigentlich immer nur doof.

Ich planschte gerade mit ein paar anderen Jungs im Wasser, als am Strand ein Mädchen auftauchte, das mir sofort auffiel. Eigentlich ist das eine verrückte Sache: Mir sind seitdem eine ganze Reihe Mädchen und Frauen über den Weg gelaufen, die ich attraktiv und sympathisch fand. Doch die meisten von ihnen sind aus meinem Gedächtnis verschwunden. Ich erinnere mich weder an ihre Namen noch an ihr Aussehen, vielleicht an ihre Haarfarbe oder an irgendetwas Markantes. Aber es ergibt nie ein vollständiges und klares Bild. Wenn ich jedoch an das Mädchen vom Strand denke, sehe ich ihr Gesicht vor mir, gestochen scharf wie auf einem erstklassigen Farbfoto. Sie hatte lange blonde Haare, die sie offen trug. Im Sonnenlicht schimmerten sie fast golden. Ihr Gesicht war gleichmäßig gebräunt, als hätte sie ein bronzefarbenes Make-up aufgetragen. Auf der Nase saßen ein paar Sommersprossen. Ob sie immer noch diese süße Stupsnase hat? Zu gern würde ich wissen, was aus ihr geworden ist.

Aus uns wurde damals leider nichts, obwohl wir uns einmal ganz nahe kamen. Um ihre Aufmerksamkeit zu gewinnen, lud ich sie ein, mit uns Ball zu spielen, indem ich mit Armen und Händen fuchtelte. Ich postierte mich ganz dicht bei ihr. Und dann geschah es: Unsere Arme berührten sich. Einen kurzen Moment nur, aber der genügte, dass ein wohliger Schauer meinen Körper durchfuhr. In diesem Augenblick wusste ich, dass ich mich verliebt hatte. Die Haut an meinem Arm schien noch Stunden später zu kribbeln. Das Gefühl stimmte, meinerseits wenigstens, aber mit der Verständigung haperte es bei uns beiden. Unsere Konversation scheiterte an den einfachsten Fragen. Wie sollte ich ihr auch erklären, dass ich sie gern mit meinem Fahrrad nach Hause brächte, wenn im Tschechischen und Russischen nicht einmal die einfachsten Wörter wie *ja* und *nein* ähnlich klingen oder *bitte* und *danke*? Über unsere Namen und ein verschmitztes Lächeln kamen wir nicht wesentlich hinaus. Es kann aber auch sein, dass sie mehr verstand, als sie vorgab, und mich bloß abschütteln wollte. Ich sah sie noch einige Male, aber nie wieder waren wir uns so nah. Die Einheimischen, die Erwachsenen, sahen es wohl nicht gern, wenn man sich mit einem Russenjungen wie mir abgab. Für viele waren wir nichts anderes als die Brut von Soldaten, die ihr Land besetzt hielten.

Wunder beim Klassenfeind

Vitali

Als wir das dumpfe Dröhnen der Dieselmotoren hörten, sprangen wir von unseren Fahrrädern. Ich war mit meinen Freunden unterwegs. Wir ließen die Räder ins Gras fallen und versteckten uns hinter einem Gebüsch. Wir durften nicht gesehen werden, denn wir hielten uns auf verbotenem Territorium auf. Der Waldboden unter unseren Füßen vibrierte. Wir starrten durch das Blätterwerk, in die Richtung, aus der der Lärm kam. Etwa hundert Meter vor uns führte eine schmale Asphaltstraße durch den Wald. Weiter links kreuzte ein unbefestigter Waldweg. Von dort her kamen die Geräusche. Jenseits der Straße ging es zu einem Truppenübungsplatz. Weit konnten die Panzer nicht mehr sein.

Ich kannte mich in der Gegend gut aus, da ich häufiger hierher fuhr, um die Panzer zu beobachten. Sobald ich mitbekam, dass sie zu einer Übung aufbrachen, schnappte ich mir mein Rad und fuhr ihnen entgegen. Manchmal nahm ich Wladimir mit, an diesem Tag war ich aber ohne ihn unterwegs, ein paar Freunde begleiteten mich. Mit der Zeit hatte ich herausgefunden, dass die Panzerkolonne immer dieselbe Strecke benutzte. Ihre Route führte hauptsächlich durch Wald. Ungefähr auf der Hälfte des Weges passierte sie die Asphaltstraße, die jetzt vor uns lag. Obwohl es sich um eine öffentliche Straße handelte, herrschte nur wenig Verkehr. Man hätte sie sogar mit geschlossenen Augen überqueren können. Näherte sich ein Fahrzeug, war es weithin hörbar, doch scheinbar nicht, wenn man in einem Panzer saß, dessen Motor einen ohrenbetäubenden Lärm verursachte. Deshalb sperrten immer zwei Soldaten die Kreuzung, bevor die tonnenschweren Eisenkolosse heranrollten. So hatte ich das jedes Mal beobachtet. An diesem Tag konnte ich es allerdings nicht genau erkennen, dafür waren wir zu weit weg. Ich bemerkte noch, dass sich auf einmal ein Bus der Kreuzung näherte. Die Straße schien frei zu sein, denn er behielt sein Tempo bei.

Das war kein Knall. Es klang wie ein unglaublich lauter Donnerschlag, wie eine kurze Explosion, die den Lärm der Panzer für einige Sekunden übertönte. »Los!«, rief einer von uns. Vielleicht war es meine eigene Stimme, vielleicht riefen wir auch alle gleichzeitig. Ich war zu verwirrt, um die Eindrücke zu sortieren und einen klaren Gedanken zu fassen. Dieser Krach und all die verschiedenen Laute, die sich in meinem Kopf vermengten! Das Geräusch des Zusammenpralls hallte noch nach, während ich im selben Moment Frauen schreien hörte und weinende Kinder. Ich hörte aufgeregte Männerstimmen, die fluchten. Wie auf Kommando sprangen wir gleichzeitig aus unserem Versteck und flitzten los. Die Fahrräder schoben wir neben uns her, so schnell wir konnten. Wir rannten nicht weg, wir liefen direkt auf die Unfallstelle zu. Aus einem spontanen Impuls heraus, der stärker war als die Angst, für unsere verbotene Tour bestraft zu werden. Da brauchten Menschen unsere Hilfe!

Offenbar war einer der Panzer genau in dem Augenblick auf die Straße gerollt, als der Bus die Kreuzung passierte. So, wie es an der Unglücksstelle aussah, musste er sich in voller Fahrt befunden haben. Wir trafen auf ein einziges Trümmerfeld. Am schlimmsten hatte es den Bus getroffen. Er war in zwei Hälften gerissen worden und glich einem großen Schrotthaufen. Die meisten Fahrgäste schienen Frauen zu sein. Einige von ihnen waren in den Trümmern eingeklemmt. Ihre Schreie gingen mir durch Mark und Bein.

Ich zitterte am ganzen Körper. Trotzdem war das noch eher zu ertragen als der Anblick der Frauen, die dort gesessen hatten, wo der Panzer in den Bus gekracht war. Ich weiß nicht, ob sie tot waren. Sie gaben keinen Ton von sich, und sie rührten sich auch nicht. Ich zwang mich, nicht weiter hinzusehen.

Während ich das alles zu verkraften suchte, fiel mein Blick auf eine ältere Frau, die am Waldrand saß und mit dem Rücken an einem Baumstamm lehnte. Sie blutete am Kopf. Ihre Jacke war aufgerissen, an einer Stelle quoll das Futter heraus. Ich ging zu ihr hin und bot ihr meine Hilfe an. Ich war viel zu aufgeregt, um daran zu denken, dass sie meine Sprache womöglich gar nicht verstand. Ich wusste auch nicht, womit ich ihr hätte helfen können. Sie tat mir einfach Leid, ich wollte irgendetwas für sie tun. Doch als sie hörte, dass ich Russisch sprach, warf sie mir einen Blick zu, der mich erschreckte. Er war so voller Verachtung, als hätte ich in dem Panzer gesessen und das Unglück verursacht. Sie wedelte mit ihren Händen, ich solle verschwinden. An dem schroffen Ton ihrer Stimme erkannte ich, dass sie fluchte. Ein paar Brocken verstand ich, den Rest konnte ich mir zusammenreimen: Was wir verdammten Russen in ihrem Land zu suchen hätten? Wir sollten sie endlich in Frieden lassen! Ich konnte nicht beurteilen, wie schwer die Frau verletzt war, aber ich hatte das Gefühl, dass sie lieber gestorben wäre, als sich von einem wie mir helfen zu lassen. Es lag so unendlich viel Hass in ihrer Stimme. Selbst wenn Vater einmal richtig wütend auf mich war, hörte sich sein Schimpfen längst nicht so verächtlich an.

Die Situation überforderte mich. Ich bekam das Bild von dieser Frau, ihre vorwurfsvollen Blicke und ihre Worte nicht mehr aus meinem Kopf. Warum hasste sie mich? Warum hasste sie mein Land? Wir waren doch alle Brüder und Schwestern! So hatten sie uns das jedenfalls schon in der ersten Klasse beigebracht. Die sozialistischen Länder seien wie eine große Familie, die Menschen würden unser Sowjetland verehren und seine ruhmreiche Rote Armee, die ihre Länder von der Naziherrschaft befreit hatte. Fast jeden Abend lief im Fernsehen auf dem Ersten

Kanal um viertel vor zehn ein Film über die Heldentaten der Sowjetarmee im Zweiten Weltkrieg. Es schien, als stellten die staatlichen Filmstudios nichts anderes als solche Kriegsepen her, dabei wiederholten sie sie wahrscheinlich nur unablässig. Auch in den Zeitungen konnten wir das vom großen Bruderbund der sozialistischen Staaten täglich nachlesen. Wie eine Dusche angenehm warmen Wassers rieselten die immer gleichen Botschaften Tag für Tag auf uns nieder. Ich war stolz, in diesem Land zu leben, auf der guten Seite, im Reich der Helden.

Durch den Hass, den mir die verletzte Tschechoslowakin entgegenschleuderte, verlor ich diesen Stolz nicht, aber mein Bild von unserer heilen Welt geriet zum ersten Mal ins Wanken. Bisher hatte ich die kommunistischen Glaubenssätze inhaliert, ohne mir Gedanken zu machen oder sie gar in Frage zu stellen. An unserer Insel der guten Menschen waren mir niemals Zweifel gekommen, doch die Gegend hier gehörte offensichtlich nicht zu dieser Insel. Die Bevölkerung schien über unsere Anwesenheit keineswegs glücklich zu sein. Nicht, dass ich damals reif genug gewesen wäre, diesen Widerspruch politisch zu werten. Was mich aber zutiefst verunsicherte, war die Tatsache, dass eine feindselige Stimmung herrschte, aber niemand offen darüber sprach. Außer dieser Frau, die sich in einer Notlage befunden und vermutlich unter Schock gestanden hatte. Ansonsten bekam ich überall das Gegenteil zu hören. Unser Schuldirektor rühmte weiterhin die Rolle der Sowjetsoldaten. Er meinte, wenn sie nicht mit eiserner Hand das tschechoslowakische Volk beschützten, würden die Soldaten der NATO über das Land herfallen.

Über den Unfall stand am nächsten Tag nichts in der Zeitung, am übernächsten auch nicht, keine Zeile. Ich hatte meinen Eltern davon erzählt und fest damit gerechnet, dass die Zeitung berichten würde. Doch die Sache wurde einfach totgeschwiegen. Auch im Radio und im Fernsehen brachten sie kein Sterbenswörtchen, vermutlich, um die Stimmung nicht weiter anzuheizen. Stattdessen erschienen irgendwelche Menschen auf dem Bildschirm, die ihre Liebe zum Sowjetvolk bekundeten und ausdrücklich ihre

Dankbarkeit für die Hilfe der Roten Armee hervorhoben. Warum solche Propagandabeiträge ausgerechnet in diesen Tagen ausgestrahlt wurden, leuchtete mir erst später ein. Als mir ein Freund verriet, dass seine Eltern durch den Rundfunksender *Radio Free Europe* von dem Unfall erfahren hätten, begriff ich den Zusammenhang jedenfalls noch nicht. Demnach waren bei dem Zusammenstoß mehrere Businsassen ums Leben gekommen. Die reglosen Frauen, die ich gesehen hatte, waren also doch tot gewesen. Fragte sich bloß, ob diesem verbotenen Sender mehr zu trauen war als unserem. Die Lehrer bezeichneten ihn immer als Feindsender und warnten uns vor seiner imperialistischen Hetzpropaganda. Wurden Militärangehörige dabei erwischt, dass sie den Sender hörten, drohte ihnen sogar die Entlassung aus der Armee.

Vater hörte ich niemals über das tschechoslowakische Volk schimpfen. Er führte sich auch nicht wie ein Besatzer auf. Einmal fuhr er mit einem Militärjeep übers Land, als ihn ein einheimischer Mopedfahrer um Hilfe bat. Ihm war mitten auf der Strecke das Benzin ausgegangen, bis zur nächsten Tankstelle hätte er kilometerweit laufen müssen. Für Vater war es eine Selbstverständlichkeit, er zögerte keine Sekunde. Er lehnte sogar das Geld ab, das ihm der Fremde für die Tankfüllung anbot. Angesichts von Vaters Hilfsbereitschaft fragte ich mich, warum uns die Menschen hier nicht mochten. Dass ihre Animositäten tiefer verwurzelt und nicht erst in den letzten zwei Jahren aufgekeimt waren, erklärte mir ja niemand.

Wir bekamen sie nicht täglich zu spüren, aber unterschwellig schienen sie bei den Einheimischen immer präsent zu sein. Manchmal merkten wir es an Kleinigkeiten, zum Beispiel, wenn die Kinder am See nicht mit uns spielen wollten. Oder wenn sie vor uns die Sprüche ihrer Eltern nachplapperten, nämlich dass wir mit unserem ganzen Pack endlich in unsere Heimat verschwinden sollen. Gewalttätige Auseinandersetzungen gab es jedoch selten. Eines Nachts rottete sich ein Dutzend Jugendlicher zusammen, die unsere Schule in Mimon mit Pflastersteinen bewarfen und zahlreiche Fensterscheiben einschmissen. Aber darüber dürften die Lehrer unglücklicher gewesen sein als wir.

Ein anderer Zwischenfall im Frühjahr 1983 war da schon beängstigender. Damals fand in der Bundesrepublik die Eishockey-Weltmeisterschaft statt. Seit Jahrzehnten beherrschten im Wesentlichen zwei Mannschaften diese Titelkämpfe, die der UdSSR und die der ČSSR. Wobei die sowjetischen Spieler insgesamt erfolgreicher abschnitten. Eishockey war in beiden Ländern die populärste Sportart, und sobald die Erzrivalen aufeinander trafen, kochten die Emotionen auf beiden Seiten hoch. Wie in einer großen Familie ging es auf dem Eis jedenfalls nie zu. Eher herrschte Krieg, der nur mit anderen Waffen ausgefochten wurde. Am 23. April 1983 standen sich beide Mannschaften in Dortmund gegenüber. Schwer zu sagen, wie viele Menschen in den beiden Ländern vor den Fernsehern saßen, um die Übertragung live zu verfolgen. Einschaltquoten wurden damals noch nicht ermittelt. In unserer Kaserne hockte so ziemlich jeder vor dem Bildschirm, ausgenommen die Offiziere und Soldaten, die das Pech hatten, Dienst schieben zu müssen. Für die anderen lohnte es sich, unsere Mannschaft spielte bravourös. Am Ende gewann sie klar mit fünf zu eins. Allerdings verstummte unser Jubel, kaum dass die Schlusssirene ertönt war, denn mit einem Mal brach die Übertragung ab. Der Fernseher ging aus. Ringsherum war es plötzlich zappenduster, in allen Häusern, auf dem gesamten Stützpunkt. Sofort wurde Alarm ausgelöst. Vater legte seine Uniform an und verschwand.

Er kam erst spät in der Nacht zurück. Der Stromausfall war kein Zufall, und ein technischer Defekt hatte ihn auch nicht verursacht. In der Nähe des Militärgeländes entdeckten die Soldaten eine kleine Grube. Jemand, der sich offenbar bestens auskannte, hatte sich die Mühe gemacht, ein Loch zu schaufeln, um an die Hauptleitung zu gelangen und sie zu kappen. Unsere Mannschaft wurde trotzdem Weltmeister, zum neunzehnten Mal. Zwei Jahre darauf gewannen die Tschechoslowaken wieder den Titel.

Das Jahr dazwischen, genau genommen eine Stunde eines bestimmten Tages, war für mich von großer Bedeutung. Es war ein stinknormaler Schultag. Das einzig Ungewöhnliche bestand darin, dass neben dem Lehrer ein Offizier in unserer Klasse erschien. Er stellte sich als Genosse Bilogan vor und erzählte die Geschichte eines Mannes, von dem ich bis dahin nie gehört hatte: ein gewisser Muhammad Ali, der eigentlich Cassius Marcellus Clay hieß. Der Offizier sagte, Ali wohne in Amerika, also verdammt weit weg, im Land des Klassenfeinds. Aber Clay beziehungsweise Ali sei ein Farbiger und deshalb ein völlig anderer Amerikaner. Er stamme aus bescheidenen Verhältnissen. Das machte ihn in der uns anerzogenen Denkweise automatisch zu einem Unterdrückten, zu einem Sklaven. Obwohl das in seinem Fall nicht zutraf, aber so detailliert erklärte er uns das auch wieder nicht. Den Sklaven überall auf der Welt gehörte unsere Sympathie, weil sie diejenigen waren, die ausgebeutet wurden, also die Opfer der skrupellosen Kapitalisten. Aber Muhammad Ali hatte es geschafft: Er sei jetzt ein weltberühmter Mann, sagte der Offizier, der berühmteste Boxer auf unserem Planeten.

Um ehrlich zu sein: Ich wusste gar nicht, was Boxen ist. Aber die Geschichte klang aufregend. Wir erfuhren noch, dass er bereits als Kind mit dem Training begonnen hatte, in Amerika zig Titel erkämpft und 1960 bei Olympia den Thron in seiner Gewichtsklasse erklommen hatte. Mit zweiundzwanzig wurde er mit einem spektakulären Sieg über Sonny Liston, der mir auch nichts sagte, völlig überraschend Weltmeister, direkt danach wechselte er die Religion und seinen Namen. Anders als heute gab es damals in jeder Gewichtsklasse nur einen Weltmeister. Alis unrühmliches Karriere-Ende sparte Genosse Bilogan aus, seine letzten Kämpfe, in denen er wie ein Sandsack durch den Boxring taumelte und schaurige Niederlagen erlitt. Die schwere Parkinson-Erkrankung, die ihm seit Jahren zu schaffen machte und möglicherweise auf die harten Schläge zurückzuführen war, die er als Profiboxer hatte einstecken müssen, erwähnte er ebenfalls nicht.

Die Bruchstücke von Muhammad Alis Geschichte, die wir an

diesem Tag in unserem Klassenzimmer serviert bekamen, hörten sich vielversprechend an. Auf jeden Fall interessant genug, um sich diese Sportart, durch die man angeblich enorme Berühmtheit erlangen konnte, einmal genauer anzusehen. Damit hatte der Offizier den ersten Teil seiner Mission erfüllt. Da er früher selbst geboxt hatte, hatten ihn seine Vorgesetzten beauftragt, in unserer Kaserne eine Boxsektion auf die Beine zu stellen und uns Jungs zu einem Training einzuladen. Dahinter steckte die Absicht, uns in Zukunft so gut es ging von den Schießständen und Truppenübungsplätzen fernzuhalten. Es sollten sich nicht noch mehr Kinder durch gefährliche Experimente mit aufgelesenen Blindgängern verstümmeln. Solange wir in der Sporthalle schwitzten, würden wir andernorts keine Dummheiten anstellen.

Aus unserer Schule kamen an die dreißig Jungs zusammen. Wir trafen uns zwei- bis dreimal die Woche, trainierten Ausdauer mit dem Springseil und versuchten, beim Schattenboxen ein bisschen Technik mitzubekommen. Zum Boxen selbst kamen wir eher selten, was vor allem daran lag, dass für die gesamte Trainingsgruppe lediglich vier Paar Boxhandschuhe zur Verfügung standen. Wir mussten uns in zwei Reihen aufstellen und warten, bis wir dran waren. Für uns war das Ganze kein Sport, eher ein Spiel. Muhammad Ali wird das damals in Louisville nicht anders empfunden haben. Er soll zwölf gewesen sein, als er mit den ersten Trainingseinheiten anfing. Ich war gerade dreizehn geworden, befand mich also genau im richtigen Alter. Dieser Gedanke war der erste Auslöser, alles Weitere entwickelte sich eher schleichend. Und niemals hätte ich mir träumen lassen, dass ich eines Tages dem berühmtesten Sportler aller Zeiten persönlich gegenüberstehen würde.

Es wäre vermutlich die bessere Geschichte, wenn ich erzählen könnte, dass ich Himmel und Hölle in Bewegung setzte, um alles über Muhammad Ali in Erfahrung zu bringen. Dass ich mir auf abenteuerlichen Wegen Fotos von ihm beschaffte, um sie mir über das Bett zu pinnen. Und unter welchen Anstrengungen es mir gelang, eine Videokassette mit seinen Kämpfen aufzutreiben, die ich mir wieder und wieder ansah, um beim Training seinen eleganten Boxstil imitieren zu können. In Wirklichkeit beschäftigte ich mich nicht weiter mit ihm. Ich vergaß ihn nicht vollkommen, er verschwand lediglich ganz weit hinten in meinem Gedächtnis.

An der Wand im Kinderzimmer landeten andere Fotos. Der Mann, dem es gelang, meine bisherigen Vorbilder zu verdrängen, jene Piloten und Kosmonauten, die ich verehrte und denen ich nacheifern wollte, war Arnold Schwarzenegger. Alle meine Freunde waren von ihm begeistert. Diese Muskeln! So wollten wir auch aussehen. Schwarzeneggers Filme wurden bei uns nicht gezeigt, aber irgendwie schaffte es immer einer von uns, an ein Video zu kommen. Die stammten dann aus dunklen Kanälen, und die Bildqualität war meist miserabel, der Ton erst recht, als hätte jemand den Streifen mit einer Videokamera von der Kinoleinwand abgefilmt. Über dieselben Kanäle bezogen wir auch die ersten Starfotos von Schwarzenegger. Poster, die in westlichen Illustrierten erschienen waren. Unsere Zeitungen berichteten ja nicht über ihn. Ich gab verdammt viel Geld aus, um die Wand in meinem Zimmer damit zu pflastern. Vater mochte die Bilder nicht besonders, tolerierte sie aber. Wenn er gewusst hätte, dass ich dafür fast mein gesamtes Taschengeld ausgab, hätte er mir die Ohren lang gezogen.

Mein neues Hobby Boxen nahm ich nicht sonderlich ernst. Es machte mir Spaß, ich absolvierte die geforderten Übungen, ich schwitzte beim Training, aber ich holte längst nicht alles aus mir heraus. Zwischendurch probierte ich es auch mit Ringen und später, an unserem nächsten Wohnort, mit Karate und Kickboxen. Zumindest kristallisierte sich heraus, dass mir Kampfsportarten am meisten lagen. Mannschaftssport interessierte mich weniger. Mich reizte die direkte Auseinandersetzung Mann gegen Mann. Wenn ich erst solche Muskelpakete wie Arnold Schwarzenegger hätte, dachte ich, könnte ich jeden bezwingen. Ich wollte mich nicht prügeln. Mich faszinierte das Kräftemessen an sich, dieses Ursprüngliche, bei dem es ganz allein auf mich ankam, auf meine Stärke und auf mein Geschick, auf mein Können. Und bei dem ich am Ende entweder Sieger oder Verlierer war und nicht irgendwelche ominösen Punkte sammelte. Vielleicht war ich darin einfach am meisten geübt durch die zahlreichen Kraftproben mit anderen Schülern, die mir die letzten Schulwechsel aufgezwungen hatten.

Meine erste Kraftprobe im Ring stand kurze Zeit später an. Sie fand in unserer Sporthalle statt. Das Publikum bestand ausschließlich aus Soldaten. Sie schlossen untereinander Wetten auf den Ausgang der Kämpfe ab. Was leichtsinnig war, denn keiner von ihnen hatte jemals einen von uns boxen sehen. Doch das schien ihnen die Gaudi wert. Sie machten sich einen Spaß daraus, zuzusehen, wie sich die Söhne ihrer Offiziere gegenseitig die Nasen polierten. Ihre Sympathien waren klar verteilt, als gäbe es eine feste Regel dafür: Standen sich im Ring die Söhne von zwei Offizieren gleichen Ranges gegenüber, dann feuerten sie den an, dessen Vater sie im Dienst weniger schliff. Trafen zwei Kontrahenten von Vätern unterschiedlicher Dienstgrade aufeinander, drückten sie dem Sohn des rangniederen die Daumen. Ich trat gegen den Sprössling des Garnisonskommandanten an. Ich gab alles und hielt bis zum Ende durch. Es reichte trotzdem nicht. Das Punkturteil fiel gegen mich aus. Mich wurmte das, aber noch mehr schienen sich die Soldaten zu ärgern. Nicht wegen ihrer Wetten, ich glaube, sie hätten nur zu gern miterlebt, wie ich dem Sohn des Alten eine Abreibung verpasse.

Eine Niederlage schmerzt immer, nicht nur wegen der Schläge. Trotzdem ist nicht jede Niederlage gleich. Natürlich ist es ein Unterschied, ob man ausgeknockt wird oder nach Punkten verliert. Es ist auch ein Unterschied, ob der Abbruch in der ersten oder in der zwölften Runde erfolgt. Ob man bei einem gewöhnlichen Aufbaukampf auf die Bretter geht oder bei einem Weltmeisterschaftsfight, auf den man Jahre hingearbeitet hat. Diese Unterschiede meine ich aber nicht. Die waren in meiner Jugend noch nicht von Bedeutung. In der Anfangszeit zählte, ob es eine gute oder eine schlechte Niederlage war. Dabei ging es weniger darum, was sich im Ring abspielte, sondern was es in meinem Kopf bewirkte. Das stellte ich niemals sofort nach einem Kampf fest. Dazu mussten erst ein paar Tage und manchmal gar Wochen vergehen.

Gut war eine Niederlage immer dann, wenn sie mich voranbrachte. Warf sie mich zurück, war es eine schlechte. Meine erste Niederlage, die vor den Soldaten, war eindeutig eine gute. Ich hätte nach dieser Erfahrung die Nase voll haben und alles hinschmeißen können. Ich hätte dem Trainer die Handschuhe zurückgeben und ihm für alle Zeiten Lebewohl sagen können. Doch das tat ich nicht, aus einem einzigen Grund: Die Niederlage kratzte an meiner Ehre. Sie weckte meinen Trotz, dieses *Jetzt-erst-recht!*, das mich weitermachen ließ. Und das den Willen erzeugte, härter zu trainieren, um es beim nächsten Mal besser zu machen und als Sieger aus dem Ring zu steigen. Wer weiß, ob ich jemals besonderen Ehrgeiz entwickelt hätte, wenn diese erste Niederlage mich kalt gelassen hätte. Vielleicht kann man sich Siegeswillen antrainieren, indem man die ersten Anzeichen wie jenen Trotz, den ich damals verspürte, päppelt wie ein zartes Pflänzchen. Ich glaube aber, dass der Keim einer solchen Willensstärke schon in einem drinstecken muss, als genetische Erbmasse sozusagen.

Das Verblüffende war, dass sich der Ehrgeiz im Fall eines Sieges nicht automatisch aufbrauchte. Als Jugendlicher habe ich mir darüber keine Gedanken gemacht. Wenn ich heute beschreiben sollte, was mich nach einem gewonnenen Boxkampf wieder in die Trainingshalle trieb, würde ich es mit der Besessenheit eines Spielers vergleichen: Wenn der beim Black Jack oder beim Roulette gewinnt, setzt ein Gefühl von Freude ein. Gleichzeitig aber kitzelt es ihn, weiterzumachen, um beim nächsten Spiel eventuell einen noch höheren Gewinn einzustreichen. Bei mir war es zunächst nur der Sohn des Garnisonskommandanten, den ich in einem Revanchekampf schlagen wollte. Später schickte mich mein Trainer bei einer Stadtmeisterschaft in den Ring und anschließend bei der Landesmeisterschaft. So ging es immer weiter.

Damit mich niemand falsch versteht: Mich trieb als Junge zu keinem Zeitpunkt der berühmte Traum, eines Tages ein großer Champion zu sein. Ich hatte kein sportliches Vorbild, dem ich besessen nacheiferte. Viele von den Großen in der Geschichte des Profiboxens stammten aus armen und ärmsten Verhältnissen. Ob das zu Alis Zeiten Sonny Liston war oder Floyd Patterson und später Joe Frazier oder George Foreman oder Mike Tyson – ihnen allen unterstellte man die verzweifelte Hoffnung auf Reichtum und Ruhm als Motivation. Man verglich sie mit Lottospielern und Glücksrittern, die alles auf eine Karte setzten, um dem erbärmlichen Leben, das sie und ihre Eltern führten, entfliehen zu können.

Ich dagegen komme aus einem guten Elternhaus und war mit meinem Leben eigentlich ganz zufrieden. Meine Zukunft schien vorgezeichnet: Ich würde meinem Vater als Offizier in die Rote Armee folgen und Pilot werden. Und wenn ich großes Glück hätte, würde ich es vielleicht zum Kosmonauten bringen. Der Sport lief nebenher, gewissermaßen außer Konkurrenz, was meine Lebensziele anbetraf. Ich nahm es, wie es sich ergab. Einen Sport beruflich zu betreiben, auf die Idee kam ich gar nicht. In der Sowjetunion gab es offiziell keine Profisportler, wenngleich es in der Realität anders aussah. Aber davon hatte ich als Kind oder Jugendlicher noch keine Ahnung. Für mich ging es um die kleinen Erfolgserlebnisse, die sich toll anfühlten. Um den Triumph, stärker als mein Gegner zu sein. Und um das bisschen Anerkennung, das mir der Trainer nach einem Kampf mit seinem Schulterklopfen zollte, und um den Beifall der anderen aus dem Team. Dafür stieg ich immer wieder in den Ring.

Einige Boxexperten kritisieren in ihren Kommentaren regelmäßig meinen Kampfstil. Ich würde zu hölzern agieren, meine Bewegungen seien nicht geschmeidig genug. Und überhaupt gäbe ich keineswegs die Figur eines filigranen Boxkünstlers ab, sondern eher die eines brachialen Straßenkämpfers. So bitter diese Kritik schmeckt und so sehr viele meiner Erfolge dagegen sprechen, ich kann sie nicht ganz von der Hand weisen. Seit Jahren arbeite ich mit meinen Trainern daran, schleife Ecken ab, feile an meinen Bewegungen, optimiere die Schlagtechnik. Manchmal geht es um winzige Details, minimale Veränderungen, die der Zuschauer bei einem Kampf höchstwahrscheinlich nicht einmal bemerkt. Diese Korrekturen dienen jedoch nicht in erster Linie dazu, mir einen ansehnlicheren Kampfstil beizubringen. Beim Profiboxen geht es zwar nie um den Sport allein, und wenn ich in den Ring steige, möchte ich dem Publikum selbstverständlich auch eine tolle Show bieten. Zuallererst aber will ich gewinnen. Die Performance kann noch so gut sein – wenn ich verliere, dann enttäusche ich meine Fans. Was nutzt ein Schönboxer, wenn er von seinem Gegner in der ersten Runde ausgeknockt wird? Ideal ist, wenn Eleganz und Erfolg im Ring verschmelzen. In dieser Hinsicht werde ich wohl bis zum Ende meiner Karriere etwas schuldig bleiben.

Eines kann ich jedoch jetzt schon erklären: Warum ich so boxe, wie ich heute boxe. Das dürftige Techniktraining in der Kaserne von Hradčany ist nicht allein schuld daran. Die eigentliche Ursache dürfte meine Neugier gewesen sein. Sobald eine Sportart interessant klang, wollte ich sie ausprobieren. Entweder wechselte ich die Sektion, oder ich betrieb zwei Sportarten parallel. Jeder Trainer, jede Sportart verlangten einen bestimmten Stil. Letztlich kam ein undefinierbarer Mischmasch dabei heraus. Hätte ich mich ausschließlich auf Boxen konzentriert und wenigstens in den ersten Jahren auf denselben Coach, würde meine Handschrift als Boxer heute vermutlich anders aussehen. Den kurzen Ausflug zu den Ringern erwähnte ich bereits. In der Tschechoslowakei erschöpften sich die Sportarten damit auch schon, die ich betreiben konnte. Es dauerte jedoch nicht lange, bis sich mir neue, ganz ungeahnte Möglichkeiten erschlossen

Ende des Jahres 1985 verließen wir Hradčany und die Tschechoslowakei. Mittlerweile hielten mich die Eltern für alt genug, meine Sachen selber zusammenzupacken. Sie gaben mir einen großen Koffer, und ich machte mich daran, all das zu verstauen, was mir wichtig war. Meinen besten Freund, der wie mein Bruder Wladimir hieß, konnte ich nicht mitnehmen. Auf mein wertvollstes Fundstück aber, die verrostete Maschinenpistole, wollte ich auf keinen Fall verzichten. Mit so einer Waffe würde ich bei meinen zukünftigen Klassenkameraden garantiert Eindruck schinden. Ich wickelte sie sorgfältig in altes Zeitungspapier und schob sie zwischen meine Kleidungsstücke, damit sie während der Reise gut gepolstert sein würde. Dass ich damit nicht nur Vaters Karriere aufs Spiel setzte, sondern seine Freiheit gleich mit, kam mir nicht in den Sinn. Ich betrachtete die Waffe nach wie vor als Spielzeug. Die Gesichter der Zollbeamten an der Grenze hätte ich nicht sehen mögen, wäre ihnen das brisante Gepäckstück in die Finger geraten. Zum Glück erinnerte sich Vater rechtzeitig vor unserer Abreise an meine zweifelhafte Sammelleidenschaft. Schweren Herzens ließ ich die Waffe bei meinem Freund Wladimir zurück.

Bislang hatten sich Vaters Garnisonen in oder in der Nähe von kleinen Ortschaften befunden. Jetzt zogen wir zum ersten Mal in eine richtige Stadt, und zwar gleich in die drittgrößte der Sowjetunion. Irgendwie war immer Winter, wenn wir unseren Wohnort wechselten. Das Erste, was ich von Kiew zu sehen bekam, waren verschneite Straßen. Uns empfing sibirische Kälte. Das erinnerte mich sofort an die eisigen Temperaturen, die wir in Kasachstan erlebt hatten.

Für Vater bedeutete es nach langen Jahren die Rückkehr in seine Heimat. Wie seine Eltern stammte er aus der Ukraine. Er wurde 1946 in Smela geboren. Mutter ist eine gebürtige Russin. Die beiden lernten sich beim Studium kennen. Mutter studierte Pädagogik, Vater an einer Militärhochschule.

Wir trafen am frühen Morgen mit dem Zug in Kiew ein. Die Stadt lag noch im Schlaf, es hatte frisch geschneit. Auf der Straße vor dem Hauptbahnhof markierten wir mit unseren Schuhen die ersten Abdrücke auf der unberührten Schneedecke. Es herrschte eine trügerische Stille.

Kiew ist alles andere als ein beschauliches Städtchen. Seine Fläche erstreckt sich auf mehr als achthundert Quadratkilometer.

Über zweieinhalb Millionen Menschen leben in den Vierteln westlich und östlich des Flusses Dnjepr, der sie von Nord nach Süd durchschneidet. Es verkehren mehrere Metrolinien, und es existiert ein umfangreiches Netz an Busverbindungen. Es gab also genügend Plätze in dieser Stadt, an die sie uns hätten verfrachten können, die günstig zu Vaters Dienststelle lagen und in deren Nähe es eine Schule gab, die Wladimir und ich hätten besuchen können. Doch auf die Familie Klitschko wartete eine besondere Überraschung: Unser neues Zuhause befand sich sieben oder acht Kilometer außerhalb des Stadtzentrums, auf einem Kasernengelände, keine zweihundert Meter von der Startbahn des Airports Kiew-Shuljani entfernt, über den nationaler und internationaler Flugverkehr abgewickelt wurde. In den ersten Monaten hätte ich es nicht für möglich gehalten, dass man sich jemals an den Lärm gewöhnen würde, den die Propellermaschinen verursachten. Zumal sie uns keine Ruhepause gönnten und Tag und Nacht starteten und landeten. Meine neuen Klassenkameraden fanden das Leben, das ich am Stadtrand mit meiner Familie führte, sehr aufregend. Die meisten von ihnen waren noch nie geflogen, ein paar hatten nicht einmal ein Flugzeug aus der Nähe gesehen. Als Schlafgeschädigter sah ich die Sache ein wenig anders, nicht nur wegen des ständigen Getöses vom Rollfeld. Der eigentliche Clou unserer neuen Wohnung lag in etwas anderem.

Sie bestand exakt aus einem Zimmer, sah man einmal von dem schmalen Badezimmer ab, in dem wir gar nicht baden konnten, weil es keine Wanne gab. Zwanzig Quadratmeter für vier Personen – das war ungefähr genauso gewöhnungsbedürftig wie der Lärm, den die Flugzeuge veranstalteten. Damit wir überhaupt alle in dem Raum unterkamen und noch Platz für einen Tisch, Stühle und eine Kochgelegenheit blieb, schliefen wir in Etagenbetten. Ich fand die Enge nicht so dramatisch. Die Erwachsenen nervte sie mehr. Ursprünglich sollten wir nur für eine Übergangszeit von wenigen Tagen dort einquartiert werden, bis etwas anderes frei würde. Doch aus den Tagen wurden Wochen, dann Monate. Vaters Vorgesetzte stellten ständig eine größere Wohnung in Aussicht. Die wäre spätestens dann angebracht gewesen, als auch noch Großmutter Jewtokia zu uns zog. Sie war inzwischen ziemlich alt und wollte nicht mehr allein in ihrem Häuschen auf dem Land leben. Doch es sollten insgesamt zwei Jahre vergehen, bis es mit einer geräumigeren Unterkunft klappte.

Unter diesen Umständen schien es mir fast ein Segen, dass meine Schule am anderen Ende der Stadt lag. Auf diese Weise konnte ich mehr Zeit im Freien verbringen. Wladimir ging zwar auf dieselbe Schule, allerdings fuhren wir nicht gemeinsam. Sein Unterricht fand vormittags statt, meiner erst nachmittags. Wir mussten jeden Tag zwei Kilometer bis zur Haltestelle laufen und dort einen Bus nehmen, der uns in dreißig Minuten zur 69. Schule brachte. Sie hatte keinen Namen, nur diese Nummer, obwohl sie mit dem Militär nichts zu tun hatte. Es war eine öffentliche Schule. Einen großen Unterschied zu den vorherigen konnte ich allerdings nicht feststellen, die Lehrer schienen überall gleich zu sein. Offensichtlich gab es an jeder Schule unnachsichtige Pauker vom selben Schlag, denen das Verständnis für unsere Schwächen vollkommen abging.

Meine Klassenlehrerin gehörte zu dieser Sorte. Sie war sehr streng, aber noch harmlos im Vergleich zu unserer Erdkundelehrerin. Bei ihr war es beinahe unmöglich, eine gute Note zu bekommen. Ich bildete die einzige Ausnahme, ich schaffte tatsächlich eine Fünf bei ihr. Dabei könnte ich nicht einmal sagen warum, außer dass mich Erdkunde vielleicht mehr interessierte als die anderen Fächer. Ich besaß zu Hause eine große Weltkarte, die ich wie einen Schatz hütete. Manchmal breitete ich sie aus und saß stundenlang über sie gebeugt. Ich nahm mir einen Kontinent nach dem anderen vor, sah mir die einzelnen Länder an, entzifferte die Namen der jeweiligen Hauptstädte und der größten Flüsse. Ich versuchte, mir alle Details einzuprägen.

Schon möglich, dass mich einige Mitschüler für einen Spinner hielten, aber mir machte es einfach Spaß. Meine Lehrerin meinte einmal, ich würde dann ja wohl ein Weltreisender werden. Sie gehörte eigentlich nicht zu den Menschen, die zu Späßen neigten, aber das sollte wohl ein Scherz sein. Keiner von uns Schülern konnte sich vorstellen, jemals um die Welt zu reisen. Wir lebten ja in einem großen Käfig. Die meisten gingen davon aus, dass sie ihr Leben lang keinen Fuß in ein Land außerhalb der UdSSR setzen würden. Ich war auch nur durch Vaters Beruf in die Tschechoslowakei gekommen. Zwar waren Urlaubsreisen in die anderen sozialistischen Länder, nach Bulgarien, Polen, Rumänien oder in die DDR, per Gesetz erlaubt, in der Praxis jedoch nur schwierig zu bewerkstelligen. Ohne eine spezielle Genehmigung durfte niemand die Sowjetunion verlassen. Und eine solche wurde in der Regel nur ausgewählten und vom KGB überprüften Personen erteilt. An Reisen in den Westen, zum Klassenfeind, war für Normalsterbliche überhaupt nicht zu denken. Aber das störte uns nicht. Wir dachten ohnehin, die Sowjetunion sei das einzige Land, in dem es sich zu leben lohnte. In unseren Lehrbüchern stand, dass die meisten Menschen in den kapitalistischen Ländern geknechtet und ausgebeutet würden, dass dort Gewalt und Armut herrschten. Überhaupt stünde der Kapitalismus in der Entwicklungsgeschichte der Menschheit eine ganze Stufe unter uns.

Keine vier Jahre später konnte ich mir selbst ein Bild von dem angeblichen Elend machen. Ich war kein Experte auf diesem Gebiet, aber eines schien mir klar: Zumindest die Vereinigten Staaten von Amerika mussten in der kurzen Zeit unheimlich aufgeholt haben!

Mit unserem Umzug nach Kiew gab ich das Boxen nicht gänzlich auf, ich verfolgte es aber auch nicht zielstrebig weiter. Ich suchte mir einen Verein, bei dem ich trainieren konnte, wechselte zu einem anderen, weil dessen Sporthalle günstiger lag, um mich bald für den nächsten zu entscheiden. Während ich mich wieder einmal auf der Suche befand, hörte ich von einer Sportart, die angeblich offiziell verboten war. Ihre Anhänger würden sich regelmäßig an einem geheim gehaltenen Ort versammeln. Allein das Wort *verboten* garantierte mein Interesse, das steckte scheinbar in mir drin. Es hieß, der Sport sei äußerst gefährlich. Wer ihn perfekt beherrsche, könne jeden Gegner bezwingen. Ein einziger gezielt geführter Schlag würde ausreichen, einen Menschen außer Gefecht zu setzen. Das klang verdammt nach Bruce Lee und seinem Film *Game of Death*, den ich auf einem dieser scheußlichen Videos gesehen hatte. Ein Freund nahm mich zu einem der Treffen mit. Die Sache hatte nur einen Haken: Der Trainer verlangte monatlich drei Rubel. Für einen Vierzehnjährigen eine unerschwingliche Summe. Ich bat meine Eltern um das Geld, die volle Wahrheit verriet ich ihnen jedoch lieber nicht. Es genügte, wenn sie wussten, dass ich zum Sport ging. Sie waren froh, dass ich beschäftigt war.

Mit Bruce Lee lag ich nicht falsch, obwohl der Trainer die Sportart, die er uns beizubringen versprach, als Karate bezeichnete. Bruce Lee dagegen betrieb Kung-Fu. Streng genommen gibt es zwischen beiden Nahkampfarten einige Unterschiede, vor allem, wenn man sie als Sport ausübt. Mit solchen Details hielt sich unser Trainer jedoch nicht auf, weil er offenbar selbst nicht genügend Kenntnisse besaß. Wir waren einem Rattenfänger aufgesessen, der uns jeden Monat abkassierte, ohne dass wir den Schwindel bemerkten. Er ging nicht ungeschickt vor. Zuerst köderte er uns mit einem Video, auf dem tatsächlich Bruce Lee in einem seiner Filme zu sehen war. Gebannt starrten wir auf den Bildschirm, um nur ja keine Sequenz zu verpassen. Solche Filme waren nur unter der Hand zu bekommen. Dass wir sie sehen durften, schweißte uns zu einer Art Geheimbund zusammen. Darauf schwor uns der Coach gleich beim ersten Treffen ein: Niemand außer uns dürfe je erfahren, wo wir uns trafen und was wir trieben.

Wahrscheinlich war so geheimnisvoll gar nicht, was wir anstellten. Es sollte ihm anscheinend nur niemand auf die Schliche kommen. Wären wir nicht so verblendet gewesen, so hätten wir sein Spiel bestimmt schneller durchschaut. Er war nicht einmal imstande, uns grundlegende Tritte, Schläge und Stöße beizubringen. Die sollten wir vom Fernseher lernen, indem wir Lees Bewegungen genau beobachteten, um sie anschließend nachahmen zu können. Lediglich einige Kampfschreie übte er mit uns ein. Schreie seien wichtig, um den Gegner einzuschüchtern, meinte er. Spätestens als wir, ohne die notwendigen Grundlagen zu beherrschen, zum Sparring übergingen, schöpfte ich den Verdacht, dass er alles, nur kein Karatetrainer war. Was die Armarbeit anging, so behalf ich mich mit den Erfahrungen, die ich beim Boxen gesammelt hatte. Ein paar Fußtritte schaute ich mir tatsächlich vom Fernseher ab. Damit gab ich den Sehenden unter den Blinden und bezwang nahezu jeden, der sich gegen mich versuchte. Was auch immer ich zusammenfuchtelte, mit Karate hatte es wenig zu tun. Ich blieb noch einige Monate dabei. Weil ich der Beste war, brauchte ich die monatliche Gebühr nicht mehr zu zahlen. Sonst hätte ich schon früher aufgehört.

Auch die nächste Sportart, die mich interessierte, klingt laut »Brockhaus« nicht gerade harmlos: *... Kampfsportart, deren Ziel darin besteht, dem Gegner Körper- und Kopftreffer mit Fuß oder Faust zu versetzen.* Es stimmt: Ich unternahm nicht einmal den Versuch, mich nach einem Verein umzuschauen, bei dem ich hätte Tennis spielen können oder etwa Handball. Für Eishockey wäre ich sowieso zu alt gewesen. Es hätte mich auch nichts davon gereizt. Das erste Boxtraining hatte meine Liebe zum Kampfsport geweckt. Jetzt kam ich davon nicht wieder los. Außerdem hörte sich Kickboxen gar nicht schlecht an. Wenn es für einen Laien auch nicht so aussieht, es gibt dabei klare Regeln. Die Fußtritte zum Beispiel dürfen nur oberhalb der Gürtellinie landen und den vorderen Teil des Körpers treffen. Man geht außerdem gut gepolstert in einen Wettkampf. Der Kopfschutz ist so ähnlich wie beim Amateurboxen, der Mundschutz ebenso. Selbst an Füßen und Schienbeinen tragen die Amateure eine Schutzausrüstung.

Für mich war es zwar ein neuer Sport, ich fing aber nicht bei null an, sondern profitierte von den Kenntnissen, die ich vom Boxen und vom Karate mitbrachte. Übermäßig ausgeprägt waren die noch nicht, aber sie halfen erst mal. Noch einen Vorteil gab es: Kickboxen musste ich weder geheim betreiben, noch kosteten die Übungsstunden Geld. Und der Trainer Andrej Schistow war ein ausgewiesener Experte. Er gehörte einst zu den ersten Kickboxern in der Sowjetunion und gewann während seiner Laufbahn etliche Medaillen.

Kickboxen war genau das Richtige für mich. Erst trainierte ich ein-, zweimal die Woche, dann dreimal, viermal, bald schuftete ich fast jeden Tag in der Halle. Ich war wohl einigermaßen talentiert, der Trainer zeigte sich zufrieden mit mir. Schritt für Schritt bereitete er mich auf die ersten Wettkämpfe vor. Ich absolvierte das Training mit Herzblut, aber mir fehlten die Erfolgserlebnisse. Bis er mich zu den Stadtmeisterschaften schickte, die ich in meiner Gewichtsklasse auf Anhieb gewann. Ich war mit den Jahren in die Höhe geschossen und hatte mir ordentlich Muskeln antrainiert, sodass ich bereits zu den Schwergewichten zählte. Mit diesem Sieg qualifizierte ich mich für die Republikmeisterschaft der Ukraine. Dort wiederholte ich, im Jahr darauf, meinen Erfolg und landete bei der Spartakiade. Das war gewissermaßen die Sowjetunionmeisterschaft. Hier trafen die Besten aus allen Sowjetrepubliken aufeinander. Ein Kampf ging über drei Runden, jede Runde dauerte zwei Minuten. Dazwischen eine Minute Pause. Ich schaffte es bis ins Finale und war auch dort nicht zu stoppen. Ich siegte. Es schien im ganzen Land keinen Gegner zu geben, der mir Paroli bieten konnte. Ich jagte von einem Erfolg zum nächsten. Ehe ich mich versah, war ich in die sowjetische Junioren-Nationalmannschaft gerutscht.

Ich schien das Glück gepachtet zu haben. Plötzlich war der Eiserne Vorhang gar nicht mehr so eisern. Wer als Sportler im roten Trikot antrat, auf dessen Brust groß in weißen Buchstaben *CCCP* prangte, wurde automatisch in die überschaubare Schar der Reisekader aufgenommen. Zu einem Wettkampf nach Polen hatte ich schon mitgedurft, aber diese Reise zählte nicht richtig. Soweit ich feststellen konnte, sah es dort nicht viel anders aus als bei uns.

Auf einmal hieß es, ich könne mit der Nationalmannschaft nach Amerika reisen. Die Kickboxer des amerikanischen Nationalteams luden uns zu einem Wettkampf ein. Der Klassenfeind schien keine Angst vor uns zu haben. Oder war das nur eine Falle? Mir gingen die verrücktesten Gedanken durch den Kopf. Amerika! Ausgerechnet Amerika! Sofort tauchten die Bilder auf, die sie uns seit der Kindergartenzeit immer wieder gezeigt hatten: amerikanische Soldaten in voller Kampfmontur, die Gesichter zu monsterhaften Fratzen verzerrt. Und Farbige in zerlumpter Kleidung, die von weißen Farmbesitzern mit Peitschenhieben zur Sklavenarbeit auf die Felder getrieben wurden. Bilder von streikenden Arbeitslosen. Bilder von halbverhungerten Stadtstreichern und von ausgemergelten Drogensüchtigen. Bilder von abgehalfterten Prostituierten, von psychopathischen Killern und von blutüberströmten Mordopfern. Bilder, Bilder, Bilder. Und Vater warnte mich auch: »Pass bloß auf, eine solche Reise ist nicht ungefährlich!« Heute klingt das alles aberwitzig. Die Aufregung, die im Vorfeld der Reise herrschte, kann sich nur jemand vorstellen, der unter den gleichen politischen Bedingungen aufgewachsen ist wie wir.

Unser Team brach im Frühjahr 1989 von Kiew auf. Ich war noch keine achtzehn. Über Warschau flogen wir nach Miami. Dort wurden wir abgeholt und fuhren in einem Kleinbus den Highway 1 in nördliche Richtung. Nach ungefähr einer halben Stunde kamen wir an Hollywood vorbei. Sofort dachte ich an Arnold Schwarzenegger und Sylvester Stallone. Aber der Dolmetscher erklärte uns, dieses Hollywood sei nicht die berühmte Filmstadt, die läge in Kalifornien. Wir fuhren Stunden, die ganze Zeit am Atlantik entlang. Wir ließen Fort Lauderdale hinter uns und Boca Raton, dann waren wir am Ziel: West Palm Beach.

Zu unserer Delegation gehörten außer mir fünf andere Sportler, der Trainer und ein junger Mann, dessen Funktion mir anfangs nicht klar war. Mit Kickboxen hatte er jedenfalls nichts am Hut. Er hieß Sergej Nikolaew. Diesen Namen habe ich mir seltsamerweise gemerkt. Er begleitete uns auf Schritt und Tritt und ließ uns keinen Moment aus den Augen. Er war nicht unfreundlich, aber distanziert. Nach einigen Tagen begriff ich, dass es sich nur um einen Abgesandten der berühmtesten »Agentur« der Sowjetunion handeln konnte, des KGB.

Mich quälte ein ganz anderes Problem: Normalerweise wog ich um die hundert Kilogramm, gehörte also ins Superschwergewicht. In der Mannschaft war jedoch nur noch ein Platz in der Gewichtsklasse darunter frei gewesen. Das hatte bedeutet, dass ich neun oder zehn Kilo abnehmen musste, um mitfahren zu dürfen. Drei Wochen vor unserer Abreise hatte ich mit dem Abspecken begonnen. Ich aß kaum noch etwas, dafür trainierte ich härter. Die Flüssigkeitszufuhr reduzierte ich auf ein Minimum. Ein paar Schlucke Wasser, mehr nicht. Systematisch trocknete ich meinen Körper aus. Nur auf diese Weise konnte ich in der kurzen Zeit genug Gewicht verlieren. Das hieß: schwitzen, schwitzen, schwitzen. Eine Tortur. Da mein Körper kaum Flüssigkeit bekam, quetschte ich auch die Reserven heraus. Mein Schweiß fühlte sich zähflüssig wie Honig an. Ich sah erbärmlich aus. Unter meinen Augen bildeten sich dunkle Ränder, meine Wangen fielen ein. Wenn ich morgens aus dem Bett stieg, hatte ich Mühe, mich aufrecht zu halten, so schwindlig war mir. Manchmal wurde mir sogar schwarz vor Augen. Ich schwor, mich nie wieder auf eine Hungerkur einzulassen. Aber jetzt musste ich dabeibleiben.

Eine knappe Woche noch, dann sollten die Kämpfe losgehen. Danach würde ich endlich wieder essen dürfen. Wir waren im Paradies angekommen, aber für mich konnte die Hölle nicht schlimmer sein: In meinem Zimmer empfing mich eine Platte voller exotischer Früchte. Bananen! Noch nie hatte ich eine echte Banane gesehen, geschweige denn probiert. Und Ananas. Dasselbe. Und Orangen. Die gab es bei uns höchstens zum Neujahrsfest einmal, und dann waren sie nicht wie hier orange, sondern gelb wie Zitronen. Von den anderen Früchten wusste ich nicht einmal, wie sie hießen. Das Schlimmste war, dass ausnahmslos alle unglaublich lecker aussahen und mein Magen wie ein Bär vor einem Honigtopf knurrte, ich mich aber an keiner einzigen vergreifen durfte. Der Trainer würde mir niemals verzeihen, wenn ich den Diätplan nicht einhielt und beim Wiegen vor dem ersten

Kampf zu viel Gewicht auf die Waage brächte. Dann wäre das meine erste und letzte große Reise ins Ausland geworden.

Von Tag zu Tag fiel es mir schwerer, den Verlockungen zu widerstehen. Sie lauerten an jeder Ecke. Burger- und Donutläden und Automaten, aus denen Getränke sprudelten. Unsere Gastgeber zeigten sich großzügig. Das Hotel und die Verpflegung waren kostenlos. Darüber hinaus luden sie uns in ein Restaurant ein, in dem saftige Steaks aufgetischt wurden, nur nicht für mich. Ich verkniff mir sogar den riesigen Becher Coca-Cola, da sie zu viele Kalorien enthielt, und begnügte mich mit einem winzigen Schluck, um überhaupt einmal gekostet zu haben. Wie ich den Augenblick herbeisehnte, den Becher in einem Zug hinunterschütten zu dürfen!

Die Amerikaner müssen unseren Trupp für einen Haufen Verrückter gehalten haben, oder für Außerirdische. In unseren weißen Trainingsanzügen sahen wir auch ein bisschen so aus. Hier trugen fast alle Leute Jeans und bunte Hemden. Bei uns war eine Jeans ein Statussymbol, fast so wie ein Auto. Nur die wenigsten konnten sich eine leisten. Es gab zwar in bestimmten Geschäften Jeans zu kaufen, aber sie kosteten annähernd ein Monatsgehalt. In Amerika fühlten wir uns, als wären wir auf einen anderen Planeten versetzt worden. Was es hier alles gab! Allein so etwas Belangloses wie die Seife in meinem Zimmer war für mich eine Sensation. Ihr Geruch verschlug mir den Atem. Sie schien mir viel zu schade, um sie beim Händewaschen zu vergeuden. Wenn Mutter sie nur riechen könnte! Ich nahm sie vorsichtig vom Waschbecken, als wäre sie zerbrechlich, und versteckte sie ganz unten in meinem Koffer. Dann inspizierte ich ein kleines Fläschchen mit Haarshampoo. Wenn es nicht draufgestanden hätte, ich hätte niemals erraten, wofür ich diese geleeartige goldfarbene Flüssigkeit benutzen sollte. Ich wusste nicht, dass es extra ein Waschmittel für Haare gibt. Toilettenpapier war mir dagegen vertraut, aber nicht solches. Bei uns hatte es die Qualität von altem Zeitungspapier, wenn man die gute Sorte erwischte, die weichere. Ich packte gleich eine ganze Rolle mit zu der Seife.

In diesen Tagen wirkten wir nicht nur wegen unserer einheitlichen Trainingsanzüge wie geklont. Wir liefen die ganze Zeit mit dem gleichen Gesichtsausdruck durch die Gegend: die Augen weit aufgerissen und die Münder aufgesperrt, als würden wir pausenlos »aahhhh« sagen. Selbst unser Trainer bildete keine Ausnahme, und der war ein erfahrener Mann. Wir bestaunten Wegwerfplastikbecher wie das siebte Weltwunder. Wir drehten uns nach jedem Auto um, weil uns selbst das kleinste doppelt so groß wie ein Lada erschien. Wir drückten uns die Nasen an den Schaufenstern der Geschäfte platt, trauten uns aber nicht hinein. Wir litten alle an der gleichen Krankheit: einem Dauerschocksyndrom. Eine Schießerei hätte uns kurieren können oder ein Banküberfall, der sich vor unseren Augen abspielte, oder wenigstens ein paar unfreundliche Leute, die uns aus irgendwelchen Gründen beschimpften oder aus einer Gaststätte warfen. Aber nichts dergleichen geschah.

Wohin ich auch schaute, die Menschen lächelten. Erst dachte ich, sie würden mich auslachen, weil ich diesen komischen Trainingsanzug trug, mit dem Emblem auf der Brust, das sie bestimmt nicht lesen konnten: *Proletarier aller Länder, vereinigt euch*. Von wegen Proletarier! Hier waren weit und breit keine zu sehen. Entweder waren wir in einem Viertel reicher Leute gelandet, oder … Ich begriff es nicht. In der ganzen Stadt sah es so aus! Die Menschen wirkten alle gepflegt, wohlhabend und freundlich. Sie sahen aus, wie ich mir Reiche vorstellte. Nicht im Entferntesten glichen sie den Gestalten auf den Bildern, die sie uns im Kindergarten und in der Schule gezeigt hatten. Auch die Farbigen nicht. Denen schien es hier gut zu gehen. Sie fuhren keine anderen Autos als die Weißen. Noch der schäbigste Chrysler wirkte eleganter als ein Moskwitsch bei uns zu Hause.

Langsam stieg ein Verdacht in mir auf: Unsere amerikanischen Gastgeber hatten uns hereingelegt und uns absichtlich in diese Stadt eingeladen! Wie sollten wir hier einen klaren Gedanken fassen? Wie uns auf die bevorstehenden Kämpfe konzentrieren? Mit meiner Konzentration haperte es sowieso. Seit vier Wochen quälte ich mich durch diese mörderische Hungerdiät. Ich war längst an dem Punkt angelangt, dass sich meine Gedanken ausschließlich um Essen und Trinken drehten. In Kiew hätte ich schon gelitten wie ein Hund, das Lebensmittelangebot hier brachte mich aber fast um den Verstand. Habe ich erzählt, dass ich auf dieser Reise das erste Mal im Leben Orangensaft trank? Und wie gut er mir schmeckte? Ich wünschte meinen Kampf herbei wie ein Wüstenbewohner den ergiebigen Regen. Ich würde meinen Gegner schnellstmöglich weghauen und mir anschließend eine komplette Gallone aus dem Kühlregal einverleiben.

Der Kampf ging dann über die volle Distanz. Mein Gegner schenkte mir nichts, und ich war körperlich einfach zu ausgepowert, um ihm die entscheidenden Treffer zu verpassen. Am Ende entschieden die Punktrichter gegen mich. Ich war enttäuscht. Ich konnte die Niederlage nicht vorhersehen, und ich versuchte mein Möglichstes, sie abzuwenden. Aber ich war auch nicht wirklich überrascht, so jämmerlich, wie ich mich in den letzten Wochen gefühlt hatte. Die hundert Kilo Normalgewicht waren ja nicht zustande gekommen, weil ich zu viel Fett auf den Rippen hatte. Bei dem Pensum, das ich im Gym absolvierte, war mein Körper gut durchtrainiert. Meine Bizepse glichen noch nicht denen von Schwarzenegger oder Stallone, viel fehlte aber nicht mehr. Das Kampfgewicht entsprach absolut meiner Größe. Mit fast zwei Metern gehörte ich ins Superschwergewicht. Und dann plötzlich neun Kilo weniger! Der Hungertrip raubte mir nicht nur Kraft, ich verlor auch das Gefühl für meinen Körper.

Man muss sich das so vorstellen, als würde man aus einem mechanischen Uhrwerk ein kleines, unscheinbares Rädchen entfernen. Der Körper ist ein noch komplizierterer Mechanismus. Wenn man sich auf einen Kampf vorbereitet, versucht man, jede einzelne Funktion optimal einzustellen. Ein Rädchen greift ins andere. Das Training ist dabei nur eine Seite, die entsprechende Ernährung eine andere. Setzt man damit aus, so gerät sofort das komplette System durcheinander. Das ist bei jedem Sportler so, bei Kraftsportlern besonders. Wir können einen Schlag, den wir tausend Mal im Training geübt haben, in einem Kampf technisch perfekt ausführen. Stecken dann aber statt der gewohnten hundert Kilogramm nur noch neunzig dahinter, wird der Effekt ein anderer sein, vielleicht sogar völlig verpuffen. Diese Erfahrung habe ich damals als Kickboxer gemacht, beim Boxen ist es nicht anders. Wladimir könnte stundenlang von seinen Leiden erzählen. Er musste sich über Jahre mit dem Gewichtabkochen herumquälen.

Für mich war der amerikanisch-sowjetische Wettkampf damit beendet. In den Augen des Trainers stand Enttäuschung. Ich hatte dem Sozialismus keinen großen Dienst erwiesen. Aber sosehr mich die Niederlage fuchste, sie hatte auch ihr Gutes: Ich brauchte mich nicht mehr um mein Gewicht zu sorgen. Wie ein Halbverhungerter stürzte ich mich auf alles Essbare, was mir in die Finger kam. In den nächsten Tagen schüttete ich Cola und Saft gleich literweise in mich hinein. Mein Körper schien die Flüssigkeit wie ein ausgetrockneter Waldboden aufzusaugen. Ich konnte mir einiges leisten, da jeder von uns nach seinem Kampf hundert Dollar erhielt. Damit wäre ich in Kiew der King gewesen. Echtes amerikanisches Geld! Vater verdiente umgerechnet zehn Dollar im Monat, und ich bekam für einen Auftritt, für zehn Minuten, derer ich mich nicht einmal rühmen konnte, fast ein Jahresgehalt! Das würde er niemals verstehen.

Doch mit dem Geld tauchte das nächste Problem auf: So reich ich mich mit dem Schein in der Hand fühlte, was sollte ich damit anstellen? Nach dem, was ich bisher in den Geschäften alles gesehen hatte, hätte ich locker eine Million ausgeben können. Das Schwierigste war, mich überhaupt für etwas zu entscheiden. Ökonomisch ausgedrückt, lähmte das überwältigende Angebot meine bescheidene Kaufkraft. Kaufte ich mir ein T-Shirt und eine Jeans, würde es für ein Paar Turnschuhe nicht mehr reichen. Entschied ich mich hingegen für Turnschuhe, müsste ich auf die Jeans verzichten. Außerdem wollte ich den Eltern und meinem Bruder ebenfalls eine Kleinigkeit mitbringen.

Ich irrte durch die Einkaufsmall und war schlichtweg überfordert. Kaum steckte ich meinen Kopf in ein Geschäft, schoss mir jemand entgegen und zeigte sein breitestes Lächeln:

»Hello!«

Meinte die junge Frau etwa mich? Ich drehte mich um, hinter mir stand niemand.

»How are you doing?«

Sie strahlte mich immer noch an, wobei sie mir ihre weißen Zähne zeigte. Die Frage kam mir irgendwie bekannt vor. Ich hatte sie seit unserer Ankunft schon häufiger gehört. Die Leute an der Rezeption im Hotel fragten das auch immer. Vor lauter Aufregung fiel mir aber nicht ein, was es bedeutete.

»Can I help you?«

Ich begriff nicht und machte mich lieber aus dem Staub. Wenn sie mich schon so anging, würde sie mich bestimmt auch zwingen, etwas zu kaufen. In den Augen der Verkäuferin muss ich wie der letzte Überlebende des Mittelalters gewirkt haben, den man mithilfe einer Zeitmaschine in die Neuzeit gebeamt hatte. Ein wenig kam ich mir selbst so vor. Von hier aus betrachtet schienen die Orte, in denen ich aufgewachsen war, direkt hinter dem Mond zu liegen.

Dennoch: In der Sowjetunion lag bestimmt eine Menge im Argen. Nach den Maßstäben, die heute gelten, waren wir arm, sogar schrecklich arm, aber wir waren auch glücklich. Auf jeden Fall kann ich das für mich behaupten, für meine Kindheit und Jugend. Glücksgefühle sind mir wertvoller als all der Reichtum, in dem wir heute leben. Die meisten Menschen scheinen nur damit beschäftigt, möglichst viel Geld zu scheffeln, als würden sie vergessen, dass das Leben viel mehr ausmacht. Geld ist wichtig, und Erfolg ist wichtig, aber doch nur, wenn man alles andere auch genießen kann.

In West Palm Beach beschäftigte mich jedoch zunächst einmal die sehr praktische Frage nach einer möglichst geschickten Investition. Ich brauchte nur auf meine Füße zu sehen, das erleichterte die Entscheidung: In der riesigen Sowjetunion gab es nur ein einziges Modell von Sportschuhen. Sie waren aus einem gummiähnlichen Material, das weder elastisch noch atmungsaktiv war: die perfekten Voraussetzungen für Fußgeruch und Blasen. Über die optische Eleganz schweige ich lieber.

Hier ein Sportartikelgeschäft ausfindig zu machen, erwies sich als ungefähr so kompliziert, wie in Moskau den Kreml zu finden. Ich nahm Anlauf, ignorierte die Begrüßungszeremonie am Eingang, indem ich unbeirrt geradeaus starrte und erst vor einer riesigen Wand bremste, die mich in Staunen versetzte: Vom Boden bis zu Decke waren daran kleine Regale befestigt, auf denen jeweils ein Sportschuh stand, in Reihen horizontal geordnet nach den unterschiedlichen Sportarten. Links ein größerer Bereich für Männer, daneben der für Frauenschuhe. Ich machte mir gar nicht erst die Mühe, alle zu zählen. Wahrscheinlich hätten sie ausgereicht, jeden Sportler in Kiew mit einem Paar auszustatten. Ich überlegte auch nicht lange und griff nach einem Schuh der Marke *Nike*, die kannte ich. Es waren die coolsten Schuhe, die ich jemals in der Hand gehalten hatte. Dummerweise passte ich nicht hinein, außer wenn ich die Zehen etwas einzog. In meiner Größe waren sie jedoch nicht vorrätig.

Ich hätte *thank you* sagen und im nächsten Laden weitersuchen sollen, aber das war ich nicht gewöhnt: Gab es bei uns in einem Geschäft etwas nicht, fand man es mit Sicherheit auch in keinem anderen. Zudem sah ich mich schon mit den *Nikes* in Kiew einmarschieren! Ich würde die tollsten Schuhe in der ganzen Stadt tragen. Damit ließe sich Eindruck schinden. Also nahm ich sie. Ich quetschte meine Füße hinein und warf die alten Turnschuhe gleich in den nächsten Mülleimer. Etwas voreilig, wie sich herausstellte. Je länger ich nämlich die neuen trug, desto unbequemer wurden sie. Den Triumph von Kiew ließ ich mir dennoch nicht nehmen, von außen sah ja niemand, was ich meinen Zehen zumutete.

Muss ich noch beschreiben, wie ich mich fühlte, als wir nach Orlando ins *Disneyland* fuhren? Ich hatte noch nie etwas über dieses verrückte Märchenland gehört. Bevor es losging, erkundigte ich mich erst einmal bei unserem Dolmetscher, was das überhaupt sei. Der sah mich an, als sei ich gerade frisch von einem anderen Stern gekommen. Er wird seiner Frau am Abend bestimmt erzählt haben, dass die Russen ein besonders schlaues Kerlchen dabei hätten. Und was der Verkäufer erst dachte, dem ich einen Zwanzigdollarschein in die Hand drückte, damit er mir Kaugummis gab? »For all twenty?«, fragte er mich entgeistert, und ich nickte nur und wunderte mich, dass er gleich eine ganze Tüte voll packte. Einmal das komplette Sortiment. Das schenkte ich Wladimir, nachdem ich wieder in die Welt zurückkehrte, die mir vertraut war und in der ich mich sicher fühlte, die auf einmal aber unsäglich grau aussah. Für Mutter hatte ich ein Probierfläschen *Chanel No. 5* ergattert. Dass sie einem sogar etwas umsonst gaben, konnte mich auch nicht mehr erschüttern. Vater, der gern Bier trank, bekam eine Dose amerikanisches Bier. Eine Cola nahm ich zusätzlich mit, vielleicht schmeckte sie ihnen so gut wie mir. Bevor Wladimir einen Schluck probierte, schnupperte er an der geöffneten Dose. »So schmeckt also Amerika«, meinte er.

Vater kam erst am Abend vom Dienst. Ich brannte darauf, ihm zu erzählen, was mir beim Klassenfeind widerfahren war. Zuerst überreichte ich ihm die Bierdose. Er ist fünfundzwanzig Jahre älter als ich, aber eine Dose mit einem Getränk darin hatte er noch nie in den Händen gehalten. Er holte ein großes Messer aus der Küche und wollte es von oben ins Blech rammen, um sie zu öffnen. Im letzten Moment konnte ich ihn daran hindern. Ich führte ihm die wundersame Öffnung wie ein Zauberkünstler vor, umfasste die Dose mit der linken Hand, legte die Finger der rechten wie in Zeitlupe an die kleine Lasche und ließ es zischen.

Vater hatte nicht nur mit dieser läppischen Dose Schwierigkeiten, sondern er weigerte sich auch, meine Erzählungen zu glauben. »Sie haben euch eben nur die schönsten Ecken gezeigt«, meinte er, nachdem ich ihm erklärt hatte, dass ich mich wie in einem Märchen gefühlt hätte. Ich wusste, was er damit meinte: Wenn sich bei uns eine Delegation hochrangiger Politiker ankündigte oder gar ein Staatsbesuch bevorstand, wurden die Bordsteinkanten entlang der offiziellen Präsentierstrecke hastig weiß getüncht und manchmal sogar die Häuserfassaden über Nacht neu gestrichen.

»Nein, dort ist es anders«, entgegnete ich. »Amerika ist das schönste Land, das ich mir vorstellen kann.«

»Erzähl nicht«, brummte er, »Amerika ist grausam.«

»Das hab ich auch gedacht, aber…«

»Das stimmt auch!«

»Vater, ich hab es erlebt. Ich hab mit eigenen Augen gesehen, dass es nicht so ist, wie sie in der Schule gesagt haben.«

Irgendwann wurde Vater ganz still. Erst später konnte ich nachvollziehen, was wohl in diesen Momenten in ihm vorgegangen sein und wie er sich gefühlt haben muss. Als Offizier hatte er sich dem Dienst an unserem Land verschrieben. Er war mit ganzer Seele Kommunist. Er glaubte an die Ideen von Marx und Lenin, und er glaubte an das sozialistische System. Das Gebäude seines Lebens drohte einzustürzen, und eines Tages würde es auch dazu kommen. Sosehr er die Augen noch davor verschloss, das Fundament hatte längst zu bröckeln begonnen.

Zwei Katastrophen

Vitali

Es war ein herrlicher Frühling. Wir hatten erst April, aber es kam mir vor, als sei schon Juli oder August. Tagsüber stiegen die Temperaturen deutlich auf über zwanzig Grad, nachts kühlte es kaum ab. Weil es so früh schon so warm war, blühte es überall. Kiew ist eine sehr grüne Stadt. Fast die Hälfte ihres Territoriums besteht aus Parks, kleinen Seen und Wäldern. Jedes Frühjahr werden unzählige Blumenbeete angelegt. Überall wachsen Kastanienbäume, in den Parks, am Ufer des Dnjepr, aber auch entlang vieler Straßen und auf einigen Plätzen. Das Symbol von Kiew ist ein Kastanienblatt. Für mich ist die schönste Zeit im Jahr, wenn die Kastanien zu blühen beginnen. In jenem Frühjahr erlebte ich das zum ersten Mal. Von allen Orten, in denen wir bisher gelebt hatten, war Kiew der schönste. Die Blüten verströmten einen süßlichen Geruch, die ganze Stadt duftete danach, als hätte sie jemand mit einem feinen Parfümschleier überzogen. Seither ist es für mich der Duft des Frühlings.

Auch die Nacht zum 26. April 1986 war eine von diesen milden Nächten. Der Himmel war sternenklar. Durch die Stadt wehte ein laues Lüftchen von Norden. Wladimir, unsere Eltern und ich schliefen noch, als an diesem Samstag gegen zwei Uhr früh hundertzwanzig Kilometer entfernt die Katastrophe losbrach. Am Morgen weckte uns Mutter wie immer, damit wir uns für die Schule fertig machten. Nach dem Unterricht ging ich nachmittags mit meinen Freunden zum Baden an den Dnjepr. Die Sonne stand noch fast senkrecht am blauen Himmel, keine Wolke war zu sehen. Es war sommerlich heiß. Das Wasser des Dnjepr bot eine herrlich kühle Erfrischung. Der Fluss entspringt auf den Waldaihöhen im heutigen Russland, siebenhundert Kilometer nördlich von Kiew, und schlängelt sich durch Weißrussland in die Ukraine. Bevor er den Norden Kiews erreicht, weitet er sich zu einem Stausee, der zusätzlich von mehreren kleinen Flüssen gespeist wird. Einer davon ist der Pripjat. Ungefähr dort, wo der Pripjat in den Stausee mündet, liegt die Stadt Tschernobyl und etwas außerhalb das Kernkraftwerk *Wladimir Iljitsch Lenin*. Meine Freunde und ich badeten in dem Wasser, das von dorther kam. Durch die Explosionen im Kernreaktor waren mehr als fünfhundert radioaktive Stoffe ausgetreten. Seit Stunden war das Wasser mit unvorstellbar hohen Dosen radioaktiv verseucht. Gleichzeitig trieb der Wind eine unsichtbare Giftwolke über die Stadt. Doch niemand warnte uns.

In der folgenden Nacht klingelte das Telefon. Vater sollte sich umgehend in seiner Garnison einfinden. Mutter packte ihm belegte Brote ein, was sie immer tat, wenn er überraschend weg musste. Danach legte sie sich wieder schlafen. Für uns war es die normalste Sache der Welt. Als leitender Offizier befand sich Vater jederzeit in Bereitschaft. Schon unzählige Male wurde er am Wochenende, an Feiertagen oder wie diese Nacht abkommandiert. Er blieb zwei Tage weg. Auch das war nicht außergewöhnlich. Unbesorgt gingen Wladimir und ich am Montag wieder zur Schule. Aus irgendeinem Grund schienen an diesem Tag jedoch keine Busse zu fahren. Also machten wir uns zu Fuß auf den Weg. Wir beeilten uns, kamen aber trotzdem zu spät zum Unterricht. Da offenbar auch die Busse der anderen Schüler nicht gefahren waren, regten sich die Lehrer nicht auf, oder sie zeigten es nicht. Nirgendwo in der Stadt waren Busse unterwegs. Es konnten doch nicht alle auf einmal kaputtgegangen sein! Mit Vaters nächtlichem Einsatzbefehl brachten wir ihr Verschwinden nicht in Zusammenhang. Vater war für Flugzeuge und Hubschrauber zuständig.

Die Busse wurden benötigt, um die Bevölkerung von Pripjat, Tschernobyl und anderen Orten in der unmittelbaren Umgebung des Kernkraftwerks zu evakuieren. Dazu hatten sich die Verantwortlichen endlich entschlossen. Inzwischen waren seit der Explosion zwei Tage vergangen. Die Bevölkerung von Kiew wurde noch immer nicht informiert, obwohl der Wind ungünstig stand und in der Luft eine bedrohlich hohe Radioaktivität zu messen war. Busse und Autos, die aus der Region Tschernobyl zu uns kamen, erhöhten den Pegel noch, da an ihnen Unmengen radioaktiver Elemente wie Strontium, Cäsium und Jod hafteten. Doch weder sendete das Radio irgendwelche Warnmeldungen, noch berichtete das Fernsehen über das, was im Block vier des Kernreaktors geschehen war. Auch die Zeitungen schrieben kein Wort. Später las ich, dass nicht allein Unwissenheit über mögliche Auswirkungen radioaktiver Strahlung dahinter steckte, sondern auch Absicht. Bereits Jahre vor dem Unglück soll das Energieministerium in Moskau die Anweisung erteilt haben, prinzipiell keine negativen Informationen über Kernkraftwerke zu veröffentlichen.

Wir blieben ahnungslos, bis Vater zurückkehrte. Er sah abgespannt aus und schien bedrückt, verzweifelt, fast mutlos. So kannte ich ihn gar nicht. Auch seine Stimme klang nicht so kräftig wie sonst, als plage ihn ein Problem, das er nicht bewältigen konnte. Er sprach erst mit Mutter und dann mit Wladimir und mir. Ich dachte, er würde sich freuen, uns wiederzusehen, doch seine ernste Mine veränderte sich kein bisschen. Ab sofort sollten wir uns so wenig wie möglich im Freien aufhalten. Er meinte, den Schulweg könne er uns nicht ersparen, ansonsten aber sei es vernünftiger, wenn wir zu Hause blieben, in der Wohnung.

Wir müssen ihn beide ziemlich verdutzt angestarrt haben und konnten uns keinen Reim darauf machen, weshalb er uns zu dieser harten Strafe verdonnerte. Wir wohnten ja noch in der engen Einraumwohnung auf dem Kasernengelände am Flughafen Shuljani. Bestimmt verzapften wir damals eine Menge Blödsinn. In den letzten zwei Tagen hatten wir uns jedoch nicht das Geringste zu Schulden kommen lassen. Ich ging im Kopf sogar meine Schulnoten durch. Mir fiel keine ein, die ich ihm verschwiegen haben könnte.

Vater erklärte uns seine Anweisung. Dabei sprach er noch ein bisschen leiser: In der Nähe sei ein Atomreaktor in die Luft geflogen, aber das dürfe niemand erfahren. Wir sollten um Himmels willen in der Schule mit keinem darüber reden. Das hätte ich ihm gar nicht versprechen brauchen. Einer meiner Mitschüler wusste offenbar bestens Bescheid. Kaum betrat ich am nächsten Morgen unser Klassenzimmer, da flüsterte er mir schon verschwörerisch ins Ohr, dass er ein großes Geheimnis wisse.

Von Tag zu Tag kamen weniger Schüler zum Unterricht. Zuerst blieben die Kinder von hochgestellten Persönlichkeiten fern. Aufgrund ihrer Posten schienen die Eltern besser informiert als andere. Doch auf diese Weise sickerte die Nachricht allmählich in der gesamten Stadt durch. Als die Medien nach Tagen die ersten Meldungen verbreiteten, hatte sich das Horrorszenario längst herumgesprochen. Die offiziellen Verlautbarungen spielten das Ausmaß der Katastrophe herunter. Obwohl die freigesetzte Radioaktivität die Werte der Atombomben von Hiroshima und Nagasaki um ein Vielfaches überstieg, verniedlichten sie den GAU als gewöhnliche Havarie. Sie sprachen von einem beschädigten

Reaktor und von zwei Todesopfern. Man habe alles unter Kontrolle, sagten sie, die erforderlichen Schutzmaßnahmen seien getroffen worden.

Es dauerte etwa eine Woche, bis sich die Berichterstattung änderte. In der Zwischenzeit schwappten vereinzelt Nachrichten zu uns, die die westlichen Medien in Umlauf gesetzt hatten. Sie zeichneten ein völlig anderes Bild. Daraufhin wechselten unsere Zeitungen und das Fernsehen ihren Kurs. Jetzt standen Heldengeschichten im Mittelpunkt, die vom aufopferungsvollen Kampf der freiwilligen Helfer berichteten. Es meldeten sich tatsächlich Tausende aus allen Ecken des Landes, um die Arbeiten in Tschernobyl zu unterstützen. Nicht alle trieben altruistische Motive. Viele hatten mitbekommen, dass im Katastrophengebiet gutes Geld zu verdienen war. Aus welchen Gründen auch immer sie ihre Hilfe anboten, keinem von ihnen wird bewusst gewesen sein, worauf er sich einließ. Wer nach der möglichen Strahlenbelastung fragte, dem wurden falsche Werte genannt. Tausende Helfer sind inzwischen gestorben, noch mehr leiden an unheilbaren Krankheiten.

Es war eine verteufelte Geschichte, auch für uns Kinder. Niemand hatte Erfahrung im Umgang mit Radioaktivität. Außerdem vertrauten wir unseren Medien, so waren wir erzogen worden. Es bestand kein Anlass, plötzlich dem Glauben zu schenken, was der Klassenfeind über uns ausposaunte. Der nutzte einen kleinen Zwischenfall wahrscheinlich nur aus, um den Kommunismus schlecht zu machen. In Pripjat und Tschernobyl traten unmittelbar nach der Explosion erste Krankheitssymptome auf. Die Bewohner klagten über Übelkeit und Erbrechen, viele litten an Kopfschmerzen. In Kiew jedoch verbreitete sich die gefährliche Strahlung, ohne dass man sie riechen, schmecken oder gar sehen konnte. Es war, als geistere die ganze Zeit ein Gespenst durch die Stadt. Täglich waberten neue Gerüchte durch die Straßen. Einmal hieß es, die Radioaktivität sei todbringend hoch. An einem anderen Tag sollte sie nahezu ungefährlich sein. Nachdem jemand verbreitete, Wodka würde die giftige Strahlung im Körper neutralisieren, wenn man nur ausreichend davon tränke, waren innerhalb weniger Stunden sämtliche Wodkavorräte ausverkauft. Sinnvoller war da schon der Ratschlag, Jodtabletten einzunehmen, um die Schilddrüse vor dem radioaktiven Jod zu schützen, das durch die Explosion in die Atmosphäre gelangt war. Allerdings musste man sich auch hier beeilen, nach einem Tag gab es in den Apotheken keine mehr.

Ich trank natürlich keinen Wodka. Ich schluckte auch keine Jodtabletten. Ich nahm das alles nicht so ernst und überblickte die Dimension dieses Ereignisses in keiner Weise. In meinen Augen war ja nichts geschehen, zumindest nicht in Kiew. Sollte mich als Vierzehnjährigen eine Krankheit verängstigen, die vielleicht erst in zwanzig Jahren ausbrechen würde? Schon ein solcher Zeitraum überstieg meine Vorstellungskraft. Wenn die Medien ehrlicher berichtet hätten, hätten wir das wahre Ausmaß der Katastrophe vielleicht eher begriffen. Aber so? Vater verlangte zwar weiterhin, dass wir in der Wohnung blieben. Andererseits sah ich, wie einige von meinen Mitschülern immer noch zum Baden an den Dnjepr fuhren. Manchmal fuhr ich einfach mit. Es war verdammt heiß in diesen Tagen.

So gefährlich konnte es gar nicht sein, der Schulunterricht lief schließlich auch weiter. Und am 1. Mai strömten Zehntausende in die Innenstadt, um wie jedes Jahr bei der Demonstration zum Kampftag der Arbeiterklasse mitzumarschieren. Der 1. Mai war in der Sowjetunion ein besonderer Feiertag. Wir Kinder bekamen schulfrei, die Eltern mussten nicht zur Arbeit. In allen großen Städten fanden Militärparaden statt, die größte natürlich in Moskau. Sie dauerte fast einen halben Tag und wurde über die volle Länge live im Fernsehen übertragen. Die Bilder sehe ich noch vor mir, wie die Menschen in Reih und Glied über den Roten Platz marschierten, den Mitgliedern unserer Regierung zujubelten und Fähnchen schwenkten. Die Politiker der Partei- und Staatsführung standen auf dem Balkon des Lenin-Mausoleums und winkten zurück. Die meisten waren sehr alte Männer, die dunkle Mäntel trugen und nicht sehr fröhlich aussahen. In dem greisen Alter fiel es ihnen bestimmt schwer, den Arm so lange hochzuhalten. Aber in diesem Jahr stand mit Michail Gorbatschow auch ein Jüngerer da oben. Er war nach Lenin der jüngste Parteivorsitzende überhaupt. Mit seiner Regentschaft änderte sich dann ja auch alles.

Die Maiparade in Kiew fiel etwas kleiner aus, mir erschien sie aber immer noch gigantisch. Ich hatte noch nie so eine große Demonstration miterlebt. Die ganze Stadt schien auf den Beinen. Vornweg paradierten die Einheiten der Roten Armee im Stechschritt über den Krestschatik, die Prachtstraße von Kiew. Sie hat sechs Fahrspuren und ist fast hundert Meter breit. Dahinter folgte die werktätige Bevölkerung, wie das damals hieß, zum Schluss kamen Sportler, die ihre Vereine repräsentierten, und wir Schüler, aber nur die älteren. Ich war ja schon Komsomolze. Wladimir als Pionier brauchte noch nicht mit. Ich kann mir nicht vorstellen, dass sich all diese Menschen auch nur eine Stunde lang freiwillig im Freien aufgehalten hätten, wenn ihnen die Gefahr annähernd bewusst gewesen wäre. Zumal der schwache Wind wieder aus Norden wehte, aus Richtung Tschernobyl also. Weil das Wetter so schön war, verbrachten die meisten sogar den ganzen Tag draußen. Ich frage mich, wo diejenigen, die in das Ausmaß der Vorgänge von Tschernobyl eingeweiht waren, ihr Gewissen gelassen hatten. Wie konnten sie mit ansehen, wie sich Zehntausende ihrer Landsleute der gefährlichen Strahlung aussetzten? Das werde ich niemals begreifen.

Drei Tage nach der Maifeier änderte sich die Stimmung in der Stadt schlagartig. Es gelangten Meldungen in Umlauf, wonach mit der Evakuierung der Bevölkerung zu rechnen sei. Alle privaten Fahrzeuge sollten zu diesem Zweck bereitgehalten werden. Sofort brach Panik aus. Viele befürchteten, dass die Gesundheitsgefährdung doch stärker war, als in den offiziellen Verlautbarungen bisher eingeräumt worden war. Tatsächlich soll die Radioaktivität in Kiew in den ersten Tagen nach der Explosion bis zu hundert Milliröntgen pro Stunde betragen haben. Als maximal zulässige Dosis hält die Weltgesundheitsorganisation 1,3 Milliröntgen für vertretbar, pro Tag wohlgemerkt. Selbst knapp zwei Wochen später wurde noch eine Tagesdosis von 8,16 Milliröntgen gemessen, wenn die Angabe nicht geschönt war. Die Werte, die wir später übers Radio erfuhren, waren es jedenfalls meistens. Es kam häufiger vor, dass Vater vollkommen erschöpft von einem Einsatz zurückkehrte und meinte, dass es schlimmer sei, als sie in den Nachrichten zugäben. Die ausgetretene Strahlung liege um ein Vielfaches höher.

Viele von denen, die ein eigenes Fahrzeug besaßen, packten die notwendigsten Sachen zusammen und versuchten, schnellstens die Stadt zu verlassen, um in sicherer Entfernung bei Verwandten unterzukommen. Auf dem Hauptbahnhof spielten sich unglaubliche Szenen ab. Tausende drängten sich mit ihren Habseligkeiten an die Fahrkartenschalter, um einen Platz im nächsten Zug zu ergattern. Genauso schnell tauchten Spekulanten auf, die aus der Angst ein Geschäft machten. War Bahnfahren für gewöhnlich recht preiswert, verlangten die Schacherer in dieser Notsituation bis zu zweihundert Rubel für eine Karte. Fuhr ein Zug auf dem Bahnhof ein, so wurden die Waggons regelrecht gestürmt. Die Angst war bei einigen so groß, dass sie sogar auf die Wagendächer kletterten, um auf diese Weise schneller aus der Gefahrenzone zu gelangen. Andere kratzten ihre Ersparnisse zusammen und versuchten es am Flughafen. Tag und Nacht harrten sie an den Ticketschaltern aus. Sämtliche Inlandsflüge waren ausgebucht. Innerhalb einer Woche sollen eine Million Einwohner aus Kiew geflüchtet sein.

Mutter und Vater blieben, wir auch. Ich hörte sie einige Male diskutieren, ob es nicht vernünftiger wäre, dass Mutter und wir die Stadt verließen und zu Großmutter fuhren. Aber Mutter bestand darauf, bei ihm zu bleiben. In dieser schwierigen Situation wollte sie ihren Mann nicht im Stich lassen. »Mein Platz ist an deiner Seite«, erklärte sie.

Die angekündigte Evakuierung hielten die Verantwortlichen dann doch nicht mehr für erforderlich. Den Messungen zufolge schien sich die radioaktive Wolke inzwischen mehr in nördliche und nordwestliche Richtung zu bewegen. Wer weiß, ob das stimmte. Wer weiß, ob überhaupt jemand den Überblick besaß in den ersten Wochen nach der Katastrophe. Ich habe da starke Zweifel.

Wenigstens wurde mein Bruder in Sicherheit gebracht, wenn auch reichlich spät. Erst am 7. Mai, also elf Tage nach der Explosion, ordneten die Behörden an, sämtliche Schulen zu schließen und die Schüler der ersten bis siebten Klassen in Pionierlager zu schicken. Wladimir fuhr mit seinen Klassenkameraden in einen Ort am Asowschen Meer. Dort blieb er bis zum Ende der Ferien, fast vier Monate. Telefonieren konnten wir nicht, also schrieben wir uns Briefe. Warum wir Älteren nicht mitgeschickt wurden, weiß ich nicht. Es standen noch Prüfungen an, und wahrscheinlich waren auch nicht genügend Unterkünfte vorhanden.

Sicherlich werden sich viele fragen, wieso wir nicht sofort aus Kiew verschwanden. Warum uns nicht bewusst war, dass wir unsere Gesundheit riskierten, indem wir uns der gefährlich hohen Strahlung aussetzten. Und warum wir uns von den Medien so hinhalten ließen. Ich würde heute die gleichen Fragen stellen. Aber heute bin ich auch ein freier Mensch. Die Situation 1986 kann man schwer jemandem begreiflich machen, der nie unter gleichen Bedingungen gelebt hat wie wir.

Abgesehen davon, dass ich mich in dem Alter nicht gerade brennend für Politik interessierte, glaubte ich einfach, was in den Zeitungen stand, was die Nachrichtensendungen im Fernsehen brachten und was unsere Politiker sagten. Nur so kann ich mir erklären, dass ich diese Zeit nicht als angstvoll und bedrückend in Erinnerung habe. Sicher waren es nicht die sorglosesten Monate, aber ich ging ohne die Furcht auf die Straße, im nächsten Augenblick eine tödliche Strahlendosis abzubekommen. Ich dachte weder an Krebs noch an andere Krankheiten, die durch Radioaktivität hervorgerufen werden können. An den Tod denkt man mit vierzehn oder fünfzehn sowieso nicht. In diesem Alter fühlt man sich unsterblich.

Und wenn ich etwas beobachtete, das mir Sorgen bereitete, geschah am nächsten Tag garantiert etwas, das mir die Angst wieder nahm. Ich sah die hektische Betriebsamkeit, die in unserer Kaserne herrschte. Die Soldaten liefen schneller als sonst, ihre Gesichter sahen ernster aus, und es war kein Gelächter mehr zu hören. Ständig kurvten Sprühfahrzeuge durch die Straßen und wässerten die Fahrbahnen, damit der Staub nicht aufgewirbelt wurde. Vater kam noch seltener nach Hause, und von seiner Garnison hoben unablässig Hubschrauber ab, mit Unmengen von Bor, Blei und Sand an Bord, wie er erzählte, die sie über dem zerstörten Reaktor abwarfen. Andererseits verbot uns Kindern niemand, in den Pfützen zu spielen, wenn die kontaminierten Hubschrauber und Lastwagen nach der Rückkehr aus dem Katastrophengebiet abgespritzt worden waren.

Das überzeugendste Argument, dass die Lage so bedrohlich doch nicht sein konnte, lieferte aber ein sportliches Großereignis, das – so dachte ich – andernfalls sicherlich abgeblasen worden wäre: die Internationale Friedensfahrt. Sie war das bedeutendste und härteste Radrennen für Amateurfahrer aus der ganzen Welt, sozusagen der Gegenentwurf zur Tour de France. Ursprünglich führte sie abwechselnd durch Polen, die Tschechoslowakei und die DDR. In diesem Jahr wurden der Prolog und die ersten drei Etappen ausnahmsweise in und rund um Kiew ausgetragen. Die zweite Etappe, ein Mannschaftszeitfahren, gewann das Team der UdSSR. Viele meiner Mitschüler sahen sich das Spektakel an. Wenn fast hundert Sportler aus anderen Ländern hierher kamen, begleitet von einem Tross von Mechanikern, Medizinern und anderen Betreuern, musste das wie eine offizielle Unbedenklichkeitserklärung wirken. Zumal sie nicht zu einer kurzen Stippvisite einflogen, sondern vom 5. Mai an ganze vier Tage in der Stadt blieben und ihre strapaziösen Kilometer herunterritten. Sie konnten unmöglich alle von den sowjetischen Medien oder Politikern beeinflusst worden sein.

Dass im Vorfeld heftige Kontroversen darüber stattgefunden hatten, ob die geplanten Etappen in Kiew unter den gegebenen Umständen nicht besser ausfallen sollten, wurde allerdings geheimgehalten. Dem Publikum, das den Radfahrern vom Straßenrand aus zusah, fiel natürlich auch nicht auf, dass das Teilnehmerfeld um etwa die Hälfte geschrumpft war. Bis auf die Equipe aus Frankreich hatten sich alle Westmannschaften geweigert, in Kiew an den Start zu gehen. Die Rennfahrer, die ihre Teilnahme kurzfristig zurückzogen, taten gut daran. Als der Prolog zur Friedensfahrt gestartet wurde, war das Inferno im Kernkraftwerk nicht einmal unter Kontrolle gebracht. Das Feuer im Block vier loderte noch, und es traten weiterhin hohe Dosen an Radioaktivität aus, die sich auch in Kiew niederschlugen.

Die Folgen der Katastrophe von Tschernobyl werden noch Generationen nach uns zu spüren bekommen. Ganze Landstriche in der Ukraine, in Weißrussland und in Russland wurden für Jahrzehnte flächendeckend verseucht. Bis heute ist unklar, wie viele Menschen dem radioaktiven Fallout zum Opfer fielen. Schätzungen schwanken zwischen zehntausend und hundertfünfundzwanzigtausend Toten. Die Zahl erhöht sich jedes Jahr. Allein in den betroffenen Regionen der Ukraine ist die Rate der Krebserkrankungen in den zurückliegenden achtzehn Jahren um das Zehnfache gestiegen. Eine durch die Katastrophe hervorgerufene Immunschwächekrankheit bezeichnen die Mediziner als »Tschernobyl-Aids«. Vor allem Kinder sind davon betroffen. Auch die Statistiken über die Häufigkeit anderer Krankheiten weisen schockierende Zahlen auf: schwere Schilddrüsenerkrankungen, erhöhte Kindersterblichkeit, Tumorbildungen bei Kleinkindern – die Tragödie ist noch längst nicht vorbei! Ihr wahres Ausmaß wird niemals bezifferbar sein. Und in letzter Konsequenz irgendwie auch niemals begreifbar.

Vielleicht war es genau das, was uns half, das Gespenst zu verscheuchen und unser gewohntes Leben weiterzuführen, soweit das möglich war. Es hatte sich natürlich einiges geändert. Vom Verzehr der Pilze und Waldfrüchte aus Kiew und dem Umland wird noch heute abgeraten, von dem Obst und Gemüse aus der Region ebenfalls. Und den Dnjeprstausee preisen Reiseführer auch nicht gerade als Erholungsgebiet an. Aber unsere Familie hatte keine Opfer zu beklagen. Vater war mehrmals nach Tschernobyl geschickt worden, doch er hatte offenbar Glück. Die Strahlendosis, die er abbekam, lag nur unwesentlich über dem erlaubten Grenzwert. Jedenfalls bescheinigten ihm das die Ärzte, die ihn nach seinen Einsätzen untersuchten. Die Sorgenfalten auf seiner Stirn verschwanden deswegen nicht, aber mit der Zeit sprachen wir nicht mehr so oft über das, was in Tschernobyl passiert war.

Am Ende des Sommers kehrte bei uns wieder so etwas wie Normalität ein. Wladimir kam aus dem Pionierlager zurück, und das wirkte wie eine Entwarnung. Wenn sie die Kinder zurückschickten, musste die Gefahr doch vorbei sein! Mein Bruder sah gut erholt und braun gebrannt aus. Er schien mich nicht einmal vermisst zu haben. Bei unserem Widersehen jedenfalls sah er mich an, als sei ich ein Fremder. »Bist du wirklich Vitali?«, fragte er in einem skeptischen Ton, der nicht nach einem Witz klang. »Ich erkenne dich nicht wieder!«, wunderte er sich und schaute zu mir hoch. Da erst begriff ich, was ihn beunruhigte: In den dreieinhalb Monaten, die wir uns nicht gesehen hatten, war ich achtzehn Zentimeter in die Höhe geschossen. Das kam ihm unheimlich vor. Meinen Mitschülern übrigens auch. Als wir uns nach den Ferien wieder trafen, überragte ich plötzlich alle. Keine Ahnung, ob das mit der Strahlung zusammenhing. Wenn Wladimir deutlich kleiner geblieben wäre als ich, hätte man das befürchten können, aber er holte mich größenmäßig fast ein. Jetzt fehlen ihm lediglich zwei Zentimeter, dafür ist er mir bei den Schuhen eine Größe voraus. Im Gegensatz zu mir wuchs sein Körper jedoch nie so sprunghaft.

Am 1. September begann das neue Schuljahr. Ein besseres Ablenkungsmanöver konnte es nicht geben. Der Alltag setzte wieder ein. Allein die Tatsache, dass an den vertrauten Terminen festgehalten wurde, vermittelte uns das Gefühl, dass die Katastrophe ausgestanden war. Das neue Schuljahr fing immer am 1. September an, außer wenn der auf einen Sonntag fiel. Ich konzentrierte mich also wieder auf die Schule, so gut dies in meinem Alter gelingen wollte.

Wahrscheinlich hätte es noch besser funktioniert, hätte ich mich nicht in ein Mädchen aus unserer Klasse verguckt. Doch um sie zu übersehen, hätte ich blind sein müssen. Sie war einfach zu hübsch. Sie hatte lange Haare, dunkel wie Ebenholz, ihre Augen waren so groß wie Mantelknöpfe und ihre Lippen so voll wie eine saftige Frucht. Ein Blick genügte, und ich verfiel ihrer Schönheit. Sie verdrehte jedem Jungen den Kopf. Und sie genoss es, von uns angehimmelt zu werden. Noch mehr schien sie es auszukosten, uns zappeln zu lassen. Man wusste nie, woran man bei ihr war. Ich umschwärmte sie einige Wochen, ehe sie auf mein Werben einging und sich von mir nach Hause bringen ließ. Aber das gestattete sie auch anderen. Hoffnung machte ich mir erst, als sie mit mir ins Kino ging. Ich spielte den spendablen Kavalier, dafür lächelte sie mich an, mehr passierte erst mal nicht. Doch auf dem Rückweg gelang es mir, sie durch einen kleinen romantischen Park zu lotsen. Obwohl es ziemlich kühl war, kuschelten wir uns auf eine Bank, und dann geschah es: Wir küssten uns. Es waren meine ersten Küsse. Ich schwebte im siebten Himmel, so verliebt war ich, und bildete mir ein, dass wir von nun an ein Paar seien. Unter allen Bewerbern hatte sie mich erwählt. Die anderen Jungs würden vor Neid platzen, wenn sie uns sähen, wie wir Hand in Hand über den Schulhof schlenderten!

Ich konnte es kaum erwarten, sie am nächsten Morgen wiederzusehen. Mit jedem Schritt, den ich dem Schulgebäude näher kam, hämmerte mein Herz heftiger. Als ich sie sah, setzte es fast aus – jedoch aus einem anderen Grund. Sie sprach kein einziges Wort mit mir! Sie drehte sich einfach weg und ignorierte mich. Sosehr ich in den nächsten Tagen um ihre Gunst buhlte, ich kam nicht mehr an sie heran. Ich war enttäuscht, schier fassungslos. Warum wies sie mich ab? Hatte ich so schlecht geküsst, oder woran lag es? Ich brauchte Wochen, um darüber hinwegzukommen. Schließlich half mir ein dummer Zufall, der alles andere als erfreulich war.

Eines Abends besuchte ich einen Mitschüler, mit dem ich mich angefreundet hatte. Er wusste nichts von meinem Liebeskummer.

Ich kannte ihn noch nicht so gut, als dass ich ihm meine Gefühle anvertraut hätte. Auf einmal klingelte das Telefon, und sie war dran. Sie war auf einer Party und wollte gleich bei ihm vorbeischauen. Das versetzte mir den ersten Stich. Zu mir war sie nie gekommen! Ich wollte meine Sachen zusammenpacken und verschwinden, aber mein Freund meinte, ich solle mich solange ins Nachbarzimmer verdrücken, sie würde bestimmt nicht lange bleiben.

Manchmal kann das Leben ganz schön hart sein. Ich beobachtete durch einen schmalen Türspalt, wie sie ins Zimmer getorkelt kam. Sie schien betrunken zu sein. Sofort fiel sie ihm in die Arme, und sie sanken gemeinsam auf sein Bett. Er schob ihren Rock hoch und öffnete hastig seine Hose. Weiter sah ich nicht zu, das verkraftete ich nicht. Am liebsten wäre ich davongerannt. Schlimm genug, dass ich sie noch stöhnen hörte. Ich hielt mir die Ohren zu, hätte schreien mögen. Es zerriss mir das Herz. Ich fühlte mich um meine erste große Liebe betrogen. Einige Tage litt ich unter diesem Schock, doch allmählich setzte seine heilende Wirkung ein. Langsam spürte ich, wie meine Gefühle für sie erloschen.

Mit Gefühlen hatte auch Vater zu kämpfen, wenngleich seine anderer Natur waren. Ihm schlugen die politischen Umwälzungen aufs Gemüt, die in unserem Land vor sich gingen. Nach dem Tod von Partei- und Staatschef Konstantin Tschernenkow war Michail Gorbatschow im März 1985 zum mächtigsten Mann in der Moskauer Regierung aufgestiegen. Als Vierundfünfzigjähriger verbreitete er geradezu jugendlichen Elan innerhalb der Altherrenriege, deren Angehörige meist noch aus der Ära Breschnew stammten. Alle wichtigen Regierungsämter waren mit Politikern jenseits der siebzig besetzt. Zumindest dem biologischen Siechtum der überalterten Staatsmacht bereitete Gorbatschow umgehend ein Ende. Innerhalb seiner ersten beiden Amtsjahre tauschte er weit über die Hälfte aller Regierungsmitglieder aus. Ministerpräsident Tichonow, der auf die achtzig zuging, gehörte zu den

Ersten. Gleichzeitig wechselte er im gesamten Land einen Großteil der Führungskader der Partei aus.

Mit den personellen Veränderungen ging eine Neuausrichtung der Politik einher. Gorbatschow machte sich daran, das ganze Land umzukrempeln. Er propagierte Glasnost, Transparenz also, und Perestroika, was so viel wie Umbau bedeutet. Bis er die Führung unseres Landes übernahm, war Kritik an den Machthabern, der Partei oder dem Kommunismus strengstens verboten. Wer sie trotzdem wagte, riskierte eine Gefängnisstrafe oder die Verbannung nach Sibirien. Davor waren selbst berühmte Persönlichkeiten nicht gefeit. Noch 1980 schickten sie den Friedensnobelpreisträger Andrej Sacharow nach Gorki, weil er sich nicht scheute, in aller Öffentlichkeit mehr Demokratie einzufordern. Gorbatschow brach dieses Tabu nicht nur, er war es selbst, der Bürokratentum und Schludrigkeit rügte und rigoros gegen Korruption und Amtsmissbrauch vorging. Ein Staatsführer, der das eigene System anprangerte – das hatte es noch nie gegeben.

Gorbatschow sprach eine neue Sprache. Er wählte einfache Worte, die jeder verstand. Er verklausulierte seine Aussagen nicht, er nannte die Dinge beim Namen. Das brachte ihm bei der Bevölkerung viel Sympathie ein. Je stärker er an den Grundfesten rüttelte, desto mehr Missstände kamen allerdings zum Vorschein. Es war, als hätte er in eine große Wunde gestoßen, die nicht mehr heilte, sondern zu eitern begann. Unser tolles Land sollte plötzlich doch nicht so toll sein, und seine Menschen auch nicht. Das ging Vater an die Nieren. Er war überzeugter Kommunist, niemals hätte er die Ideologie seiner Partei in Frage gestellt oder an dem Staat gezweifelt, den sie nach der Oktoberrevolution 1917 errichtet hatte. Es war ihm nie um Wohlstand und Reichtum gegangen, für ihn hatte ein anderer Wert gezählt: die Idee von einer kommunistischen Welt. Diese Einstellung hatte er auch an uns, seine Söhne, weitergegeben. Wir sollten so leben und handeln wie er. Dass wir in die KPdSU eintreten würden, sobald wir alt genug wären, verstand sich von selbst.

Schwer zu sagen, ob ihm die Misere nicht bewusst war oder

1 Unser erstes gemeinsames »Fotoshooting« 1976, allerdings fürs Familienalbum.

2 Neugierig auf die Welt: Vitali, noch kein Jahr alt.

3 Wladimir als Zweijähriger bei einem Erkundungsmarsch im Park.

4 Das erste Gefährt: Vitali steuert ein Dreirad.

5 Vitalis Einschulung. Er (rechts) guckt nur so böse, weil ihm Vater gerade einen Klaps auf den Hintern verpasst hat.

6 Eine vorbildliche sowjetische Familie: Vater trägt Offiziersuniform, Vitali Pionierkleidung, nur Wladimir ist traurig – er will auch endlich in die Schule.

7 Wir beide mit Großmutter Jewtokia. Ihr Mischlingshund Schutschka (kl. Foto) bewacht Haus und Garten.

8 Unsere geliebte Babuschka füttert Baby Wladimir.

9 Mutter und Vater mit ihren beiden Prachtstücken.

10 … gleich noch mal, zum Fotografen gingen wir fast jedes Jahr.

11 Zwei Teenager in der Sowjetunion: Schon damals waren wir unzertrennlich.

12 Weihnachten war verboten, ein Tannenbaum nicht: Wladimir beim Neujahrsfest.

13 Vitali bringt sich einige Griffe auf seiner Gitarre bei.

14 Vitalis Lieblingsfoto aus unserer Jugend: Auf seinen Schnauzer war er besonders stolz.

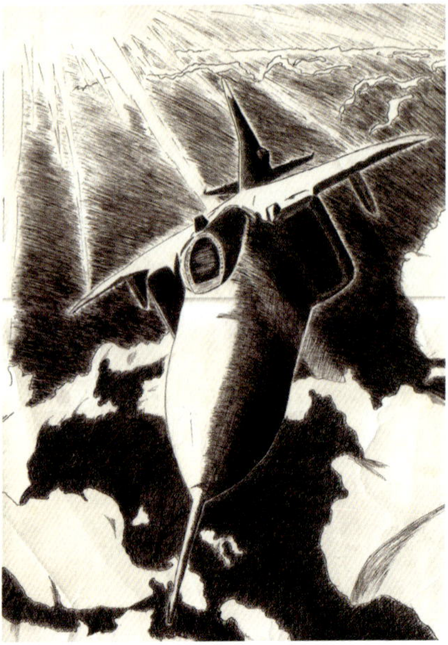

15 Traum vom Fliegen: Vitali wollte Pilot werden und zeichnete diesen Düsenjet.

16 Am liebsten wäre er gleich los geflogen: Vitali mit Pilotenhelm vor einer MiG-29.

17 „Mama, ich liebe Dich mehr als alles auf der Welt…" – Vitali ging in die zweite Klasse, als er diese Liebeserklärung an Mutter schrieb.

18 Beim Angeln am Dnjepr in Kiew. Einen großen Fang machten wir nicht, Spaß hatten wir trotzdem.

19 »Jederzeit kampfbereit …« – Vitali präsentiert als Vierzehnjähriger eine echte Kalaschnikow.

20 In der Realität war das Soldatenleben nicht so lustig. Vitali (rechts) mit einem Kameraden bei der Grundausbildung in Weißrussland.

21 Gruppenbild mit Hund: Wladimir (vorn, 4. von rechts) mit anderen Sportlern während seiner Zeit an der Sportschule in Browari.

22 Wir beide in der Plattenbausiedlung in Kiew, in der unsere Familie früher wohnte.

23 Mit unseren Eltern in Kiew. Wir haben ihnen viel zu verdanken.

ob er sie nicht wahrhaben wollte, weil sie sein Weltbild zerstörte. So trist das Leben auf den Militärstützpunkten manchmal gewesen war, als Offiziersfamilie zählten wir zwar nicht zur Elite wie Kosmonauten, Professoren oder Leistungssportler, aber doch zu den Bessergestellten. Das konnte den Blick für manche Realitäten verstellen. Auch ich inhalierte die politische Überzeugung, die uns die Lehrer vorsetzten und die Vater mit seinen Anschauungen zementierte, sobald wir zu Hause darüber sprachen. Wer von uns bekam schon mit, dass sich irgendwelche Parteifunktionäre mit Bestechungsgeldern die Taschen voll stopften? Oder dass spezielle Krankenhäuser und Geschäfte eingerichtet wurden, die ausschließlich hohen Partei- und Staatsfunktionären vorbehalten blieben? Dass es mit der Wirtschaft nicht zum Besten stand, lag schon eher auf der Hand. Man brauchte sich nur das bescheidene Angebot anzusehen, das in den Läden präsentiert wurde.

Verglichen damit, versprach Gorbatschow den Menschen ein Stück Paradies auf Erden. Jede Familie sollte eine vernünftige Wohnung erhalten. Dass daran Mangel herrschte, mussten wir ja gerade am eigenen Leib erfahren. Die medizinische Betreuung sollte verbessert werden. Und in den Geschäften sollte es bald zu kaufen geben, wonach unser Herz begehrte. Mit einer Ausnahme: dem Wodka. Als ginge es darum, das Volk von einer Sucht zu befreien, ließ er die Herstellung und den Verkauf hochprozentigen Alkohols drastisch einschränken. Tatsächlich war Alkoholismus ein weit verbreitetes Problem. Für Gorbatschow war er das Hauptübel. Der Alkohol sei schuld daran, dass der Volkswirtschaft Jahr für Jahr Schäden in Höhe von hunderten Milliarden Rubeln entstünden. Was sicher auch stimmte. Doch sosehr Gorbatschows Verheißungen anfangs für Euphorie sorgten, auf den geliebten Wodka wollten die wenigsten verzichten. Wie Bier für die Deutschen das Nationalgetränk ist, so ist es bei uns der Wodka. Ihn lassen sich die Menschen nicht verbieten. Und so verhalfen Gorbatschows Restriktionen lediglich der Schattenwirtschaft zu einem Aufschwung. Gab es Wodka nicht mehr in ausreichenden Mengen zu kaufen oder nur zu horrend hohen Preisen, wurde er eben schwarz gebrannt.

Vater hätte mit solchen Einschränkungen leben können, vom Wodka hing sein Glück bestimmt nicht ab. Was ihm zu schaffen machte, waren die politischen Folgen der Gorbatschow'schen Linie. Auf einmal sollten die alten Ideale nicht mehr gelten. Wenn er versprach, dass alles besser werde, musste vorher alles schlecht gewesen sein. Vater fühlte sich um sein Lebenswerk betrogen. Wie Millionen andere hatte er sein Parteiabzeichen aus Überzeugung und voller Stolz getragen. Jetzt sollte das eine so wenig wert gewesen sein wie das andere. Nicht verwunderlich, dass ihn das in eine Sinnkrise stürzte. Sollte er all die Jahre einem falschen Ideal gewidmet haben? War sein Leben bisher ein großer Irrtum gewesen? Glauben wollte er das nicht.

Nein, Vater war nicht gut auf den neuen Mann im Kreml zu sprechen. Eine von Gorbatschows Reden machte ihn besonders wütend. Darin zog er über die Rote Armee her und bezeichnete sie als große Belastung für das Land. Ich weiß noch, wie Vater an diesem Tag fluchte. Er fühlte sich tief in seiner Ehre verletzt. All die Jahre hatte er dieser Armee gedient, vierundzwanzig Stunden am Tag. Nur eine schlagkräftige Armee könne die Sowjetunion im Ernstfall gegen einen Aggressor verteidigen. Und so hatte ich das dann auch gesehen. Vielleicht eine Spur weniger verbissen. Dafür war ich zu jung, und dafür interessierten mich Boxhandschuhe und hübsche Mädchen viel mehr.

Mich brachte die neue Politik nicht annähernd so sehr aus der Fassung wie ihn. Ich beschäftigte mich nicht mit ihr, registrierte aber die Veränderungen. Mir fielen auch die Widersprüche auf zwischen dem, was Vater mir beigebracht hatte, und dem, was nun in unserem Land vor sich ging. Aber ich machte mir nicht die Mühe, die neue Sachlage zu analysieren. Mein politisches Interesse setzte erst später ein. Zunächst musste ich mit mir selbst klar kommen. Ich war mitten in der Pubertät und lebte in einer aufregenden Stadt, die einige Verlockungen bot. Von den Mädchen will ich gar nicht erst anfangen, sonst gerate ich nur ins

Schwärmen. Sie wären einen dicken Bildband wert. Ich bin mittlerweile ja weit in der Welt herumgekommen, aber so viele schöne Frauen wie in Kiew habe ich noch nirgendwo gesehen.

Soweit ich das inzwischen beurteilen kann, bestanden Michail Gorbatschows Pläne ursprünglich keineswegs darin, das Sowjetreich zu zerschlagen. Auch wenn er im Westen genau dafür gefeiert wurde. Ich meine, das Zepter glitt ihm in dem Moment aus der Hand, als die Situation außer Kontrolle geriet. Er und seine Regierungsgetreuen hatten die Schwierigkeiten schlichtweg unterschätzt, die im Land herrschten und sich plötzlich zu unüberwindbaren Hindernissen auftürmten. Es hätte Jahrzehnte gedauert, sie zu beseitigen, doch so lange wollten die Menschen nicht warten. Es schien so, als wären wir alle einem Irrglauben erlegen. Mit der Brüderlichkeit zwischen den Völkern der Sowjetrepubliken war es jedenfalls nicht weit her.

Als die rosige Zukunft, die Gorbatschow versprach, nicht anbrach, das Land stattdessen in unvorstellbarem Chaos versank, fiel das große kommunistische Reich auseinander. Schlimmer noch, einige Republiken zettelten untereinander Kriege an. Ich verstand die Welt nicht mehr. Wie konnten sich Menschen, die gerade noch zu einer großen Familie gehört hatten, gegenseitig die Köpfe einschlagen? Das konnte mir auch Vater nicht erklären. Wahrscheinlich ist es ungerecht, all das Gorbatschow anzulasten. Doch in den Köpfen vieler einstiger Sowjetbürger trug er die Schuld an dem Desaster. Sie meinten, bis er die Macht übernahm, hätten sie fast siebzig Jahre lang erfolgreich allen Angriffen des Kapitalismus getrotzt. Er aber habe den Pakt mit den Feinden gesucht. Er habe die Idee vom Kommunismus verscherbelt und damit ihre Heimat zerstört. In der westlichen Welt beurteilen die Menschen seine Verdienste völlig anders. In Amerika genießt er hohes Ansehen, und die Europäer sind ihm dankbar, besonders die Deutschen. Ohne ihn wäre die Mauer nicht gefallen, jedenfalls nicht so schnell. Verstehen kann ich beide Seiten.

Allen Widrigkeiten zum Trotz blieb Vater dem Militär bis zum heutigen Tage treu. Als General der Luftstreitkräfte dient er jetzt der ukrainischen Armee. Darin sieht er seine Bestimmung, auch hier ist er konsequent. Ich bin stolz auf ihn, denn ich weiß, dass er ein hervorragender Offizier ist. Und ich wünsche mir, dass er einige von den Charaktereigenschaften, die er Wladimir und mir als Kind anerzog, auch den Soldaten der heutigen Generation vermitteln kann. Die Erfahrung hat mich gelehrt, dass sie einem im Leben weiterhelfen, besonders dann, wenn es schwierig wird, wenn man einmal nicht auf der Sonnenseite steht.

Schläge im Zirkus

Wladimir

Hoffentlich hat mich damals im Puschkinpark niemand gesehen. Die Geschichte ist mir nämlich wirklich peinlich, obwohl ich als Entschuldigung mein Alter anführen könnte. Ich war elf, höchstens zwölf, und in eine verdammt unangenehme Situation geraten. Um ehrlich zu sein: Ich hatte mir die Sache selbst eingebrockt. Nun versuchte ich, das Beste aus ihr zu machen, also das Donnerwetter zu verhindern, das mir zu Hause blühen würde.

Es war schon spät, fast Mitternacht. Zum Glück hatte es am Nachmittag geregnet, das erleichterte meinen Plan. Ich suchte mir eine Pfütze, legte mich hinein und wälzte meinen Körper einmal durch den braunen Matsch. Ich möchte nicht wissen, was geschehen wäre, wenn Vater zufällig vorbeigekommen wäre. Wenn er mitbekommen hätte, wie ich mit meiner Kleidung umging.

Ich trieb es noch weiter. Damit es auch möglichst echt wirkte, riss ich ein kleines Loch in mein T-Shirt, an einer Stelle, die von vorn gut zu sehen war. Wenn ich Mutter gegenübertrat, sollte sie ihr sofort ins Auge springen. Gleichzeitig hoffte ich, es so geschickt anzustellen, dass der Schlitz ohne Probleme zu flicken und die Naht danach kaum noch sichtbar sein würde. So üppig war mein Kleiderschrank nicht bestückt, dass ich auf das Shirt verzichten konnte. Zum Schluss ging ich mir selbst an den Kragen. Das erwies sich als der schmerzhafteste Teil meines Vorhabens, aber er ließ sich nicht umgehen. Ein Indianer kennt keinen Schmerz, das Kind eines russischen Offiziers erst recht nicht. Sollte die abenteuerliche Story glaubwürdig erscheinen, die ich mir ausgedacht hatte, musste ich zu meiner verschmutzten Kleidung eine ordentliche Verletzung präsentieren können. Nicht einen popeligen Kratzer, die lädierte Stelle musste nach roher Gewalt aussehen.

Zum Boxtraining ging ich damals noch nicht, sonst hätte ich das vermutlich mit einem gezielten Schlag erledigt. Ich entschied mich für das rechte Auge, weil ich das mit meiner rechten Faust am einfachsten treffen konnte. Und am wirkungsvollsten, obwohl ich beim ersten Versuch nicht hart genug zuschlug. Ich musste diese Selbstkasteiung einige Male wiederholen, bis ich die erwünschte Wirkung erzielte. Die Haut unter meinem Auge schwoll an und verfärbte sich langsam ins Bläuliche.

Ich tat das natürlich nicht zum Spaß oder weil ich mich für ein Mädchen interessanter machen wollte. Die Sache hing mit meiner Begeisterung für Breakdance zusammen, diesem abgefahrenen Tanz, bei dem man sich wie ein Roboter bewegt oder sich auf dem Fußboden mit gekrümmtem Rücken in einen menschlichen Kreisel verwandelt. Ich weiß nicht, ob inzwischen noch jemand Breakdance tanzt, er ist wohl ziemlich in Vergessenheit geraten. Bei uns war er damals der letzte Schrei, das Schärfste überhaupt. Ein Tanz, der aus dem Westen kam, noch dazu aus Amerika. Und dann diese Rapmusik dazu. Das Fernsehen strahlte sogar regelmäßig eine Sendung aus, die Breakdancer zeigte und die passende Musik dazu spielte, Westmusik, schwarze Musik. Vor Gorbatschow wäre das undenkbar gewesen. Seine Vorgänger hätten darin die Auswüchse kapitalistischer Unkultur gesehen und es verboten.

Als ich hörte, dass es in der Nähe des Puschkinparks eine Schule für Breakdance gab, machte ich mich sofort auf den Weg dorthin. Natürlich hielt ich mich für einen begnadeten Breakdancer, bevor ich auch nur einen Schritt oder eine dieser pantomimischen Bewegungen beherrschte. Ich spürte einfach, dass der Rhythmus in mir steckte. Die Ernüchterung folgte auf dem Fuß: Der Tanzlehrer verlangte fünf Rubel für jeden Monat Unterricht. Ich sah meinen Traum schon schwinden, doch Mutter zeigte sich großzügig. Frauen mögen es, wenn Männer tanzen können. Deshalb sehen es Mütter auch gern, wenn ihre Söhne tanzen lernen. Breakdance war sicherlich nicht die Richtung, die ihr dabei vorschwebte, aber es würde schon mal ein Anfang sein. Darüber hinaus wird sie wohl gedacht haben, dass ich in einer Tanzschule besser aufgehoben war als in der Trainingshalle eines Boxvereins. Vitalis Ambitionen betrachtete sie von Anfang an mit Argwohn. Irgendwie verständlich, ich kann mir keine Mutter vorstellen, die ihren Sohn begeistert zum Boxen schickt. Es spricht für ihr großes Herz, dass sie uns dennoch werden ließ, was wir geworden sind.

Die fünf Rubel in meiner Tasche fühlten sich gut an. Ich hielt sie den ganzen Weg über fest. Der Puschkinpark geht vom Prospekt Peremohy ab, einer breiten Verkehrsader, die sich von Ost nach West kilometerlang durch die Stadt zieht. Ich fuhr mit dem Trolleybus dorthin. Direkt neben dem Puschkinpark liegt der Kiewer Zoo. Er ist riesig, viel größer als der Park. Das Denkmal Alexander Puschkins konnte ich schon von weitem sehen. Jedes Mal, wenn ich daran vorbeikam, dachte ich an seine bezaubernden Gedichte, die wir in der Schule hatten lernen müssen. Ein paar Strophen konnte ich damals immer noch auswendig. Inzwischen habe ich sie leider fast alle vergessen. Und da mein Leben furchtbar hektisch geworden ist, fehlt mir zurzeit die Ruhe, mich wieder auf seine bezaubernde Lyrik einzulassen.

Im Grunde komme ich nur in den Stunden, die ich im Flugzeug verbringe, ein bisschen zur Besinnung, zumindest auf den weiten Strecken, wenn ich zum Beispiel zur Vorbereitung auf einen Kampf nach Amerika fliege oder zu Dreharbeiten für einen neuen Werbespot nach Thailand. Solange ich in der Luft bin, kann mich niemand auf dem Handy erreichen. Kaum dass ich gelandet bin, halte ich das Ding schon wieder ans Ohr, weil dringend etwas zu besprechen ist. Es ist tatsächlich so: Nur im Flugzeug fühle ich mich wirklich zu Hause. Dort bin ich abgeschirmt, geborgen, es stört mich niemand. Meine Heimat ist und bleibt natürlich die Ukraine und speziell Kiew. Ich besitze dort eine wunderschöne Wohnung. Ich habe aber auch eine in Hamburg gemietet, weil ich dort fast die meiste Zeit verbringe. Und wenn ich mich in Los Angeles aufhalte, ziehe ich immer in dieselbe Apartmentanlage in Marina del Rey, ein paar Querstraßen vom Ozean entfernt. Ich könnte auch in irgendwelchen Hotels absteigen, aber ich versuche auf diese Weise, mir dort, wo ich gerade bin, ein kleines Zuhause zu schaffen. Das funktioniert allerdings nur eine gewisse Zeit, bis ich wieder meine Koffer packen und an den nächsten Ort reisen muss. Oftmals weiß ich vorher gar nicht genau, wie lange ich bleiben werde. Die sportlichen Belange sind die einzigen, die halbwegs planbar sind. Sobald ein neuer Kampf unter Dach und Fach ist, lege ich fest, ab wann ich mich ins Trainingslager zurückziehe und an welchem Ort das sein wird.

Ich steige jede Woche ins Flugzeug und reise irgendwohin, mindestens einmal, meistens aber häufiger. Einzige Ausnahme bilden die acht, neun Wochen, in denen ich mich gezielt auf einen Kampf vorbereite. Wobei es selbst in dieser Zeit geschehen kann, dass ich zu Pressekonferenzen jetten muss. Von Los Angeles mal kurz nach Las Vegas, möglichst ohne den Trainingsrhythmus zu unterbrechen. Oder am Wochenende für einen Tag an die Ostküste, zu Fernsehaufnahmen nach New York. Ich benutze Flugzeuge wie andere ihr Auto. Ich fahre direkt vom Termin zum Flughafen, und nach der Landung wartet häufig schon die nächste Verabredung. Mit Jetlag darf ich mich nicht lange aufhalten. Das gehört eben zum Preis, den ich für meinen Erfolg zu zahlen habe. Es gibt wahrlich Schlimmeres. Ich genieße die Stunden über den Wolken. Und ich sollte für den nächsten Flug wirklich mal ein Buch von Puschkin einstecken.

Aber ich schweife ab. Werde ich es jemals so weit bringen, dass man mir wie Puschkin ein Denkmal widmet oder einen Park nach mir benennt, eine Straße oder einen Platz? Für unsere Erfolge als

Boxer haben Vitali und ich in unserer Heimat einige hohe staatliche Auszeichnungen und Orden erhalten. Aber für ein Denkmal müsste ich Größeres vollbringen, als einen Weltmeistergürtel im Schwergewicht zu erkämpfen. Vitali ist mir da ein Stück voraus: Der Bürgermeister von Los Angeles hat im Frühjahr 2004 nach Vitalis spektakulärem Sieg über den Südafrikaner Corrie Sanders, durch den er sich den WBC-Weltmeistertitel holte, den Tag des Kampfes, den 24. April, zum alljährlichen *Vitali-Klitschko-Ehrentag* erklärt.

Nicht mein Faible für Puschkins Dichtkunst verhinderte damals übrigens, dass ich Breakdancer wurde, sondern mein kindlicher Spieltrieb. Und das Geld natürlich, das verführerisch in meiner Tasche klimperte und mich in Versuchung brachte, genau in dem Augenblick, als ich an einer Spielhalle vorbeikam. Es handelte sich nicht um eine richtige Spielhalle, mehr um ein Spielzimmer, das für Kinder eingerichtet worden war. Die Tür stand weit offen. Ich sah, wie die bunten Lämpchen in den Automaten aufblitzten, wie sie blinkten und flackerten. Aus jedem drangen unterschiedliche Geräusche. In einem rasselte es, ein anderer klingelte wie ein altes Telefon, aus dem dritten ertönte Sirenengeheul.

Ein bisschen Zeit hatte ich noch, also ging ich hinein. Und blieb vor einem großen Glaskasten stehen, dessen untere Hälfte mit kleinen Plüschtieren gefüllt war. Im oberen Teil befand sich eine Greifvorrichtung aus glänzendem Metall, die wie der Arm eines Roboters in den Raum ragte. An der Spitze waren dünne Metallstäbe befestigt, die man wie die Finger einer Hand entweder zusammenkrümmen oder auseinander spreizen konnte. Die Aufgabe bestand darin, den Greifer so zu steuern, dass es gelang, eines der Plüschtiere aus der Menge herauszufischen. Schaffte man das innerhalb einer vorgegebenen Zeit, hatte man gewonnen und durfte es als Preis behalten.

Nichts leichter als das, dachte ich, das Spielchen sah äußerst simpel aus. Um die Vorrichtung in Gang zu setzen, benötigte ich fünfzehn Kopeken. So viel hatte ich noch, die fünf Rubel für den

Tanzunterricht brauchte ich nicht anzutasten. Ich steckte das Geld in den Schlitz, urplötzlich erklang Musik, und das Spiel begann. Zielgerichtet steuerte ich über die Bedienungskonsole einen kleinen Stofftiger an, den ich mir ausgeguckt hatte. Ein Stück nach rechts, jetzt tiefer, zu weit, etwas nach links, noch tiefer … Gerade als ich ihn schnappen wollte, ertönte ein schrilles Signal, ich zuckte zusammen, der Greifarm blieb abrupt stehen, die Zeit war um. Verdammt!

Sollte ich etwa als Verlierer den Platz räumen? Auf das Plüschtier hätte ich leicht verzichten können. Mich wurmte, dass der Automat mich ausgetrickst hatte. Zu dumm, dass ich außer den fünf Rubeln kein weiteres Geld besaß. Ich überlegte kurz. Vielleicht würde sich der Tanzlehrer auch mit vier Rubel fünfundachtzig zufrieden geben. Oder mit vier sechzig. Oder vier fünfundvierzig. Ich spielte eine Runde nach der anderen. Und nach jedem Mal, das ich nicht ans Ziel gelangte – ich erreichte es nie –, versuchte ich es umso verbissener. Bis auch die letzte Kopeke von Mutters Geld in den Zahlschlitz gewandert war. Als ich feststellte, dass meine Hosentasche nichts mehr hergab, ärgerte ich mich noch mehr. Ich hasste nicht nur diesen verfluchten Automaten, der verhext zu sein schien, sondern war jetzt auch noch wütend auf mich. Breakdance konnte ich für diesen Monat vergessen. Mutter würde mir nicht noch einmal fünf Rubel geben, schon gar nicht, wenn sie erfuhr, dass ich ihr Geld in einer Spielhalle verjubelt hatte.

Auf keinen Fall durfte Mutter die Wahrheit herausbekommen. Sie musste jeden Rubel hart erarbeiten. Dass ich ihr Geld zum Fenster hinauswarf, hätte sie schwer enttäuscht. Also tat ich in den folgenden Wochen einfach so, als würde ich regelmäßig zum Tanzunterricht gehen. Unglücklicherweise hatte ich ihr erzählt, dass er gleich an drei Tagen in der Woche stattfinde, immer zwischen acht und halb zehn abends. Zu jedem Termin musste ich unsere Wohnung pünktlich verlassen und irgendwo die Zeit totschlagen. Manchmal traf ich mich mit Schulfreunden, obwohl es nicht gerade die übliche Uhrzeit war, sich zu verabreden. Zum

Glück war Sommer, es blieb länger hell, weshalb ihre Eltern auch erlaubten, dass wir so spät noch draußen spielten.

Meinen Eltern gegenüber verhedderte ich mich in einem Netz von Lügen. Sie wollten natürlich sehen, wie es mit meinen Tanzkünsten voranging. Einige Bewegungen und Schritte guckte ich mir von der Sendung im Fernsehen ab. Ich trainierte sie heimlich im Badezimmer oder wenn niemand zu Hause war. Einen kompletten Tanz brachte ich auf diese Weise natürlich nicht zuwege. Und Spaß machte es unter diesen Umständen auch nicht. Mir war klar, dass ich die Eltern mit meinen Anfängerübungen nicht ewig hinhalten konnte. Irgendwann würden sie dahinter kommen und sich fragen, wofür sie eigentlich das Geld bezahlten, wenn ich ja doch nichts Vernünftiges lernte.

Die Stunde der Entscheidung kam dann schneller, als mir lieb war. Dabei war ich selbst schuld. An jenem Abend, als ich mein Äußeres unter Aufbietung all meiner Phantasie in das eines Stadtstreichers verwandelte, hatte ich mich mit meinen Freunden beim Spielen verzettelt. Als wir uns trennten, war es viel zu spät, um meinen Eltern weiszumachen, ich käme vom Tanzunterricht. Diese Lüge hätte mir nicht nur zornige Blicke eingebracht, sondern mit Sicherheit auch eine Tracht Prügel. Unpünktlichkeit war für Vater so unmilitärisch wie verlotterte Kleidung und gehörte für ihn zu den Todsünden. Abgesehen davon werden er und Mutter sich ernsthaft Sorgen gemacht haben. Es konnte mir ja auch etwas zugestoßen sein. Mit elf gehörte ein Junge nicht unbedingt mitten in der Nacht noch auf die Straße.

Wenn ich schon zu einer Notlüge griff, musste sie überzeugend wirken. Deshalb auch die Maskerade. An der Wohnungstür setzte ich meinen traurigsten Blick auf und klagte über Schmerzen. Mein geschwollenes Auge ergänzte das Bild vom geprügelten Knaben eindrucksvoll. Es machte wirklich etwas her, wie ich später im Badezimmerspiegel feststellte. Falls meine Eltern an diesem Abend wütend auf mich waren, wovon ich ausging, musste ihr Groll in Sekundenschnelle verflogen sein und sich in Mitleid verwandelt haben. Es schien so, als nahmen sie mir die Geschichte von den üblen Typen, die mich im Park überfallen und geschlagen haben sollten, auf Anhieb ab. Ich weinte fast, als ich ihnen auch noch erzählte, dass ich nie wieder zum Breakdance gehen wolle, weil ich mich jetzt fürchtete. Und dass ich den Puschkinpark nicht mehr betreten würde, was natürlich auch geschwindelt war. Ich spürte förmlich, wie die Wut in Vater kochte. Um ein Haar wäre er losgefahren, um sich die vermeintlichen Schläger vorzuknöpfen.

Doch Lügen haben bekanntlich kurze Beine. Vitali sagt immer, er wisse, warum meine Beine kürzer seien als seine. Aber inzwischen sprechen wir nur noch von zwei läppischen Zentimetern, die ich kleiner bin. Und diese Differenz kommt meiner Meinung nach auch bloß zustande, weil ich leichte O-Beine habe. Ich will damit nicht sagen, dass es im Leben ganz ohne Flunkereien geht. Ich wette, das gelingt keinem, erst recht niemandem, der wie Vitali und ich in der Öffentlichkeit steht. Wir gehören nicht zu dem Schlag so genannter Prominenter, die ihr Privatleben an die große Glocke hängen, das Intimste preisgeben, nur damit sie sich mit einer Schlagzeile in der Zeitung wiederfinden.

Es ist vollkommen in Ordnung, wenn über den Sportler Wladimir Klitschko berichtet wird, über mein Training und das ganze Drumherum bei den Kämpfen. Ich verstehe, dass unsere Fans wissen wollen, wie wir für gewöhnlich unsere Tage verbringen. Ich habe auch nichts dagegen, wenn ich im Urlaub auf Isla Magarita beim Kitesurfing fotografiert werde, beim Bungeejumping aus einem Hubschrauber, oder wenn ich mit Vitali in einem uralten Cadillac-Cabrio stilecht durch Las Vegas kreuze. Medienarbeit gehört nun mal zu unserem Geschäft. Es macht manchmal sogar richtig Spaß. Mit wem ich allerdings meine Nächte verbringe, behalte ich gerne für mich. Eine Beziehung, wie ich sie mir wünsche, kommt ohne öffentliche Anteilnahme aus. Dafür muss notfalls eben die eine oder andere kleine Lüge herhalten. Nennen wir sie Schutzbehauptung, das trifft es besser.

Das bedeutet ja nicht, dass ich keine ehrliche Haut bin. Im Gegenteil, ich vertrage es überhaupt nicht, wenn ich merke, dass mir jemand ein Märchen auftischt. Das kommt daher, dass ich in meinem Job auf absolute Ehrlichkeit angewiesen bin. Nur Ehrlichkeit führt zu Vertrauen. Und als Boxer kann ich mich nicht mit ein *bisschen* Vertrauen zufrieden geben. Ich muss meinem Trainer und den anderen Betreuern hundertprozentig vertrauen können. Andernfalls brauche ich gar nicht erst in den Ring zu steigen. Der geringste Zweifel an den Anweisungen meines Coachs kann den Sieg kosten.

Mutter und Vater sind mir damals übrigens nicht auf die Schliche gekommen. Dadurch blieb mir eine Strafe erspart, die ich zugegebenermaßen verdient gehabt hätte. Ich muss eine eindrucksvolle Vorstellung abgeliefert haben. Erst vor drei Jahren habe ich ihnen die Wahrheit gebeichtet. Nach so langer Zeit zeigte sich selbst Vater milde und ließ Verjährung gelten. Sie haben beide herzhaft gelacht, als ich ihnen vormachte, wie ich damals mein Auge malträtierte. Vielleicht sollte ich es einmal mit der Schauspielerei versuchen, wenn es mit dem Boxen eines Tages vorbei ist. An Übung mangelt es mir jedenfalls nicht. Nachdem ich meine erste Rolle als geschlagener Ritter so glaubwürdig rübergebracht hatte, fühlte ich mich angespornt, es in ähnlicher Aufmachung noch einmal zu probieren. Die nächste Gelegenheit ließ nicht lange auf sich warten.

Das heißt, eigentlich sorgte Olga dafür, das hübscheste Mädchen in meiner neuen Klasse. Ach was – an der ganzen Schule, in der gesamten Stadt! Unsere Familie hatte inzwischen die ersehnte größere Wohnung zugewiesen bekommen. Sie lag im Osten von Kiew, auf der anderen Seite des Dnjepr. Von hier aus brauchte ich fast zwei Stunden bis zu meiner Schule. Deshalb wechselte ich lieber auf eine andere. Vitali ging weiterhin auf die alte. Er hatte nur noch ein halbes Jahr zu überstehen, bis er seinen Abschluss machte.

Im Vergleich zu der alten Schule sah meine neue ziemlich modern aus. Sie war in einem grauen Plattenbau untergebracht. Plattenbauten galten tatsächlich als eine der größten Errungenschaften des Sozialismus. Wer eine Wohnung in einer neu errichteten Plattenbausiedlung bekam, zählte zu den Privilegierten. Die Gebäude sahen von außen zwar denkbar schlicht aus, die Wohnungen verfügten jedoch über einen Komfort, der den alten Wohnhäusern zumeist fehlte. Sie waren zum Beispiel mit einer Zentralheizung ausgestattet, während anderswo noch mit Kohleöfen geheizt wurde oder wie früher bei uns mit Heizspiralen. In der Küche stand ein Elektroherd, und im Badezimmer gab es neben einer Toilette mit Wasserspülung auch noch eine elektrische Lüftung.

Mit Olga war das eine verzwickte Angelegenheit. Durch das Mädchen an dem Badesee in der Tschechoslowakei hatte ich erstmals meine Gefühle für das andere Geschlecht gespürt. Aber Olga brachte mich fast um den Verstand. Ich war inzwischen fast dreizehn, also für mein Empfinden höchstens einen Hauch davon entfernt, erwachsen zu sein. Selbstverständlich hielt ich meine Gefühle ihr gegenüber für die intensivsten, zu denen ein Mann fähig sein kann. Und wie ein richtiger Mann war ich zu allem bereit, was mir helfen würde, ihr Herz zu erobern. In meinen Augen existierte nur ein Problem, und das hieß Stepan. Er war ein Jahr älter, ging in die Parallelklasse und schien in Bezug auf Olga bereits einen Schritt weiter als ich. Er behauptete, ihr Freund zu sein. Da Olga trotz meiner Liebesbekundungen keine Anstalten machte, diesen unerfreulichen Zustand zu ändern, nahm ich die Angelegenheit selbst in die Hand. Ich forderte Stepan zu einem Duell. Wir trafen uns nach dem Unterricht. Zufällig fiel es auf den Tag, an dem Großmutter Jewtokia ihren Geburtstag feierte. Sie wohnte inzwischen seit einiger Zeit bei uns.

Stepan liebte Olga offenbar genauso wie ich und dachte nicht daran, den begehrten Platz an ihrer Seite freizugeben. Jedenfalls kämpfte er mindestens so verbissen wie ich. Nach einer kurzen Aufwärmphase begannen wir, uns gegenseitig die Fäuste ins Gesicht zu dreschen. Wir gingen mit einer Inbrunst zu Werke, die mich erschreckte. Meinen Kontrahenten allerdings auch, wenn ich den Ausdruck in seinen Augen richtig las. Ich hatte in meiner

Schulzeit schon einige Scharmützel überstanden, aber dieses war mit Abstand das brutalste. Es artete in eine regelrechte Schlacht aus. Wir schenkten uns nichts. Er zielte auf meine Nase, ich landete an seinem linken Auge. Dann verpasste er mir ein Veilchen, und ich traktierte sein Riechorgan, bis Blut floss. Wir ließen erst voneinander ab, als auch unsere Hände bluteten, weil durch die Wucht der Schläge die Haut aufgerissen war. Ich kann nicht behaupten, dass es mir besonders gut ging. Mit einem Mal begann ich die Schmerzen zu spüren. Das Adrenalin in meinem Körper schien sich zu verflüchtigen. Stepan konnte sich keinen Deut besser fühlen, denn er bekam nicht weniger ab. Wir verausgabten uns beide. Ob es uns passte oder nicht, es lief auf ein Unentschieden hinaus. Das klärte aber das Verhältnis zwischen Olga und uns nicht. Das Enttäuschende war, dass die Angebetete unseren Einsatz nicht einmal zu würdigen wusste. Statt sich für einen von uns mutigen Kämpfern zu entscheiden, sortierte sie uns am Ende beide aus. Obwohl ich das reichlich unfair fand, sollte es mir eine Lehre sein. Um ein Mädchen habe ich mich jedenfalls nie wieder geprügelt.

Überflüssig zu beschreiben, wie meine Kleidung nach dem Faustgefecht aussah. Um jeder Diskussion und vor allem Vaters Bestrafung zu entgehen, bediente ich mich der gleichen Lüge, die sich beim letzten Mal so trefflich bewährt hatte. Ich konnte doch unmöglich erzählen, dass ich meine Schuluniform für ein Mädchen ruiniert hatte! Die Schmerzen musste ich diesmal nicht erst vortäuschen, die quälten mich wirklich. Ein Auge war geschwollen, die Nase blutete, und meine Hände sahen aus, als wäre ein Panzer darüber gerollt. Allerdings wandelte ich meine Geschichte etwas ab, damit sie zu Großmutters Geburtstag passte. Ich erzählte, dass ich nach der Schule Blumen für sie auftreiben wollte, um ihr eine Freude zu bereiten. Auf dem Weg sei ich jedoch ein paar Verrückten in die Arme gelaufen, die es auf die paar Kopeken abgesehen hätten, die ich extra dafür gespart hatte. Wäre es erforderlich gewesen, ich hätte mir noch ein Schluchzen abgerungen. Aber es funktionierte auch ohne. Als hätte ich einen

Zauberstab über meiner Familie geschwungen, verwandelten sich die wütenden Blicke von einer Sekunde auf die andere in mitleidige. Besonders meiner Babuschka schien das Märchen vom beraubten Enkelkind zu Herzen zu gehen.

Ungefähr zu dieser Zeit bin ich schließlich beim Sport gelandet. Ohne Vitali wäre das wahrscheinlich nicht so schnell oder womöglich überhaupt nicht geschehen. Meine Interessen für irgendwelche Hobbys hatten sich bisher immer als Strohfeuer entpuppt. Eigentlich entfachte bis dahin nur eine Freizeitbeschäftigung so richtig meinen Ehrgeiz. Und die hatte nicht im Entferntesten mit Sport zu tun, außer, dass die Schlepperei anstrengend wie ein Hundertmeterlauf sein konnte: Ich sammelte alte Zeitungen und leere Flaschen und Gläser. In Kiew gab es wie überall in der Sowjetunion Sammelstellen dafür. Ich brachte die Altstoffe hin und bekam Geld dafür. Keine riesigen Summen, aber immerhin ein schönes Taschengeld. Außerdem lobten mich die Lehrer dafür. Ich würde damit unsere Volkswirtschaft unterstützen, sie spare auf diese Weise wertvolle Rohstoffe ein. Angeblich wurden die alten Flaschen und Gläser zu neuen verarbeitet und die vergilbten Zeitungen zu frischem Papier. Für mich war ehrlich gesagt allein das Geld entscheidend.

Zu Geld pflegte ich seit jeher ein spezielles Verhältnis, was Vitali aus unguter Erfahrung bestätigen kann. Während er als Kind dazu neigte, seine bescheidenen Ersparnisse zusammenzuhalten, juckte es mich in den Fingern, Kopeken und Rubel auszugeben, sobald ich sie in die Hände bekam. Mir fiel immer etwas ein, wofür ich sie gebrauchen konnte, und wenn es Schokoladenkonfekt oder Spielzeug war. Mich störte es auch nicht, wenn es nicht mein eigenes Geld war, wie damals in der Tschechoslowakei, als ich eines Tages Vitalis Spardose entdeckte. Natürlich wusste ich nicht, dass sie ihm gehörte. Da sie einfach so herumstand, war sie sicherlich für jeden gedacht. Ich probierte ein bisschen und schüttelte ein Geldstück nach dem anderen durch den kleinen Schlitz heraus, nahm aber nicht alles auf einmal. Da ich nun wusste, wie es funktionierte, bediente ich mich je nach Bedarf. Vitali bemerkte es lange nicht. Als er mir auf die Schliche kam, war sein kleines Vermögen auf wenige Kopeken geschrumpft.

Mit elf Jahren, wir wohnten bereits in Kiew, hielt ich mich dann für alt genug, um auf ehrliche Weise zu versuchen, ein paar Rubel zu verdienen. Ich bat Mutter, mir in den Sommerferien einen kleinen Job in ihrer Firma zu beschaffen. Sie arbeitete seit einiger Zeit nicht mehr als Lehrerin. Dafür hatte sie eine Beschäftigung in der Lohnbuchhaltung eines Unternehmens angenommen, das Aufzüge herstellte. Ich war gnadenlos unterqualifiziert und lediglich zu Hilfsarbeiten zu gebrauchen, aber das war mir egal, solange ich am Ende des Monats meinen Lohn erhielt. Eigentlich war ich auch viel zu jung. Das allerdings verriet Mutter mir erst hinterher, elf oder zwölf Jahre später. So lange lebte ich in dem Glauben, in jenem Sommer mein Geld selbst verdient zu haben.

Verdient hatte ich es mir bestimmt. Ich schuftete vier Wochen, acht Stunden jeden Tag. Ich fegte das Firmengelände, kalkte die Bordsteinkanten und entsorgte den Müll regelmäßig in die dafür vorgesehenen Container. Ich gönnte mir nur selten eine Pause und hörte nie Beschwerden. Und selbstverständlich wollte ich mich am Zahltag in die Schlange der Erwachsenen einreihen, die sich im Lohnbüro kleine Tütchen mit Geld abholten. Bankkonten, auf die monatlich das Gehalt überwiesen wurde, gab es bei uns noch nicht. Mutter meinte zwar, ich bräuchte mich nicht anzustellen, sie würde meinen Teil mitbringen, aber das kam natürlich nicht in Frage. Dieses Triumphgefühl wollte ich schon selber auskosten. Ich bekam zehn Rubel, doch wie üblich behielt ich die nicht lange. Ich kaufte Mutter ein Geschenk dafür, sie hatte kurz danach Geburtstag. Wenn ich gewusst hätte, dass ich sie von ihrem eigenen Geld beschenkte! Mutter hatte mich nämlich ausgetrickst. Eigentlich gab es keine Ferienjobs, erst recht nicht für Elfjährige. Also hatte sie ihrem Chef angeboten, meinen Arbeitseifer aus dem eigenen Portemonnaie zu belohnen. Um mich meiner Illusion nicht zu berauben, ließ sie im Lohnbüro meinen Namen auf die Liste schreiben und hinterlegte die zehn Rubel für mich.

Etwa ein Jahr nach dem Ferienjob fing ich mit Judo an. Ich blieb aber nicht lange dabei, obwohl der Trainer meinte, ich hätte Talent. Zu Hause lagen Vitalis Boxhandschuhe herum, die interessierten mich eigentlich viel mehr. Ich streifte sie manchmal heimlich über, wenn er nicht da war, und spürte dabei ein seltsames Gefühl, als ginge eine Veränderung in mir vor. Ich fühlte mich erwachsener, irgendwie männlich. Ich glaube, das lag an dem Leder. Es verströmte einen speziellen Geruch. Den verlieren die Handschuhe nie. Vaters Stiefel rochen ähnlich.

Einmal besuchten mich meine besten Freunde, Dimitri, Vitali und Sergej. Wir vier waren unzertrennlich. Ich weihte sie in das Geheimnis der Boxhandschuhe ein, und sie probierten, ob sich bei ihnen das gleiche Gefühl einstellte. Wir boxten ein bisschen, nur aus Jux, jeder gegen jeden und ohne dass wir darauf aus waren, beim andern einen harten Treffer anzubringen. Damit war der Anfang gemacht. Dann hörten wir, dass ein Lehrer unserer Nachbarschule Boxunterricht erteilte, nachmittags, im Anschluss an unsere Schulstunden. Wir beschlossen, uns das einmal aus der Nähe anzuschauen.

Rein körperlich brachte ich nicht die schlechtesten Voraussetzungen mit. Ich war der Drittgrößte in unserer Klasse, trotz meiner ständigen Krankheiten, die mich begleiteten, bis ich sechzehn wurde. Mutters fürsorgliche Pflege schien die Kräfte, die sie mir raubten, jedes Mal wieder auszugleichen. Sie päppelte mich zu einem ansehnlichen Kerlchen auf. Noch strotzte ich nicht gerade vor Muskeln, aber schmächtig konnte man mich auch nicht nennen. Es genügte für eine ordentliche Schlagkraft.

Zumindest hörte es sich so an, wenn ich mit voller Wucht auf den Sandsack einschlug, der in einer Ecke der Halle baumelte. Klatschte das Leder meiner Handschuhe gegen das des Sacks, verursachte es ein so lautes Geräusch, dass es im ganzen Raum widerhallte. Ich konnte einen richtigen Rhythmus schlagen, hohe und tiefe Töne erzeugen, laute und leise. Aber die leisen flüsterten Schwäche. Mir gefielen die lautesten am besten, die, die sich nach Kraft anhörten. Kraft bedeutete Stärke, und Stärke verhieß Männlichkeit. Mit vierzehn ist einem das wichtig. Ich war vierzehn und wog fast fünfundsechzig Kilogramm. Damit fiel ich in meiner Altersklasse in die Kategorie Schwergewicht. Bei meiner Statur wirkten leise Schläge einfach lächerlich.

Wir trainierten Ausdauer und Reaktionsschnelligkeit, Schlagtechnik und körperliche Beweglichkeit. Ich lernte, wie man eine Gerade schlägt und sich den Gegner mit Jabs vom Leibe hält, was eine Doublette auszeichnet und einen Uppercut, wie man mit dem Oberkörper Schlägen ausweicht und blitzschnelle Sidesteps vollführt. Noch war alles sehr oberflächlich, aber ich bekam eine erste Ahnung davon, was zum Boxen gehört und was es ausmacht. Ich dachte zum Beispiel immer, Seilspringen sei ein Spiel für kleine Mädchen. Dabei ist ein Springseil das klassische Übungsgerät für Boxer. Ideal, um sich Kondition anzutrainieren und einen leichtfüßig tänzelnden Schritt draufzubekommen, dieses Federn in den Kniegelenken, das für Boxer typisch ist. Ich merkte schnell, dass Seilspringen alles andere als ein Spiel ist. Fünf Minuten, und ich schwitzte stärker als nach einem Ausdauerlauf. Der Trainer nahm uns hart ran, er scheuchte uns von einer Station zur nächsten: Seilspringen, Schattenboxen, Laufübungen, Gewichte stemmen, dazwischen kurze Pausen und immer wieder Gymnastik, um die Muskeln aufzulockern. Am Ende war ich platt wie eine Flunder. Meine Sportkleidung triefte vor Schweiß. Doch so erschöpft ich mich körperlich fühlte, meiner Seele ging es blendend. Im Gegensatz zu meinen Freunden, die ihre Boxhandschuhe nach einer Weile wieder beiseite legten, hatte ich Blut geleckt.

Ich bestritt keine Kämpfe, ich trainierte lediglich zwei- bis dreimal die Woche. Noch hatte ich keine Ambitionen, jemandem mein Können oder etwas wie Stärke zu beweisen. Ich betrachtete das Training als reinen Zeitvertreib, ein Spiel, das mir Spaß machte. Von dem ich wusste, dass es mir ansehnliche Bizepse bescheren würde, wenn ich es lange genug betrieb. Ich eiferte auch niemandem bewusst nach. Die Muskeln könnten ein Motiv gewesen sein. Ich hatte täglich die Fotos von Schwarzenegger, Lee, Stallone und den anderen Muskelmännern vor Augen, die Vitali in unserem Zimmer aufgehängt hatte. Er stand darauf, ich glaube, er wollte so einen muskelstrotzenden Körper wie sie. Und er war auch auf dem besten Weg dahin, so deutlich, wie sich die Muskelpakete bei ihm schon abzeichneten.

Ich wollte höchstens so werden wie Vitali. Das war irgendwie selbstverständlich, eine Art Naturgesetz, das automatisch eintrat. Schon als kleiner Wicht, noch in Kasachstan, als wir gemeinsam loszogen und Streiche verzapften, betrachtete ich ihn als meinen Leitstern. Das blieb auch in Kiew so. Für mich war es immer aufregend, was mein älterer Bruder mir vorlebte. Aufregend und spannend, also interessant, also reizvoll. Also nachahmenswert.

Ob Vitali mein boxerisches Talent erkannte oder ob er nur daran zweifelte, dass ich beim Boxen in unserer Nachbarschule ausreichend gefördert wurde, vermag ich nicht zu beurteilen. Es war wohl beides. Er trainierte inzwischen bei Wladimir Zolotarew beim ZSKA, dem Armeesportklub in Kiew, und war bereits zu einigem Ruhm gelangt. Er hatte die Landesmeisterschaften im Kickboxen gewonnen und ein paar andere Turniere, sogar im Ausland. Die Armeesportklubs gehörten in der Sowjetunion zu den erfolgreichsten Talentschmieden, und das nicht nur für Kampfsportarten. Im Unterschied zu vielen anderen Vereinen schienen sie über unerschöpfliche Mittel zu verfügen. Das Geld floss direkt aus der Staatskasse und sicherte beste Trainingsbedingungen sowie eine für damalige Verhältnisse erstklassige medizinische Betreuung. Im Gegenzug erwartete die Regierung Höchstleistungen, vor allem auf internationaler Ebene, bei Weltmeisterschaften und Olympischen Spielen. Sportler wie Trainer hatten sich als Botschafter der Sowjetunion zu verstehen, als Abgesandte des Sozialismus. Jeder sportliche Erfolg galt zugleich als politische Errungenschaft, jede Niederlage erreichte umgekehrt die Dimension eines politischen Desasters.

In diesen Kategorien dachte ich noch lange nicht, als Vitali mich eines Nachmittags zum Training beim Armeesportklub mitnahm. Er meinte, Zolotarew wolle sich einmal ansehen, was ich als Boxer draufhätte. Ich spulte die üblichen Trainingseinheiten herunter, wie ich sie gewöhnt war, aber das genügte dem Trainer nicht. Wer Zolotarew kannte, wusste, dass er nicht lange fackelte, dass er nicht herumlamentierte, sondern schnell zum Wesentlichen kam. Er war ein harter, aber fairer Trainer, der seinen Schützlingen jeden Tropfen Schweiß abverlangte, der in ihnen steckte. Später sollte ich noch ausreichend Gelegenheit bekommen, die unterschiedlichen Facetten seines Charakters kennen zu lernen. An diesem Nachmittag wusste ich bis auf seinen Namen nichts von ihm.

Sonst hätte ich mir denken können, dass er mich umgehend zu einem Sparring in den Ring beordern würde. Genauso wenig ahnte ich, wen er mir als Gegner vorsetzen würde. Andernfalls wäre ich vor lauter Muffensausen wahrscheinlich abgehauen. Es reichte nämlich nicht, dass mein Sparringspartner mindestens so alt war wie Vitali. Ausgerechnet gegen den aktuellen Landesmeister durfte ich antreten – nicht der von den Junioren, nein, der Champion bei den Männern! Wenigstens nicht der im Schwergewicht, der hätte mich vermutlich weggepustet. Fairerweise sollte ich erwähnen, dass ich für mein Alter ziemlich groß, er für seins dagegen eher Durchschnitt war. Ich behaupte nicht, dass ich dadurch gegen meinen Kontrahenten eine reelle Chance besaß. Allzu schlecht kann ich aber nicht ausgesehen haben. Auf jeden Fall hielt ich meine Deckung gut. Ich bot ihm keine Gelegenheit, einen harten Treffer zu landen. Auf diese Weise blieb mir auch eine Begegnung mit dem Ringboden erspart. Zolotarew erkannte zwar keinen zweiten Muhammad Ali in mir, meinte jedoch, ich besäße durchaus Potenzial, und das hielt er für ausbaufähig. Schließlich sorgte er dafür, dass nach dem achten Schuljahr eine turbulente Zeit für mich anbrach.

Ich stand vor der Wahl: Entweder konnte ich die Schule bis zur zehnten Klasse fortsetzen oder mein Leben schon jetzt in andere

Bahnen lenken. Mutter hätte gern gesehen, dass ich weitermachte, mein Abitur ablegte und Medizin studierte. Vater dagegen ging davon aus, dass ich ihm nacheifern und mein Glück beim Militär versuchen würde. Die Vorstellung, nach den Sommerferien auf eine Militärakademie zu wechseln, erschien mir durchaus reizvoll, allein wegen der schnittigen Uniform, die ich dann bekommen würde. Die machte wirklich etwas her, ich sah es ja bei einem älteren Jungen aus dem Nachbarhaus, der auf besagte Militärakademie ging. Auf seine prächtige Uniform konnte man neidisch werden.

Andererseits war ich verdammt jung. Zum Militär würde ich auch später noch gehen können. Diese Möglichkeit lief mir nicht weg, denn die Armee suchte jederzeit geeigneten Nachwuchs. Für mich als Sohn eines hohen Offiziers dürfte es auch später kaum ernsthafte Barrieren geben. Natürlich waren das nur Ausreden, die ich mir sicher verkniffen hätte, wäre keine verlockende Alternative aufgetaucht. In diesem Fall hätte ich mich garantiert an der Militärakademie beworben. Fest stand: Die normale Schule wollte ich lieber heute als morgen beenden. Und zu einem Beruf im weißen Kittel drängte es mich nicht wirklich.

Ich entschied mich für eine dritte Variante. Sie klang am verheißungsvollsten und stellte eine Art Zwischenlösung dar. Ich ließ die 266. Schule in Kiew hinter mir, erhielt aber weiterhin Unterricht, allerdings in deutlich reduziertem Umfang. Dafür traten meine sportlichen Ambitionen in den Vordergrund. Kurz: Ich wechselte auf eine Sportschule. Mit Zolotarews Empfehlung bekam ich einen Platz an einer Nachwuchsschmiede der besonderen Art. Sie trug den Namen *Olympische Reserve* und lag gut fünfzig Kilometer nordöstlich von Kiew, in der Stadt Browari. Der Name der Schule war zugleich ihr Programm: Das Ziel bestand darin, die begabtesten Sporttalente der Ukraine zu Höchstleistungen zu trimmen, um die besten von ihnen zu künftigen Olympiasiegern zu formen.

Obwohl ich damit weder Mutters noch Vaters Wunsch nachkam, unterstützten sie meine Entscheidung. Sollten meine Boxkünste tatsächlich Erfolg versprechend sein, wollten sie mir keine Steine in den Weg legen. Und selbst wenn sich herausstellen würde, dass ich doch nicht für den Olympiakader taugte, ging ich kein Risiko ein. So oder so hätte ich nach zwei Jahren mit einem Hochschulstudium beginnen dürfen, auch ohne Abitur. Leistungssportler nahmen in der Sowjetunion einen besonderen Stellenwert ein. Ihnen wurden Möglichkeiten eröffnet, die anderen verschlossen blieben. Ich wäre als ehemaliger Sportschüler bei der Wahl meiner Studienrichtung sogar bevorzugt worden, sozusagen als Lohn für die Schinderei.

Jetzt wohnte ich zwar nicht mehr zu Hause, worunter Mutter am meisten litt, aber es war bestens für mich gesorgt. In jeder Beziehung, von der täglichen Verpflegung bis zur Ausrüstung mit für unsere Verhältnisse hochwertigen Sportutensilien. Der Speiseplan verhieß ein Schlaraffenland, das allerdings abrupt endete, sobald man den Speisesaal verließ. Die abwechslungsreichen Mahlzeiten wurden nach wissenschaftlich ausgetüftelten Ernährungsplänen angerichtet und zusammengestellt, es mangelte an nichts. Sie fütterten uns mit kohlenhydratreicher Kost, mit Nudeln und Fisch und Reis und den verschiedensten Arten von Fleisch. Selbst Schokolade stand als Energiespender auf dem Menüplan. Ich entdeckte sogar Früchte auf meinem Teller, die mir fremd waren wie ein fernes Land: Sie hießen Ananas und Bananen und Melonen. In normalen Lebensmittelgeschäften gab es sie nicht zu kaufen oder nur zu einem Preis, den sich die wenigsten leisten konnten. Wir dagegen bekamen unsere Vitamindosen regelmäßig zugeführt und kostenlos.

Mit dem Einzug ins Internat verzichtete ich auf viele Freiheiten. Dafür erhielt ich ein Rundumsorglospaket. Um nichts brauchte ich mir Gedanken zu machen, nicht einmal, was ich in meiner Freizeit anstellte, weil es so etwas wie Freizeit zumindest unter der Woche nicht gab. In einer Militärkaserne konnte es kaum anders zugehen. Unser Tagesablauf unterlag strengen Regeln. Der Tag begann mit einer Einheit Unterricht, an die sich das erste Training anschloss. Nach dem Mittagessen drückten wir noch einmal die Schulbank, ehe in der Sporthalle die nächsten schweißtreibenden Übungen anstanden. Während wir vormittags ein umfangreiches Konditionstraining absolvierten, widmeten wir uns in den Nachmittagsstunden vor allem der boxtechnischen Ausbildung. Die restliche Zeit des Tages blieb den Schularbeiten vorbehalten.

Die Sportschule bestand aus mehreren Gebäuden, die ineinander übergingen und ein großes Labyrinth bildeten. Den größten Raum nahmen die Sportbereiche ein, die je nach Stundenplan von uns Boxern, von den Judokas oder den Ringern bevölkert wurden, von den Handballern oder den Volleyballern. Für die Wassersportler gab es eine große Schwimmhalle. Bis auf Eishockey und Fußball war beinahe jede Sportart vertreten. Wir Boxer wurden von drei Trainern betreut, von denen jeder eine Gruppe mit sechs oder sieben Sportlern anleitete. Für mich war Alexander Polischtschuk zuständig, ein harter Brocken. Er hielt uns an der kurzen Leine, wie man so sagt. Kumpelhaftigkeit verabscheute er, er sprang ziemlich autoritär mit uns um. Dennoch gefiel mir seine Art. Weil er jemand war, an dem man sich orientieren konnte, der meinte, was er sagte, dessen Wort galt. Jugendliche brauchen einen Leuchtturm. Jugendliche, die in dem schwierigen Alter, in dem ich mich befand, nicht mehr unter dem Einfluss ihrer Eltern stehen, erst recht. Polischtschuk ist für mich bis heute eine Respektsperson geblieben. Obwohl wir uns so lange kennen, käme ich niemals auf die Idee, ihn zu duzen.

Ich verdanke ihm viel. Verglichen mit seinem Training war das in der Nachbarschule in Kiew die reinste Spielerei gewesen. Erst Polischtschuk machte einen Boxer aus mir. Er brachte mir die Grundlagen bei, auf die ich heute noch zurückgreife. Die erste Technik, auf die alles weitere aufbaute. Er zeigte mir eine Reihe von Übungen, die ich heute noch genauso durchführe, wenn ich mich auf einen Kampf vorbereite. Ich denke im Training oft an ihn. Auch wenn wir nur zwei Jahre zusammenarbeiteten, er legte den Grundstein für meinen Erfolg. Meine Siege, alle Titel, die ich errungen habe, sind immer auch ein Stück sein Verdienst. Leider haben wir uns ein wenig aus den Augen verloren, seitdem ich nur noch selten in Kiew bin, aber wir telefonieren gelegentlich miteinander.

Alexander Polischtschuk führte mich nicht nur auf den richtigen Weg. Soviel ich weiß, gebührt ihm auch der Dank dafür, dass ich nicht von der Schule flog. Das ist eine lange Geschichte, und es ging natürlich um ein Mädchen. An Lena erinnere ich mich noch gut. Sie war meine erste richtige Freundin, die erste, mit der mich mehr verband als Händchenhalten und ein verschämtes Küsschen hinter der Turnhalle. Lena spielte Handball. Sie war bezaubernd. Und ich war stolz wie ein Pfau, sie erobert zu haben. Bedauerlicherweise verloren wir uns bald wieder, obwohl wir in dieselbe Klasse gingen und uns jeden Tag begegneten. Vielleicht ja auch gerade deswegen. Wir lebten auf engstem Raum und mit uns die zirka zweihundert anderen Sportler an der Schule. Ob man wollte oder nicht, hier konnte man niemandem aus dem Weg gehen. Beim Training blieben die Sportler der einzelnen Sportarten noch unter sich. Während des Schulunterrichts jedoch vermischten sie sich, und es vermischten sich auch die Geschlechter. Es ließ sich gar nicht vermeiden, dass jeder jeden kennen lernte. Wir lebten wie in einer zu groß geratenen Familie. Statt der Eltern betreuten uns Lehrer und Trainer abwechselnd im Schichtrhythmus, sogar die Nacht über hielten sie Wache. Jedoch ohne die gewohnte Zuneigung, die suchten wir uns eben anderswo.

Die strenge Schulordnung legte einen Verhaltenskodex fest, nach dem wir uns zu richten hatten. Seinen Inhalt konnte man in einem Satz zusammenfassen: Die Erwachsenen erwarteten, dass wir uns zu jeder Zeit und in jeder Hinsicht vorbildlich benahmen. Eindeutig überwogen die Pflichten, an irgendwelche Rechte erinnere ich mich nicht. Soweit damit der offizielle Umgang unter uns Schülern festgeschrieben wurde, sowenig hielten wir uns daran. Inoffiziell existierten nämlich noch eine Reihe anderer Schulgesetze, ähnlich den Schikanen, die bei der Armee zwischen Soldaten unterschiedlicher Dienstjahre üblich waren. Kleinere und größere Gemeinheiten, die wir gegeneinander ausheckten, im Verborgenen, ohne dass unsere Betreuer Wind davon bekamen. Wer zum Beispiel tagsüber eine große Klappe riskierte, vielleicht den Trainer zu einer Strafe provozierte, die alle anderen mit ausbaden mussten, konnte sich nachts auf eine Abreibung gefasst machen. Ein zusätzlicher Putzdienst war noch das Harmloseste, was ihn erwartete. Schmerzhafter fiel die »anonyme Prügelstrafe« aus, bei der dem Übeltäter im Schlaf von den anderen eine Decke über den Kopf gezogen und auf ihn eingeschlagen wurde. Je nach Art des Vergehens ließ sich die Quälerei steigern. Ein besonders im Winter gefürchtetes Vergeltungsritual bestand darin, den Delinquenten über Nacht völlig nackt in eine Dusche zu sperren.

Solche Nettigkeiten blieben mir weitestgehend erspart. Mit verschärftem Reinigungsdienst hatte in der Anfangsphase allerdings auch ich zu kämpfen, kein Neuzugang blieb davon verschont. Es kam darauf an, sich den Älteren nicht völlig und nicht auf Dauer zu unterwerfen, sonst wären die zwei Jahre in einen Spießrutendauerlauf ausgeartet. Mir half meine Körpergröße, die anfänglichen Revierkämpfe zu meinen Gunsten zu entscheiden. Auch dass ich im Schwergewicht boxte, schien für den Respekt, den mir die anderen entgegenbrachten, nicht unerheblich zu sein.

Ich entwickelte mich nicht zum Leithammel für die anderen, aber ich gehörte mit zu denen, die nichts verpassen wollten. Wir waren jung und darauf aus, vor allem das auszuprobieren, was verboten war: Alkohol und Zigaretten und eben auch die Geschichten mit Mädchen. Die Woche über lebten wir nur für den Sport. Je mehr und härter wir trainierten, desto stärker spürten wir jedoch, dass zum Leben noch mehr gehören musste. Zwar fanden samstags regelmäßig Diskoabende in unserer Schule statt. Unter Aufsicht natürlich, in einem gesitteten Rahmen. Freilich ohne Alkohol, der geziemte sich für Sportler nicht. Aber sosehr wir die Musik genossen und das rhythmische Ausschütteln unserer Körper mit akrobatischen Verrenkungen zelebrierten, es genügte natürlich nicht, unseren Freiheitsdrang zu stillen.

Wie sollten wir uns auch frei fühlen? Von außen sah die Sportschule fast wie ein Gefängnis aus. Die Fenster unserer Unterkünfte waren sogar vergittert, und drinnen ging es kaum anders zu. Was wir taten, wurde überwacht, vom Weckruf bis zum Zapfenstreich. Wir standen vierundzwanzig Stunden am Tag unter Kontrolle, während draußen das Leben pulsierte. Jedenfalls stellten wir uns das so vor. Mit über fünfundachtzigtausend Einwohnern war Browari nicht gerade ein Nest. Es musste Unmengen zu entdecken geben.

Um die große Freiheit zu erlangen, verschaffte ich mir eine kleine Metallsäge. Mit ihr sägten wir einen Stab aus unserem Fenstergitter. Tagsüber befestigten wir ihn mit zwei weich gekauten Kaugummis, einen quetschten wir oben zwischen die Enden, den anderen unten. Anschließend wanderte die Säge weiter, von einem Zimmer zum nächsten. Nachts nahmen wir die Stange raus und kletterten ins Freie, sooft wir uns unbeobachtet fühlten. Wie wir diese Stunden genossen! Manchmal gingen wir in der Dunkelheit einfach nur spazieren, rauchten eine Zigarette und fühlten uns erwachsen. Manchmal besorgten wie uns auch ein paar Flaschen Bier, um endlich zu erfahren, wie das schmeckt. Manchmal sammelten wir trockene Äste und zündeten ein Lagerfeuer an, saßen beieinander und erzählten uns Geschichten, oder wir zogen über die Lehrer her. Manchmal nahmen wir sogar unsere Freundinnen mit und ein paar warme Decken dazu, um in einem nahen Waldstück zu übernachten. Doch einmal, da wurden wir erwischt.

Bis heute weiß ich nicht, ob wir verpfiffen wurden, oder ob eine Aufsichtsperson die verräterischen Spuren an dem Fenstergitter entdeckt hatte. Auf jeden Fall wartete an diesem Abend eine ganze Abordnung von Lehrern nur darauf, dass wir wie flüchtende Häftlinge aus unserem Fenster sprangen. Ich war der Erste, der vor ihren Füßen landete. Am nächsten Vormittag wurden die Fenster in sämtlichen Unterkünften kontrolliert. Wie sich herausstellte, hatte meine kleine Säge auch anderen zu nächtlichen Ausflügen verholfen. Daraufhin fanden Versammlungen mit allen Schülern statt und Einzelgespräche und Beratungen zwischen den Lehrern und Trainern. Tagelang herrschte Krisenstimmung. Ich dachte schon, ich könnte meine Koffer packen. Alles deutete darauf hin. Ich hatte die Säge besorgt, das hohe Gericht musste in mir den Hauptschuldigen sehen. Wenn ich nur gewusst hätte, wie ich Vater meinen Rauswurf beibringen sollte!

Zum Glück blieb mir diese Schmach erspart. Soviel ich weiß, war es Alexander Polischtschuk, der beim Schulleiter das entscheidende gute Wort für mich einlegte. Nach dem, was ich gehört habe, waren es sogar ein paar mehr. Dieser Klitschko sei ein großes Talent, soll er ihm erklärt haben. Und dass es trotz meines Vergehens ein Fehler sei, auf einen wie mich zu verzichten. Auch im Sinne der gemeinsamen großen Sache, womit er nur den Sieg des Sozialismus gemeint haben konnte. Eine Bestrafung blieb uns Ausreißern natürlich nicht erspart. Wir bekamen ein paar Tage Küchendienst aufgebrummt: Kartoffeln schälen und Geschirr spülen, alles, was an Hilfsarbeiten in der Küche gerade anfiel. Und gab es doch mal eine Pause, dann hielten wir nach den Kakerlaken Ausschau, die sich unter den Schränken verkrochen. Küchenarbeit gehörte bestimmt nicht zu meinen Lieblingsbeschäftigungen, unter den gegebenen Umständen jedoch war ich glücklich, mit dieser Mindeststrafe davonzukommen. Die hatten andere schon für wesentlich harmlosere Vergehen kassiert.

Bei Polischtschuk bedankte ich mich auf sportliche Weise. Ich strengte mich im Training ein bisschen mehr an, übertrieb es aber auch nicht gleich. Den Schwergewichtlern wird ohnehin nachgesagt, sie seien trainingsfaul. Dabei hatte ich wie alle anderen ein enormes Pensum zu absolvieren. Und wie alle anderen nutzte ich jede Gelegenheit, die sich bot, mir eine zusätzliche Verschnaufpause zu verschaffen. Etwa, wenn wir draußen im Gelände zu Ausdauerläufen gescheucht wurden. Entlang der Strecke standen einige Büsche, die sich als Versteck wunderbar eigneten und mir die eine oder andere Runde ersparten. In der Halle achteten wir darauf, die Momente nicht zu verpassen, in denen uns der Trainer unbeobachtet ließ. Wie auf Kommando stellten wir augenblicklich jede Bewegung ein, selbst wenn die Zeit nur für einen tiefen Atemzug reichte. Als Drückeberger hätte ich mich trotzdem nicht bezeichnet. Mir fehlte höchstens etwas Ehrgeiz. Im Großen und Ganzen machte mir das Training Spaß, ich nahm das Boxen nur nicht übermäßig ernst. Ich strengte mich an. Ich gab mir Mühe. Ich holte einiges aus mir heraus. Aber ich strebte nicht verbissen nach irgendwelchen Titeln. In meinem Kopf entwickelte ich auch keinen Plan, das Leben nach der Schulzeit als Sportler fortzusetzen. Ich schob die Entscheidung, was aus mir werden sollte, weiterhin vor mir her.

Für den sportlichen Erfolg reichte es dennoch. Meine erste Meisterschaft gewann ich erstaunlicherweise, ohne einen Schlag einstecken zu müssen, ja sogar, ohne dass ich auch nur einen Finger krumm gemacht hätte, was für einen Boxer ja eher ungewöhnlich ist. Der Grund: Bei der Veranstaltung fand sich in meiner Altersklasse kein Gegner, der in die gleiche Gewichtsklasse gehörte. Mir fiel ein Stein vom Herzen, denn ich war furchtbar nervös gewesen. Es sollte mein erster Kampf sein. Davor war ich lediglich beim Sparring in unserer Sporthalle gegen einen anderen Boxer angetreten. Aber da hatte ich gewusst, was auf mich zukommen würde, wie stark der Gegner war. Sparring ist immer anders als ein richtiger Kampf, schon wegen der Psyche.

Damals wurde ich trotzdem zum Sieger erklärt, und meinetwegen hätte es so weitergehen können. Doch meine Premiere als Boxer hatte sich dadurch nur ein wenig verzögert. Mir war klar, dass sie mit jedem Tag näher rückte. Noch einmal würde ich nicht kampflos davonkommen. Obwohl der Boxsport in der Sowjetunion mit dem Showgeschäft so viel zu tun hatte wie Lenin mit Frank Sinatra, fand der Kampf ausgerechnet unter der Kuppel eines Zirkuszelts statt. Der Zirkus als solcher versetzte mich nicht in Panik. Es waren eher die vielen Menschen und die grellen Scheinwerfer, die dafür sorgten, dass mein Herz in die Hose rutschte – und die Tatsache, dass ich mitten in der hell erleuchteten Manege stand. Der Ring befand sich genau dort, wo üblicherweise Artisten Kunststücke vorführten, Dompteure eine

Horde dressierter Tiere präsentierten oder Clowns über die eigenen Füße stolperten. Ganz so tollpatschig stellte ich mich nicht an, viel besser aber auch nicht.

Während ich auf meinen Kampf wartete, versuchte ich mich zu beruhigen. Ich wusste, dass es im Training gut gelaufen war, dass meine Kondition reichen würde, dass die Bewegungen stimmten, dass ich wirksame Schlagkombinationen draufhatte, dass beim Sparring keiner gegen mich angekommen war. Doch als ich in den Ring stieg, vergaß ich das alles wieder. Am Anfang der ersten Runde teilte ich noch zwei, drei Schläge aus. Auf einmal aber fühlte ich mich wie gelähmt, als hätte mir jemand die Arme an den Körper gebunden oder als hielte mich jemand fest. Es war nicht die Wirkung eines Schlages, die mir zusetzte, ich hatte keinen Treffer abbekommen. Das ganze Drumherum überforderte mich. Die bunten Lichter, das Publikum, die Erwartungshaltung meines Trainers und auch meine eigene. Ich hielt die Fäuste nur noch als Deckung vors Gesicht und betete, dass die Zeit vorübergehen und ich sie unbeschadet überstehen möge. Die nächsten und letzten beiden Runden blieb ich zwar auf den Beinen, viel mehr bot ich aber nicht. Ich versagte kläglich.

Bei dem Zirkus handelte es sich übrigens nicht um einen unbedeutenden kleinen Wanderverein, sondern immerhin um das Winterquartier des weißrussischen Staatszirkus in Gomel, einer Industriestadt, in der eine halbe Million Menschen leben. Sie liegt im Südosten Weißrusslands, in einer Region, deren Böden durch die Katastrophe von Tschernobyl radioaktiv verseucht wurden und deren Menschen bis heute unter den Folgen leiden. Daran verschwendete ich damals keinen Gedanken, falls ich überhaupt davon wusste. Ich war viel zu sehr mit mir beschäftigt und damit, meinen unrühmlichen Einstand als Boxer möglichst schnell zu vergessen. Oder wenigstens zu verdrängen, damit ich beim nächsten Mal nicht wieder so dastand. Es war nicht so sehr die Niederlage, die an meinem Selbstbewusstsein nagte, sondern die Art und Weise, wie sie zustande gekommen war, dieses jämmerliche Bild, das ich im Ring abgegeben hatte.

Meine nächsten Kämpfe gewann ich und auch ein erstes Turnier, das in Taganrog am Asowschen Meer stattfand. Knapp zwei Jahre später, im März 1992, kam ich mit unserer Mannschaft noch einmal nach Gomel. Ein geeigneter Anlass, um endlich die Scharte auszuwetzen, die ich dort hinterlassen hatte. Und die letzte Gelegenheit auch, Trainer Polischtschuk zu beweisen, dass er sich nicht für den Falschen eingesetzt hatte, als ich in der Bredouille steckte. Meine Zeit an der Sportschule würde im Mai ablaufen. Ich fand, ein Abschiedsgeschenk wäre angebracht.

War es beim letzten Mal noch ein Zirkuskampf, so boxten wir diesmal in einer richtigen Halle und um einen richtigen Titel. Es ging um die Meisterschaft der Sowjetunion, das Höchste überhaupt, was ich mir im Alter von fast sechzehn Jahren vorstellen konnte. Es kamen die Besten der Besten zusammen, Sportschüler wie ich und Sportstudenten, die Boxen offiziell nebenbei betrieben, es tatsächlich aber als Hauptbeschäftigung verstanden. Wie gewohnt trat ich im Schwergewicht an. Ich war inzwischen sogar noch ein Stück gewachsen und hatte ein paar Kilogramm Muskelmasse zugelegt. Ich besiegte meinen ersten Gegner, anschließend den zweiten und im Finale auch den dritten. Den sogar durch Knockout, obwohl er der klare Favorit gewesen war, dazu noch größer und deutlich älter als ich.

Ganz unbedeutend kann mein erster Meistertitel nicht gewesen sein. Sonst hätten die Zeitungen kaum darüber berichtet. Die *Sportivna Gazeta* gehörte zu den Ersten, die einen Artikel über mich veröffentlichten. Ich glaube, es war der erste überhaupt. Er erschien am 19. März 1992, sechs Tage vor meinem sechzehnten Geburtstag. Ein tolles Geburtstagsgeschenk, zumal sie neben dem Text auch noch ein Foto von mir druckten, das mich in einer durchaus eindrucksvollen Kampfpose zeigte. Die Journalisten berichteten von meinem letzten Finalkampf. Sie erwähnten etwas von Mut, den ich gegenüber meinem älteren Gegner aufgebracht hätte. Und sie wiesen auf die äußerliche Ähnlichkeit mit meinem Bruder Vitali hin, der als Kickboxer bereits eine Berühmtheit sei. Am Schluss prophezeiten sie mir eine gute Perspektive als Boxer. Aber zuerst einmal besiegelte der Erfolg vor allem eines: das Ende meiner Schulzeit.

So zufrieden stellend dieser Lebensabschnitt aufhörte, der neue fing nicht sonderlich gut an. Selbst die größten Optimisten würden einen Beinbruch nicht als *sonderlich gut* bezeichnen.

Militärische Qualen

Vitali

Da stand ich nun, im tiefsten Winter, irgendwo auf einem verschneiten Feld in Weißrussland. Ich fragte mich: »Vitali, was hast du hier nur verloren?« Ich war wütend auf meinen Vater. Er hatte mir das eingebrockt. Ich trug eine Uniform, die nicht richtig passte, und ein Paar Stiefel, die nicht warm hielten. Nicht einmal dicke Socken hatten sie mir gegeben, stattdessen ein paar jämmerliche Stofflappen, die ich mir um die Füße wickeln sollte. Meine Zehen spürte ich schon eine Weile nicht mehr, meine Finger auch nicht. Ich besaß zwar Handschuhe, aber die durften wir bei den Schießübungen nicht tragen. Ich hatte auch eine Fellmütze auf dem Kopf, doch der scharfe eisige Wind ließ meine Ohren trotzdem gefühllos werden. Die Kälte kroch zwischen Hals und Kragen unter meine Uniform und ließ mich frösteln. Ein Schal gehörte nicht zur Ausrüstung, und den Kragen hochzustellen war genauso verboten, wie die Ohrenklappen herunterzuschlagen. Das Thermometer zeigte achtzehn Grad unter null! Der Schnee reichte mir bis zu den Knien.

Ich trug eine Kalaschnikow auf dem Rücken und wartete mit hundert anderen Soldaten darauf, die Schusslinie zu erreichen. Wir standen in zwei Reihen nebeneinander. Jeweils zwei von uns durften gleichzeitig schießen, während die anderen nachrückten. Als ich an die Reihe kam, waren meine Finger fast steif gefroren, die Hände blau angelaufen. Ich ließ mich auf die Knie fallen und brachte mich liegend in Stellung. So hatten wir die Bewegungen eingeübt, sie liefen jetzt automatisch ab. Jeder hatte drei Patronen. Im Einzelfeuer sollten wir damit auf eine fünfundsiebzig Meter entfernte Zielscheibe schießen.

Als Kind habe ich es geliebt, mit Vater auf einen Schießplatz zu gehen. Je älter ich wurde, desto häufiger nahm er mich mit. Das Schießen machte mir Spaß, und aus mir wurde ein guter Schütze. Unter anderen Umständen wäre ich in der Lage gewesen, die Geschosse gezielt abzufeuern, so, dass sie ins Schwarze trafen oder zumindest in die Nähe. Aber jetzt war mir egal, wo die Scheibe stand. Mir war alles egal, ich schaute nicht einmal hin. Morgen würde ich mit vierzig Grad Fieber aufwachen. Ich wünschte mir nichts sehnlicher, als eine schwere Erkältung zu bekommen. Dann müsste ich ins Lazarett und für einige Tage das Bett hüten. Ich drückte einfach ab, ohne zu zielen. Einmal. Zweimal. Dreimal.

Dabei hatte ich eigentlich Pilot werden wollen. Wovon hatte ich nicht alles geträumt! Von einer Eliteausbildung, von rasanten Hubschrauberflügen und waghalsigen Manövern mit Überschallkampffliegern! Schon als kleiner Junge war ich darauf fixiert gewesen. Ich hielt mich für einen geborenen Piloten. Diesen Traum träumte ich bis zu einem ersten Eignungstest, für den ich mich bei der zuständigen Militärbehörde gemeldet hatte. Dort erwachte ich jäh, im Dienstzimmer eines hochrangigen Offiziers, der mir nachsichtig lächelnd zu verstehen gab, dass die Flugzeuge, in deren Cockpit ich mit meiner Größe hineinpasste, erst noch gebaut werden müssten.

Daraufhin schrieb ich meinen Traum ab, aber noch nicht das Militär. Ich wusste, was Vater von mir erwartete. Sollte ich tatsächlich der Erste sein, der mit der generationenalten Familientradition brach? Das war ein Gedanke, der mir keineswegs behagte. Andererseits hatten sich die Zeiten wirklich gründlich geändert. Die alten Werte, unter denen Vater noch aufgewachsen war und die er uns, seinen Söhnen, vermittelt hatte, galten nicht mehr. Der große Lenin, unser Gott, galt nichts mehr. Die kommunistische Idee galt nichts mehr. Und soweit ich das überschaute, schien auch das Militär nichts mehr zu gelten. Es gab

Zeiten, in denen Vater nicht einmal seinen Sold bekam, weil alles drunter und drüber ging und der Regierung das Geld fehlte. Das große Sowjetreich zerbrach in Stücke. Erst krachte es zwischen Armeniern und Aserbaidschanern, dann setzten die ethnischen Konflikte in Usbekistan ein, in Kirgisien, Tadschikistan und Moldawien, in Georgien und auch in Kasachstan. Ich war froh, dass wir nicht mehr dort lebten, und ich verspürte nicht das geringste Verlangen danach, als Soldat in einen Bürgerkrieg zu ziehen. Für die Sowjetunion wäre ich früher bereit gewesen zu kämpfen. Die Ukraine betrachte ich inzwischen als meine Heimat. In der wilden Zeit damals aber musste ich zuerst einmal herausfinden, wohin ich gehörte.

Vom Grundwehrdienst entband mich das nicht. Der blieb weiterhin für jeden halbwegs gesunden jungen Mann Pflicht. Ich wollte mich auch gar nicht drücken. Ich freute mich sogar auf diese Zeit, weil ich fest damit rechnete, in der Sportkompanie in Kiew zu landen, beim berühmten Armeesportklub ZSKA, bei Wladimir Zolotarew. So war es auch abgesprochen. Meine sportliche Laufbahn hatte gerade richtig begonnen. Als Kickboxer befand ich mich auf dem Weg an die Spitze, ein paar Titel hatte ich schon. Ich war sogar zum »Verdienten Meister des Sports« ernannt worden, eine hohe staatliche Auszeichnung, so eine Art »Held der Sowjetunion« für junge Sportler.

Mein Siegeszug als Kickboxer sollte nicht unterbrochen werden. So jedenfalls sah ich das, und so sah das auch mein früherer Trainer Andrej Schistow. Mein Vater hingegen nicht. Unglücklicherweise hatte er zu dieser Zeit den entscheidenden Posten inne. Auf seinem Schreibtisch landeten sämtliche Akten der neuen Soldaten, die zu den Luftstreitkräften einberufen wurden. Korrekt, wie mein Vater ist, wollte er auf keinen Fall den Eindruck entstehen lassen, mir würde durch seinen Einfluss eine Sonderbehandlung zuteil. Als Vater und jetzt auch Vorgesetzter sah er seine pädagogische Pflicht darin, mir zunächst das wahre Soldatendasein nahe zu bringen, und zwar in Reinkultur, ohne die kleinsten Privilegien.

Wenn ich vorher gewusst hätte, was mich in Weißrussland erwartete – mir wären tausend schwere Krankheiten eingefallen, um mich vor dem Wehrdienst zu drücken. Eine Schikane folgte auf die nächste. Mit dem Wecken begann es, sechs Uhr morgens, eine völlig neue Erfahrung. Der Frühsport im Halbschlaf war nicht weniger gewöhnungsbedürftig, zumal es in diesem Winter beißend kalt war. Auf dem Exerzierplatz setzte es sich fort. »*Reeeechts-um! Liiiiinks-um! Geradeeee-aus!*« Wie ich diese ruppigen Befehle hasste, die uns der Sergeant entgegenbrüllte! Ich war zwei Meter groß und sollte mich von einem schlecht gelaunten Wicht herumkommandieren lassen. Im Boxring hätte ich ihn allein mit dem Windstoß weggepustet, den eine schnelle Armbewegung von mir erzeugte. Hier schubste er mich herum wie einen ungehorsamen Köter.

Er kostete seine Macht genüsslich aus, besonders gegenüber einem Größeren. Am liebsten scheuchte er seine Untergebenen mit Lappen und Eimer zu den Toiletten – zum Kloputzen. Mich erwischte es zum Glück nicht. Ich wollte mir nicht alles gefallen lassen, hatte aber aufgrund meines niederen Dienstgrads keine Chance gegen ihn. Die Schulterstücke entschieden jeden Zwist zu seinen Gunsten. So waren die Regeln beim Militär, so sind sie noch heute. Wenn es ihm gefiel – je hartnäckiger ich mich widersetzte, umso häufiger –, verbannte er mich zur Strafe in die Küche, zum Kartoffelschälen. Manchmal saß ich da bis morgens um drei, bis ich die riesige Wanne voll hatte, die für das nächste Mittagessen der ganzen Kompanie ausreichen musste.

Beim Essen tauchte das nächste Problem auf. Unsere Vorgesetzten bestanden darauf, dass wir in Reih und Glied in den Speisesaal einmarschierten. Sobald jeder hinter einem Hocker stand, erschallte der Befehl *Setzen!*, und wir durften loslegen. Am ersten Tag wunderte ich mich, mit welchem Tempo die älteren Soldaten ihr Essen hinunterschlangen. Ob sie eine Suppe löffelten oder eine Scheibe Brot in den Mund schoben, sie schienen sich das Kauen gänzlich zu ersparen. Ich hätte es ihnen besser nachmachen sollen. Noch bevor ich die Hälfte meiner Mahlzeit in mich hineingeschaufelt hatte, ertönte der nächste Befehl. Wir hatten das Essen sofort einzustellen und die Kantine zu verlassen. Schnell steckte ich mir noch ein paar Stücke trockenes Brot in die Hosentaschen, damit ich bis zum Abend nicht völlig auf dem Zahnfleisch kroch.

Beim Abendessen wiederholte sich die Prozedur, sodass ich vor dem nächsten Frühstück gewarnt war. Diese Hetze konnte eigentlich nur einen Grund haben: Was sie uns da vorsetzten, war nicht gerade von bester Qualität, um es diplomatisch auszudrücken. Bestimmt sollten wir das Zeug so schnell hinunterschlingen, damit wir gar nicht erst merkten, wie scheußlich es schmeckte. Mir blieb ein Monat Zeit, mich an das Schnellessen zu gewöhnen – ich bin es bis heute nicht wieder losgeworden –, dann kam der Tag meiner Versetzung.

Seit Wochen war ich nicht mehr so gut gelaunt gewesen. An diesem Morgen war ich mir sicher, dass ich die Quälerei überstanden hatte. Endlich würde ich nach Kiew kommen, zur Sportkompanie. Das regelmäßige Training fehlte mir, und vor allem fehlten mir meine Boxhandschuhe. Die Genossen Offiziere schickten mich tatsächlich woanders hin, zu meinem Ärger nur nicht zurück nach Kiew. Ich konnte mich dennoch glücklich schätzen, andere landeten im tiefsten Sibirien. Ich kam wenigstens in heimatliche Gefilde, zurück in die Ukraine. Der Ort lag mitten in der Tundra und war so klein, dass ich mich nicht an ihn erinnere – im Gegensatz zu dem Empfang, den mir einige Soldaten in der neuen Kaserne bereiteten.

Wahrscheinlich wäre der freundlicher ausgefallen, wenn ich mich an die Regeln gehalten hätte, die die Hackordnung zwischen den Soldaten unterschiedlichen Dienstalters festlegten. Doch die kannte ich noch nicht. Und als ich sie kennen lernte, sah ich sie nicht ein. Warum sollte ich in einem Etagenbett oben schlafen, wenn das untere noch frei war und ich lieber unten lag? Und welchen Grund konnte es geben, für einen anderen Soldaten in eisiger Kälte eimerweise Wasser zu schleppen? Zumal er die gleichen Schulterstücke trug wie ich. Bloß dass seine geknickt waren, so wie sein Koppelschloss eine Biegefalte aufwies und seine Stiefel arg strapaziert aussahen. Meine Uniform war noch tipptopp. Vater hatte mir oft genug eingeschärft, wie man mit ihr umging. Auf den ersten Blick sah man mir an, dass ich ein Frischer war, aber das musste ja nicht bedeuten, dass ich mich für andere zum Sklaven machte. Er war Soldat, ich war Soldat. Ich sah keinen Unterschied, außer dass ich zwei Köpfe größer war und, so wie ich das einschätzte, auch stärker.

Das erkannte er offenbar auch, jedenfalls organisierte er Verstärkung. Nach einigen Minuten rückte er mit ein paar Kerlen von seiner Sorte an. Ungefähr zehn Meter vor mir blieben sie stehen. Friedlich sahen die nicht gerade aus. Ich trat zwei, drei Schritte zurück, damit ich eine Wand im Rücken hatte. Sollte es auf eine Schlägerei hinauslaufen, würde es hilfreicher sein, wenn sie mich nur von einer Seite angreifen könnten. Sicherheitshalber ging ich schon mal in Stellung. Ich ballte die Fäuste, hielt sie vors Gesicht und nahm die typische Boxpose ein. Ich kniff die Augen zusammen und setzte das finsterste Gesicht auf, zu dem ich fähig war. Ich mag in diesem Moment ziemlich selbstsicher gewirkt haben. So gefühlt habe ich mich nicht.

Die Situation erinnerte mich an die schmerzhaften Begrüßungszeremonien, mit denen ich nach einem Schulwechsel von meinen neuen Mitschülern empfangen worden war, nur, dass ich es hier mit ausgewachsenen Männer zu tun hatte, mit ausgesprochen raubeinigen Gestalten, wie es schien. Wusste ich, ob nicht einer von ihnen bewaffnet war? Und selbst wenn sie nur die bloßen Fäuste einsetzten – würden sie sich alle gleichzeitig auf mich stürzen, geriete ich arg in Bedrängnis, da durfte ich mir nichts vormachen. Sollte ich vielleicht noch mehr auf den Putz hauen? In solchen Situationen konnte Bluff die wirksamste Waffe sein.

»Na, wer traut sich?«, rief ich den Typen entgegen. Ich war froh, dass meine Stimme fest klang, obwohl meine Knie langsam weich wurden. »Ich versprech euch: Die ersten drei bring ich um!«

Sie zögerten, keiner von ihnen kam einen Schritt näher. Ich nahm das als gutes Zeichen und legte nach:

»Kommt schon, ich warte! Wer ist der Erste?«

Ich taxierte sie genau, sah einem nach dem anderen fest in die Augen, so wie ich das vor einem Kampf mit meinem Gegner tue. Meine Worte schienen diese Kerle tatsächlich zu beeindrucken. Noch immer bewegte sich niemand. Dann tauchte plötzlich der Dienst habende Offizier auf, der mir meinen Schlafplatz zugewiesen hatte, und wir beendeten unsere kleine Versammlung. Das fing ja gut an.

Dass mir weitere Bosheiten erspart blieben, verdankte ich meinem neuen Genossen Kommandeur, der am nächsten Tag beim Morgenappell vor der versammelten Kompanie die Neuzugänge begrüßte. Mich stellte er als Einzigen sogar namentlich vor. Auch meinen Titel »Verdienter Meister des Sports« verschwieg er nicht. Dass ich kickboxte, verkündete er bei dieser Gelegenheit gleich mit. Was bei den anderen mehr Eindruck schindete, bekam ich nicht heraus. Zu Hause in Kiew war mir nicht entgangen, dass meine Erfolge für eine gewisse Bekanntheit gesorgt hatten. Die Zeitungen berichteten über mich, und gelegentlich auch das Fernsehen. Berühmt war ich deshalb aber noch lange nicht. Einer wie Sergej Bubka war berühmt, der Stabhochspringer, dem während seiner aktiven Laufbahn scheinbar Flügel gewachsen waren. Der 1985 als Erster die Sechs-Meter-Marke übersprang, in zehn Jahren sagenhafte fünfunddreißig Weltrekorde aufstellte, sechsmal Weltmeister wurde und 1988 bei den Olympischen Spielen in Seoul die Goldmedaille gewann. Bubka hat sich seinen Prominentenstatus mehr als redlich verdient. Inzwischen ist er in der Ukraine ein richtiger Nationalheld.

Dagegen nahmen sich meine Lorbeeren vergleichsweise bescheiden aus. Balsam für meine Seele war es dennoch, zu erleben, wie die anderen Soldaten reagierten. Ausgerechnet der Bursche, der am Vortag seine Spielchen mit mir hatte treiben wollen, kam zuerst auf mich zu. Als wären wir niemals aneinander geraten, setzte er sein breitestes Grinsen auf und nannte mich gönnerhaft *charoschi brad* – guter Bruder –, während er den Arm um meine Hüfte legte. Fast wünschte ich mir, er hätte gestern nicht so lange gezögert und meine Fäuste zu spüren bekommen. Gegen Kriechtiere bin ich schon immer allergisch gewesen. Und dann bat er mich doch tatsächlich, ihm und seinen Gefolgsleuten ein paar Trainingsstunden zu geben! Das konnte ich mir dann doch verkneifen. Meine Freunde suche ich mir seit jeher selbst aus.

Auf eine Freundschaft deutete auch nicht hin, was mich anschließend beim Armeesportklub mit Wladimir Zolotarew erwartete. Ich hatte in der Vergangenheit bestimmt nicht nachlässig trainiert, sonst hätten sich die bisherigen Erfolge kaum eingestellt. All die Gegner, die ich bezwungen hatte, waren nicht von allein in die Knie gegangen. Trotzdem machte ich mich auf einiges gefasst, da Zolotarew der Ruf eines gnadenlosen Schleifers vorauseilte. Gleich in den ersten Wochen, die ich unter seinem Regiment trainierte, wurde er seinem Leumund mehr als gerecht. Das Trainingspensum, das er mir und allen anderen im Team auferlegte, übertraf alles, was ich bis dahin an körperlicher Belastung hatte aushalten müssen, selbst die schlimmste Schinderei während der Grundausbildung.

Einer von Zolotarews Leitsätzen lautete: »Nur Härte macht uns stark.« Seine Härte hielt ich für reichlich übertrieben. Zehn-Kilometer-Läufe sind für einen, der hundert Kilogramm auf die Waage bringt, an sich schon anstrengend, aber für eine gute Kondition unabdingbar, so viel sah ich ein. Dass er mich anschließend noch für zehn Runden an die Sandsäcke trieb und mich auch danach noch nicht unter die Dusche schickte, konnte ich nicht mehr begreifen. Laufstrecken von fünfundzwanzig Kilometer Länge gar betrachtete ich für mich als Boxer prinzipiell als zu lang. Zolotarew ordnete auch die gelegentlich als »Nachspeise« an.

So hart wie das Training bei Zolotarew, so schlecht war das Essen in der Kaserne. Als Mutter mich das nächste Mal zu Gesicht bekam – ich durfte an den Wochenenden ab und zu nach

Hause –, erschrak sie. Ich sah nicht aus wie ein durchtrainierter Sportler, sondern eher wie jemand, der an einer schweren Krankheit litt. Es war nur eine Frage der Zeit, bis sich die physischen Strapazen auf meine Psyche niederschlugen. Die ständige Überbelastung trieb mich so weit, dass ich Vater anflehte, seinen Einfluss geltend zu machen, damit ich wieder in die Kaserne nach Weißrussland kam. Der Drill dort erschien mir im Nachhinein um einiges erträglicher. Aber Vater wäre nicht Vater gewesen, wenn er meiner Bitte nachgegeben hätte. Wie schon zu meiner Schulzeit war er auch jetzt der Meinung, ich müsse durchstehen, was immer auf mich zukomme.

Immer wieder diskutierte ich mit Zolotarew, damit er das Trainingsprogramm reduzierte. Doch die Gespräche brachten auch keine Erleichterung. Jeden meiner Einwände verurteilte er als Aufmüpfigkeit. Dabei trieb mich schiere Verzweiflung. Mein Körper gab nicht mehr her, ich stieß an meine Grenzen. Doch er meinte, genau darum ginge es ihm: Grenzen ließen sich erweitern, wenn man nur heftig genug und regelmäßig daran stieße. In solchen Momenten fragte ich mich, ob ihm entging, dass ich ein Mensch und kein Roboter war.

Unser Streit eskalierte nicht bloß einmal, aber einmal besonders heftig: Ich hatte gerade ein kräftezehrendes Sparring absolviert. Wer sich mit Boxen ein bisschen auskennt, weiß, dass man niemals kalt in den Ring steigt. Ich hatte also schon ein ausgiebiges Aufwärmtraining hinter mir, bevor ich überhaupt die Handschuhe anzog. Seilspringen, Gewichte stemmen, Laufübungen, Medizinbälle stoßen, Schattenboxen und Gymnastik – das volle Programm. Nach dem Sparring zitterten mir die Knie vor Erschöpfung, ich brauchte dringend eine Pause. Entweder sah Zolotarew nicht genau hin, oder er ignorierte meinen Zustand. Ich hörte nur, wie er sagte: »Und jetzt noch zehn Kilometer Ausdauer!« *Sagen* trifft es eigentlich nicht richtig. Es klang vielmehr wie ein Befehl. Ich kam nicht einmal auf die Idee, er könnte es im Scherz gemeint haben. Zolotarew meinte nie etwas im Scherz, jedenfalls nicht, dass ich es mitbekommen hätte.

Ich schüttelte den Kopf. Ich japste wie ein geprügelter Hund. »Nein«, stieß ich zwischen zwei flachen Atemzügen hervor, »keinen Schritt, ich kann nicht mehr.«

»Du bist Soldat!«, erwiderte er mit einer Stimme, die keinen Widerspruch duldete. »Ich befehle es dir! Lauf gefälligst! *Dawai, dawai!* – Los, los!«

Sah er denn nicht, wie kraftlos ich war, ausgelaugt von den Stunden intensiven Trainings? Noch dazu steckten mir die Torturen der letzten Tage in den Knochen, der letzten Wochen, der letzten Monate! Verzweiflung stieg in mir hoch. Wenn man nicht heulen will – und das wollte ich nicht vor ihm –, schreit man. Wenn man nicht schreien will – was ich ihm gegenüber nicht wagte –, schlägt man mit der Faust irgendwo dagegen, schlägt die Wut aus dem Körper heraus. Oder man tritt mit dem Fuß. Befehl hin oder her, meine Beine trugen mich einfach nicht mehr, ich konnte kaum noch stehen. Würde diese Quälerei denn nie ein Ende nehmen?

Doch! Wenn ich mit dem Bein gegen den nächstbesten Baum hämmerte. Dann würde ich zwar noch einmal Schmerzen haben, aber danach wäre es vorbei, und ich hätte auf Wochen Ruhe vor ihm. Ich weiß nicht, was mich ritt, aber ich tat es tatsächlich: Ich schlug meinen Unterschenkel mit voller Wucht gegen einen dicken Baumstamm. Den Schmerz spürte ich erst, als mich Zolotarew sichtlich geschockt von dem Baum wegriss und durchschüttelte. Sonst hätte ich wohl noch einmal zugetreten, obwohl sich bereits nach dem ersten Mal am Schienbein ein beachtliches Hämatom bildete, das rasend schnell anschwoll. Ich war fest entschlossen gewesen, mir selbst das Bein zu brechen, damit ich keinen Schritt mehr gehen musste. Sollte er doch sehen, was seine rabiaten Methoden einbrachten! Sollte er endlich begreifen, dass er mich nicht wie einen blutigen Anfänger behandeln konnte! Schließlich hatte ich auch ohne seinen unmenschlichen Trainingsdrill eine Menge erreicht.

Mit ihm erreichte ich noch mehr. Und später verstanden wir uns auch besser.

Am Ende waren es die Erfolge, die Zolotarews brutale Methoden rechtfertigten, das musste auch ich mir eingestehen. Allmählich gewöhnte ich mich fast an seine Art und sogar an die Art seines Trainings. Zumindest schien sich mein Körper auf die extrem hohe Belastung einzustellen. Irgendwann sah ich dann auch wieder wie ein halbwegs gesunder Mensch aus. Und sportlich lief es immer besser, ja hervorragend. Meine Paradedisziplin blieb nach wie vor das Kickboxen und davon die härteste Version, die *full contact* heißt, obwohl ich immer häufiger auch als Boxer in den Ring stieg, wenn sich die Wettkämpfe zeitlich nicht überschnitten. Die Regeln ähneln sich – beim Kickboxen sind auch nur die üblichen Kopf- und Körpertreffer oberhalb der Gürtellinie erlaubt –, und die Kampffläche ist sogar die gleiche. Nur, dass ich beim Boxen auf meine Füße als Schlaginstrumente verzichten musste. Die Trainer befürchteten manchmal, ich könnte sie aus alter Gewohnheit doch zu Hilfe nehmen, sobald sich eine günstige Schlagposition bot, aber passiert ist mir das nie. Alles eine Frage der Konzentration.

Als Kickboxer gewann ich ein Turnier nach dem anderen und so ziemlich jede Meisterschaft auf den unterschiedlichsten Ebenen. Meist traten wir gegen andere Armeesportklubs und Polizeivereine an. Etwa ein Jahr nach dem Vorfall mit Zolotarew, 1991, reiste ich zur Weltmeisterschaft nach Paris. Trotz aller Titel, die ich bis dahin gesammelt hatte – eine Weltmeisterschaft stellte eine völlig neue Dimension dar. Aus diesem Grund hielten sich meine Erwartungen in Grenzen. Natürlich war mein Ehrgeiz geweckt, natürlich träumte ich davon, eines Tages meine Trophäen-Kollektion mit einem Weltmeistertitel zu krönen. Aber noch zweifelte ich daran, dass ich als Zwanzigjähriger bereits so weit sein könnte, es mit den besten Kickboxern der Welt aufzunehmen. Ein Weltmeistertitel schien mir wie ein Griff nach den Sternen. Weltmeister schwebten für mich in anderen Sphären, sozusagen in einer anderen Umlaufbahn. Ich dachte, wenn ich irgendwann einmal Weltmeister werde, dann würde sich mein Leben grundlegend verändern.

Also gab ich in der Sporthalle in Paris einfach nur mein Bestes, im ersten Kampf, im zweiten… Auf einmal fand ich mich im Finale wieder. Und dort gab ich noch einmal mein Bestes. Wie sich herausstellte, war mein Bestes auch das Beste überhaupt. Ich brauchte eine Weile, bis ich realisierte, dass es mein Arm war, den der Ringrichter nach dem Kampf in die Höhe hob. Und noch eine Weile brauchte ich, um gewahr zu werden, dass es keine Verwechslung war und erst recht kein Traum. Ich war hellwach. Und ich war Weltmeister!

Der Titel entpuppte sich als Enttäuschung. Nicht aus sportlicher Sicht, da war er durchaus vorzeigbar. Global gesehen aber schon, und privat betrachtet sowieso. Die Welt änderte sich nicht, und mein Leben lief weiter wie bisher. Ich hatte einen Weltmeistertitel, ja schön. Na und?

Natürlich freute ich mich und stieg mit stolzgeschwellter Brust in Kiew aus dem Flugzeug. Aber die Sterne hingen jetzt auch nicht niedriger, und ich benutzte nach wie vor meine Füße, um mich auf dem Boden fortzubewegen. Genau genommen taugte der Titel nicht einmal, mich vom nächsten Training zu befreien. Vielmehr knüpften sich Erwartungen an ihn und damit die Verpflichtung, nicht nachzulassen, noch besser zu werden. Beides erfüllte ich wohl ganz ordentlich. Soweit es um die Titelausbeute ging, konnte ich mich auf alle Fälle sehen lassen: zwei Weltmeisterschaften als Amateur, anschließend noch vier bei den Profikickboxern, von diversen Europa- und Landesmeisterschaften einmal abgesehen.

Als Armeesportler waren wir im Grunde genommen schon Profis. Unsere Uniform erweckte vielleicht einen anderen Eindruck, aber der täuschte. Sie war die perfekte Tarnung. Eine Uniform zu tragen gehörte zu den wenigen Zwängen, denen wir in Bezug auf den militärischen Alltag unterworfen waren. Ansonsten richteten wir unseren Tagesablauf nach den Trainingseinheiten aus, die Zolotarew ansetzte, in der Regel zwei- bis dreimal täglich. Mit sieben Rubel pro Monat erhielten wir den üblichen Soldatenlohn. Eine bescheidene Summe, die gerade reichte, sich außer der Reihe ein paar Tassen Tee oder Kaffee zu gönnen, in einem eigens für Soldaten vorgesehenen Café, in dem die Preise unserem Verdienst angepasst waren.

Es erschlossen sich aber noch zusätzliche Einnahmequellen. Fuhren wir vor wichtigen Wettkämpfen ins Trainingslager, erhielten wir das so genannte Versorgungsgeld. Außerdem rechnete es sich immer, eine Meisterschaft oder ein Turnier zu gewinnen. Je hochrangiger der Wettbewerb, desto üppiger fiel die Siegprämie aus. Mein erster Weltmeistertitel im Kickboxen brachte mir umgerechnet immerhin fünfhundert Dollar ein. Im Fall eines Titelgewinns steuerte der eigene Verein den einen oder anderen Motivationsrubel bei, der meistens von Sponsoren stammte, die es damals auch schon gab. Zu den üblichen Urkunden, Medaillen oder Pokalen gehörten Geldzuwendungen, die wir in bar erhielten. Damit war noch eine Parallele zum Profitum erfüllt: Zwar handelte es sich alles in allem um ziemlich überschaubare Beträge, den Verdienst eines Arbeiters überstiegen sie jedoch allemal. Und es kamen noch Auslandsprämien hinzu, die üblicherweise in Landeswährung ausgegeben wurden. Dadurch bekam ich US-Dollar in die Hände, aber auch Westgeld, wie wir die Scheine und Münzen nannten, die westlich von Polen als Zahlungsmittel gebräuchlich waren.

Ich scheffelte keine Reichtümer, kämpfte aber immerhin so erfolgreich, dass ich mir bald mein erstes eigenes Auto leisten konnte, einen Lada Samara. Vaters Traum, den zu verwirklichen ihm all die Jahre nicht gelungen war, war auch meiner gewesen. Ich kannte zwar Autos, die mir wesentlich besser gefielen, aber nur von Fotos, die ich mir wie die Schwarzenegger-Poster aus Westzeitschriften besorgt hatte. Träumte ich einmal wirklich, sah ich mich in einem Lamborghini Diablo sitzen, in einem quietschgelben oder roten oder schwarzen, das wäre mir egal gewesen. Später, als wir schon in Hamburg wohnten, kam ich eines Tages zufällig bei einem Autohändler vorbei, der einen im Verkaufsraum stehen hatte. Der Verkäufer begrüßte mich gleich mit meinem Namen und meinte, ich solle doch einfach eine Probefahrt machen. Er sagte es so lapidar, als böte er mir einen Kaffee an! Aber wahrscheinlich kannte er die Innenmaße des Lamborghini genau und wusste um das geringe Risiko seines Angebots: Die Verrenkungen, die ich hätte anstellen müssen, damit ich irgendwie in das Auto hineinpasste, hätten vermutlich ausgesprochen albern ausgesehen. Mit etwas Ausdauer und Geschick wäre mir das vielleicht sogar gelungen. An eine Probefahrt jedoch wäre nicht zu denken gewesen, es sei denn, ich hätte versucht, mit den Beinen zu lenken. So schnell können sich Träume in Luft auflösen – oder noch schlimmer: in Rückenschmerzen.

In Kiew erfüllte ich mir meinen Autotraum für dreitausend Dollar. In den turbulenten Zeiten des Umbruchs, in denen niemand vorhersagen konnte, ob es den Rubel am nächsten Tag noch geben würde, war der Dollar die einzige Währung, die es ermöglichte, Träume zu erfüllen. Bei der Farbe durfte ich nicht wählerisch sein. In den Papieren stand unter der entsprechenden Rubrik *nasser Beton.* Das klang natürlich viel farbenfroher als Dunkelgrau, auch wenn es nach nichts anderem aussah. Die Farbe passte jedenfalls vorzüglich in die Landschaft.

Bedauerlicherweise waren die wertvollen Dollar damit nicht besonders gut investiert. Das lag nicht etwa an dem Lada, der verrichtete seinen Dienst ohne größere Macken. Mit seiner neuen Batterie sprang er im Winter sogar bei Minusgraden auf Anhieb an. Trotz magerer siebzig PS war er für unsere Verhältnisse ein prima Auto. Höhere Geschwindigkeiten erlaubte der Zustand der meisten Straßen ohnehin nicht.

Doch die Freude währte nicht lange. Eines Abends besuchte mich ein Bekannter, und wir saßen bis spät in die Nacht zusammen. Als er aufbrechen wollte, bat er mich, ihn nach Hause zu fahren. Eigentlich war ich müde und wollte ins Bett, aber er quengelte so lange, bis ich zustimmte, damit er endlich Ruhe gab. Kaum saßen wir im Auto, bereute ich meine Entscheidung schon. Während der gesamten Fahrt schwafelte er mir ununterbrochen ins Ohr, was für ein schönes Auto ich doch hätte. Am liebsten hätte ich ihn an die Luft gesetzt. Ich hätte es tun sollen. Denn er besaß eine *schwarze Zunge*, wie man bei uns sagt, wenn jemand mit seinem Gerede das Böse heraufbeschwört.

Auf dem Rückweg passierte es prompt. Ich fuhr ungefähr hundertzwanzig. Nicht zu schnell für die Strecke, aber zu schnell für eine leichte Kurve, in der sich Glatteis gebildet hatte. Ich registrierte noch, dass sich der Wagen plötzlich nicht mehr lenken ließ, ins Schleudern geriet und irgendwo gegenkrachte. Dann federte er wie ein großer Punchingball zurück und traf auf der gegenüberliegenden Seite wieder auf ein Hindernis. Ich sah nichts mehr, krallte mich am Lenkrad fest und krümmte meinen Körper, duckte mich, so gut es ging, um ihn zu schützen und meinen Kopf in Sicherheit zu bringen. Einen Airbag hatte der Lada nicht. Ich schloss die Augen und schickte ein Stoßgebet zum Himmel, das aus einem einzigen Wort bestand: *Mama!* Ich spürte noch einen dritten Aufprall, einen vierten und einen fünften, bevor der Wagen endlich austrudelte. Oder besser gesagt das, was von ihm noch übrig war.

Meine Gedanken müssen sich bereits auf dem Weg ins Jenseits befunden haben. Vor meinem geistigen Auge waren innerhalb von Sekunden unzählige Bilder erschienen, als würde der Film meines Lebens vor mir ablaufen. Der allerdings endete abrupt mit dem letzten Aufprall. Stattdessen setzte laute Musik ein. Im ersten Moment dachte ich, es könne sich nur um das Begrüßungskonzert an der Himmelspforte handeln. Dann kam ich langsam wieder zu mir und begriff schließlich, dass ich noch am Leben war und dass die Musik aus dem Autoradio kam. Ich stieß die Fahrertür auf und taumelte ins Freie, verwundert darüber, dass ich noch imstande war, mich zu rühren. Offenbar hatte ich mir nicht einmal etwas gebrochen. Ich tastete meinen Kopf ab, entdeckte aber kein Blut. An einigen Körperstellen machten sich zwar Schmerzen bemerkbar, sobald ich mich bewegte, aber die waren zu ertragen. Was ich von dem Anblick meines geliebten Lada nicht behaupten konnte. Der war als Auto kaum noch zu erkennen. Ein Haufen Schrott. Da brauchte ich mir nichts vorzumachen: Kein noch so geschickter Autoschlosser würde den wieder hinbekommen. Unglücklicherweise gab es auch keine Versicherung, die mir den Schaden ersetzt hätte. Das Kapitel Auto war damit für die nächste Zeit beendet, sosehr ich das bedauerte.

Und sosehr das Wladimir bedauerte, der nicht weniger an dem Lada hing. Schließlich hatte der Wagen auch ihm stets gute Dienste geleistet. Bevor jemand zu rechnen anfängt: Mein Brüderchen war damals sechzehn, höchstens siebzehn. Die Fahrerlaubnis bekam man frühestens mit achtzehn. Aber das störte ihn nicht, solange er auch ohne fahren konnte. Er fuhr vielleicht nicht brillant, besaß aber jahrelange Erfahrung. Seine ersten Fahrstunden hatte er bereits mit fünf erhalten, als ihn Vaters Soldaten auf einem Truppenübungsplatz hinter das Lenkrad eines Militärjeeps setzten. Nicht, dass ich es prinzipiell unterstützte, wenn Wladimir die Straßenverkehrsordnung etwas großzügig auslegte. Aber erstens ist er mein Bruder, was bedeutet, dass ich ihm schlecht eine Bitte abschlagen kann. Und zweitens hatte er hin und wieder wichtige Aufgaben zu erledigen, für die ein Knabe in seinem Alter eben dringend einen Lada benötigte. Zum Beispiel war es äußerst wichtig, mit dem blank gewienerten Auto eine neue Freundin zu beeindrucken oder die Jungs aus seiner Clique.

Es ging ja auch immer gut aus, er fuhr mir nie eine Beule ins Blech. Und wurde es doch brenzlig, zog er sich geschickt aus der Affäre. Einmal stoppte ihn ein Polizist, Verkehrskontrolle, reine Routine. Ich war zu dieser Zeit in Kiew schon relativ bekannt. Wladimir zeigte ihm meinen Führerschein, den er sicherheitshalber immer mitnahm, wenn er sich den Wagen auslieh. Wer mich nur von Bildern aus der Zeitung kannte, konnte leicht auf das Täuschungsmanöver hereinfallen, zumal Wladimir sein schauspielerisches Talent in die Waagschale warf. Um mir ähnlicher zu sehen, guckte er grimmig, wie ich das auf vielen Fotos auch tue. Außerdem strengte er sich an, seine Stimme zu verstellen, damit sie wie meine klang. Der Beamte schien nicht den geringsten Verdacht zu schöpfen. Im Gegenteil, er bat meinen Bruder sogar um ein Autogramm, dachte natürlich, es wäre eins von mir.

Nach der schlechten Erfahrung mit dem Auto legte ich die nächste größere Summe, die ich zusammensparte, wertbeständiger an, indem ich mir eine Wohnung kaufte. Wohnungen kosteten damals noch kein Vermögen, schon gar nicht, wenn sie ohne Komfort und so klein waren wie meine. Ich hätte weiter bei meinen Eltern leben können, aber ich fand, die Zeit war reif, dass ich auf eigenen Füßen stand und unabhängig wurde. Mutter und Vater sollten sehen, dass ich in der Lage war, mich allein durchzuschlagen. Die Hälfte der Einrichtung für die Wohnung besaß ich ohnehin schon: Der Sponsor unseres Kickbox-Teams, eine Firma, die mit Öl handelte, hatte mich nach meinem ersten Weltmeistertitel mit einem Kühlschrank, einem Fernseher und sogar einem schnurlosen Telefon ausgestattet. So etwas galt bei uns als technisches Wunderding. Von Handys wagten wir nicht einmal zu träumen. Zu meinem Hausstand gehörten außerdem eine Menge Kristallschalen, die eigentlich Pokale darstellten, sich notfalls aber zu Salatschüsseln umfunktionieren ließen.

In der Zwischenzeit hatte ich ein Sportlehrer-Studium an der Pädagogischen Hochschule in Perejaslaw-Chmelnizki begonnen, einem kleinen Provinzstädtchen südöstlich von Kiew, das ich mit dem Bus in knapp zwei Stunden erreichen konnte. Ganz freiwillig war das nicht geschehen. Eigentlich hatte ich mich nach der zehnten Klasse gefreut, die Paukerei hinter mich gebracht zu haben. Andererseits stand ich ohne Beruf da, nachdem die geplante Militärkarriere an meiner Größe gescheitert war. Die Eltern drängten mich regelrecht, ein Studium aufzunehmen, am besten ein pädagogisches, damit kannte sich Mutter aus. Mir fiel es allerdings schwer, darin eine vernünftige Perspektive zu erkennen, aber vielleicht hatten sie ja Recht: Kinder gab es immer, und solange es Kinder gab, würden Lehrer gebraucht, ob der Sozialismus nun überlebte oder eine andere Gesellschaftsform an seine Stelle trat.

So leicht ließ ich mich aber nicht überreden. Ein bisschen liebäugelte ich auch damit, als Kickboxer ins Profilager zu wechseln, um auf diese Weise mein Geld zu verdienen. Wenn es den Eltern um einen Titel ging, den konnte ich mir kaufen, das war höchstens eine Frage des Geldes. In den entscheidenden Ämtern fand sich zu dieser Zeit immer jemand, der für einen kleinen Gefallen die Hand aufhielt. Das ganze Land schien auf einmal korrupt zu sein. Aber Vater meinte, nicht der Titel sei wichtig, sondern das Wissen. Ich merkte in vielen Gesprächen, dass es ihm ernst war und dass er nur das Beste für mich wollte. Er war nach wie vor eine Autorität für mich. Noch heute, mit dreiunddreißig, nehme ich Ratschläge von ihm an, mit einer Ausnahme: Sie dürfen sich nicht aufs Boxen beziehen. Ich muss mir immer das Lachen verkneifen, wenn Vater mir erklären will, wie ich boxen soll. Er meint es gut, aber darin ist er einfach kein Experte.

Hätte ich vorher geahnt, was das Studium bringen würde, wäre ich der Empfehlung meiner Eltern auch ohne lange Diskussionen gefolgt. Anfangs lebte ich im Studentenwohnheim. Das war die verrückteste und wildeste Zeit. Seit meiner Kindheit war mir Tag für Tag vorgeschrieben worden, was ich zu tun und zu lassen hatte. Auf einmal gab es niemanden mehr, der kontrollierte, was ich anstellte. Keiner achtete darauf, wann ich aufstand, wohin ich ging oder wann ich wiederkam. Meinen Kommilitonen schien es ähnlich zu gehen. Wir kosteten diesen Zustand aus, ja, wir lernten das Leben überhaupt erst richtig kennen. Und nebenbei studierten wir noch ein bisschen. Der Aufwand, den wir dafür betrieben, hielt sich im Rahmen. Richtig anstrengend wurde es meistens erst gegen Semesterende, wenn Prüfungen anstanden. Dann büffelten wir Tag und Nacht Biochemie, Biomechanik, Pädagogik und Psychologie, um das Versäumte aufzuholen. Im Grunde war es wie beim Sport: Es kam darauf an, im entscheidenden Moment fit zu sein. Das gelang mir in der Regel auch.

Wobei ich die Albträume nie vergessen werde, die mir das Fach Anatomie bescherte. Wir mussten die Namen sämtlicher Knochen und Muskeln herbeten können, die sich im menschlichen Körper befinden, insgesamt über zweihundert. Die lateinische Bezeichnung von jedem einzelnen sollten wir wissen und natürlich auch, an welcher Stelle er sich befindet und welche Funktion er erfüllt. Dass wir die wichtigsten Knochen und Muskeln kennen mussten, leuchtete mir ein, gerade weil ich Sportler war und beim Training von diesem Wissen profitieren konnte. Aber doch nicht alle!

Wie ich es schaffte, kann ich nicht wirklich erklären, aber am Ende des Studiums legte ich einen Abschluss mit Auszeichnung hin. Als uns der Vorsitzende der Prüfungskommission die Ergebnisse verkündete, staunte ich selbst nicht schlecht. Seine Lobeshymne war mir vor den anderen etwas peinlich. Ausgerechnet der Klitschko, meinte er, habe das beste Resultat erzielt, obwohl er durch seinen Sport viel unterwegs und am seltensten da gewesen sei. Ich glaube ja nicht, dass ich fleißiger als die anderen gewesen bin. Wahrscheinlich hatte ich bei den Prüfungen nur das Glück auf meiner Seite. Ich war viel zu sehr mit Kickboxen und Boxen beschäftigt. Die Zeit hätte niemals gereicht, um alles zu lernen, was die Dozenten von uns verlangten. Deshalb konzentrierte ich mich auf die Themen, die mir besonders lagen, und hoffte, bei den Prüfungen die richtigen Fragen zu ziehen. Erstaunlicherweise funktionierte das.

Einige Professoren schienen große Stücke auf mich zu halten, einer ganz besonders: Professor Leonid Wolkow, der Vorsitzende der Prüfungskommission. Er schien sich nicht nur über meine Leistungen im Studium Gedanken zu machen, ihm lag offenbar auch meine Zukunft am Herzen. Bis dahin war er mir immer unnahbar erschienen, er wirkte stets ernst und in einem Maße autoritär, dass es einen einschüchterte. Während des gesamten Studiums hatte ich ihn niemals lachen sehen. Umso mehr wunderte ich mich, dass er nach den Abschlussprüfungen zu mir kam und mich nach meinen Zukunftsplänen fragte.

Ich hatte noch nicht so richtig darüber nachgedacht, und ich beabsichtigte auch nicht, es ausgerechnet an diesem Tag zu tun. Momentan war ich nur froh, die Prüfungen überstanden zu haben. Das wollte ich am Abend mit meinen Freunden begießen.

Doch Professor Wolkow schien es wichtig zu sein, unser kurzes Gespräch fortzusetzen. Deswegen lud er mich zu sich nach Hause ein. Sowenig mir das in den Kram passte, einem Mann wie ihm konnte ich unmöglich eine Absage erteilen.

Wir trafen uns danach noch einige Male, und mit der Zeit lernte ich einen völlig anderen Leonid Wolkow kennen. Dass er hochintelligent ist, wusste ich aus den Vorlesungen. Dass er auch herzlich und aufgeschlossen und feinsinnig, ja sogar humorvoll sein kann, erfuhr ich bei unseren Zusammenkünften. Die Gespräche mit ihm liefen stets auf die gleichen Fragen hinaus, die ihn seit Jahren beschäftigten: Was ist Talent, und wie entscheidend ist es für den sportlichen Erfolg? Wie kann man es entdecken und wodurch optimal fördern? Theoretische Forschungen zu diesem Thema hatten bereits einige angestellt, eine wissenschaftliche Erklärung, die wirklich überzeugte, hatte aber noch niemand liefern können. Das traute Professor Wolkow auch mir nicht zu, vielmehr hegte er die Hoffnung, der Lösung des Rätsels ein Stück näher zu kommen, indem man zur Abwechslung einmal empirisch an den Sachverhalt heranging. Das klang nicht uninteressant, zumal es mein ureigenstes Interesse betraf. Wenn ich Talent besaß, wovon ich inzwischen wohl ausgehen konnte – wie ließ sich das Beste daraus machen?

Wolkow bot mir schließlich an, das Thema gründlich zu erforschen und eine Doktorarbeit darüber zu schreiben. Ich, ein Sportler? Ein Boxer mit Doktorhut? Ich hatte wirklich schon weniger verrückte Sachen gehört!

Hungern für den Titel

Wladimir

Nichts hatte darauf hingedeutet, rein gar nichts. Ich fühlte mich blendend an diesem Tag, so gut wie lange nicht mehr. Ich spürte keine Nachwirkungen vom letzten Training, keinen Muskelkater, nirgendwo ein Zipperlein, was erstaunlich genug war. Die Kondition stimmte, und ich beherrschte die Kombinationen, die wir zuletzt einstudiert hatten. Mit der linken Führhand einen Jab, noch einen und einen dritten, dann die rechte Gerade. Einen Schritt zurück und wieder von vorn, angreifen: links, links, links – und rechts, den Arm dabei voll ausstrecken. Und zurück, die Abfolge ändern, die Schlagfrequenz erhöhen: kurz links, links – schnell rechts, rechts. Dazwischen die Deckung nicht vernachlässigen, die Fäuste in Höhe des Kopfes, die Unterarme schützend vor den Oberkörper. Einen Sidestep nach links, ausweichen, die Schläge abwehren und wieder nach vorne gehen. Dann der Gong.

Vitali schwitzte, ich schwitzte, wir waren ein eingespieltes Team. Neuerdings stiegen wir regelmäßig zum Sparring in den Ring. Nach der Sportschule hatte mich Wladimir Zolotarew in sein Team aufgenommen. Mit sechzehn Jahren war ich zwar der Benjamin in der Truppe, aber wegen meiner Größe und meines Gewichts ein geeigneter Trainingspartner für Vitali. Was den Rest betraf, das Sportliche, die Kraft und die Technik, so bemühte ich mich, ihm halbwegs ebenbürtig zu sein. Mein Bruder war natürlich die Galionsfigur im Verein, der Champion, Zolotarews Paradehengst. Ich lief mehr oder weniger nebenher mit. Dieser Platz im zweiten oder dritten Glied fühlte sich nicht immer gut an, aber er wirkte sich positiv auf meine Motivation aus. Ich sah es als Herausforderung.

In diesem Sinne versuchte ich das Training zu absolvieren, nicht übermotiviert, aber doch hochkonzentriert. Gegen Vitali im Sparring zu bestehen und nicht sang- und klanglos unterzugehen, war fast so gut, wie eine Meisterschaft in meiner Altersklasse zu gewinnen. Natürlich war er mir überlegen. Meistens sah man das auf den ersten Blick, spätestens nach dem Sparring, weil in der Regel ich derjenige war, der den Ring mit blutender Nase verließ oder mit einem Auge, das gerade zu blühen begann.

An diesem Tag sollte unser Fight weitaus schmerzhafter zu Ende gehen und deutlich vor der Zeit, obwohl ich im entscheidenden Moment gar keinen Schlag abbekam, nicht mal einen

Fehler machte. Ich ging lediglich einen Schritt zurück, einen einzigen, wie ich ihn Millionen Male zuvor gemacht hatte. Genau in dieser Sekunde passierte es: Als ich den linken Fuß aufsetzte, hörte ich ein seltsames Geräusch, als wäre eine Sehne gerissen oder eine Kapsel geplatzt oder gar beides. Im selben Augenblick spürte ich, wie vom Knie aus urplötzlich so etwas wie ein unvorstellbar starker Stromschlag durch meinen Körper schoss. Ich war fast besinnungslos vor Schmerz. Irgendjemand brachte mich ins Krankenhaus. Sie röntgten das Bein, was angesichts der Schmerzen und der seltsamen Schieflage des Oberschenkel- und des Unterschenkelknochens beinahe überflüssig war. Und tatsächlich: Die Gelenkkapsel des Knies war regelrecht durchgebrochen, und die Sehnen, die dem Kniegelenk Halt verliehen, waren gerissen. Nur durch einen einfachen Schritt nach hinten!

Aber das Schlimmste stand mir noch bevor: Da die beiden Knochen sozusagen aus ihrer Halterung gesprungen waren, mussten sie von Hand wieder in die richtige Stellung zurückgebracht werden. Den Schmerz, den diese Knochenakrobatik hervorrief, kann sich niemand vorstellen, dem nicht Gleiches widerfahren ist. Ich kann nur sagen: Es war unbeschreiblich erleichternd, als er endlich ein wenig nachließ. Sie müssen mir Betäubungsmittel verabreicht haben, sonst wäre ich bestimmt aus dem Fenster gesprungen. Vom Krankenbett aus ging das nicht mehr. Mein Bein, vom Fuß bis zum Oberschenkel eingegipst, hing an einem Galgen, sodass ich nicht fort konnte. Aber ich wollte ja auch nicht wirklich sterben. Ich wollte nur, dass die Schmerzen aufhörten.

Der Spaß war erst einmal vorbei. Spaß war vor allem Boxen gewesen, und das ging beim besten Willen nicht mehr. Niemand konnte mir sagen, ob es sich damit womöglich auf Dauer erledigt hatte. Im schlimmsten Fall würde ich Sportinvalide bleiben – nicht unbedingt eine Aussicht, die einen mit sechzehn aufmuntert. Zu allem Überfluss passierte der Unfall im Juni 1992, kurz vor Beginn der Olympischen Spiele in Barcelona. Ich sah mir die Wettkämpfe im Fernsehen an, vor allem natürlich die Boxkämpfe, genug Zeit hatte ich ja. In meiner Gewichtsklasse, im Schwergewicht, trumpfte damals ein junger Kubaner auf, Felix Savon. So wie der boxte, schien er unschlagbar. Im Amateurbereich waren die kubanischen Boxer traditionell sehr stark. Irgendwie gelang es ihnen, zu nahezu jeder wichtigen Meisterschaft Superkämpfer heranzuzüchten. Am Stadtrand von Havanna gibt es ein Trainingscamp, dessen Cheftrainer direkt dem kubanischen Staatsführer Fidel Castro untersteht. Dort wurde Savon jahrelang gedrillt. Und bestimmt auch Teofilo Stevenson, der noch vielen bekannt sein dürfte. Stevenson gewann in den siebziger Jahren so ziemlich alles, was man gewinnen konnte. Er schaffte es sogar gleich dreimal, Olympiasieger zu werden. In seiner Heimat ist er eine Legende. Inzwischen steht ihm Savon in nichts mehr nach. Auch er hat drei Goldmedaillen bei Olympia gewonnen. Außerdem ist er sechsmal Weltmeister geworden.

Dieser Savon sah am Bildschirm einfach unglaublich stark aus. Ich fragte mich, ob ich es jemals mit ihm würde aufnehmen können. Und während ich darüber grübelte, kam mein ganzer Frust wieder hoch. Jeder Kampf, den ich mir ansah, führte mir meine aussichtslose Lage vor Augen. Mein Knie war durchgebrochen, und selbst wenn es wieder zusammenwuchs, konnte ich mir nicht vorstellen, dass es jemals wieder eine starke Belastung aushalten würde. Ein Boxer mit einem kaputten Bein ist kein Boxer mehr. Ich würde höchstens eine Lachnummer abgeben, einen Hinkefuß, aber keinen Olympiasieger. Nicht einmal an eine Qualifikation brauchte ich in Zukunft einen Gedanken zu verschwenden.

Das heißt nicht, dass ich mich vor dem Unfall schon bei den nächsten Olympischen Spielen gesehen hatte oder gar im Lager der Profiboxer. Natürlich sagten mir Namen wie George Foreman, Mike Tyson und Evander Holyfield inzwischen etwas. Vor allem *Iron* Mike, der Mitte der achtziger Jahre mit zwanzig als jüngster Boxprofi in der Geschichte einen Weltmeistergürtel im Schwergewicht erkämpft hatte, war unter uns Boxern sehr populär. Das bedeutete jedoch nicht, dass ich einem von ihnen nacheiferte. Für mich waren das Boxer aus einer anderen Galaxie. Profiboxen hielt ich für ein mieses Geschäft, mit dem skrupellose Mafiosi ihren Reibach machten. Da kam immer noch die alte Schule durch, das Denkschema der Kommunisten.

Andererseits hatte ich gerade zum ersten Mal begonnen, über eine Zukunft als Boxer nachzudenken. Bisher hatte ich darin ein Hobby, einen Zeitvertreib gesehen, der mir bestenfalls Anerkennung und Applaus verschaffte. Und hin und wieder ein bisschen Geld, wenn bei einem Wettkampf Siegprämien ausgeschüttet wurden. Das Neue war, dass ich überhaupt in Betracht zog, mit dem Boxen ernsthaft weiterzumachen. Ich setzte mir keine großartigen Ziele, ich plante nichts. Ich nahm mir nicht etwa vor, in fünf Jahren Amateurweltmeister zu sein oder so etwas. Ich dachte kurzfristiger. Wenn ich ein Turnier gewann, überlegte ich mir, dass ich doch eigentlich auch die Gegner beim nächsten bezwingen könnte und die bei dem danach dann auch und so weiter. Und wenn mir das gelänge, würde ich irgendwann bei internationalen Meisterschaften antreten können. Eine Auslandsreise übte noch den größten Reiz aus. Schon früher, als die Sowjetunion noch existierte, hatte ich mir klargemacht, dass es im Grunde nur zwei Möglichkeiten gab, aus dem Land herauszukommen: Ich hätte entweder Politiker werden müssen oder Sportler. Mit Politik wollte ich damals nichts zu tun haben. Aber die zweite Variante konnte ich jetzt auch vergessen.

Sagen wir, es war Willensstärke. Ebenso gut könnte auch Langeweile dazu geführt haben, dass ich nach einigen Monaten mit meinem steifen Bein auf zwei Krücken in die Trainingshalle humpelte. Vielleicht war ich auch einfach nur infiziert. Es heißt ja: einmal Boxer, immer Boxer. Der aktiven Zeit eines Boxers mögen biologische Grenzen gesetzt sein, und man sollte tunlichst darauf achten, diese nicht zu überschreiten, im eigenen Interesse. Die Folgen könnten verhängnisvoll sein. Es gibt genügend abschreckende Beispiele von Boxern, die ihre Gesundheit opferten, weil sie nicht rechtzeitig aufhörten. Aber das meine ich nicht. Mir geht es um das, was in einem drin steckt. Manche nennen es die Seele eines Boxers. Ich halte das für ein Klischee. Wir Boxer sind auch bloß Menschen, also muss unsere Seele die Seele eines Menschen sein. Gut, wir sind Kämpfer, aber steckt nicht in jedem Menschen ein Kämpfer?

Was uns von anderen unterscheidet ist das, was wir im Ring erleben. Max Schmeling, der für mich ein großes Vorbild ist, zitiert in seinen Memoiren die interessante Bemerkung eines befreundeten, längst verstorbenen Regisseurs, der boxvernarrt war – Fritz Kortner. Der meinte, Boxen sei gar kein Sport, Boxen sei Lebenskampf, zusammengedrängt auf ein Dutzend Runden. Das trifft es ziemlich gut. Während eines Boxkampfs erfahren wir die gesamte Bandbreite an Emotionen, die das Leben zu bieten hat. Was andere Menschen, Nichtboxer, normalerweise in fünf oder zehn Jahren an Gefühlen durchleben, bricht auf uns in den zwölf mal drei Minuten ein, die ein Kampf maximal dauert. Genau da liegt wahrscheinlich der Kick. Das Sucht zu nennen wäre übertrieben. Es ist vielmehr eine opulente Sinneswahrnehmung, ein Bündel von Gefühlen, das einmalig ist, weil es sich nie in gleicher Weise wiederholt. Dazu zählt auch das alles überragende Gefühl, das sich im Fall eines Sieges einstellt. Der Beweis der eigenen Kraft. Die Bestätigung der eigenen Überlegenheit. Der Triumph.

Wer mit ganzem Herzen Boxer ist und das einmal erlebt hat, wird diesen emotionalen Orkan für immer in seinem Gedächtnis speichern. Er weiß von diesem Moment an, wofür er in den Ring steigt. Und ich bin sicher, dass man das zeit seines Lebens auch niemals wieder vergisst. Das ist drin und bleibt auch drin. Das meine ich mit »infiziert«.

Auf jeden Fall hing meine Rückkehr in die Boxhalle auch mit der Verbundenheit zu meinem Bruder zusammen. Ich wollte sehen, was er trieb, wenn ich ihm keine Gesellschaft leistete. Er schien ganz gut ohne mich zurechtzukommen. An seinen Erfolgen änderte meine Abwesenheit jedenfalls nichts, er heimste weiterhin einen Pokal nach dem anderen ein und reiste auch ins Ausland, da er längst zum Nationalkader gehörte. Ich mit meinem kaputten Bein dagegen schwankte zwischen Niedergeschlagenheit und Hoffnung. Sah ich Vitali trainieren, überwog die Hoffnung. In solchen Momenten wünschte ich mir nichts sehnlicher, als selbst wieder die Boxhandschuhe überzustreifen. Seine Erfolge stachelten mich an. Er war schon immer der ideale Motivator für mich gewesen. Ein perfekter Voraus-Läufer, der mich mitzog, nicht nur wenn es um sportliche Belange ging.

Vitali bereitete sozusagen die Spur unseres Lebens, und ich folgte ihm. Nach meiner Zeit in Browari war ich bereits einen weiteren Schritt gegangen, indem ich dasselbe Studienfach wie er belegte, natürlich an derselben Hochschule, in Perejaslaw-Chmelnizki. Im Grunde war es nur eine Frage der Zeit, bis auch ich mich entscheiden würde, bei Professor Wolkow eine Doktorarbeit zu beantragen. Bis dahin musste ich nur dafür sorgen, dass meine Leistungen beim Studium überzeugten, damit ich ebenfalls als Aspirant angenommen würde. Die Marschrichtung war wieder einmal klar, aber bis zum Ziel musste ich es schon selbst bringen. Trotz meines Gipsbeins versuchte ich, die anstehenden Prüfungen fristgerecht abzulegen. Bevor ich einen Termin verpasste, ließ ich mich lieber von Kommilitonen in den Hörsaal tragen.

Ungefähr seit dieser Zeit bilden Vitali und ich eine verschworene Gemeinschaft, sind wir nur im Doppelpack zu bekommen, außer natürlich für Frauen. In dieser Hinsicht unterschieden sich unsere Ambitionen allein aus Altersgründen, obwohl wir auch auf der Suche nach der Richtigen den gleichen Weg beschritten, aber erst später. Manch einer wundert sich darüber, dass wir all die Jahre so eng beieinander geblieben sind und uns immer noch sehr nahe stehen. Für uns stand das aber nie in Frage. Vitali ist nicht nur mein Bruder, er ist auch mein bester Freund und engster Vertrauter. Umgekehrt bin ich das ebenso für ihn. Wir hatten immer ein besonderes Vertrauensverhältnis zu unseren Eltern, daran hat sich nicht geändert. Aber das, was Vitali und mich verbindet, geht tiefer. Wir wissen nicht bloß mehr übereinander, wir wissen alles voneinander. Vitali hat unser Verhältnis einmal sehr treffend beschrieben: Wo einer ist, sind zwei. Das sagt eigentlich alles.

Unsere Beziehung ist ein Naturereignis, eine Gesetzmäßigkeit. Wir brauchen nicht über sie zu diskutieren, wir müssen auch nichts unternehmen, um sie am Leben zu halten, sie ist einfach da, jeden Tag aufs Neue. Es ist schon fast unheimlich, dass wir uns noch nie richtig gestritten haben. Vitali ist der Ältere, der Erfahrenere, diese Tatsache akzeptiere ich einfach. Dabei mag es für einen Außenstehenden gar nicht immer nach inniger Harmonie aussehen. Vielleicht wirkt unser Umgang in bestimmten Situationen sogar etwas unterkühlt. Wenn wir uns zum Beispiel eine Zeit lang nicht gesehen haben, fallen wir uns zur Begrüßung nicht etwa um den Hals, wir umarmen uns nicht, und – Gott bewahre – wir küssen uns auch nicht gegenseitig auf die Wangen. Wir geben uns einfach die Hand, wie zwei erwachsene Männer, und sehen uns in die Augen. Spätestens dann ist alles klar zwischen uns.

Wir müssen nicht einmal miteinander sprechen, um zu wissen, was der andere fühlt oder denkt. Die Augen verraten sowieso das meiste über einen Menschen. Und selbst wenn wir uns nicht gegenüberstehen, wissen wir es trotzdem. Nehmen wir zum Beispiel das Kitesurfen. Vitali ist ein begeisterter Kitesurfer. Seit er vor einigen Jahren die ersten Stunden genommen hat, ist er geradezu süchtig danach. Wenn wir auf Fehmarn, Sylt, Gran Canaria, in Los Angeles oder irgendwo anders am Meer sind, brauche ich nur aus dem Fenster zu schauen, um zu sehen, wie stark der Wind weht – schon weiß ich, was in meinem Bruder vorgeht, selbst wenn er sich am anderen Ende der Stadt befindet. Ich sehe ihn richtig vor mir, wie er den Flash bekommt, sobald der Wind günstig steht. Und ich spüre fast selbst, wie ihm die Hände kribbeln.

Im Grunde seines Wesens ist Vitali ein verantwortungsvoller und zuverlässiger Mensch. Für einen Wellenritt hat er jedoch schon Geschäftsbesprechungen sausen lassen. Die wenigsten Menschen würden das verstehen, ich schon, eben weil ich ihn kenne wie kein anderer. Und weil ich ihn respektiere, weil ich weiß, dass er niemals etwas leichtfertig aufs Spiel setzen würde. Nicht im Traum käme er darauf, fürs Kitesurfen sein Boxtraining zu vernachlässigen. Unmittelbar vor einem Kampf lässt er es sowieso bleiben, da kann der Wind noch so verheißungsvoll übers Wasser blasen. Eine Besprechung kann man neu ansetzen, meistens genügt es ja auch, wenn einer von uns anwesend ist. Ein Boxkampf hingegen ist immer einmalig, für den gibt es keine Wiederholung.

In der Boxhalle waren wir bald wieder zu zweit. Allerdings schworen wir uns, nie wieder beim Sparring gegeneinander anzutreten. Das brachte ja doch nur Unglück. Wie die meisten Sportler sind auch wir bei bestimmten Dingen abergläubisch. Auf jeden Fall war es eine Vorsichtsmaßnahme, die auch bei unserer Mutter gut ankam. Sie konnte den Gedanken ohnehin nicht ertragen, dass sich ihre Söhne schlugen, auch wenn es sich nur um Trainingskämpfe handelte. Sie sah ja, was dabei geschehen konnte. Aber ich war sowieso noch nicht so weit, mich wieder am Training zu beteiligen. Den Gips hatten sie mir zwar nach eineinhalb Monaten abgenommen und durch feste Bandagen ersetzt. Ohne Krücken konnte ich mich aber trotzdem nicht fortbewegen. Und selbst mit ihnen war das Vorwärtskommen überaus beschwerlich. Das Kniegelenk ließ sich nur minimal bewegen, da die Sehnen erst wieder richtig zusammenwachsen mussten. Für jeden Schritt, den ich zurücklegte, war ich auf meine Arme angewiesen. Sie bekamen praktisch ein Dauertraining.

Anfang des folgenden Jahres konnte ich erst auf eine Krücke, dann auf beide verzichten. Mit dem Laufen klappte es noch nicht richtig, doch stehen konnte ich schon wieder, sogar freihändig. Das heißt, der Schmerz war zu ertragen, wenn ich den Fuß aufsetzte und das geschwächte Bein so stark belastete, dass es mich trug und ich das Gleichgewicht behielt. Wenn das keine Aufforderung war, am Sandsack einmal auszuprobieren, ob wenigstens meine Fäuste noch funktionierten! Außerdem war es höchste Zeit, gegen eine andere Krankheit vorzugehen, der nicht mit Bandagen und Medikamenten beizukommen war. Dagegen halfen nur der Geruch meiner Boxhandschuhe und die Geräusche, die sie beim Schlagen verursachten: Ich litt längst unter Entzugserscheinungen. Ich wollte wieder boxen und konnte es kaum abwarten, endlich in den Ring zu steigen. Also war ich doch infiziert.

Ich kehrte im Februar 1993 in den Ring zurück. Im April trat ich nach zehnmonatiger Zwangspause zu meinem ersten Turnier an. Auf Fotos davon ist die Bandage an meinem rechten Knie deutlich zu sehen, auch auf denen von der Siegerehrung: Ich stand ganz oben auf dem Podest und hatte mich damit für die Europameisterschaft der Junioren qualifiziert. Was gleichzeitig hieß, dass ich zur Nationalmannschaft gehörte. Ich wunderte mich selbst am meisten über den Erfolg. *Wo ein Wille ist, da ist auch ein Weg*. Jetzt wusste ich, was dieses Sprichwort bedeutete.

Meine erste Auslandsreise hatte ich mir wirklich verdient. Ich war aufgeregt wie ein kleines Kind. Damit, dass sich mein Traum so schnell erfüllen würde, hatte ich nicht gerechnet. Bis nach Amerika, wie Vitali, flogen wir nicht, spannend wurde es trotzdem. Wir fuhren mit dem Bus etliche Stunden Richtung Westen, nach Deutschland. Ich klebte förmlich die ganze Fahrt über mit dem Gesicht am Fenster, bis mir die Augen zufielen. Auf keinen Fall wollte ich den Augenblick verpassen, in dem wir die Grenze überquerten. Ich wollte sehen, wie dieses Land aussah, über das wir in der Schule so viel gehört hatten, so viel Widersprüchliches vor allem.

Aus der Sicht unserer Lehrer herrschten in Deutschland nach dem Krieg lange Zeit klare Verhältnisse. Die Guten lebten im Osten, das waren unsere Freunde, ja, eigentlich waren es Brüder. Und im Westen die Bösen, die Imperialisten. Mit dem Mauerfall war alles durcheinander geraten. Die neue Republik, die eigentlich ja die alte war, konnten sie uns nicht mehr so gut erklären. Eine solche Veränderung sah ihr Weltbild nicht vor.

Mir fielen zuerst die Farben auf. Die Häuser erschienen nicht so grau wie bei uns, und das Grün der Wiesen und Wälder war wesentlich grüner. Es war, als hätte ich einen Schwarz-Weiß-Film gegen einen Farbfilm getauscht. Die Farben schienen an Brillanz zuzunehmen, je weiter wir nach Westen kamen. Wir bezogen Quartier in der kleinen Stadt Konz bei Trier und blieben eine Woche. Die deutsche Nationalmannschaft hatte die ukrainische, also uns, zu einem Freundschaftswettkampf eingeladen. Ich bekam zwei Gegner vorgesetzt, die ich beide schlug.

Obwohl die Orte verschiedener nicht sein können, erging es mir ähnlich wie Vitali in West Palm Beach: Ich trank zum ersten Mal Orangensaft, der mir so gut schmeckte, dass ich kaum genug bekommen konnte. Ich kaufte mir ein paar richtige Turnschuhe, allerdings von *Reebok*, aber auch die waren für unsere Verhältnisse knallbunt. Ich bewunderte die sauberen Straßen und die Autos, die zwar kleiner waren als die in Amerika, auf mich aber immer noch wie Luxuskarossen wirkten.

Und ich lernte das Ehepaar Eva und Peter Kienast kennen, beide damals um die fünfzig. Sie kümmerten sich um die deutsche Mannschaft. Das Besondere an ihnen war ihre Herzlichkeit. Sie behandelten mich wie einen Sohn. Eva spricht etwas Russisch, dadurch konnten wir uns einigermaßen verständigen. Mein Deutsch war damals praktisch noch nicht vorhanden. In der Schule hatte ich Englisch gelernt. Zunächst schätzte ich die beiden völlig falsch ein. Das lag an dem dunkelblauen BMW, den sie fuhren. Wer sich so ein Auto leisten konnte, der musste meiner Meinung nach reich sein. Ich hielt sie wirklich für Millionäre. Den größten Gefallen taten sie mir, als sie mich einmal in ihrem BMW mitnahmen. Peter arrangierte unseren kleinen Ausflug so, dass wir über die Autobahn fuhren. Eine Straße, deren Fahrbahn über eine so lange Strecke so glatt war und kein einziges Schlagloch aufwies, hatte ich in ganz Kiew und Umgebung noch nicht gesehen. Peter nutzte die Gelegenheit: Die Tachonadel wanderte immer weiter und blieb auch bei hundertfünfzig nicht stehen. Mit Vitalis Lada wäre uns bei diesem Tempo alles um die Ohren geflogen, in diesem Auto spürte ich die Geschwindigkeit dagegen kaum. Es war fast wie fliegen, von mir aus hätte es stundenlang so weitergehen können.

Ich denke gern an die erste Begegnung mit den beiden Kienasts zurück. Es war der Beginn einer Freundschaft, die meiste Zeit gezwungenermaßen allerdings auf Distanz. Trotzdem blieben wir in Kontakt. Sie luden mich im Sommer desselben Jahres sogar zu sich nach Hause ein. Sie wohnten damals in Haltern. Wenn ich heute Hamburg und Deutschland als meine Wahlheimat betrachte, dann hat diese Liebe auch mit den Kienasts und mit ihrer Gastfreundschaft zu tun. Sie brachten mir das Land auf eine ungemein sympathische Weise näher.

Nach meinem Besuch freute ich mich immer, sie bei einem internationalen Turnier wiederzusehen. Wir brauchten uns nur kurz zu begrüßen, schon spürte ich die Warmherzigkeit, die sie ausstrahlten. Peter war ein Mensch, dem ich sofort vertraute. Sein Herz gehörte dem Boxsport und der Jugendförderung. Und seiner Frau, die ihn meistens begleitete und bei seiner Arbeit für den Boxverband unterstützte. Ich erinnere mich gut daran, wie ich ihn anrief, als wir ins Profilager wechseln wollten. Ich bat ihn um einen Rat, da er die Leute, mit denen wir in Deutschland verhandelten, besser kannte als wir. Wir hatten uns schon entschieden, aber noch nicht endgültig zugesagt. Das letzte Quäntchen Überzeugung fehlte aus irgendeinem Grund. Peter nahm uns die Bedenken und empfahl uns, es zu versuchen. Seine Worte gaben uns das Gefühl, das Richtige zu tun. Er sagte gar nicht viel, aber für uns war seine Meinung eine große Hilfe. Ich wünschte, wir könnten ihn heute wieder fragen, wenn eine wichtige Entscheidung ansteht. Leider ist er im März diesen Jahres an einem Herzinfarkt gestorben, viel zu früh, viel zu jung, er war erst sechzig.

Bedenkt man, dass ich bei der Europameisterschaft in Thessaloniki, die nach unserer Deutschlandreise anstand, immer noch hinkte, war es schon beachtlich, dass ich mich bis ins Finale vorkämpfte. Vielleicht war es noch zu früh und sogar ein bisschen leichtsinnig, bei einem schweren Wettkampf wie diesem anzutreten. Aber ich wollte mir die Gelegenheit nicht entgehen lassen, nachdem ich mich bei der Qualifikation so bravourös geschlagen hatte. Angesichts meines Handicaps rechnete ich mir keine großen Chancen aus. Das Knie war nicht vollständig ausgeheilt, die Sehnen besaßen noch nicht ihre ursprüngliche Stabilität. Vorsichtshalber trug ich weiterhin eine Bandage, die dem Knie zusätzlichen Halt verlieh und die Sehnen entlastete. Die Schmerzen verschwanden spätestens beim Kampf. Sie waren nicht wirklich weg, aber aufgrund des Adrenalins in meinem Körper spürte ich sie nicht mehr.

Sie behinderten mich auch im Finale nicht. Ich musste gegen einen ehemaligen Landsmann antreten. Das war ein seltsames Gefühl: Zwei Jahre zuvor hätten wir noch zur selben Mannschaft gehört. Das wiederum hätte bedeutet, dass es zu dieser Paarung gar nicht gekommen wäre, weil jede Nation nur einen Schwergewichtler stellen durfte. Jetzt ging mein Kontrahent für Russland an den Start, während ich die Nationalfarben der Ukraine trug, Blau und Gelb. Wir boxten die üblichen drei Runden, und ich gab alles für mein neues Heimatland, das ja ein Teil des alten war. Als der Kampf vorüber war, konnte ich nicht fassen, was mir gelungen war. Bei der Siegerehrung wurde unsere Flagge gehisst, ich hatte gewonnen! So richtig realisierte ich das erst Stunden später, nach dem Trubel, als ich meine Goldmedaille für einen Moment in Ruhe betrachten konnte. Nur langsam lichtete sich der Nebel in meinem Hirn. Vor einem halben Jahr noch hatte ich daran gezweifelt, jemals wieder zu einem Kampf in den Boxring steigen zu können, und jetzt schienen mir diese Gedanken so fern, als stammten sie aus einem anderen Leben. Ich hatte nicht nur meine erste Europameisterschaft geboxt und eine Medaille errungen – ich hielt tatsächlich die goldene in meinen Händen. Gold!

Langsam, sehr langsam trat ich aus Vitalis Schatten, mit jedem Erfolg ein winziges Stückchen mehr. Ich neidete ihm seine Berühmtheit nicht. Neid ist ein Gefühl, das wir untereinander nicht kennen. Aber ich wollte so gut sein wie er. Und manchmal vielleicht noch ein bisschen besser. Waren in den Zeitungen bisher die großen Berichte ausschließlich über Vitali erschienen, so interessierten sich die Journalisten jetzt zunehmend auch für mich, seinen jüngeren Bruder. Wir lieferten ihnen die Zutaten für das, was wie ein modernes Märchen klang: zwei Brüder, die in die Welt hinausziehen und mit einem Sack voller Goldstücke zurückkehren. Womit freilich unsere Medaillen und Pokale gemeint waren. An das große Geld dachten wir überhaupt nicht. Das war es auch nicht, was uns vorantrieb. Wir waren einfach Sportler, die gewinnen wollten, und das möglichst jedes Mal, wenn wir in den Ring stiegen. Deswegen hatte unsere Geschichte auch einen großen Vorteil: Wir sorgten dafür, dass sie beinahe regelmäßig um ein neues Kapitel ergänzt wurde. Für mich folgte nach der Europameisterschaft die Weltmeisterschaft in Istanbul, während Vitali den gewohnten Erfolgskurs als Kickboxer hielt, sich parallel aber verstärkt dem Boxen zuwandte. Wenn man so will, näherten sich die beiden Brüder sportlich einander immer weiter an.

Die Weltmeisterschaft war ein großartiges Erlebnis, am Ende aber eine kleine Enttäuschung. Ich bestritt vier Kämpfe, den vierten, das Finale, gegen einen Kubaner, einen Rechtsausleger. Wieder drei Runden, und wieder hatte ich ein gutes Gefühl. Aber diesmal täuschte ich mich, die Punktrichter sahen meinen Konkurrenten vorn. Gegen einen Kubaner zu verlieren war alles andere als eine Schande. Doch ein zweiter Platz ist beim Boxen nicht viel wert, weil er immer auf einer Niederlage beruht. Als Zweiter ist man nicht der Stärkste, aber nur der Stärkste zählt. Ich jedenfalls sah das so, obwohl man eine Silbermedaille durchaus beachtlich nennen kann und ich mich mit meiner Leistung nicht zu verstecken brauchte.

Im selben Jahr, 1994, änderte sich noch mehr für mich: Das hing mit dem 25. März zusammen, meinem achtzehnten Geburtstag. Mit diesem Alter rutschte ich automatisch auf die Liste der Wehrpflichtigen. Bei allem politischen und wirtschaftlichen Chaos, das in der Ukraine zu der Zeit herrschte, diese Dinge funktionierten wie gehabt. Als Student hatte ich allerdings ein Sonderrecht: Ich konnte mich bis zum Ende des Studiums zurückstellen lassen. Bei uns gab es noch feste Studienfristen. Für gewöhnlich hatte man sein Studium in acht Semestern zu absolvieren, mir wären also noch zwei Jahre Schonfrist geblieben.

Doch darauf legte ich es gar nicht an. Ich wollte zur Armee, von mir aus auch sofort, solange ich den Dienst nicht in einer gewöhnlichen Einheit ableisten musste und in Kiew bleiben konnte. Weder mein Trainer noch die Verantwortlichen der Nationalmannschaft waren interessiert daran, dass ich mein Sportlerdasein für Schieß- und Exerzierübungen unterbrach. Und das waren einflussreiche Leute. Also musste ich mir darüber keine Gedanken machen.

Für mein sportliches Fortkommen würde es sogar von Nutzen sein, wenn ich eine Uniform und einen Wehrdienstausweis bekäme. Die meisten erfolgreichen Amateurboxer in den sozialistischen Ländern trainierten in Armeesportklubs oder bei Polizeivereinen. Daran hatte sich seit dem Zusammenbruch des Ostblocks noch nicht viel geändert. Den Sportlern sicherte das ein regelmäßiges Einkommen, und der verkappte Profistatus garantierte ihnen auch, sich ohne Abstriche aufs Boxen konzentrieren zu können. Was aber das Wichtigste war und zugleich ziemlich absurd: Auch die besten Armeesportler wurden zu Nationalmannschaften gebündelt, die bei internationalen Meisterschaften gegeneinander antraten. So konnte es vorkommen, dass bei der Militärweltmeisterschaft die gleichen Boxer einen Finalkampf austrugen, die sich schon bei der zivilen gegenübergestanden hatten. Ein Kämpfer, der Boxen tatsächlich als Amateur, also nur dreimal die Woche oder halbtags betrieb, konnte das Level der Armeesportler nur schwerlich erreichen. Im Grunde trugen die Gefäße nur unterschiedliche Etiketten, hatten aber den gleichen Inhalt. Für uns Boxer war das gar nicht so schlecht: Dadurch erhielten wir öfter die Gelegenheit, unseren Leistungsstand zu testen. Während jedoch Armeesportler an den Titelkämpfen der Amateure teilnehmen durften, blieben die Militärmeisterschaften ausschließlich ihnen vorbehalten. Aus sportlicher Sicht konnte es also nur von Vorteil sein, wenn ich mich einberufen ließ.

Im Allgemeinen waren die Ansprüche nicht sonderlich hoch, die an die Gesundheit eines zukünftigen Soldaten gestellt wur-

24 Zwei Profis.

25 Vitali 1991 als Kickboxer. Insgesamt wurde er sechsmal Weltmeister.

26 Wladimir gewinnt in Liverpool, 1996.

27 Vitali beim Sparring unter freiem Himmel in Sotschi, diesmal als Boxer.

28 Voll konzentriert: Wladimir bei der Ukrainischen Meisterschaft in Donesk.

29 Dekoriert: Vitali mit seiner Medaillensammlung als Armeesportler.

30 Lenin als Vorbild. Vitali gewann 1985 ein Boxturnier in der Garnison in Hradčany.

31 Vitali (rechts) und Wladimir (Mitte) mit Trainer Wladimir Zolotarew im Kiewer Boxgym.

32 Siegerehrung bei den Olympischen Spielen 1996 in Atlanta: Wladimir gewinnt die Goldmedaille.

33 Das entscheidende Duell: Im Finale bezwingt Wladimir seinen Rivalen Paea Wolfgram nach Punkten.

34 Eine neue Ära beginnt: 1996 unterschreiben wir einen Profivertrag mit Klaus-Peter Kohl, Chef des Universum-Boxstalls in Hamburg.

35 Auch der amerikanische Box-Pate Don King (hier mit Vitali bei einem späteren Kampf) warb um uns.

36 Wladimir mit Fritz Sdunek beim Training …

37 … und beim Verschnaufen im Universum-Gym.

38 Konzentration in der Ringpause: Vitali und Fritz.

39 Der 26. Juni 1999, Weltmeisterschaftskampf in London: Vitali knockt Herbie Hide in der zweiten Runde aus …

40 … und erobert damit den WBO-Weltmeistergürtel im Schwergewicht.

41 Es geht um die Familienehre: Wladimir besiegt am 14. Oktober 2000 Chris Byrd in der Köln Arena.

42 Nach zwölf Runden kann er jubeln: Er ist der neue WBO-Champion, der Titel befindet sich wieder im Besitz der Klitschkos.

43 Bitteres Ende am 1. April 2000: Nach einer Schulterverletzung muss Vitali im Kampf gegen Chris Byrd aufgeben, obwohl er bis dahin klar dominierte.

44 Am 8. März 2003 die Demütigung: *The Sniper* Corrie Sanders schlägt Wladimir in der zweiten Runde k.o. Nach dem Kampf versucht Fritz, ihn zu trösten (kl. Foto).

45 Die Blutschlacht vom 21. Juni 2003: Vitali ist Weltmeister Lennox Lewis mindestens ebenbürtig. Doch wegen eines tiefen Cuts wird der Kampf abgebrochen.

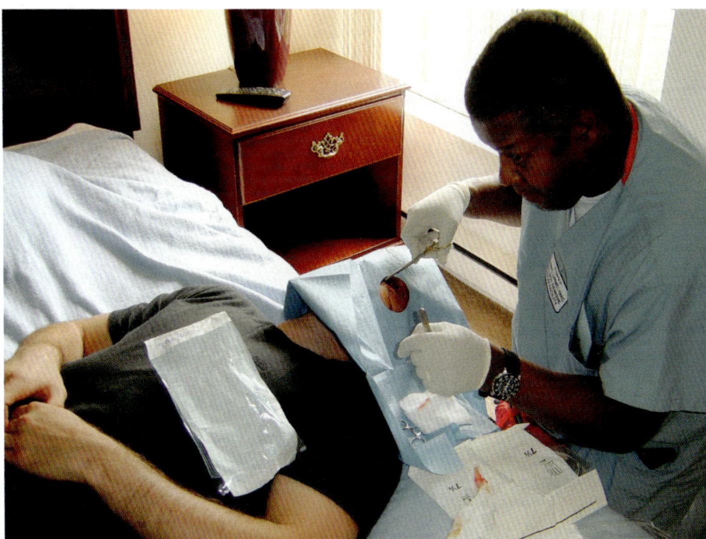

46 Vitalis Wunden mussten mit sechzig Stichen genäht werden. Ein paar Tage später entfernt ein Arzt im Hotelzimmer die Fäden.

47 Das Unheil nimmt seinen Lauf: Wladimir verliert überraschend gegen Lamon Brewster, 10. April 2004.

48 Titelkampf am 24. April 2004: Vitali schlägt Corrie Sanders …

49 … und freut sich mit Wladimir über den WBC-Weltmeistergürtel.

den, sie hielten sich eher auf einem erschreckend niedrigen Niveau. Ich hatte meinen Bruch überstanden, und die Sache mit meinem Rücken lag schon länger zurück. Während der Zeit an der Sportschule waren an meiner Bandscheibe Komplikationen aufgetreten, damals sah es sogar so aus, als müsste ich das Boxen aufgeben. Ich konsultierte eine Reihe von Medizinern, die mir durch die Bank wenig Hoffnung machten. Einer teilte mir seine Diagnose besonders einfühlsam mit, indem er erklärte: »Sie sind ein körperliches Wrack. Wenn Sie weitertrainieren, können Sie sich darauf einstellen, dass Sie in einem halben Jahr im Rollstuhl sitzen.« Das sagte er wirklich so. Und er verbot mir im gleichen Atemzug jegliche Bewegung.

Abends erzählte ich Vitali von dieser unerfreulichen Begegnung. Ich muss ziemlich verstört gewirkt haben, der Arzt hatte mir mit seiner Prognose jegliche Zuversicht genommen. Vielleicht hätte ich mich sogar meiner Verzweiflung hingegeben und tatsächlich mit dem Sport aufgehört. Doch Vitali richtete mich wieder auf. Dabei ging er ungefähr so einfühlsam vor wie der Arzt, aber er ist mein Bruder, und bei ihm wusste ich, wie er es meinte. »Wenn du aufgeben willst«, sagte er, »besorge ich dir gleich morgen einen Rollstuhl. Aber ich erwarte von dir, dass du *nicht* aufgibst!« Und wenn Vitali etwas von mir erwartete, hieß das gleichzeitig, dass er mir jede denkbare Unterstützung zuteil werden lassen würde. Vorausgesetzt, ich bewies ihm, dass ich auch wirklich wollte.

Wir suchten noch viele Ärzte auf. Ich ließ Bestrahlungen, Massagen und Akupunkturen über mich ergehen, ich legte mich sogar auf ein Nagelbrett. Einige Therapien linderten die Schmerzen, aber alle nur vorübergehend. Die ganze Zeit über trainierte ich weiter, vorsichtiger allerdings, verhaltener. Sobald mein Körper aufgewärmt war, spürte ich kaum etwas. Kühlte er nach dem Training jedoch wieder ab, kehrten die Beschwerden zurück. Manchmal waren sie so stark, dass sie mir die Tränen in die Augen trieben. Weinen war so ziemlich das Letzte, das ich wollte. In einer Offiziersfamilie war Weinen einfach nicht angesagt.

Eine dauerhafte Besserung trat erst ein, nachdem ich einen Chiropraktiker aufsuchte, den uns ein Nachbar empfohlen hatte. Er lebte in einem kleinen Ort außerhalb von Kiew, war dort Chefarzt einer Klinik, hatte aber seit Jahren keine Patienten mehr behandelt. Er litt an Arthrose. Seine Hände sahen etwas verkrüppelt aus. Man merkte, dass es ihm Schmerzen bereitete, sie zu bewegen. Trotzdem behandelte er mich. Er verlangte nicht einmal Geld, sondern schien einfach nur helfen zu wollen. Anfangs bezweifelte ich seine Heilungskräfte. Warum sollte ausgerechnet ein alter kranker Mann ein Wunder bewirken können, wenn sogar die moderne Medizin versagte? Doch bereits nach der ersten Sitzung stellte sich eine deutliche Besserung ein.

Von da an fuhr ich über zwei Jahre lang regelmäßig zu ihm. Mein Rücken wurde mit jeder Behandlung besser, und ich schloss den alten Mann ins Herz. Wer so uneigennützig war, musste ein guter Mensch sein. Obwohl ich sozusagen sein Privatpatient war, nahm er auch später kein Geld von mir. Ich bot ihm mehrmals welches an, aber ihm genügte ein einfaches Dankeschön. Niemals werde ich das Lächeln vergessen, das er mir schenkte, wenn wir uns verabschiedeten. Man sah ihm an, dass er sich von ganzem Herzen über die Fortschritte freute, die ich mit seiner Hilfe machte.

Dann starb er plötzlich. Wir hatten kurz zuvor noch einen Termin in der Klinik ausgemacht. Aus einem inneren Gefühl heraus suchte ich seine Familie auf. Ich glaube, es war Dankbarkeit, ich wollte noch irgendetwas für ihn tun. Ich hätte ihm gern Lebewohl gesagt und noch ein letztes Mal sein Lächeln gesehen. Als ich mitbekam, in welch ärmlichen Verhältnissen dieser Mann gelebt hatte, musste ich schlucken. Seine Angehörigen besaßen nicht einmal genug, um ihm ein vernünftiges Begräbnis zu bereiten. Ich war froh, dass ich hingefahren war, mein Gefühl hatte mich nicht getäuscht. So konnte ich wirklich noch etwas für ihn tun.

Ich hätte die Geschichte mit meinem Rücken ins Feld führen sollen. Ich hätte mein Bein erwähnen und ihnen mit schmerzverzerrtem Gesicht klar machen sollen, dass ich praktisch ein Krüppel war. Das hätte meine Chancen, bei der Musterung als diensttauglich eingestuft zu werden, vermutlich um ein Vielfaches erhöht. Die Ärzte hier sahen sich tagtäglich Simulanten gegenüber, die alle denkbaren Krankheiten oder die abwegigsten Wehwehchen vorschoben, um dem Zugriff des Militärs auf irgendeine Weise zu entgehen. Das war für sie das Normale. Sie mussten den Eindruck haben, dass unter den jungen Männern im wehrtauglichen Alter eine Seuche ausgebrochen war, die alle möglichen Körperteile betraf. Auch die Augen – kaum noch jemand entzifferte beim Sehtest die obersten Buchstaben, die größten, korrekt. Und die Ohren, wie sich bei den Hörtests herausstellte. Die Ärzte mussten schon fast brüllen, um eine Antwort zu erhalten.

Nur die wenigsten jungen Männer waren noch scharf darauf, eine Uniform zu tragen. Die Armee hatte erheblich an Ansehen eingebüßt. Ich kannte kaum jemanden, der sich freiwillig für zwei Jahre – so lange dauerte der Grundwehrdienst – aus dem Verkehr ziehen lassen wollte. Zwei Jahre waren früher getrost zu verkraften gewesen, in zwei Jahren passierte nicht viel. Der Arbeitsplatz war einem sicher, ob man ihn nun früher oder später antrat, und die Zukunft geregelt. Das sah in der ersten Hälfte der Neunziger völlig anders aus: Alle mussten ihr Schneckenhaus verlassen und versuchen, sich in der neuen Welt zurechtzufinden. Zwei Jahre konnten bedeuten, den Anschluss zu verpassen und womöglich keinen lukrativen Job mehr zu bekommen. Gorbatschow hatte es doch selbst gesagt: »Wer zu spät kommt, den bestraft das Leben.«

Das traf irgendwie in jeder Hinsicht zu. Die meisten wollten nicht zur Armee, mir dagegen konnte es nicht schnell genug gehen. Die nächsten Titelkämpfe standen nämlich bevor, und das waren diesmal Militärweltmeisterschaften. Wollte ich daran teilnehmen, musste ich mich beeilen und die Herren Mediziner überzeugen. Zugegeben, ich hatte in meinem Leben schon vor leichteren Aufgaben gestanden, oder ich stellte mich nicht clever genug an. Wahrscheinlich war ich einfach zu ehrlich. Ja, ich konnte auch die unterste Buchstabenreihe fehlerfrei lesen. Nein, körperliche Gebrechen hatte ich keine. Eine Verletzung? Schon, aber die war längst auskuriert. Was dachte der denn? Dass man den Europameistertitel nachgeworfen bekam? Je besser ich für den Militärdienst geeignet schien, desto misstrauischer wurden die Ärzte. Körperlich konnten sie mir nichts anhaben, die Untersuchungsbefunde sprachen eindeutig für mich. Also konzentrierten sie sich auf meine Psyche. Wenn einer so darum bettelte, Soldat zu werden, musste der in ihren Augen einen Dachschaden haben, zumindest bedenkliche geistige Anomalien aufweisen.

Als letzte Station der Untersuchung geriet ich an einen Arzt, der sich vermutlich als Neurologe verstand oder als Psychiater, so genau sagte einem das ja niemand. Seine skeptischen Fragen verrieten nur, dass er an meinem Verstand zweifelte. Wer weiß, was ihm seine Kollegen über mich erzählt hatten. Offenbar sah er keinen Anlass, seinen Argwohn vor mir zu verbergen. Ich muss ihm durch und durch suspekt erschienen sein.

»Na? Wie geht es dir?«, begann er harmlos, obwohl unüberhörbar ein Zweifel mitschwang, als wollte er mir auch gleich die Antwort vorgeben. Ich ließ mich nicht beirren.

»Gut«, antwortete ich, »sehr gut.«

»Hast du irgendwelche Schwierigkeiten?«, setzte er nach. Und ich fragte mich, ob wir unterschiedliche Sprachen sprachen. Er fügte noch »Probleme?« hinzu, als sei *Schwierigkeiten* ein Fremdwort, das er mir übersetzen müsse.

»Nein, alles bestens. Es geht mir gut.«

»Du willst also zur Armee?« Schon wieder dieser Unterton.

»Ja, unbedingt. Ich möchte zur Armee. Ich bin kerngesund, und es ist alles in Ordnung mit mir.« Diese Antwort war vermutlich mein schwerster Fehler. So viel Tatendrang musste ihn einfach misstrauisch stimmen.

»Aha. Und du bist Sportler?«

»Ja.« Vielleicht besser, ich hielt mich etwas zurück.

»Welche Sportart betreibst du denn?« Ich hätte wetten können, dass das in meinen Unterlagen stand.

»Boxen. Ich boxe.«

»Und?« Ich spürte förmlich, wie er sich auf seine Frage freute: »Schon mal k.o. gegangen?«

»Nein, noch nie.« Ich hatte schon Kämpfe verloren, wie meinen ersten im Zirkus, aber das waren vergleichsweise wenige. Und nie war ich ausgeknockt worden.

»Einen harten Schlag, den hast du aber schon abbekommen?«, fragte er.

Darauf wollte er also hinaus. Von jetzt an stellte er immer die gleiche Frage, er formulierte sie nur jedes Mal anders: Ob ich bei einem Kampf schon mal bewusstlos geworden sei. Ob ich nachts manchmal schlecht schlafen könne. Ob ich eine Ahnung davon hätte, was Depressionen sind. Und ob ich unter solchen Symptomen litte. Ich antwortete geduldig und beließ es bei der Wahrheit. Und die entwaffnete ihn am Ende schließlich doch, als ich schon nicht mehr damit rechnete. Überzeugt wirkte der Doktor auch da noch nicht, er gab mir aber trotzdem seinen Segen.

Kurz darauf wurde ich Soldat, was für mich nur hieß, dass ich jetzt offiziell Armeesportler war. Mit dem, was Armee eigentlich ausmachte und was Vitali in den ersten Wochen seiner Dienstzeit hatte durchmachen müssen, bekam ich glücklicherweise nichts zu tun.

Dafür kam ein anderes Problem auf mich zu. Solange ich bei den Junioren kämpfte, waren Vitali und ich uns nicht ins Gehege gekommen. Als Senior allerdings gehörte ich in dieselbe Gewichtsklasse wie er. Ernährte ich mich normal und trainierte ich meine Muskeln wie gewohnt, überschritt ich die Einundneunzig-Kilogramm-Marke der Superschwergewichtler. Dass wir nicht gegeneinander boxen würden, stand für uns fest, damals schon. Darauf verschwendeten wir keinen Gedanken, schließlich sind wir Brüder. Niemals würden wir uns schlagen, auch nicht aus rein sportlichen Motiven. Diese Diskussionen kamen später ja immer mal wieder auf. Einige Zeitungen spekulierten über einen Brüderkampf, den sich angeblich alle Boxfans wünschen. Ich kann mir nicht vorstellen, dass das wirklich so ist. So viele Fans wird es nicht geben, die keine Brüder haben. Und wer einen hat, der versteht uns. Um es ein für alle Mal klarzustellen: Einen Boxkampf zwischen Vitali und mir wird es niemals geben. Das haben wir auch unserer Mutter versprochen. Wir verkaufen unsere Seele nicht. Für kein Geld der Welt.

Auch die sportlichen Gesichtspunkte sprachen dagegen, dass wir in derselben Gewichtsklasse antraten. Egal, wie gut wir boxten – selbst wenn wir gleich stark gewesen wären, hätte immer nur einer von uns zu Turnieren oder Meisterschaften fahren dürfen. Zur Nationalmannschaft gehörte pro Gewichtsklasse ein Boxer. Da ich der Jüngere bin, brauchten wir nicht erst zu losen, wer eine Klasse tiefer gehen, also ins Schwergewicht wechseln musste. Im Boxerjargon heißt das »Gewicht machen«, obwohl es de facto darum geht, Gewicht zu verlieren, also abzuspecken. Ich würde »durch die Hölle gehen« dazu sagen, das beschreibt die Quälerei viel treffender. Jedenfalls für einen wie mich, der ohnehin kein Gramm Fett zu viel auf den Rippen hatte. Haut und Knochen und ein paar Muskeln, mehr war da nicht, und das auf zwei Meter verteilt.

Drei Wochen vor der Militärweltmeisterschaft in Tunesien begann ich mit der Hungerkur: ein Minimum an fettreicher Nahrung, stattdessen mehr Salate, morgens, mittags und abends leichte Kost. Vor allem wenig Flüssigkeit, dafür Schwitzkuren. Ich trocknete meinen Körper systematisch aus, trainierte aber wie gewohnt weiter. Fünf bis sechs Kilogramm bekam ich auf diese Weise bis zum ersten Kampf runter. Wozu ich nach dieser Tortur boxerisch noch fähig gewesen wäre, konnte ich allerdings nicht voll austesten. Nach dem ersten Kampf war das Turnier für mich schon beendet. Nicht etwa, weil ich verloren hätte. Ich war so leichtsinnig gewesen, einheimische Früchte zu essen, die vermutlich ungewaschen waren, und zog mir eine Lebensmittelvergiftung zu, die es in sich hatte. Fieberanfälle und ständiges Erbrechen setzten mich vollständig außer Gefecht. Das war eine noch unangenehmere Methode, Gewicht zu machen.

Eine Hungerkur lässt sich verkraften. Wenn ausreichend Zeit

zum Erholen dazwischen liegt, sicherlich auch eine zweite. Und nach einer erneuten Pause vielleicht noch eine dritte. Aber bei mir ging die erste fast nahtlos in die zweite über und die sofort in eine dritte. Ich fastete beinahe ununterbrochen, ein ganzes Jahr lang. Irgendwann träumte ich nur noch von Essen und Trinken. Je länger die Phase andauerte, desto mehr kreisten auch tagsüber meine Gedanken darum. Manchmal nahm ich sogar eine Plastikflasche voll Wasser mit ins Bett. Ich umklammerte sie, wie ich das als kleines Kind mit meinem liebsten Teddybären getan hatte. Und bevor ich einschlief, redete ich mit der Flasche: »Warte ab, bis ich meinen Kampf hinter mir habe! Dann bist du dran, dann trinke ich dich in einem Zug aus!« Besser schlief ich dadurch aber auch nicht.

Während der Weltmeisterschaft in Berlin, im Mai 1995, nahm mein Gemütszustand beinahe manische Züge an. Sobald ich an einem Getränkestand vorbeikam, fing ich an, mit den Verkäufern zu sprechen, natürlich nur in meinem Kopf, aber das war ja fast noch alarmierender. In Gedanken fragte ich sie, ob sie eigentlich wüssten, wie gut sie es mit ihren Säften und Limonaden hätten, die sie den ganzen Tag trinken durften.

Ein Wunder, dass ich in diesem Zustand überhaupt meinen ersten Kampf gewann! Im zweiten scheiterte ich an Luan Krasniqi, der ursprünglich aus dem Kosovo stammt, aber für Deutschland boxt. Er war Ende der achtziger Jahre nach Rottweil gezogen und hatte 1994 die deutsche Staatsbürgerschaft erhalten. Dafür bedankte er sich auf seine Weise: Er gewann als Erstes die deutsche Meisterschaft. Später wechselte er ins Profilager, ohne dass ihm bisher der ganz große Durchbruch geglückt wäre. Eine Zeit lang hatten wir mit Klaus-Peter Kohl bei Universum sogar denselben Promoter. Freunde sind wir deswegen nicht geworden, aber wir achten uns, und das ist in unserem Geschäft beileibe keine Selbstverständlichkeit.

Seines frühen Sieges gegen mich rühmt er sich noch heute, obwohl der nur knapp ausfiel und die Punktrichter nach meinem Verständnis ebenso gut zu meinen Gunsten hätten entscheiden können. Im Finale unterlag er dann Felix Savon, jenem Kubaner, der bei Olympia in Barcelona Gold geholt hatte und seitdem das Schwergewicht eindeutig dominierte. Ich war auf jeden Fall raus – und höchstens ein bisschen unglücklich darüber, dass ich meinen Bruder enttäuschte. Aber wenigstens durfte ich wieder essen und trinken, trinken, trinken! Die Wasserflasche leerte ich als Erstes. Vitali kam auch ohne meinen Beistand hervorragend zurecht und kämpfte sich bis ins Finale vor. Ich sah ihn auch dort, gegen den Russen Alexej Lezin, als Sieger, beurteilte das als Bruder aber vielleicht nicht objektiv genug. Die Punktrichter meinten, Lezin gebühre die Goldmedaille. Wie stark der boxte, bekam ich im darauf folgenden Jahr selbst zu spüren, gleich zweimal.

An unsere nächste Begegnung erinnert sich Luan wahrscheinlich nicht so gern. Sie fand einige Wochen später bei der Militärweltmeisterschaft in Rom statt. Obwohl ich mich nach wie vor mit dem Abspecken herumquälte, setzte ich ihm bei dieser Gelegenheit deutlich mehr entgegen, sodass es auch den Punktrichtern nicht entging. Wir boxten die üblichen drei Runden zu jeweils drei Minuten. Und man musste gegenüber seinem Gegner schon klare Vorteile erzielen, um am Ende sicherzugehen. Zumal der eine oder andere Ringrichter Probleme mit den Augen zu haben schien.

In meinem ersten Kampf hatte ich einen von diesen Sehschwachen erwischt. Mein Kontrahent, ein wütender Chinese, der ständig auf Körperkontakt aus war und sich wie ein Wrestler aufführte, biss mir zweimal in die Brust, ohne dass er verwarnt worden wäre. Ich reklamierte das unsportliche Verhalten, schon deshalb, weil die Beißattacken äußerst unangenehme Schmerzen verursachten. Aber was ein Ringrichter nicht sieht, bestraft er nicht. Ich musste die Sache also selbst in die Hände nehmen, soll heißen: in die Fäuste. Vor dem nächsten Gong war die Rauferei beendet, denn *Kampf* konnte man das ja nicht nennen, was der Chinese abzog.

Nach Krasniqi bezwang ich noch den Türken Sinan Samil Sam, der ebenfalls später als Profi zu Universum ging. In Rom besiegte ich jeden.

Damit tat ich es nur Vitali gleich, der sich im entscheidenden Kampf seinen Widersacher von Berlin, Alexej Lezin, eindrucksvoll vorknöpfte. Nicht, dass wir es geplant hätten. Aber davon geträumt hatten wir schon. Wir beide auf dem Podest, nacheinander natürlich. Die Klitschkos ganz oben auf dem Treppchen. Zwei Brüder Weltmeister. So hätten die Schlagzeilen lauten können, aber wer berichtete schon über die Titelkämpfe von Militärangehörigen! Unsere Freude schmälerte das nur geringfügig. Wir wussten es besser. Schließlich waren wir gegen dieselben Gegner angetreten, gegen die wir sonst auch kämpften. Nur dass die Veranstaltung diesmal eine andere Bezeichnung trug und einen Stellenwert besaß, der offiziell weit unter dem einer normalen Weltmeisterschaft lag. Man konnte sich zum Beispiel mit einer guten Platzierung nicht für die Olympischen Spiele qualifizieren, die im kommenden Jahr anstanden. Selbst unsere Goldmedaillen zählten da nicht. Vitali konnte darüber nur müde lächeln, er hatte sein Ticket für Atlanta längst in der Tasche. Luan Krasniqi übrigens auch, nach seiner Silbermedaille bei der letzten Europameisterschaft. Felix Savon hatte sich ebenfalls qualifiziert und Alexej Lezin erst recht. Nur ich noch nicht.

Ein verlorener Traum

Vitali

So ist mein Brüderchen – immer einen Schritt voraus. Als müsste er den Altersunterschied zwischen uns aufholen. Aber irgendwie hat er ja Recht: Die Zeit rast, und man bekommt das Gefühl, ständig im Dauerlauf hetzen zu müssen, um von den Ereignissen nicht überrollt zu werden und überhaupt noch Schritt halten zu können mit den Veränderungen, die vor sich gehen. Das trifft auch auf unsere sportliche Karriere zu. Aber ganz so schnell und vor allem so geradlinig verlief der Weg zu unseren ersten großen Titeln als Amateurboxer dann doch nicht. Für Wladimir schon eher, nicht jedoch für mich. Um das zu erklären, muss ich noch einmal in die wilde Zeit zurückgehen, als die Sowjetunion kollabierte und in Kiew wie in allen anderen Städten das Chaos ausbrach, gesellschaftlich und wirtschaftlich, in jeder Beziehung. Anfang der neunziger Jahre war das. Damals hätte mein Leben nämlich beinahe einen ganz anderen Verlauf genommen.

Wenn man nichts hat, ist man für Verlockungen empfänglich. Ich besaß zwar eine Wohnung und die feste Überzeugung, mich allein durchs Leben schlagen zu können. Doch soweit es materiellen Wohlstand betraf, schienen mich die meisten Menschen aus meinem Umfeld gerade abzuhängen. Einige meiner Bekannten, die nichts mit Sport zu tun hatten, passten sich förmlich über Nacht den neuen Gegebenheiten an. Sie begriffen schnell, dass die kommunistische Ideologie der Ideologie des Geldes gewichen war. Aber die hatten auch einen Beruf gelernt oder wenigstens ausreichend Mut und Geld, um sich als Geschäftsleute zu versuchen. Ich hingegen war Sportler. Was plötzlich auch nicht mehr so viel zählte, weil dem Staat das Geld ausging. In der Ukraine gab es bald keine Rubel mehr, stattdessen wurden eine Zeit lang Wertkupons ausgegeben. Inzwischen hat das Land seine eigene Währung, obgleich US-Dollar am liebsten gesehen werden.

Ich besaß von den einen so wenig wie von den anderen. Die meiste Zeit hielt ich mich mit Siegprämien und Sponsorengeschenken über Wasser und mit dem Geld, das wir während der Trainingslager bekamen. Außerdem gehörten mir eine Hose und eine Jacke, die ich tagtäglich trug, ein paar T-Shirts, wenige Hemden und Unterwäsche. Im Kühlschrank sah es oft noch übersichtlicher aus. Manchmal fehlte mir einfach das Geld, um mir genügend Lebensmittel kaufen zu können. Auf Fotos aus dieser Zeit kann man es sehen: An Fettleibigkeit litt ich nicht gerade. Mutter erkannte das natürlich gleich, wenn ich sie und Vater besuchte. Ich haute auch kräftig rein, wenn sie mir eine große Portion Essen vorsetzte. Aber niemals hätte ich zugegeben, dass es womöglich meine erste warme Mahlzeit an diesem Tag war.

Viele von den Jungs aus meinem Verein sahen nicht nur besser genährt aus. Sie trugen schicke Klamotten und kamen mit dem eigenen Auto zum Training. Irgendwie schienen sie es geschickter anzustellen. Ich konnte mir auch denken, wie, so viel hatte ich von der neuen Zeit begriffen. Alles lief darauf hinaus, dass der Kapitalismus Einzug hielt. Und damit hatten wir uns schon in der Schule ausgiebig beschäftigt. Hatte Karl Marx, der in der Sowjetunion fast so viel galt wie Lenin, mit seiner Theorie Recht, dann lag die Sache auf der Hand: Meine Freunde verkauften das, was sie noch besaßen – ihre Arbeitskraft. Wobei in ihrem Fall der Schwerpunkt auf *Kraft* liegen musste, auf Kraft, die in ihren Armen und Fäusten steckte. Ansonsten wären sie kaum derart begehrt gewesen, denn Arbeitskräfte an sich gab es mehr als genug. Viele von ihnen saßen mittlerweile auf der Straße.

Mein Freund Juri gehörte zu denen, die sich neuerdings teurer kleideten und ein flottes Auto fuhren. Dafür ließ er sich nur noch selten in unserer Sporthalle blicken. Boxen schien ihm nicht mehr so wichtig zu sein. Sein Tagesablauf richtete sich jetzt nach dem seines Arbeitgebers, der zahlte besser, und – was noch wichtiger war – er zahlte regelmäßig. Jedenfalls behauptete Juri das. Er erzählte, dass er seinen Lohn täglich und in bar auf die Hand bekomme, jeden Abend einen Schein, einen Fünfziger. Und dann sah er an mir hinunter, betrachtete meine vergleichsweise ärmliche Kleidung und fragte etwas mitleidig: »Wie lange willst du dir das noch antun? Ist es dir nicht langsam peinlich, immer noch barfuß zu trainieren, mit dieser seltsamen Hose und den abgewetzten Boxhandschuhen?«

Die Hose machte wirklich nichts her, aber sie erfüllte ihren Zweck. Wenigstens glänzte ihr Stoff wie Seide, nicht wie meine erste, die Mutter mir aus rotem Baumwollstoff genäht hatte. Und die Handschuhe? Das waren nun mal die einzigen, die ich hatte.

Juri sah das schon richtig, ein Paar neue wäre nicht schlecht gewesen. Ein Auto und schicke Jeans wären auch nicht schlecht gewesen, und ein Anzug von Hugo Boss, wenn ich schon einmal beim Träumen war, aber zuallererst ein zum Bersten gefüllter Kühlschrank. Sicher wären mir noch mehr Wünsche eingefallen, hätte ich länger nachgedacht. Aber Juri sagte, ich solle mich lieber entscheiden, am besten sofort. Wir beide als Team, wir könnten einen Batzen Geld verdienen. Mir war nicht ganz klar, woher er die Gewissheit nahm. Abgesehen vom Boxen hielten sich meine Fähigkeiten in Grenzen. So lange studierte ich noch nicht, als dass ich ehrlichen Herzens etwas anderes hätte behaupten können. Aber auch in dieser Hinsicht half mir Juri auf die Sprünge: Ich sei groß und muskulös, meinte er, und das war nun wirklich nicht zu übersehen. »Wenn du ernst guckst, so richtig böse, siehst du furchtbar gefährlich aus. Also, was willst du mehr? Du hast die besten Voraussetzungen für diesen Job.«

Dass ich mich auf seinen Vorschlag einließ, war auf meine Neugier zurückzuführen und auf das unangenehme Hungergefühl, welches ich in letzter Zeit viel zu oft verspürte. Wie sollte ich ein erfolgreicher Boxer werden, wenn ich meinem Körper dauernd die Energiezufuhr verwehren musste? Also begleitete ich Juri am nächsten Tag. Ganz geheuer war mir die Sache nicht, aber was war einem in dieser Zeit schon geheuer? Wir mussten alle dazulernen. Wir lebten in einer rechtlosen Zeit. Die alten Gesetze galten nicht mehr, und neue traten so schnell nicht in Kraft. Oder sie wurden von irgendwelchen Politausschüssen blockiert oder geändert oder wieder verworfen. In unserem neuen Leben existierte nur noch ein Gesetz: das des Stärkeren. Und dessen Grundsätze standen nirgendwo festgeschrieben, sie waren Auslegungssache. Allerdings nur für diejenigen, die über ausreichend Geld verfügten. Wer keins besaß, blieb ohnehin auf der Strecke.

Dann doch lieber Juri und dessen Boss. Die Aufgabe klang denkbar einfach und versprach ein beachtliches Einkommen, das war die Hauptsache. Ich sollte meinen Auftraggeber bei seinen Geschäftsgängen begleiten und dabei die finsterste Miene aufsetzen, zu der ich fähig war. Auf keinen Fall durfte ich lachen oder gar irgendwelche Fragen stellen. Ich verstand – die drei kleinen Äffchen: nichts sehen, nichts hören, nichts sagen.

Was immer Juris Boss trieb, dem jetzt auch ich unterstellt war, seine Unternehmungen schienen lukrativ zu sein. Hunger jedenfalls konnte ihn lange nicht mehr geplagt haben. Sein Bauch quoll wie Hefeteig über den Gürtel. Und sein Hals war entweder verschwunden oder zu kurz geraten, der Kopf schien direkt auf dem Hemdkragen zu sitzen. Zwischen zwei Hautfalten schaute gerade noch eine schwere Goldkette hervor. Unter den Augen hingen dicke Tränensäcke, die er die meiste Zeit hinter einer dunklen Sonnenbrille versteckte, ob die Sonne nun schien oder nicht. Der Dicke, wie ich ihn im Stillen nannte, legte auf standesgemäße Kleidung Wert, das sah man sofort. Er bevorzugte Schwarz. Die Schuhe glänzten wie neu, die Hose warf keine Falten, als wäre er eben erst hineingeschlüpft. Über dem Hemd trug er eine schwarze Jacke aus echtem Leder. Wenn es zu dieser Zeit etwas gab, das man in Kiew besitzen musste, um den Aufstrebenden, den Erfolgreichen zu verkörpern, dann war das eine schwarze Lederjacke.

Das Auffälligste aber waren die goldenen Schmuckstücke, das grobgliedrige Armband und die protzigen Siegelringe, die er wie Statussymbole trug. Wer so viel Gold mit sich herumschleppte, der besaß nicht nur ein Vermögen, der hatte auch Macht. Männer wie der Boss hatten das kapitalistische Prinzip vor allen anderen verinnerlicht, so viel schien klar zu sein. Auf welche Weise sie sich das eine wie das andere verschafften, blieb oft im Verborgenen. Das interessierte höchstens die Polizei, was für die meisten von seiner Sorte jedoch nicht weiter gefährlich war, da Korruption zum alltäglichen Geschäft in den Amtsstuben gehörte. Nicht einmal die Gerichte blieben davon verschont. Mit bestechlichen Zeugen und Polizisten, die für einen Nebenverdienst die Wahrheit notfalls etwas zurechtbogen, waren sogar mutmaßliche Mörder freizubekommen.

Wir zogen zu dritt los: Juri, der Boss und ich. Juri saß am Steuer, ich neben ihm, auf dem Rücksitz thronte unser Geldgeber. Stieg dieser aus, folgten wir ihm wie zwei Schatten. Wir ließen ihn keine Sekunde aus den Augen, so war es abgemacht. Die ersten Tage verliefen ohne Zwischenfälle, sieht man davon ab, dass mein Trainer – gelinde ausgedrückt – verärgert reagierte, da ich mein Pensum in der Sporthalle auf einmal im Schnelldurchlauf absolvierte. Disziplinlosigkeit war das Letzte, was er tolerierte. Ich schob jedes Mal dringende Termine vor, aber die durfte es in seinen Augen gar nicht geben. Für einen Leistungssportler könne nichts wichtiger sein als das Training, protestierte er. Das wusste ich selbst, schließlich hatte er mir das seit Jahren eingeschärft. Und zu Halbherzigkeiten neigte ich sonst auch nicht. Ich versuchte ja nur, meine Leidenschaft, das Boxen, und die neue Nebenbeschäftigung unter einen Hut zu bekommen. Das eine für den Körper, fürs Herz und vor allem für die Anerkennung, das andere fürs Portemonnaie.

Dann kam allerdings etwas dazwischen. Ein Auftrag, der ganz harmlos begann, auf den ich mich sogar freute. Unser Boss war zu einer Geburtstagsfeier in einem edlen Restaurant eingeladen. Das Lokal war so teuer, dass ich es allein niemals betreten hätte. Als Begleitschutz jedoch durften Juri und ich gratis zulangen, und wir ließen uns nicht zweimal bitten. Vom Alkohol, der bei Festlichkeiten wie dieser gleich flaschenweise aufgefahren wurde, ließen wir selbstverständlich die Finger. Im Gegensatz zu unserem Boss, der einen Wodka nach dem anderen kippte und sich damit nur an die vorgeschriebene Etikette hielt. Es war nämlich üblich, dass die Gäste reihum einen Toast auf den Jubilar aussprachen und dass nach jedem dieser Toasts mit einem Glas Wodka angestoßen wurde – *sa starowje*, zum Wohl! Deswegen auch die Flaschen. Ein Kellner wäre mit dem Einschenken kaum nachgekommen.

Nach einer Stunde waren so viele Wodkas geflossen, dass selbst ein Bauch wie der von unserem Boss keine weiteren aufzunehmen vermochte, ohne sich vorher einiger zu entledigen. Der Weg zu den Toiletten war nicht weit, doch in seinem Zustand offensichtlich recht beschwerlich. Den ersten Tisch umtorkelte er noch, den zweiten streifte er schon, den dritten nahm er frontal. Seine Körpermasse genügte völlig, um ein kleines Beben auszulösen. Das Geschirr auf dem Tisch wackelte gefährlich, Gläser klirrten, und ein Teil ihres Inhalts ergoss sich über die Kleidung eines Mannes, der unserem Boss wie einem Zwilling ähnelte. Die gleiche Statur, die gleiche Kleidung und ein Goldbehang, der wie die Kugeln an einem Weihnachtsbaum glitzerte. Man kann nicht sagen, dass er wütend aufsprang, er hievte seine Pfunde eher in Zeitlupe empor, und selbst dieses Tempo schien ihm Mühe zu bereiten. Nur der Ausdruck in seinem Gesicht hatte sich blitzartig verändert. Er wetterte los, in Richtung unseres Bosses: Was er sich erlaube! Ob er betrunken sei? Was eigentlich keiner Frage bedurfte, man sah es ja. Und ob er sich seines Zustands nicht schäme? Nein, diese Auseinandersetzung begann nicht gut, und sie endete noch schlechter.

Unser Boss hatte sich inzwischen ebenfalls hochgerappelt, obwohl er in seinem Zustand besser liegen geblieben wäre. Wie bei einem Stehaufmännchen schwankte sein Oberkörper hin und her, und ich fragte mich, wie er an den nächsten Tischen vorbeikommen wollte. Ich hätte mich besser fragen sollen, wie ich mich am geschicktesten aus der Affäre ziehen konnte, denn mit dem kleinen Wortgefecht war der unangenehme Zwischenfall nicht ausgestanden. Keine Ahnung, ob es am Wodka lag, oder ob der Boss immer so reagierte, wenn er sich beleidigt fühlte. Ich erlebte ihn zum ersten Mal in einer solchen Situation. Ich hätte erwartet, dass er sich entschuldigte, vielleicht noch, dass er einfach weiterging, aber nicht, dass er zum Angriff blasen würde. »Mit einem wie dir rede ich gar nicht!«, polterte er los, sah zu uns herüber und tönte: »Dafür habe ich meine Jungs, die werden sich mit dir unterhalten!«

Ehe ich begriff, wie er das meinte, feuerte Juri eine Kombination ab, die er in einem Boxring kaum besser hätte bringen können. Vielleicht zog er seine Geraden nicht sauber genug durch, aber das war gar nicht notwendig, der Zwilling vom Boss ging auch so in die Knie und dann zu Boden. Juri schien ausgezeichnet in Form zu sein, er bot auch den anderen Gästen Paroli, die sich nacheinander auf ihn stürzten. Er setzte seine Schläge gezielt, wie wir es im Gym immer trainierten, und ließ keinen Gegner aus. Er verschonte selbst eine Frau nicht, die kreischend aufsprang und ihn zu beschwichtigen versuchte.

Ich stand ein paar Schritte entfernt und rührte mich nicht. Bei dieser Übermacht hätte Juri meine Hilfe gut gebrauchen können. Doch ich brachte es einfach nicht fertig, mich einzumischen. Mein Kopf gab die Runde nicht frei, der Gong ertönte nicht. Das hier hatte nichts mit Sport zu tun, es artete in eine wüste Schlägerei aus. Sicher, der Fremde hatte meinen Boss beleidigt, aber der hatte sich auch nicht unbedingt wie ein Gentleman betragen. Wenn die beiden übereinander hergefallen wären, ich hätte es noch verstehen können. Warum aber sollte ich mich wie ein abgerichteter Kampfhund auf jemanden stürzen, der mir kein Haar gekrümmt hatte? Wenn der Boss das erwartete, dann war er bei mir an den Falschen geraten. Mein Gewissen würde ich niemandem verkaufen. Ich verschwand aus dem Lokal und ließ mich beim Boss nie wieder blicken.

Wie sich herausstellte, war es das Beste, was ich tun konnte. Ungefähr ein Jahr später hörte ich, dass es Juri und ihn erwischt hatte. Sie waren von Auftragskillern erschossen worden.

Wenn so das Geschäftsleben aussah, wollte ich damit nichts zu schaffen haben. Ich konzentrierte mich wieder auf meinen Sport. Da wusste ich wenigstens, woran ich war, meistens jedenfalls. Denn Ganoven konnten einem auch hier über den Weg laufen. Manche behaupten ja, Boxen sei die ehrlichste Sportart. Da ist sicher etwas dran, aber es trifft nicht ganz die Wahrheit. Im Ring stehen sich zwei Sportler gegenüber, die ohne jegliche Hilfsmittel auskommen müssen, die auf sich selbst reduziert sind, auf ihre Kräfte, auf ihre Kondition, auf ihre boxerischen Fähigkeiten. Sie haben niemanden neben sich, der ihnen im Notfall hilft, kleine Fehler auszumerzen oder eine Schwächephase zu überstehen. Sie müssen sich ganz auf das verlassen, was der eigene Körper und der Geist hergeben. Von unsauberen Attacken wie Tiefschlägen oder Kopfstößen abgesehen, die zwar verboten sind, einem bei Kämpfen aber immer wieder begegnen, ist das, was im Ring abläuft, durchaus eine rechtschaffene Angelegenheit.

Das konnte man von dem, was drum herum geschah, außerhalb der Seile, nicht in jedem Fall behaupten. Was für mich allerdings eine völlig neue Erkenntnis war. Bis dahin hatte ich gedacht, Betrug und Schiebereien passierten nur im Profisport, wo nicht allein die sportliche Leistung, sondern meistens auch Geld und Einfluss entschieden. Bei einem der nächsten Turniere, das ich mit der ukrainischen Nationalmannschaft bestritt, wurde ich allerdings eines Besseren belehrt. Überhaupt schien unsere Reise von Anfang an unter einem schlechten Stern zu stehen.

Es begann schon mit der uralten *Iljuschin 62*, die von unseren Sponsoren gechartert worden war. Augenscheinlich hatten sie die billigste Variante gewählt, um uns von Kiew nach Bangkok zu befördern. Das Flugzeug erweckte nicht den Eindruck, als flöge es noch regelmäßig weite Strecken. Das Erste, was ausfiel, noch bevor wir starteten, war die Klimaanlage, falls sie vorher überhaupt funktioniert hatte. Und das bei hochsommerlichen Temperaturen und einer Maschine, die bis auf den letzten Platz gefüllt war. Zu unserem Team gehörten fünfundzwanzig Personen: wir Sportler, die Trainer, ein Masseur und einige der üblichen Funktionäre, die die Gelegenheit nutzen wollten, um sich für die Zeit unseres Aufenthalts in der thailändischen Hauptstadt zu vergnügen, wie ich vermutete. Um die Reisekosten so gering wie möglich zu halten, hatte man die restlichen Sitzplätze so genannten Handelsreisenden angeboten, die in Bangkok preiswert Waren einkaufen wollten, um sie in der Ukraine mit Gewinn weiterzuverscherbeln.

Rostislaw Saulitschny war der Star in unserer Mannschaft. Er hatte wenige Monate vor der Reise bei den Olympischen Spielen in Barcelona die Silbermedaille im Halbschwergewicht gewonnen. Nur im Finale war er gescheitert, gegen Torsten May, einen Boxer aus der ehemaligen DDR, der kurz darauf ins Profilager wechselte, aber stets im Schatten von Henry Maske stand und den großen Durchbruch nie schaffte. Schwer zu sagen, ob Saulitschny mit der Silbermedaille seine Lebensaufgabe als Sportler erfüllt sah oder nach den Strapazen nur erschöpft war und eine Pause brauchte. Für das Turnier in Bangkok jedenfalls schien er nicht besonders motiviert zu sein. Wenn er schon mitmüsse, meinte er, wolle er das Ganze als Urlaubsreise betrachten und seinen Spaß haben. Dementsprechend hatte er sich bei der Vorbereitung verhalten. Während unseres Trainingslagers auf der Krim ließ er sich hängen und absolvierte das Pflichtprogramm nur widerwillig. Stattdessen zog er abends mit Freunden los, rauchte eine Zigarette nach der anderen und becherte kräftig.

In Bangkok schien sich an seiner Einstellung nichts geändert zu haben. Es sah ziemlich lustlos aus, wie er zu seinen Kämpfen antrat. Als rechne er sich selbst keine Chancen aus. Aber irgendwie gewann er, den ersten Kampf und den zweiten und dann sogar das Finale gegen einen Kubaner, den alle als haushohen Favoriten eingeschätzt hatten. Wir konnten es nicht fassen. Abends feierte er natürlich wieder und prahlte, dass er eines Tages ein Buch darüber schreiben werde, wie man mit möglichst viel Wein und haufenweise Zigaretten, dafür aber mit einem Minimum an Trainingsaufwand seinen stärksten Rivalen bezwingt. Dieser Saulitschny, er schien ein Glückspilz zu sein!

Das konnte ich von mir nicht behaupten. Im Unterschied zu ihm hatte ich wochenlang gewissenhaft auf meine Höchstform hingearbeitet und befand mich in optimaler Verfassung. Das Gewicht stimmte, und beim Konditionstraining hatte ich mich auf die neuen Anforderungen vorbereitet. Wir boxten zum ersten Mal fünf Runden zu je zwei Minuten. Bisher waren drei Runden über drei Minuten üblich gewesen. Insgesamt bedeutete das nur eine Minute Kampfzeit zusätzlich, dafür musste ich mich aber in den einzelnen Runden mehr beeilen, um klare Punktvorteile zu erzielen. Ich konnte mich ja nicht darauf verlassen, dass mir jedes Mal ein Knockout gelang.

Meinen ersten Kontrahenten bezwang ich, dem war ich klar überlegen. Im zweiten Kampf war ich das auch. Ich boxte gegen einen Bulgaren. Ich glaube, es war Swilen Russinow, der 1993 Europameister wurde. Der Name spielte für den Ausgang des Kampfes aber keine Rolle, seine Herkunft dagegen schon. Obwohl wir uns tief in Asien befanden, war der Präsident des Europäischen Boxverbands anwesend. Er stammte ebenfalls aus Bulgarien. Ich kannte ihn nicht persönlich, aber sein Gesicht. Er war mir bei früheren Wettkämpfen einige Male über den Weg gelaufen. Komischerweise begegnete ich ihm in Bangkok unmittelbar vor dem Kampf gegen seinen Landsmann. Auch er schien sich mein Gesicht gemerkt zu haben. Er sagte zwar nichts zu mir, grinste aber etwas hämisch, als sich unsere Blicke trafen. Ich dachte mir nichts dabei, vielleicht grinste er ja immer so. Meine Gedanken waren woanders, ich konzentrierte mich ganz auf den bevorstehenden Kampf. Später fragte ich mich allerdings, ob mir an seinem Blick vielleicht etwas entgangen war.

Der Kampf lief gut, ich war auf der sicheren Seite. Keine Sekunde ließ ich mich von meinem Gegner aus dem Konzept bringen. Ich setzte meine Linie konsequent durch, von der ersten bis zur letzten Runde. Nicht eine einzige ging an ihn. Klarer hätte ein Punktsieg nicht ausfallen können. Damit musste ich im Finale stehen, der zweite Platz gehörte mir also schon. Mein Trainer sah das nicht anders. Niemand konnte das anders sehen, der etwas von Boxen verstand.

Nach dem Schlussgong wartete ich nur darauf, dass der Kampfrichter meinen Arm hochhielt. Doch bei der Verkündung des Siegers riss er den Arm des Bulgaren in die Höhe! Das konnte nur ein Versehen sein. Ich gab ihm eine Sekunde, dann würde er seinen Fehler bemerken. Nach fünf Sekunden gefror mein Lächeln, das ich, siegesgewiss, schon aufgesetzt hatte. Nach zehn Sekunden machte der Referee immer noch keine Anstalten, sich bei mir für seinen kleinen Irrtum zu entschuldigen. Er hielt meinen Arm nicht einmal mehr fest. Stattdessen führte der Bulgare Freudentänze auf, vor den Augen seines Verbandsoberen, der bei den Punktrichtern stand. Als ich den dort sah, ging mir ein Licht auf. Ich protestierte, ich weigerte mich, den Ring zu verlassen, ich tobte und schimpfte, was das Lexikon an schlechten Wörtern hergab. Gut, dass Mutter nicht sah, wie ich mich aufführte, sie wäre bestimmt nicht sehr stolz auf ihren Sohn gewesen.

Irgendwie gelang es meinem Trainer, mich aus dem Ring zu bugsieren. Ich erwartete, dass unsere Delegation wenigstens offiziell Protest einlegen würde, doch die Funktionäre winkten ab. Solche Spielchen erlebten sie nicht zum ersten Mal. Unser Trainer meinte, jeder in der Halle habe meinen klaren Erfolg gesehen, aber manchmal ginge es hinter den Kulissen eben um mehr als um einen Sieg. Er sprach von höherer Politik und davon, dass man gegen die Verbandsbosse nichts unternehmen könne.

Gegen die vielleicht nicht, wenn sie wirklich so mächtig waren. Aber gegen Fehlurteile fiel mir schon eine Lösung ein. Bei aller Enttäuschung zog ich eine Lehre aus der ungerechten Niederlage von Bangkok: In Zukunft musste ich eben noch klarer gewinnen, so deutlich, dass am Ende nur ein Urteil in Betracht käme, das selbst die Punktrichter überflüssig machte. Die einzige Möglichkeit, mich vor weiteren Fehlurteilen zu schützen, würde darin bestehen, meine Gegner auszuknocken. Ein Knockout ist mehr als ein Urteil. Ein Knockout ist eine Tatsache, die sich über jedes Urteil erhebt.

So weit mein Plan, der die Zukunft betraf. An der Gegenwart änderte er wenig. Irgendwie schien die Welt auf dem Kopf zu stehen: Der lustlose Saulitschny gewann, und ich, der bestens motiviert hergereist war, wurde um meinen Sieg betrogen. Auf dem Rückflug sollte es uns dann jedoch allen schlecht ergehen.

Am Flughafen wartete auf uns dieselbe Maschine, die uns hergebracht hatte. Die Klimaanlage funktionierte immer noch nicht, dabei war die Hitze nicht einmal das Schlimmste. Jeder der mitgereisten Händler hatte sein Gepäck schätzungsweise verzehnfacht. Sie stopften die Gepäckfächer voll, bis die kaum noch zugingen. Den Rest – Berge von Kleidungsstücken und unzählige Kartons mit Elektronikartikeln – stapelten sie einfach im Mittelgang. Um zu meinem Platz zu gelangen, musste ich einige akrobatische Verrenkungen vollführen. Die Leute vom Staatszirkus hätten ihre Freude an mir gehabt. Die Leute von der Flugsicherung wären allerdings in Ohnmacht gefallen. Aber die schien es hier entweder nicht zu geben, oder sie interessierten sich nicht für unsere in ein Frachtflugzeug umfunktionierte Passagiermaschine. Eindeutig waren die Gepäckstücke in der Überzahl. Jeder konnte nur hoffen, dass er nicht auf die Toilette musste. Die befand sich nämlich am anderen Ende der Maschine, hinter jener kaum passierbaren Gebirgskette aus Gepäckstücken.

Wenn das doch nur unsere größte Sorge gewesen wäre! Irgendwie schaffte es der Pilot, die Maschine hochzuziehen. Ein strahlend blauer Himmel, keine Wolke weit und breit. Obwohl wir Meter um Meter an Höhe gewannen, sank die Temperatur in der Kabine erstaunlicherweise nicht. Die Sauerstoffversorgung schien ebenfalls ausgefallen zu sein. Es blieb so heiß und wurde so stickig, dass selbst die Piloten ihre Vorschriften in den Wind schlugen und sich der Oberhemden entledigten. Wir hatten in weiser Voraussicht nur Shorts angezogen, und unsere T-Shirts benutzten wir längst, um uns den Schweiß von der Stirn und vom Oberkörper zu wischen. Als die Maschine auf einmal zu ruckeln begann, wurde uns noch heißer. Wir wurden ordentlich durchgeschüttelt, während das Flugzeug gleichzeitig zu sinken begann. Sollten das wirklich nur gewöhnliche Turbulenzen sein?

Fünf Minuten zuvor hatten sich die Motorengeräusche noch anders angehört, irgendwie rhythmischer und gleichmäßiger. Jetzt klangen sie wie ein Stottern, als würde der Motor immer mal wieder aussetzen. Plötzlich tauchte einer der Piloten auf. Sein Unterhemd war völlig durchgeschwitzt, er sah angespannt aus. Allmählich wurde ich unruhig. Er kletterte über die Gepäckberge, auf allen vieren, anders wäre das auch gar nicht möglich gewesen. Ich sah abwechselnd zu ihm und aus dem Fenster. Die Erde kam immer näher. In Kiew konnten wir noch nicht sein, wir waren höchstens seit einer halben Stunde in der Luft. Einen anderen Flugplatz konnte ich aber auch nirgends sehen.

Die vermeintlichen Turbulenzen ließen nicht nach. Und auf einmal ging alles sehr schnell. Eine Stewardess forderte uns wiederholt hektisch auf, die Sicherheitsgurte anzulegen. Sie klang ängstlich, verzweifelt, als würde sie mit den Tränen kämpfen. Und dann wies sie uns an, uns nach vorn zu beugen, so weit wie möglich, und die Arme schützend über unsere Köpfe zu halten. »Wir versuchen jetzt zu landen!« Ich höre ihre Stimme noch heute. Den Satz werde ich wohl niemals vergessen, dieses furchtbare Wort *versuchen*! Als wäre alles nur ein Experiment. In achttausend Meter Höhe! Oder waren es schon viel weniger?

Für Sekunden herrschte Stille. Ich hörte nicht einmal mehr das Atmen meines Sitznachbarn. Er schien die Luft anzuhalten. Dann begannen die ersten Frauen zu schluchzen, und das Schluchzen ging in Weinen über. Bevor der Mann neben mir die Position für die Notlandung einnahm, zog er schnell noch eine kleine Flasche Wodka aus der Tasche und leerte sie in einem Zug. Er war nicht der Einzige, der seine Angst zu betäuben versuchte. Der Geruch von Hochprozentigem waberte durch die gesamte Kabine. Ich fragte mich, wie schnell die Wirkung des Alkohols einsetzen würde. Ob genug Zeit blieb? Ich hatte keinen dabei. Ich betete. Unser Schicksal lag in Gottes Hand. Saulitschny, der seinen Siegerpokal seit dem Start auf dem Schoß hielt, sagte kleinlaut: »Es hat so gut begonnen, das konnte nur böse enden.«

Es ist schwer zu beschreiben, was mir da oben durch den Kopf ging. Einerseits hatte ich Angst, wie alle anderen wahrscheinlich auch, andererseits erschien mir diese Angst surreal. Ich konnte mir nicht vorstellen, dass auf einmal alles zu Ende sein sollte. Ist der Tod in unserer Vorstellung nicht immer irgendwie surreal? Oder lag das an meinem Alter? Sieht man dem Tod mit sechzig oder siebzig anders ins Auge? Ist das Ende dann gegenwärtiger, fassbarer? Ich weiß es nicht. Mich beherrschte ein Gefühl von Ungewissheit, ich fragte mich, was im nächsten Augenblick passieren würde. Aber ich schloss nicht mit dem Leben ab.

Vielleicht hatte ich dafür schon zu oft überlebt. Tatsächlich hatte es in meinem Leben bis dahin ein Dutzend Situationen gegeben, in denen der Sensenmann bereits auf mich zu warten schien. Einige davon kenne ich nur aus den Erzählungen meiner Mutter, da ich, als sie geschahen, noch sehr klein war. Man braucht sich nur meinen Körper anzusehen: Er ist übersät mit Narben, fünfzig sind es bestimmt. Die wenigsten stammen vom Boxen, und die wenigsten kamen durch harmlose Verletzungen zustande.

Es begann gleich nach meiner Geburt. Mutter sagt, ich hätte

ständig geschrien, ohne dass sie sich den Grund erklären konnte. Dabei hätte ich wie wild gestrampelt und meine Unterschenkel so heftig aneinander gerieben, dass eine offene Wunde entstand. Sie war so tief, dass man fast den Knochen sehen konnte. Als ich zu krabbeln begann, passierte das nächste Malheur. Ich muss ein neugieriges Kind gewesen sein und ein sehr bewegliches. Irgendwie schaffte ich es eines Tages, das Bügeleisen zu fassen zu bekommen, das Mutter gerade angestellt hatte. Ich brüllte wie am Spieß, kam aber nicht auf die Idee, meine Hand wegzuziehen – bis Mutter mir zu Hilfe eilte.

Als ich drei war, wurde es das erste Mal wirklich gefährlich. Ich hatte damals einen Spielzeugbären, den ich mit einem kleinen Schlüssel aufziehen und laufen lassen konnte. Einmal fand ich es offenbar spannender, den Schlüssel in meinen Mund zu stecken. Vielleicht hatte ich auch einfach Hunger. Mutter kam gerade noch rechtzeitig ins Zimmer. Sie hatte sich gewundert, warum ich plötzlich so still geworden war. Da bekam ich bereits keine Luft mehr: Der Schlüssel steckte in meinem Hals fest. Mein Gesicht lief schon blau an, und vor meinem Mund bildete sich Schaum. Hätte Mutter vor lauter Schreck nicht laut aufgeschrien, wäre ich wahrscheinlich erstickt. So hörte es eine Nachbarin, eine Krankenschwester, die in unsere Wohnung gerannt kam und mir den Schlüssel mit der Hand aus dem Hals riss. Es blutete zwar furchtbar, aber ich kam wieder zu Bewusstsein.

Böse hätte auch die Sache mit dem Stromkasten enden können, den ich während eines meiner Erkundungsgänge im Keller unseres Hauses aufspürte. Darin waren die Versorgungsleitungen sämtlicher Wohnungen zusammengeführt und angeschlossen. Die bunten Kabel sahen harmlos und ziemlich verlockend aus. Ein Griff, und dreihundertsechzig Volt zuckten durch meinen Körper.

Ich muss schon damals ziemlich robust gewesen sein. Die nächste Gelegenheit, das unter Beweis zu stellen, ließ nicht lange auf sich warten. Diesmal war aber nicht ich schuld, sondern ein Motorradfahrer, der mich auf der Straße entweder übersah oder nicht mehr schnell genug bremsen konnte. Ich trug eine schwere Kopfverletzung davon, die Narbe ist noch deutlich zu sehen. Die auf der Innenfläche meiner rechten Hand wiederum erinnert an den Sturz vom Dach einer Garage, den ich kurz nach Wladimirs Geburt vollführte. Mein Kopf blieb bei diesem Missgeschick verschont, dafür landete ich mit der Hand in einer großen Glasscherbe.

Die auffälligste Narbe, die jeder sehen kann, weil sie von meinem linken Mundwinkel halb über die Wange verläuft, zog ich mir im Alter von fünf oder sechs Jahren beim Herumtoben mit einem Freund zu. Wir spielten Fangen und rannten wie zwei wild gewordene Ponys durch die Flure des Plattenbaus, in dem wir damals wohnten. Ich vorneweg, er hinterher. Die Idee, mich hinter einer Glastür zu verstecken, war sicherlich nicht besonders klug. Mein Freund war dermaßen in Fahrt, dass er nicht mehr rechtzeitig stoppen konnte. Seine Hände krachten durch das Glas und begannen sofort zu bluten. Dem Schreck folgten ein Schmerz und dann noch mehr Blut, diesmal aber in meinem Gesicht: Eine Scherbe der berstenden Scheibe hatte sich wie ein breiter Pfeil in meine Wange gebohrt, ganz tief, bis die Spitze innen in der Mundhöhle wieder herauskam. Großmutter war gerade bei uns zu Besuch. Da sie so schnell keinen Arzt auftreiben konnte, zog sie die Glasscherbe selbst heraus und nähte die klaffende Wunde mit Nadel und Faden – ohne Betäubung.

Es ging ständig so weiter, ich ließ keine Gefahr aus. Einmal, als ich Großmutter in ihrem Dorf besuchte, fiel mir ein Hammer auf den Kopf. Ein anderes Mal musste ich ausgerechnet auf einer Rutsche spielen, aus der ein alter Nagel ragte. Natürlich habe ich ihn zu spät bemerkt – noch eine Narbe mehr. Danach fiel ich von einem Baum und schlug mit dem Kopf auf einem Stein auf, der ein ziemlich großes Loch hinterließ. Dabei hatte ich noch Glück: Der Arzt, der die Wunde nähte, meinte, einen Zentimeter dichter am Auge, und ich wäre tot gewesen. Einige Zeit später wurde mir eine Baugrube zum Verhängnis. Ich stürzte kopfüber hinein, drehte mich im Fallen jedoch, sodass ich auf meinem Hinterteil landete. Was immer noch schmerzhaft genug, aber meine Rettung war. Andernfalls hätte ich mir vermutlich das Genick gebrochen.

Wenn das alles nicht Schicksal ist! So viele Zufälle kann es in einem Leben nicht geben. Wladimir wuchs unter den gleichen Bedingungen und an denselben Orten auf. Aber er bekam fast nichts ab. Soll ich mich nun als Pechvogel fühlen, weil mir so viel widerfährt? Oder darf ich mich als Glückspilz betrachten, weil ich immer noch lebe? Ich bin für die zweite Variante. Ich sehe das Glas lieber halb voll als halb leer. So gefährlich die Unfälle auch waren und sooft ich in Lebensgefahr schwebte – am Ende ging ich immer als Sieger hervor. Und das ist doch ein wunderbarer Grund, glücklich zu sein.

Die letzten Minuten unseres Fluges dauerten ewig. Dann endlich die Rettung. Die Räder der Maschine setzten auf dem Boden auf, etwas unsanft, aber sicher. Wir wurden nach vorn gedrückt. Das war ein gutes Zeichen, die Bremsen funktionierten also noch. Aufatmen. Meinem Nebenmann standen Tränen in den Augen. Ich schaute aus dem Fenster, der Flughafen kam mir bekannt vor. Wir waren wieder in Bangkok gelandet. Was wirklich geschehen war, erfuhren wir erst später. In einem der beiden Triebwerke hatte es einen Schwelbrand gegeben. Den hatte der Pilot zwar löschen können, danach war die Maschine aber nur noch mit einem Aggregat geflogen.

In Bangkok bekamen wir drei Tage Zeit, um uns von dem Schrecken zu erholen. In der Zwischenzeit wollte die Fluggesellschaft eine Ersatzmaschine beschaffen. Aber als wir das nächste Mal eincheckten, stellten wir fest, dass es immer noch dieselbe war. Sie hatten das Triebwerk nur repariert oder ausgetauscht. Die meisten Passagiere weigerten sich, noch einmal in das Flugzeug zu steigen. Wer es sich leisten konnte, buchte einen Rückflug mit einer Linienmaschine. Über die Hälfte der Sitzplätze blieb frei. Unser Delegationsleiter schien damit kein Problem zu haben. Mir war nicht gerade wohl dabei, ich hätte auf diese neuerliche Mutprobe gern verzichtet, aber ich wollte auch nicht als

Feigling dastehen. Meinen Mannschaftskameraden ging es offenbar genauso. Keiner von uns beschwerte sich. Nie wieder habe ich einen Flug erlebt, bei dem es an Bord so still war. Selbst den Stewardessen schien der Schock noch in den Gliedern zu stecken.

Nach dieser missratenen Reise schlug sich das Glück in sportlicher Hinsicht wieder auf meine Seite. Bereits beim nächsten Kampf gegen den Bulgaren Russinow verschaffte ich mir eine kleine Genugtuung: Bei der Militärweltmeisterschaft räumte ich jeden Zweifel an meiner Überlegenheit aus und schlug ihn k.o. Der Zufall wollte es, dass er unmittelbar vor seinem Verbandspräsidenten auf dem Ringboden liegen blieb, keine zwei Meter von ihm entfernt. Diesmal war ich es, der grinste. Aber dieser Sieg war mehr eine Schönheitskorrektur. Er bildete den Auftakt zu einer Reihe von Erfolgen. Ich gewann beim Chemiepokal in Halle, damals eines der hochkarätigsten Amateurturniere der Welt. Ich siegte bei der Militärweltmeisterschaft in Rom. Und im Finale der WM in Berlin, gegen Alexej Lezin, fühlte ich mich ebenfalls als Sieger, obwohl die Punktrichter anders werteten. Aber das kannte ich schon. Solange ich keinen Knockout zuwege brachte, musste ich mich nicht wundern und brauchte auch nicht auf die Barrikaden zu gehen. Das hatte ich begriffen.

Umstrittene Punkturteile hin oder her, Anerkennung erfuhr ich trotzdem. Plötzlich meldeten sich wildfremde Männer bei mir, die mich als Profiboxer unter ihre Fittiche nehmen wollten. Und das, obwohl sie nicht einmal meine Sprache verstanden und ich nicht ihre. Sie, beziehungsweise ihre Dolmetscher, meinten, mit meinem hammerharten Punch könne ich es weit bringen. Natürlich schmeichelten solche Offerten meinem Selbstwertgefühl, ich zog sie aber nicht ernsthaft in Betracht. Da kamen mir die Verantwortlichen des Amateurboxvereins BC Flensburg schon eher gelegen. Sie suchten für die nächste Bundesliga-Saison einen Erfolg versprechenden Superschwergewichtler und rollten mir förmlich einen roten Teppich aus. Ihr Angebot klang verlockend, es versprach ein anständiges Einkommen für die nächsten Monate. So lief das also mit dem Amateursport im Westen!

Wir einigten uns auf einen Vertrag, der mir für jeden Kampf eine feste Summe garantierte, vorausgesetzt, ich gewann ihn. Es ging um ungefähr tausendfünfhundert Mark, für meine Verhältnisse ein gigantischer Betrag. Bei der ersten Niederlage sollten fünfhundert abgezogen werden, bei einer weiteren noch einmal zweihundert, aber über solche Eventualitäten verhandelte ich gar nicht erst. Wer, fragte ich mich, sollte mir ernsthaft in die Quere kommen? Ich war bei den verschiedenen internationalen Titelkämpfen gegen die besten Amateurboxer der Welt angetreten. Keiner von ihnen hatte mich das Fürchten gelehrt. Deshalb interessierte mich viel mehr, was die Flensburger zahlen würden, sollte ich aus all meinen Kämpfen als Sieger hervorgehen. Würde ich in diesem Fall eine Erfolgsprämie erhalten? Begeistert schienen sie von meinem Vorschlag nicht, stellten aber sechstausend Mark in Aussicht. Gleich bei meinem ersten Kampf überzeugte ich sie und lieferte einen schnellen K.-o.-Sieg ab.

Überhaupt schien sich das Jahr 1995 zu einem Glücksjahr für mich zu entwickeln. Inzwischen hatte ich auch das Ticket für die Olympischen Spiele in der Tasche, die im kommenden Jahr in Atlanta stattfinden sollten. Das war, sportlich gesehen, vielleicht sogar mein größter Erfolg. Seit meiner Teenagerzeit träumte ich davon, eines Tages an den Olympischen Spielen teilzunehmen und eine Goldmedaille zu gewinnen! Ein Olympiasieg stand in der Rangfolge meiner Wunschträume fast auf derselben Stufe wie ein Flug ins Weltall. Da ich schon kein Kosmonaut werden konnte, würde mir vielleicht das andere gelingen. Schlecht standen meine Chancen ja nicht. Gegen Alexej Lezin traute ich mir durchaus einen Sieg zu. Wie es aussah, würde er bei Olympia mein härtester Konkurrent sein, falls die Kubaner nicht wieder einen ihrer Wunderboxer schickten. Jetzt hoffte ich nur, dass sich auch Wladimir noch qualifizierte. Wir beide bei den Olympischen Spielen – das wäre einfach perfekt! Möglich schien es. Wladimir müsste sich bei der nächsten Europameisterschaft nur bis ins Finale vorboxen.

Es geschah in diesem denkwürdigen Jahr noch etwas, das mich in Hochstimmung versetzte, buchstäblich in einen Rauschzustand, ohne dass ich einen Tropfen Wodka anrührte. Ich war vollkommen nüchtern, aber plötzlich doch irgendwie benommen, als ich sie das erste Mal sah. Man kann so etwas nicht erklären, es trifft einen einfach. Zuvor können einem Hunderte, ja Tausende toller Frauen über den Weg laufen, die alle phantastisch aussehen und sympathisch wirken, bei denen es aber einfach nicht klick macht. Dann taucht plötzlich die eine auf, und die Welt sieht völlig anders aus. Das Sonnenlicht strahlt heller, die Blumen duften intensiver, die Regentropfen fühlen sich wärmer an. Alles ist irgendwie schöner. Diese Frau löst ein ganz besonderes Gefühl in einem aus, das einem sagt: Das ist die Richtige, und nur sie ist es. Sie geht einem nicht mehr aus dem Kopf. Nachts sieht man sie in seinen Träumen, und tagsüber schwärmt man vor seinen Freunden von ihr. Sie ist einfach in jedem Gedanken präsent. Eine solche Frau stand auf einmal vor mir, so schön und so anmutig, dass es mir den Atem verschlug.

Es war die Zeit, als sich in Kiew die so genannte neue Generation oder neue Jugend etablierte, junge Leute, die aus der veränderten politischen Situation das Beste für sich herausholten, die ihre Freiheit genossen und beruflich erfolgreich waren. Sie machten sich mit irgendwelchen Geschäftsideen selbstständig, eröffneten Lokale oder Computerläden, oder sie kamen in einer der ausländischen Firmen unter, die den Kapitalismus ins Land brachten und ihre Angestellten im Vergleich zu den einheimischen Betrieben geradezu fürstlich entlohnten. An den Wochenenden zogen sie durch die angesagten Lokale im Stadtzentrum, trafen sich in Nachtklubs und Diskotheken, um sich ausgiebig zu amüsieren. Lokale schossen damals wie Pilze aus dem Boden, einige hielten sich, andere mussten nach wenigen Wochen wieder schließen. Der Klub *Die Krone* war eine Zeit lang sehr angesagt. Gelegentlich gingen wir auch in den Nachtklub *Warschawa*. Zu den gefragtesten Events aber, die diese neue Jugend geradezu magisch anzogen, gehörten Modenschauen. Irgendwo fand immer eine statt, man musste sich nur ein bisschen umhören und die richtigen Leute kennen. Natürlich ging es dabei auch um Mode, aber uns junge Kerle interessierten vor allem die Frauen, die diese Mode vorführten. In Kiew leben die schönsten Frauen der Welt, und wer die Schönsten der Schönen zu Gesicht bekommen wollte, ging zu den Modenschauen. Wir machten fast ein Hobby daraus, auf diese Weise attraktive Frauen kennen zu lernen. Auch das war neu an der neuen Jugend: Früher durfte über Erotik und Sex nicht laut geredet werden. Die Generation unserer Eltern wurde sehr konservativ erzogen. Wir dagegen gingen wesentlich freier und ungezwungener mit diesen Themen um.

Ich kann mich noch gut erinnern, wie geschockt meine Mutter war, als sie vorm Waschen einmal eine Packung Kondome in einer meiner Hosentaschen fand. Da war ich immerhin schon siebzehn oder achtzehn. Sie schien sich richtig zu erschrecken, als sie plötzlich das kleine Päckchen in ihrer Hand hielt, und fragte mich ganz entsetzt, wieso ich diese Dinger in der Tasche hätte. Was sollte ich darauf antworten? Wahrscheinlich sagte ich: »Weil ich ein Mann bin« oder etwas in dieser Art. Worauf sie sich veranlasst fühlte, mir einen Vortrag über den Umgang mit dem anderen Geschlecht zu halten. Ich nehme an, sie versuchte mich aufzuklären, dabei wusste ich bestens Bescheid. Es ging ihr auch nicht um die biologischen Details, sie sah die Sache mehr vom moralischen Standpunkt aus. Das hörte sich dann ungefähr so an: »Junge, man geht nicht mit jedem dahergelaufenen Mädchen ins Bett! Das ist gefährlich! Was da alles passieren kann! Du musst auf die große Liebe warten!« Der Papst hätte es vermutlich nicht viel anders ausgedrückt. Der Gedanke, dass ihr großer Sohn seine eigenen Erfahrungen sammeln wollte, schien Mutter nicht zu behagen.

Dass ich schon voll dabei war, band ich ihr vorsichtshalber nicht auf die Nase. Beim Studium hielten wir uns an das alte Sprichwort: Probieren geht über studieren. Wir verbanden einfach das eine mit dem anderen. Gefühle waren meistens auch im Spiel, aber die erwiesen sich in der Regel als nicht sonderlich beständig. Bei mir hielt es nur einmal länger. Sie hieß Swetlana, und es hatte mich ganz schön erwischt. Sie war die erste Frau, mit der ich mir eine Zukunft vorstellen konnte, obwohl ich ja gar nicht wusste, was mich in Zukunft erwartete. Je deutlicher sich das nämlich abzeichnete, desto komplizierter wurde unsere Beziehung. Die häufigen Reisen in die verschiedenen Trainingslager und zu Wettkämpfen waren ihr nicht gerade zuträglich. Rund zwei Jahre blieb ich mit Swetlana zusammen, dann trennten wir uns.

Eine Modenschau war kein Ersatz für die gescheiterte Beziehung, aber fürs Erste ein wunderbarer Trost. Und für denjenigen, der sich auf der Jagd befand, stellte sie in ganz Kiew die effizienteste Methode dar, eine begehrenswerte Frau zu finden. Man brauchte sich bloß eine Karte für einen der Plätze in der vordersten Reihe zu kaufen, schon bekam man die Modeprinzessinnen wie auf einem goldenen Tablett präsentiert. Mit etwas Geschick und vor allem Charme gelang es dann sogar, eine der Angebeteten nach der Show, beim anschließenden *come together*, um ein Rendezvous zu bitten. Ich hatte auf diese Weise schon einige Mädchen kennen gelernt. Attraktiv sahen sie alle aus, und die meisten waren auch freundlich und nett, aber umwerfend? Nein, von diesem Kaliber war mir noch keine begegnet.

Bis zu besagtem Abend, an dem ich jene Frau erblickte, die wie ein Engel über den Laufsteg schwebte und allein durch ihren Anblick meinen Herzschlag durcheinander brachte. Amor muss in diesem Moment einen ganzen Köcher voller Liebespfeile verschossen haben. Zumindest in meine Richtung, an ihr schienen sie abzuprallen. Ich erfuhr zwar ihren Namen – Natalie –, im selben Atemzug aber auch den Grund für ihre Widerspenstigkeit: Sie lebte in einer festen Partnerschaft. Und als ob dieser Tiefschlag nicht genügte, wusste irgendjemand, dass ihre Hochzeit unmittelbar bevorstand.

Schön für sie, aber schlecht für mich, denn die Schmetterlinge in meinem Bauch scherten sich um solche Sachen nicht, und vertreiben ließen sie sich auch nicht so einfach. Wenigstens sprach sie mit mir, und wie sie dabei lächelte! Mit diesem wunderschönen Lächeln sagte sie allerdings Sätze, die nicht sehr schön klangen. Es tue ihr Leid, aber verabreden könne sie sich nicht mit mir. Und nein, auch morgen habe sie keine Zeit. Dann eben nicht, dachte ich. Zum Kasper wollte ich mich auch nicht machen.

Ich glaubte, ich könnte sie vergessen, sie mir einfach aus dem Herzen reißen und aus meinem Gedächtnis tilgen. Bei anderen Frauen wäre mir das wahrscheinlich gelungen, nicht aber bei Natalie. Und wie sollte es mir gelingen, sie zu vergessen, wenn ich weiter Modenschauen besuchte? Vielleicht suchte ich auch nur nach einer neuen Gelegenheit, ihr mein Interesse an ihr zu zeigen. Vielleicht war ich einfach nur schrecklich verliebt. Wenn ich bis dahin noch daran gezweifelt hatte – spätestens, als ich sie das nächste Mal auf einem Laufsteg sah, begriff ich, wie es wirklich um meine Gefühle für sie stand.

Die Wahrscheinlichkeit dürfte recht hoch gewesen sein, ihr auf diese Weise wieder zu begegnen. Doch wenn man verliebt ist, sieht man Tatsachen mitunter etwas blumiger. Ich erkannte natürlich sofort viel mehr darin, ein untrügliches Zeichen, das der Himmel schickte, oder Amor oder wer auch immer. Ich hatte noch nie so schnell Blumen besorgt, und selten waren sie so teuer gewesen. Rote Rosen sollten es zur Feier unseres Wiedersehens schon sein. Jede Frau liebt doch rote Rosen! Ich schenkte ihr den Strauß und – kassierte den nächsten Korb.

Niederlagen motivieren mich, das war schon damals so. Und nicht bloß beim Sport. Den dritten Anlauf plante ich generalstabsmäßig. Jetzt, da ich mir meiner Gefühle sicher war, wollte ich nichts dem Zufall überlassen. Ich zog meine beste Hose an und ein weißes Hemd, das ich vorher so sorgfältig bügelte, wie ich meine Schuhe blank polierte. Dann kaufte ich mir eine Karte für einen Platz direkt am Kopfende des Laufstegs. Hier würde sie mich unmöglich übersehen können. Einen Strauß roter Rosen nahm ich diesmal gleich mit.

Meine Vorkehrungen zahlten sich aus. Natalie entdeckte mich sofort. Und obwohl sie mir erzählt hatte, dass den Models das

Lachen auf dem Laufsteg untersagt ist, konnte sie sich ein Lächeln in meine Richtung nicht verkneifen. Also doch: Sie freute sich, mich zu sehen! Ein anderer Grund fiel mir für dieses Lächeln partout nicht ein. Ich schwebte schon im siebten Himmel: Heute würde es endlich so weit sein. Diesmal würde sie meine Einladung nicht ablehnen. Pustekuchen! Sie bedankte sich zwar artig für die Blumen, kam dann aber ziemlich schnell auf den Punkt: Ich sei ja ein netter Kerl, ich müsse aber verstehen, ihr Freund und ihre Familie und die Hochzeit und… Wer weiß, was sie noch alles sagte. Zu mir drangen ihre Worte gar nicht mehr vor.

Wer denkt, damit wäre für mich das Kapitel abgeschlossen gewesen, der kennt meine Hartnäckigkeit nicht, diesen unbändigen Willen, der sich immer dann bemerkbar macht, wenn mir etwas *wirklich* am Herzen liegt. Auch ein Sieg im Ring liegt mir immer *wirklich* am Herzen, und wenn er noch so schwer fällt. Jeder von uns trägt den einen oder anderen Wunsch mit sich herum, eine größere Wohnung, ein schnelleres Auto oder ein höheres Einkommen. Aber darum geht es mir nicht. Ich meine die Dinge, für die man bereit ist, durchs Feuer zu gehen. Einfach, weil man hundertprozentig davon überzeugt ist, dass es sich lohnt, alles zu riskieren. Das heißt nicht, dass man sich dabei nicht irren kann, dass es sich am Ende vielleicht sogar als Fehler herausstellt. Aber Natalie würde kein Fehler sein, da war ich mir ganz sicher. Das machte es aber keineswegs einfacher. Der Sommer kam, und danach würde sie verheiratet sein. Es gab wahrlich angenehmere Vorstellungen.

Die schönste Nachricht verriet mir ihre Hand, als ich sie am Ende des Sommers wiedersah: Natalie trug keinen Ehering! Mir fiel ein Stein vom Herzen, eigentlich wohl eher ein Felsbrocken, was sag ich: der Mount Everest. Und fast wirkte es so, als rollte ihr ein Teil davon bei der nächsten Modenschau vor die Füße. Kaum, dass sie mich im Publikum erspähte, kam sie aus dem Tritt, stolperte und wäre beinahe vom Laufsteg gefallen. Wenn das kein deutliches Signal war! Ich wusste nur nicht, ob ich es zu meinen Gunsten auslegen sollte.

50 Das Herz eines Boxers – Natalie hat es erobert. Seit neun Jahren ist sie die Frau an Vitalis Seite.

51 Familienglück in Hamburg: Vitali und Natalie mit ihrem Sohn Egor Daniel.

52 Die drei entspannen bei einem Bootsausflug im Urlaub.

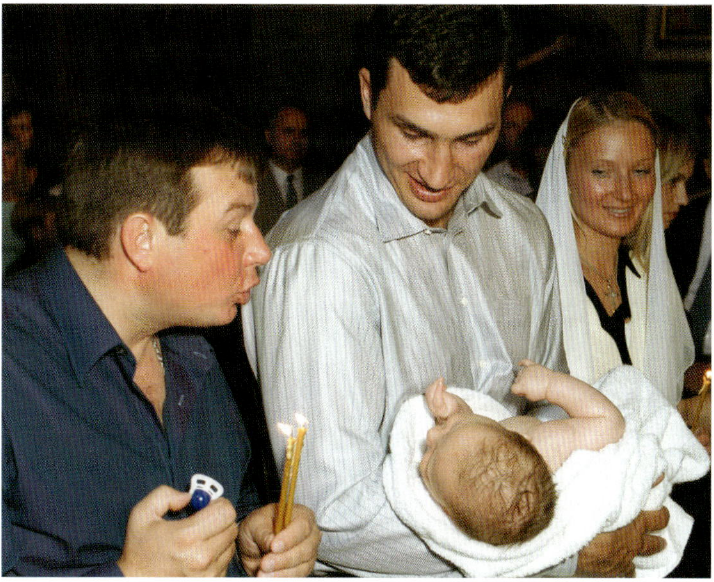

53 Onkel Wladimir hält Egor bei der Taufe auf dem Arm.

54 Stolzer Papa:
Vitali mit Töchterchen
Elisabeth Victoria.

55 Urlaub auf Hawaii: Vitali planscht mit Egor und Victoria im lauwarmen Wasser …

56 … baut mit seinem Sohn Sandburgen am Strand …

57 … oder genießt einfach mit seiner Familie die ruhigen Momente unter Palmen.

58 Schön ist es auch mal zu zweit: Vitali und Natalie im Hotelpool während eines Ägypten-Urlaubs – verliebt wie am ersten Tag.

59 Action muss auch in der Freizeit sein: Wladimir beim Wakeboarden auf dem Dnjepr.

60 Zum Kamelreiten in Ägypten sind wir lieber zusammen aufgebrochen. Mit diesen Tieren kennen wir uns nicht so gut aus.

61 Pferde sind uns da schon eher vertraut. Vitali gibt doch einen guten Reiter ab, oder?

62 Was Vitali in der Kindheit nicht hinbekam, klappt auf der Kartbahn auf Gran Canaria schon recht gut. Eigentlich ein Wunder bei der Länge seiner Beine.

63 Unser liebstes Hobby: Kitesurfing. Vitali in voller Montur, kurz bevor er aufs Wasser geht.

64 Vitali am Start: Wie steht der Wind? Und wie komme ich am besten aufs Brett, ohne bei diesen Wellen im Wasser zu landen?

65 Mit dem richtigen Trainer kann nichts schief gehen: Vitali gleitet neben Robby Naish, dem berühmtesten und erfolgreichsten Kitesurfer der Welt.

66 Da sind wir uns mal wieder einig: ein toller Sport! Es ist ein irres Gefühl, bei Windstärke acht mit einem Höllentempo über die Wellen zu jagen.

67 Mit hohen Geschwindigkeiten hat auch Wladimirs (rechts im Cockpit) zweites Hobby zu tun: Die Fliegerei, am liebsten mit einem Hubschrauber.

68 Das kleine Geheimnis: Mit Alexandra, einem ehemaligen Model aus Kiew, war Wladimir kurze Zeit verheiratet.

69a Vor vier Jahren verlor Wladimir sein Herz an eine andere Schöne…

69b Sie heißt Diana, kommt aus der Ukraine und ist ein gefragtes Model.

70 Mit ihr habe er die schönste Zeit verbracht, sagt Wladimir. Leider sind die beiden inzwischen nicht mehr zusammen.

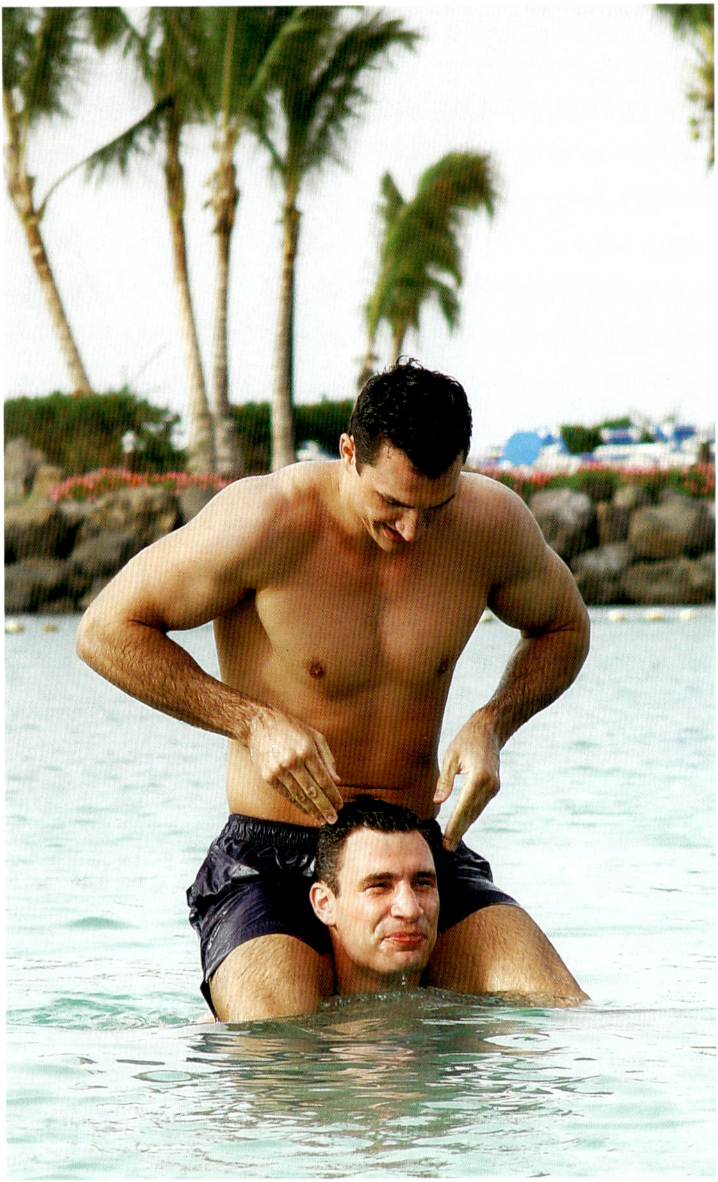

71 Eine Kopfwäsche gefällig, Brüderchen?

Erst als sie Tage später bei der Geburtstagsfeier eines Freundes ohne Begleiter erschien, machte ich mir Hoffnung. Zumindest witterte ich eine Chance. Nur deshalb tat ich das, was ich vorher noch bei keiner Frau gewagt hatte – ich schüttete ihr mein Herz aus, sprang also geradewegs ins Feuer. Ein paar Gläser halfen mir, meine Zunge zu lockern. Ich kam richtig in Fahrt und redete mir all die Gefühle, die ich seit Monaten für sie empfand, einfach von der Seele. Es war von der ersten bis zur letzten Silbe eine einzige Liebeserklärung, die ich mit der Bitte abschloss, sie möge mich doch endlich erhören!

Ich verglich mein Liebeswerben mit einem Boxkampf. So abwegig war dieser Vergleich gar nicht, wenn man bedenkt, wie viele Schläge ich hatte einstecken müssen. Verbale zwar, aber die schmerzen manchmal viel mehr. Ganz zu schweigen von der Kraft und der Ausdauer, die mir diese Frau abverlangte! Wenn man noch dazu bedenkt, welch einen Willen es erforderte, über die schier endlose Distanz von mehreren Monaten zu gehen, sich nicht abschütteln zu lassen, um irgendwann ans Ziel zu gelangen. Jedes Mal, wenn ich dachte, ich sei längst in der zwölften, in der entscheidenden Runde angekommen, merkte ich plötzlich, dass ich offenbar nicht einmal die erste bewältigt hatte. An diesem Abend jedoch kämpfte ich mich gleich mehrere Runden vorwärts. Natalie hörte sich meine Liebesschwüre nicht nur geduldig an, sie lächelte danach sogar. Sie lächelte den ganzen Abend, und so lange tanzten wir auch miteinander.

Am folgenden Tag kam ein neuer Kontrahent ins Spiel, ihr Verlobter. Irgendjemand hatte ihm wohl verraten, wie harmonisch der Abend zwischen Natalie und mir verlaufen war. Ich wusste zwar nicht, was ich mit ihm zu besprechen hätte, doch er wollte sich unbedingt sofort mit mir treffen. Wir verabredeten uns in einem Restaurant, in dem Wladimir und ich häufiger verkehrten. Dass mein Brüderchen auch gerade da war, konnte ich ja nicht ahnen. Als ich eintraf, ging Natalies Freund gerade zum Clinch über und packte Wladimir am Schlafittchen, in der Annahme, dass es sich bei ihm um mich handelte. Er machte vielleicht ein verdutztes Gesicht, als plötzlich noch ein Klitschko aufkreuzte! Wer war nun wer, und wem sollte er die Abreibung verpassen?

Anscheinend leuchtete ihm ein, dass er weder gegen den einen noch gegen den anderen eine Chance hatte, und schon gar nicht gegen uns beide. Er tat mir fast Leid. Bestimmt war er kein schlechter Kerl. Ich verstand sein Verhalten sogar. Was Natalie anging, konnte ich ihn erst recht verstehen. Er war im Begriff, seine Freundin zu verlieren, die er so sehr liebte, dass er sie heiraten wollte. Mir wären wahrscheinlich auch die Sicherungen durchgebrannt. Nur nutzte es nichts, wenn wir beide uns den Kopf über Natalies Gefühle zerbrachen. Wir konnten ihr den Hof machen und ihr unsere Liebe versichern, entscheiden musste allein sie.

Damit langte ich doch noch in Runde zwölf an. Jetzt gab es kein Zurück mehr. Sieg oder Niederlage. Ich hatte lange nach Punkten zurückgelegen, schien aber zuletzt aufgeholt zu haben. Genau genommen war ich inzwischen sogar über die Pattsituation hinaus, das spürte ich. Endlich nahm sie doch meine Einladung zum Essen an. Nur wir beide! Mein Herz schlug Purzelbäume. Der längste Kampf meines Lebens näherte sich dem Ende. Und am Ende stand der wichtigste Sieg. Ich hielt die schönste Trophäe in meinen Händen, und die gebe ich nie wieder her. Jetzt sind Natalie und ich schon seit über neun Jahren ein Paar.

Aber wie das Leben so spielt: Die bitterste Niederlage folgte auf dem Fuße. Dabei hatte ich die Schmerzen in meiner linken Wade längst vergessen, sie lagen Monate zurück. Die Verletzung war nicht weiter dramatisch gewesen. Ich hatte sie mir im Sommer zugezogen, im Trainingslager auf der Krim. Vermutlich war es eine Überlastungserscheinung gewesen, eine Folge des dauernden strapaziösen Trainings. Ich konnte nicht mehr richtig laufen, weil ich ständig Krämpfe bekam. Da wir keine eigenen Sportärzte dabeihatten, ließ ich mich in einem Militärsanatorium behandeln. Ich bekam Massagen, Bäder und auch ein paar Spritzen. Nach knapp drei Wochen war ich wieder fit. Als ich zur Militärweltmeisterschaft nach Rom fuhr, dachte ich schon nicht mehr daran. Es lief alles glatt, die Schmerzen waren verschwunden, ich kam bis ins Finale und besiegte dort meinen ärgsten Widersacher, den Russen Alexej Lezin. Er war also zu knacken, wusste ich es doch! Das machte mir noch mehr Hoffnung auf einen Sieg bei den Olympischen Spielen. Nach dem Kampf gab ich eine Urinprobe für den Dopingtest ab, dazu war jeder Sieger verpflichtet. Eine reine Routineangelegenheit, dachte ich und verschwendete keinen weiteren Gedanken daran.

Bis die Hiobsbotschaft beim Armeesportklub einging und kurz darauf auch durch die Zeitungen geisterte: überführt! Meine Dopingprobe hatte ein positives Ergebnis erbracht. Im ersten Moment nahm ich die Mitteilung gar nicht richtig ernst. Doping? Ich? Ausgeschlossen. Da musste ein Irrtum vorliegen! Ich wusste es ja besser: Noch nie habe ich verbotene Mittel geschluckt. Ich sah und sehe darin keinen Sinn. In den härtesten Trainingsphasen nahm ich Vitamine und Mineralstoffe, doch das waren durchweg erlaubte Substanzen. Sie glichen Defizite in meinem Körper aus, die durch die hohe Belastung entstanden. Sie hatten aber keine leistungssteigernde Wirkung wie die verbotenen Mittel, die auf der Dopingliste standen.

In meinem Fall sollte es Nandrolon gewesen sein, ein anaboles Steroid, das bereits in den fünfziger Jahren als Dopingmittel in Verruf geraten war. Die Substanz selbst wird in geringen Mengen auch vom menschlichen Körper produziert. Unter bestimmten Bedingungen, bei extremen Belastungen zum Beispiel, können sich die Werte erhöhen. Auch im Körper schwangerer Frauen steigt der Nandrolonspiegel deutlich an. Eine Erkenntnis, die unter anderem die Chefdoper des DDR-Leistungssports zu perfiden Experimenten missbrauchten. In ihrem Höchstleistungswahn sollen sie auf natürliches Doping gesetzt und Sportlerinnen zu gezielten Schwangerschaften kurz vor anstehenden Wettkämpfen veranlasst haben, die danach dann wieder abgebrochen wurden.

In meinem Urin soll die Konzentration auffällig hoch gewesen sein, sodass sie den Prüfern einzig durch die Einnahme eines Nandrolonpräparats erklärbar schien. Die Nachricht schockierte mich zwar, sie haute mich aber nicht um. Ich war mir keiner Schuld bewusst und glaubte tatsächlich, auch alle anderen davon überzeugen zu können. Ich ließ mich von unseren Sportärzten gründlich untersuchen. Sie analysierten mein Blut und meinen Urin und fanden nichts. Da erst fiel mir der Mediziner auf der Krim wieder ein. Wenn das Testergebnis tatsächlich korrekt sein sollte, musste die Ursache in den Medikamenten liegen, die er mir verabreicht hatte. Er war der Einzige, der mir den ganzen Ärger eingebrockt haben konnte. Und ich lag richtig mit meiner Vermutung, er stritt es nicht einmal ab. Er war kein Sportmediziner, von einer Dopingliste schien er noch nie gehört zu haben. Ahnungslos hatte er mir ein Medikament gespritzt, in dem der verbotene Stoff enthalten war. Das bescheinigte er mir sogar schriftlich.

Ich glaubte, mit dieser Erklärung könnte ich meine Unschuld beweisen. Unmöglich, dass sie mich für so etwas bestraften! Ich schrieb unzählige Briefe, an die Verantwortlichen des Armeesportklubs und der Nationalmannschaft, an sämtliche Stellen, die mit dem Fall befasst waren. Doch ich rannte wie Don Quichotte gegen Windmühlen an. Das Urteil stand scheinbar unumstößlich fest. Sie brummten mir eine einjährige Sperre auf! Bis zu den Olympischen Spielen waren es keine zehn Monate mehr.

Heute kann ich relativ entspannt darüber sprechen. Damals brach für mich eine Welt zusammen, in dem Moment, als endgültig feststand, dass ich in Atlanta nicht an den Start würde gehen dürfen. Ich warf meine Boxhandschuhe in eine Ecke und die Boxstiefel gleich hinterher und wollte von Jabs und Geraden, von Cross und Uppercuts nichts mehr hören. Meine Motivation sank tief unter null. Ich machte monatelang einen Bogen um unsere Halle. Wozu sollte ich noch weitertrainieren?

Der ZSKA hätte vor das Sportgericht ziehen und nachweisen können, dass ich ohne mein Dazutun zum Dopingsünder geworden war. Vielleicht hätte es die Strafe nicht aufgehoben, aber doch wenigstens verkürzt. Vier Monate weniger hätten ausgereicht, und ich wäre wieder dabei gewesen. Doch eine juristische Auseinandersetzung hätte einige tausend Dollar verschlungen. Mir wäre das mein Traum wert gewesen, doch ich hatte das Geld nicht. Und der Sportklub musste anders rechnen. Mit *hätte* und *könnte* und *vielleicht* und *womöglich* waren unsere Sponsoren zu Ausgaben in dieser Größenordnung nicht zu bewegen. Und wer konnte den Ausgang eines Prozesses schon vorhersehen?

Es hätte schlimmer nicht ausgehen können. Die Olympischen Spiele würden ohne mich stattfinden. Das heißt, nicht ganz.

Siegen für Vitali

Wladimir

Bei meiner letzten Fahrt war der rechte Seitenspiegel abgefallen. Diesmal also der Auspuff. Der hatte schon die ganze Zeit verdächtig geröhrt. Vielleicht hätte ich etwas früher in die Werkstatt gemusst, aber ich hatte keine Ahnung von Autos. Die ich aus Kiew kannte, klangen fast alle so. Der Auspuff fiel ab, krachte einfach auf den Boden, und ich trat auf die Bremse. Hätte mich auch gewundert, wenn ich einmal ohne Panne nach Hause gekommen wäre. Ich sah weit und breit keine Werkstatt, und ich wusste auch nicht, wo eine war. So gut kannte ich mich in Flensburg noch nicht aus. Also packte ich den Auspuff erst einmal in den Kofferraum und fuhr im Schneckentempo weiter. Ich konnte froh sein, dass es nicht Nacht war. Die Leute wären aus den Betten gefallen. Ohne Auspuff hörte sich mein Auto nicht gut an, vor allem hörte es sich laut an, höllisch laut.

Wirklich ein Prachtexemplar von einem Auto, das sie mir da vor die Tür gestellt hatten! Im Deutschen gibt es das schöne Wort »Rostlaube« dafür, aber damit konnte ich damals noch nichts anfangen. Meine Sprachkenntnisse beschränkten sich auf *Guten Tag* und *Auf Wiedersehen, danke schön, bitte sehr* und *Wie geht es Ihnen?* Die Rostlaube sollte ein Opel Rekord sein, das stand zumindest auf der Heckklappe. Wenn ich das Vehikel genau betrachtete, konnte ich sogar ein paar Überreste seiner Lackfarbe erkennen. Die wenigen Flecken Weinrot harmonierten vorzüglich mit den rotbraunen Rostplacken, die sich von Tag zu Tag weiter über die Karosserie auszubreiten schienen.

Das Auto gehörte mir nicht. Mein neuer Arbeitgeber, der Boxclub Flensburg, hatte es mir leihweise zur Verfügung gestellt. Eigentlich war es für Vitali vorgesehen gewesen. Der hätte seine Freude daran gehabt. Irgendwie fuhr der Wagen ja, ob mit Auspuff und Spiegel oder ohne, meistens jedenfalls. Nur mit den Bremsen haperte es. Passiert ist aber nie etwas. Ich sah den Opel sowieso mit ganz anderen Augen. Für mich war er mein erstes Westauto, und das war für jemanden, der aus der Ukraine kam, auch mit Rost und ohne Spiegel etwas Besonderes. Erst recht, da es über elektrische Fensterheber verfügte, die es in einem Lada nicht gab. Seltsamerweise funktionierten die tadellos.

Der Vorstand des Bundesligavereins, den es inzwischen nicht mehr gibt, hatte mich nicht gerade mit Pauken und Trompeten empfangen. Ich war ihnen nicht geheuer, rein sportlich gesehen. Menschlich verstanden wir uns ganz gut. Ich glaube nicht, dass sie mir anfangs zutrauten, was ich ihnen die Saison über dann an Leistung ablieferte, an Siegen vor allem. Das nahm ich ihnen nicht übel. Ursprünglich hatten sie Vitali verpflichtet, nachdem der in Berlin Vizeweltmeister geworden und dabei nur denkbar knapp dem Champion unterlegen war. Falls sie mich dort überhaupt wahrgenommen hatten, konnte ich ihnen in keiner guten Erinnerung geblieben sein, so schnell und glanzlos, wie ich nach der verordneten Hungerkur ausschied. Und die Tatsache, dass ich mit meinen neunzehn Jahren bereits im Superschwergewicht antrat, klang für sie wahrscheinlich mehr nach übergewichtigem Spätteenager als nach einem ambitionierten Boxer.

Falls Vitali sie nicht von meinem Können überzeugt hatte, dürfte die Notlage, in der sie steckten, sie dazu getrieben haben, mich anstelle meines Bruders in den Ring zu schicken. Die neue Saison hatte bereits begonnen, Vitali hatte seinen ersten Kampf bestritten, als er wegen der Dopinggeschichte aufhören musste. Zu diesem Zeitpunkt war der Boxer-Markt wie leer gefegt. Die Vereine hatten alle guten Leute unter Vertrag genommen, an vernünftigen Ersatz kam man nicht mehr heran. Um nicht ohne Schwergewichtler dazustehen, nahmen sie mich. Auf diese Weise brauchte auch nicht erst ein neuer Vertrag aufgesetzt zu werden. Ich übernahm einfach Vitalis, nur der Vorname wurde geändert.

Im Herbst 1995 zog ich nach Flensburg. Mein Studium führte ich als Fernstudium weiter. Vitali und ich waren dazu übergegangen, als die Trainingslager und Wettkämpfe immer mehr wurden und die Reisen immer länger dauerten. Der BC Flensburg stellte mir eine Wohnung in der Nähe des Boxgyms in der Nordstadt. Gemessen an Kiew war in Flensburg irgendwie alles in der Nähe. Mit dem Auto brauchte ich für die Strecke nur wenige Minuten, falls es durchhielt. Zu weiter entfernten Wettkampfstätten fuhren wir mit einem Bus.

Die Sprache bereitete mir allerdings wirklich Schwierigkeiten. Deutsch klang so kompliziert, dass ich mir nicht vorstellen konnte, dass ich es jemals lernen würde. Im Verein dolmetschte für mich ein anderer Boxer, der ein bisschen Russisch sprach. Ansonsten musste ich allein zurechtkommen, beim Einkaufen zum Beispiel. Die erste Zeit hielt ich mich meistens an Fertiggerichte, die ich nur in Wasser aufzukochen brauchte. Für mich war das eine richtige Entdeckung, so etwas hatte ich noch nie gegessen. Aber der tolle Geschmack ließ bald nach. Vielleicht lag das auch daran, dass ich mitunter dreimal am Tag das Gleiche aß.

Einmal kam ich beim Einkaufen an einem Stand vorbei, an dem heißer Punsch ausgeschenkt wurde. Ich wusste nicht, was das ist, es roch aber so gut, dass ich es probieren musste. Ich versuchte, mich der Verkäuferin verständlich zu machen, indem ich auf eins der Gläser mit dem dunkelroten Getränk zeigte. Da ich nichts von dem verstand, was sie mich fragte, mir das aber nicht anmerken lassen wollte, nickte ich einfach auf jede ihrer Fragen, dreimal insgesamt, während ich zusah, wie sie jedesmal eine andere Schnapsflasche nahm und etwas in das Glas goss. Am

Ende hielt ich eine hochprozentige Mischung in der Hand, merkte das jedoch erst, nachdem ich ausgetrunken hatte und sich in meinem Kopf alles zu drehen begann.

Flensburg wurde eine Entdeckungsreise für mich, auch was das Boxen betraf. So schmerzlich die Dopingsperre für Vitali war, für mich hatte sie etwas Gutes. Jetzt kamen wir uns nicht mehr mit der Gewichtsklasse ins Gehege. Endlich durfte ich die kräfteraubenden Hungerkuren abbrechen und in Vitalis Bereich wechseln, ins Superschwergewicht, das bei einundneunzig Kilogramm beginnt und nach oben keine Grenzen hat. Ich wunderte mich selbst am meisten, wie viel fünf oder sechs Kilogramm Gewicht mehr doch ausmachten. Ich bekam ein völlig neues Körpergefühl und spürte auf einmal mehr Kraft in mir. Meine Schläge wurden wesentlich wuchtiger. Als hätte jemand eine Bremse gelöst, die Ketten gesprengt, die meinen Körper die ganze Zeit fesselten. Ich fühlte mich richtig befreit.

Und was das Schönste war: Boxen machte mir plötzlich deutlich mehr Spaß. Es kam ein Gefühl in mir hoch, das viel intensiver war: echte Begeisterung. In den Jahren zuvor war ich im Training manchmal ein bisschen faul gewesen, auch weil ich dachte, ich müsse meine Kräfte einteilen. Jetzt legte ich richtig los, trainierte intensiver, es kam sogar vor, dass ich es übertrieb. War plötzlich mein Ehrgeiz erwacht? Schwer zu sagen. Ehrgeiz hatte ich auch schon vorher besessen. Aber große Ziele hatte ich mir bis dahin nicht gesteckt. Ich wollte immer nur den nächsten Kampf gewinnen. Doch jetzt dachte ich perspektivischer: Ich plante, die Bundesligasaison ohne Niederlage zu bestreiten, was mir auch gelang. Ich gewann jeden Kampf und schlug alle meine Gegner k.o. Ich dachte an die Europameisterschaft im nächsten Frühjahr und – ich dachte an die Olympischen Spiele. Auf einmal traute ich mir auch das zu.

Heute wundere ich mich, wie weit mein Selbstbewusstsein damals reichte. Sportlich war das nachzuvollziehen. Es schien ja kaum jemanden zu geben, der mir im Boxring gefährlich werden konnte. In der Bundesliga nicht, was vielleicht noch kein Maßstab war, aber auch bei der Europameisterschaft im dänischen Vejle scheiterte ich erst im Finale. Das war ärgerlich, aber kein Drama. Zum einen, weil ich einzig Alexej Lezin unterlag, dem Favoriten. Zum anderen, weil ich mein eigentliches Ziel auch mit der Silbermedaille erreichte: die Qualifikation für Atlanta! Damit nahm ich Vitalis Platz in der ukrainischen Nationalmannschaft ein, worauf ich nun wirklich stolz sein konnte. Ich hatte die Familienehre wiederhergestellt.

Meine neue Selbstsicherheit strahlte aber auch ins Privatleben aus, was ich im Nachhinein etwas weniger rühmlich finde. Seit ich laufen konnte, eiferte ich meinem Bruder nach – die unzähligen Kinderstreiche, das erste Boxtraining, die Meisterschaften, das Studium... Im Frühjahr 1996 aber überholte ich Vitali zum ersten Mal. Das hing vor allem mit einer attraktiven jungen Frau zusammen, zu einem nicht unwesentlichen Teil wohl aber auch mit meinem Dickschädel. Ich war fast zwanzig und von dem Vorsatz, endlich erwachsen zu werden, geradezu besessen. Nennen wir es die Abkopplungsphase. Ich hörte mir die Ratschläge, die Mutter und Vater mir erteilten, zwar weiterhin an, meine Entscheidungen aber wollte ich alleine treffen. Manchmal dürfte auch eine gute Portion Trotz dabei gewesen sein.

Die Angelegenheit mit Alexandra, so hieß die junge Frau, sahen meine Eltern eher skeptisch. Sie mochten sie, fragten sich aber – und natürlich auch mich –, ob es denn unbedingt so schnell gehen müsse. Sie meinten unsere geplante Hochzeit. Ja, es musste, noch vor meinem zwanzigsten Geburtstag. Es musste auch ohne Hochzeitskleid und ohne Feier und ohne dieses ganze Brimborium sein.

Am Peremohy-Prospekt in Kiew, gar nicht so weit vom Puschkinpark entfernt, steht ein Gebäude, das architektonisch etwas gewöhnungsbedürftig aussieht, wie ein großes Dreieck. Offiziell heißt es Hochzeitspalast, aber die meisten Kiewer nennen es bezeichnenderweise Bermudadreieck. Dort besiegelten Alexandra und ich unseren Bund fürs Leben, wie es so schön heißt. Ich war zufrieden: Ich hatte meine erste wichtige Entscheidung als Erwachsener getroffen und gründete eine eigene Familie. Damit war ich für meine Begriffe endlich ein richtiger Mann.

Unsere Hochzeitsgesellschaft hielten wir in einem sehr überschaubaren Rahmen. Außer uns gehörte noch eine Freundin von Alexandra dazu, sonst niemand. Unsere Eltern und auch die Braut hätten es gern etwas feierlicher gehabt, aber ich hatte mich nun mal entschieden: Diese Sache ging nur Alexandra und mich etwas an. Es war unsere Liebe, und da gehörte keiner dazwischen. Besonders festlich verlief der Tag wirklich nicht. Wir traten in Alltagskleidung vor den Standesbeamten, ich trug Jeans, Alexandra vermutlich auch, so genau erinnere ich mich nicht. Die Trauung ging ja auch ziemlich schnell vorüber, außerdem scherte ich mich nicht um Äußerlichkeiten. Es kam doch viel mehr darauf an, was wir in unseren Herzen fühlten.

Und wie ich mich dabei fühlte! Mit Alexandra an meiner Seite fühlte ich mich ausgesprochen wohl. Wie Vitali hatte auch ich meine Herzliebste auf einer Modenschau kennen gelernt. Modenschauen waren nun einmal die besten Kontaktbörsen. Aber ich hätte mich auch an einem anderen Ort in Alexandra verknallen können, denn unsere Wege kreuzten sich ständig. Ich traf sie beim Einkaufen, ich sah sie auf der Straße, wir liefen uns vorm Kino über den Weg, und auf der Tanzfläche einer Diskothek entdeckte ich sie auch. Für zwei Menschen, die sich eigentlich nicht kannten, waren das ziemlich viele Zufälle. Eine Zeit lang schienen wir wie zwei Planeten umeinander zu kreisen und nur darauf zu warten, dass die Anziehungskraft stark genug wurde.

Alexandra war ein Jahr älter als ich und hatte ein Kind von einem anderen Mann. Aber das störte mich nicht. Ihr Sohn hieß Artjom, er war ein süßer kleiner Bengel, wir verstanden uns prima. Er sah in mir einen Vater, und ich begann, an dieser Rolle Gefallen zu finden. Nach der Hochzeit zogen wir zusammen und lebten wie eine richtige Familie. Wir hatten Spaß miteinander, unternahmen viel und verbrachten eine wunderschöne Zeit. Schade nur, dass wir unser Glück nicht festhalten konnten. Nach eineinhalb Jahren erschienen wir wieder im Bermudadreieck, diesmal allerdings in einem anderen Zimmer – um uns scheiden zu lassen. Das ging genauso schnell und geräuschlos vonstatten wie unsere Hochzeit, aber das machte es nicht angenehmer. Glücklich war ich an diesem Tag nicht.

Warum es mit uns auseinander ging, ist so einfach nicht zu erklären. Von Schuld will ich gar nicht sprechen. Irgendwie war es mit unserer Liebe wie mit einem Sturm, der übers Land zieht, erst heftig tobt, dann aber allmählich abflaut. Ich glaube, unter einem gemeinsamen Leben hatten wir uns beide etwas anderes vorgestellt. Meine Erfolge beim Boxen machten unser Zusammensein eher noch komplizierter. Alexandra sehnte sich nach einer Familie für den kleinen Artjom. Ich hatte vor allem meinen Sport im Kopf.

Eigentlich fing es gleich im ersten Jahr unserer Ehe an. Die Olympischen Spiele standen bevor, darauf richtete ich alles andere aus. Die meiste Zeit verbrachte ich bei Wettkämpfen oder in Trainingslagern außerhalb von Kiew. Und mitnehmen konnte ich Alexandra und Artjom dorthin schlecht. Vielleicht hätten wir es ja hinbekommen, wenn Atlanta für mich anders ausgegangen wäre.

Dabei standen die Vorzeichen denkbar schlecht. Es begann mit einer Katastrophe. Die Olympischen Spiele sollten am 19. Juli 1996 eröffnet werden. Anfang Juni reiste ich mit der ukrainischen Boxnationalmannschaft zu einem Trainingslager nach Aluschta an die Südostküste der Krim, direkt am Schwarzen Meer. Wir landeten auf dem Flughafen in Simferopol im Landesinneren und fuhren mit einem Bus nach Aluschta. Der Kurort ist für sein Heilklima bekannt, es gibt zahlreiche Sanatorien und Erholungsheime. Der Badestrand gehört zu den schönsten auf der gesamten Halbinsel. Im Hinterland erhebt sich eine Bergkette über eintausendfünfhundert Meter und bildet ein eindrucksvolles Naturpanorama. Die Gegend ist ein kleines Paradies. An den Berghängen wird Wein angebaut, durchs Tal ziehen sich Tabakplantagen. Weiter südlich wachsen Pfirsiche, Aprikosen, Granatäpfel, Quitten und Feigen.

Uns empfing brütende Hitze. Der Olympiastützpunkt, den wir ansteuerten, liegt etwas außerhalb des Ortes. Hier sollten wir den letzten Schliff bekommen und medizinisch noch einmal gründlich durchgecheckt werden. Ich legte mich beim Training mächtig ins Zeug. Noch nie war ich so motiviert gewesen. Nach meiner Vorstellung bei der Europameisterschaft galt ich zwar nicht als der große Favorit, eine Medaille traute mir Trainer Zolotarew aber schon zu. Ich verdrängte solche Gedanken lieber, sie hätten mich nur abgelenkt. Wenn es so weit war, würde ich alles aus mir herausholen. Auch für Vitali, das nahm ich mir fest vor. In Atlanta wollte ich für uns beide kämpfen.

Mein Bruder unterstützte mich bei den Vorbereitungen. Glücklich machte es ihn nicht, dass es so gekommen war. Wir hatten beide davon geträumt, dass wir gemeinsam in Atlanta antreten würden. Aber die schlimmste Phase seiner Niedergeschlagenheit lag hinter ihm. Das verdankte er nicht unwesentlich seinem ehemaligen Kickbox-Trainer Andrej Schistow. Der hatte ihn überredet, doch wieder zu trainieren, um bei der nächsten Weltmeisterschaft mitkämpfen zu können. Dort gelang Vitali auf Anhieb ein Comeback, er gewann seinen sechsten WM-Titel.

Ich bereitete mich also auf das wichtigste Ereignis meines Lebens vor und brannte vor Ehrgeiz. Auf keinen Fall wollte ich es vermasseln. Eine solche Chance würde ich vermutlich nie wieder bekommen.

Ich weiß bis heute nicht, was passiert ist, aber irgendetwas lief vollkommen schief. In meinem Körper geriet alles durcheinander, er streikte plötzlich. Mein Blutdruck schoss in die Höhe, ich bekam Fieber und Durchfall und Schwindelanfälle. Ich konnte mich kaum auf den Beinen halten. Trotzdem schleppte ich mich weiter in die Trainingshalle. Ich durfte nicht schlappmachen, nicht jetzt. Die Ärzte standen vor einem Rätsel. Einige der Symptome sprachen für eine Vergiftung, andere waren damit nicht zu erklären. Wir erfuhren, dass unter den Einheimischen eine seltsame Krankheit grassierte. Die Betroffenen litten unter Fieber, schwitzten ungeheuer viel, wodurch ihre Körper auszutrocknen drohten. Dieser Befund deckte sich aber auch nur zum Teil mit dem, was sie bei mir diagnostiziert hatten.

Das wäre alles nicht weiter tragisch gewesen, hätte sich nach ein paar Tagen oder wenigstens im Laufe der nächsten beiden Wochen eine Besserung eingestellt. Darauf wartete ich jedoch vergebens, und auch die Ärzte machten mir keine Hoffnung. Da sie nicht herausbekamen, was meine Beschwerden verursachte, konnten sie mir auch keine Medikamente geben. In einem waren sie sich jedoch einig: In diesem Zustand taugte ich als Olympiateilnehmer wenig. Im Grunde setzten sie keinen Heller auf mich. Sie meinten, ich würde nur unnötig Kosten verursachen, wenn ich mit nach Amerika reiste. Hätte es einen Ersatz für mich gegeben, wäre ich sofort weg vom Fenster gewesen, sie hätten mich einfach aussortiert. Mein Glück war, dass sich kein anderer in meiner Gewichtsklasse qualifiziert hatte. Und um jemanden nachzunominieren, war es längst zu spät.

Da ich ohnehin kaum noch imstande war zu trainieren, beschlossen Trainer Zolotarew und ich, unseren Aufenthalt in Aluschta vorzeitig abzubrechen, um nach Kiew zurückzufahren. Vielleicht würde Mutter mit ihren Heilkünsten ein Wunder bewirken. Sie war keine Ärztin, aber sie kannte mich und meine Krankheiten am besten. Als ich noch ein Kind war, hatte sie es ja auch immer geschafft, mich wieder gesund zu bekommen. Sie war der Strohhalm, an den wir uns in unserer Verzweiflung klammerten. Große Hoffnung schien Zolotarew allerdings nicht mehr zu haben, das sah ich seinem Bart an. Er trug damals einen Schnauzer, der wie ein Indikator seines Seelenzustands funktionierte. War er gut gelaunt, zeigten die beiden Enden nach oben. Bedrückte ihn etwas, zeigten sie nach unten. Jetzt hingen sie schon seit Tagen nach unten.

Als Vitali erfuhr, was mit mir passiert war, hielt er seine Enttäuschung und seinen Zorn nicht zurück. Ich verstand ihn ja. Er war wütend und machte mir Vorwürfe: Ich hätte es doch wissen müssen, die Hitze und das Essen und das Leitungswasser ...! Anstatt meine Trainingseinheiten im Boxgym durchzuziehen, lag ich einen Monat vor den Olympischen Spielen im Bett. Ich strotzte nicht vor Kraft, wie es hätte sein müssen, sondern gab eine erbärmliche Figur ab. Nach Vitalis Standpauke ging es mir gleich noch schlechter, hundsmiserabel. Ich hatte es versaut – meinen Traum, seinen Traum, einfach alles.

Als Verlierer brach ich Anfang Juli nach Amerika auf. Bis dahin verbesserte sich mein Zustand nicht wesentlich. Das Fieber ging zwar zurück, mein Blutdruck spielte jedoch weiterhin verrückt und verursachte dieses seltsame Schwindelgefühl, als hätte ich permanent einen Alkoholpegel. Die Blutwerte waren aber komischerweise in Ordnung.

Wir reisten nicht direkt nach Atlanta, sondern in einen kleinen Ort fünfundzwanzig Meilen außerhalb, um uns in Ruhe zu akklimatisieren und ein abschließendes Trainingslager hinter uns zu bringen. Ich absolvierte lediglich ein Schonprogramm, und das mit halber Kraft. Nicht nur der Trainer, auch meine Mannschaftskameraden beobachteten mich mit Besorgnis. Das Zugpferd lahmte, so etwas schlug sich natürlich auf die Stimmung im Team nieder. Meine Gemütslage sah nicht besser aus. Wenn sich mein Zustand nicht schlagartig besserte, konnte ich froh sein, wenn ich den ersten Kampf überstand. So wie die Vorbereitungen liefen, rechnete ich mir nicht die geringste Chance aus.

Der 19. Juli 1996 war ein Freitag. Vor dreiundachtzigtausend Zuschauern im Stadion und ein paar Milliarden Menschen vor den Fernsehschirmen überall auf der Welt eröffnete der amerikanische Präsident Bill Clinton die XXVI. Olympischen Sommerspiele in Atlanta. Es war eine gigantische Zeremonie, die im Fernsehen bestimmt beeindruckend aussah, die aber, wenn man selbst dabei war, schwer zu beschreiben ist. Auf dem Bildschirm wirkt es wie eine große bunte Show, befindet man sich jedoch mittendrin, unter Tausenden von Sportlern, umjubelt von den Massen, gleicht es eher einem Vulkanausbruch an Gefühlen. Ich stand in der Arena und war einfach nur überwältigt. Dauernd bekam ich Gänsehaut, ich konnte mein Glück kaum fassen. Das hier war kein Traum mehr, ich hatte es wirklich geschafft, ich war bei Olympia!

Plötzlich ging ein Aufschrei durch die Reihen. Beifall. Jubel. Tränen der Rührung. Dann sah auch ich ihn: Muhammad Ali, die Legende, das Idol, die Ikone, der populärste Sportler aller Zeiten. Er war damals schon ein schwer kranker Mann, von der Parkinson'schen Krankheit gezeichnet. Niemand hatte damit gerechnet, dass er das Olympische Feuer entzünden würde. Sein Auftritt wurde im Stadion auf einer riesigen Leinwand übertragen. Man sah deutlich, dass ihn jeder Schritt anstrengte. Sein linker Arm, der die Fackel hielt, zitterte stark. Er wirkte ein bisschen hilflos. Ich glaube, in diesem Moment hatten Millionen Menschen Mitleid mit ihm. Ich nehme mich da nicht aus, ich war ergriffen von der Situation. Es war ein seltsames Gefühl, ihn so zu sehen: Als Boxer hatte ihn früher sein eleganter und beweglicher Stil ausgezeichnet. Jetzt war er gehandicapt durch eine Krankheit, die seine Muskeln lähmte und den Bewegungen jegliche Eleganz nahm.

Damals, im Olympiastadion, als ich Muhammad Ali das erste Mal sah, aus einiger Entfernung zwar, aber doch leibhaftig, wäre ich nie auf die Idee gekommen, ihm jemals persönlich zu begegnen. Inzwischen sind Vitali und ich mit ihm befreundet. Tom Löffler, ein Amerikaner, der sich für Ali ums Merchandising kümmert, brachte uns mit ihm in Kontakt. Vor zweieinhalb Jahren, im Januar 2002, lud uns Ali sogar zu seinem sechzigsten Geburtstag ein. Im Kodak Theatre in Los Angeles fand eine große Party für ihn statt. Es ging zu wie bei einer Oscarverleihung. Wo ich hinschaute, sah ich prominente Gäste. Die meisten Gesichter kannte ich aus dem Kino oder aus dem Fernsehen. Vitali konnte leider nicht mitkommen, da er mitten in der heißen Phase seines Trainingslagers für den Kampf gegen Vaughn Bean steckte. Aber ich überbrachte dem Jubilar die Glückwünsche von uns beiden.

Fast jedes Mal, wenn wir jetzt in Los Angeles sind, treffen wir uns mit Ali. Mitunter geht es dabei ziemlich lustig zu, weil wir ein gemeinsames Hobby teilen: Ali und ich, wir zaubern beide gern. Und wenn es sich ergibt, bringen wir uns gegenseitig neue Tricks bei. Das ist natürlich nicht immer möglich, manchmal setzt ihm seine Krankheit zu sehr zu, dann reden wir einfach nur. Er hat uns an Lebenserfahrung so viel voraus, an positiver wie an negativer. Die Zeiten, als er noch boxte, sind zwar nicht mit den heutigen vergleichbar, aber im Boxbusiness gibt es ein paar Grundregeln, die seit jeher gelten und sich wohl niemals ändern werden. Manche sind gar nicht so boxspezifisch, die sollte eigentlich jeder Sportler beherzigen. Die vielleicht wichtigste besteht darin, rechtzeitig für seine Zukunft vorzusorgen. Beginnt man damit erst, wenn die Karriere zu Ende ist, wird es meistens kompliziert. Ali muss es wissen, in dieser Beziehung hat er selbst eine Menge Fehler gemacht. Er weiß das auch. Leider hat er es zu spät gemerkt, als der Großteil seines Geldes längst verschwendet war. Ihn würden heute sicherlich weniger Sorgen plagen, hätte er früher nicht den falschen Leuten vertraut.

Seine großen Sprüche macht Ali übrigens immer noch, obwohl er sie nicht ernst meint. Ich glaube ja, die waren auch früher mehr Show als innere Überzeugung. Kürzlich sagte er zu uns: »Wisst ihr, ich bin der größte und schönste Schwergewichtschampion, den die Welt jemals gesehen hat! Aber wenn ihr euch anstrengt, könntet ihr meine Kronprinzen werden.« Wir geben unser Bestes. Obwohl wir natürlich wissen, dass ein Muhammad Ali immer unerreicht bleiben wird. Als Boxer war er einzigartig, und als Mensch ist er das auch.

Muhammad Ali, damals noch Cassius Clay, gewann 1960 eine Goldmedaille bei den Olympischen Spielen in Rom. Davon war ich in Atlanta noch meilenweit entfernt. Beinahe wäre das Turnier sogar vor dem ersten Kampf für mich zu Ende gewesen. Meine Pechsträhne schien sich fortzusetzen. Ehe wir Boxer in den Ring steigen durften, wurden wir nicht nur gewogen, sondern auch ziemlich gründlich untersucht: äußere Verletzungen, Atmungsorgane, Blutdruck. Dass ich mich nicht in der Verfassung meines Lebens befand, wusste ich selbst. Nur sah es der Arzt entschieden drastischer. Im ersten Moment glaubte er, sein Messgerät sei defekt, aber die zweite Messung ergab die gleichen Werte.

Es war mein Blutdruck, der ihn beunruhigte – völlig zu Recht. Von meinen Schwindelgefühlen erzählte ich ihm gar nicht erst. Mir war das Training in den zurückliegenden Wochen verdammt schwer gefallen. Das feuchtschwüle Klima hatte ein Übriges getan. Trotzdem, jetzt wollte ich kämpfen.

Der Arzt fragte, ob ich aufgeregt sei oder zu viel Kaffee getrunken hätte. In diesem Augenblick schaltete mein Trainer Zolotarew schneller als ich: »Ja, ja«, kam er mir zur Hilfe, »genau das ist es!« Vor lauter Nervosität habe sein Schützling viel zu viel Kaffee in sich hineingeschüttet. Es sah jedoch nicht danach aus, als könnte er den Arzt mit dieser ungewöhnlichen Erklärung wirklich überzeugen. Der blieb skeptisch, schien zu überlegen, was er angesichts meiner Werte tun sollte. Minuten vergingen, mir erschienen sie wie Stunden. Dann erteilte er mir doch die Kampferlaubnis. Ich atmete auf. Über Zolotarews Gesicht huschte ein Lächeln. Bestimmt rechnete der Arzt damit, dass ich meinen Kampf verlieren und sich das Problem somit von selbst erledigen würde.

Euphorisch war ich auch nicht gerade, zumal ich gegen einen Amerikaner antreten musste, für den der Kampf praktisch ein Heimspiel darstellte. Wir boxten im Alexander Memorial Coliseum, einer modernen Halle, die knapp tausend Zuschauer fasst. Ganz so viele kamen nicht, aber fast alle, die da waren, machten Stimmung gegen mich. Allerdings hätten sie auch sonst was anstellen können. Im Ring bin ich derart konzentriert, dass ich von den Zuschauern sowieso nichts mitbekomme. Ich hatte wahrlich andere Sorgen. Die ersten zwei Runden liefen erstaunlich gut, es verblüffte mich selbst, wie fit ich auf einmal war. Nur in der dritten, da spürte ich, wie plötzlich meine Kräfte schwanden. Um ganz sicherzugehen, hätte ich noch einmal punkten müssen. Stattdessen kassierte ich ein paar heftige Schläge. Es wurde höchste Zeit, dass der Schlussgong mich erlöste. Hätte nur die letzte Runde gezählt, es wäre aus gewesen. So aber rettete mich mein deutlicher Vorsprung.

Damit stand ich vor dem nächsten Problem: Würde mich der

Arzt noch einmal durchwinken? Phasenweise fühlte ich mich immer noch schwindlig und schlapp, klare Anzeichen dafür, dass mein Blutdruck weiterhin verrückt spielte. Ich habe keine Vorstellung, woher ich die Kraft nahm weiterzumachen. Im Ring konnte ich mir das noch erklären, da setzte eine erhöhte Adrenalinausschüttung Reserven frei. Eine Körperreaktion, die auch ohne mein Zutun funktionierte. Aber die langen Pausen zwischen den Kämpfen? Und beim Training? Vielleicht waren die Pausen auch meine Rettung. Dadurch konnte sich mein Körper nach jedem Kampf einigermaßen regenerieren. Sicher spielte auch mein Wille eine nicht unwesentliche Rolle. Im Vorfeld hatte ich viel vermasselt, jetzt wollte ich natürlich beweisen, dass man auf mich zählen konnte. Nicht nur Vitali, der mitgereist war und mich von der Tribüne aus anfeuerte, auch dem Trainer und den anderen in unserer Mannschaft. Und mir selbst natürlich.

Für meinen zweiten Kampf benötigte ich keine zusätzliche Motivation, denn der fand am 31. Juli statt, am Geburtstag unserer Mutter. Irgendwie kriegte ich den Arzt, der die Untersuchung vor dem Kampf durchführte, erneut herum, und diesmal musste er sich wirklich keine Sorgen machen. Ich schonte mich zwar nicht, aber ich blieb keine drei Minuten im Ring. Dabei hatte der Schwede, gegen den ich antrat, vorher noch lauthals versprochen, er werde mich auf die Bretter hauen. Offenbar war ihm der Sieg in seinem ersten Kampf etwas zu Kopf gestiegen. Ich benötigte genau eine gute Kombination, um ihn zu bezwingen, noch ehe der Gong die erste Runde beendete.

Damit hatte ich den dritten Platz sicher, die Bronzemedaille! Ich hätte jubeln können, tat es aber nicht, nicht für eine Sekunde. Ich bin mir nicht einmal sicher, ob ich überhaupt begriff, was ich schon erreicht hatte. An diesem Tag bestimmt nicht.

In Atlanta ist etwas Seltsames in mir vorgegangen. Es war ein bisschen so, als wäre ich mir selbst fremd geworden. Viele Sportler, die damals dabei waren, erzählten hinterher, wie aufregend sie das Leben im Olympischen Dorf fanden, wen sie alles getroffen und wie viele neue Freundschaften sie geschlossen hätten.

Mein Erinnerungsvermögen hält sich diesbezüglich in Grenzen. Natürlich bekam ich den Anschlag im Centennial Park mit, bei dem zwei Menschen getötet wurden. Unsere Unterkünfte lagen nur zwei-, dreihundert Meter entfernt. Ich erinnere mich auch, dass Muhammad Ali das Olympische Dorf besuchte und mir beim Essen einmal Dolph Lundgren gegenübersaß. Ich weiß noch, dass ich kurz überlegte, woher ich das Gesicht kannte, bis mir einfiel, dass er in *Rocky IV: Der Kampf des Jahrhunderts* den Russen Ivan Drago gespielt hatte. Und schließlich erinnere ich mich an den Ärger mit der Klimaanlage. Der Leiter unserer Delegation fürchtete, wir könnten uns erkälten, da wir an Klimaanlagen nicht gewöhnt waren. Deswegen ließ er sie vorsichtshalber komplett ausstellen, fast drei Wochen lang. Die Hitze in unseren Zimmern war kaum auszuhalten. Wir konnten gar nicht so viel trinken, wie wir schwitzten.

Das ist dann aber auch schon so ziemlich alles. Vieles nahm ich wahr, ohne es wirklich zu registrierten. Manch einer wird das kennen: Man läuft durch einen wunderschönen Park voller Blumen, riecht ihren Duft, sieht sich um, während man gleichzeitig Probleme wälzt. Später kehrt man an denselben Ort zurück und könnte schwören, die Blumen niemals gesehen zu haben, oder die Bäume, alles erscheint einem völlig neu. Die volle Konzentration auf eine bestimmte Sache blendet alles andere aus. Irgendjemand hat dafür den Begriff »Tunnelblick« geprägt. Die Tage in Atlanta erlebte ich so. Ich war mittendrin und gleichzeitig von allem abgeschirmt. Ich fokussierte mich voll auf meine Kämpfe und zwang mich, jeglicher Ablenkung zu widerstehen. Ich mied Diskotheken und besuchte auch keine der anderen Vergnügungen, die täglich geboten wurden. Zwischen den Trainingseinheiten und den Kämpfen lebte ich wie ein Mönch. So geschwächt, wie ich war, benötigte ich alle Energie, die noch in mir steckte, für die dreimal drei Minuten im Ring.

Mit dem nächsten Kampf schlug die Stunde der Wahrheit. Mein Gegner: Alexej Lezin, der Russe, der sowohl Vitali als auch mich schon geschlagen hatte. Wir schätzten ihn beide als den schwersten Gegner ein und hatten gehofft, dass ich erst im Finale auf ihn treffen würde, falls ich so weit kommen sollte. Bronze war schon großartig, Silber würde eine Sensation sein, aber damit rechnete niemand. Lezin schien allen ein zu harter Brocken. Er war der klare Favorit. Bei meiner Verfassung allemal.

Ich will auch nicht behaupten, dass ich es alleine geschafft hätte. Ich hatte mich mit Vitali gezielt auf ihn vorbereitet. Wir bündelten unsere Erfahrungen, die wir in den Kämpfen gegen ihn gesammelt hatten. Wir analysierten seinen Kampfstil, seine Eigenheiten, wir filterten seine Stärken heraus und suchten nach den Schwachstellen, an denen ich ansetzen könnte, um ihn zu bezwingen. Unsere Arbeit zahlte sich aus. Ich besiegte ihn nach Punkten, ziemlich überlegen sogar. Und das war auch Vitalis Verdienst. Ein Stück der Silbermedaille gebührte ihm.

Ich stand also im Finale. Was für ein süßer Traum! Der Olympiasieg schien plötzlich zum Greifen nah. Ich konnte es nicht fassen, aber ich schnappte nicht über. Ich blieb in meinem Tunnel, ich versuchte, mich allein auf den 4. August zu konzentrieren.

Die Nacht davor entscheidet alles, das wusste ich. So war es bisher immer gewesen. Jedes Mal, wenn mir ein wichtiges Ereignis bevorstand, ein Boxkampf, eine Prüfung beim Studium oder früher in der Schule, träumte ich in der Nacht zuvor davon. Und jedes Mal stellte sich mein Traum als Prophezeiung heraus. Was ich träumte, trat tatsächlich ein, darauf konnte ich mich verlassen. Jetzt fixierte ich mich gedanklich voll auf das Finale, deswegen träumte ich natürlich auch vom Boxen, von dem bevorstehenden Kampf. Ich sah mich in einem Boxring stehen, sah, wie ich mich bewegte, meine Schläge beim Gegner anbrachte und wie mir der Schweiß in Strömen über den Körper lief. Mein Gesicht sah ich nicht, aber ich hörte mich schnaufen. Ich schlug und keuchte und schwitzte. Mit einem Mal spürte ich, wie mich etwas im Gesicht traf, eine Faust, ein Boxhandschuh, ein schwarzer. Mein Kopf schnellte nach hinten und wieder vor, als sei er an einer Feder befestigt. In diesem Moment riss ich die Augen auf. Im Zimmer war es stockdunkel. Ich fühlte, wie Übelkeit in mir aufstieg. Mein Magen stülpte sich um. Wenn das keine deutliche Botschaft war! Ich würde den Kampf verlieren.

Am nächsten Vormittag, im Finale, trat ich gegen zwei Gegner an. Paea Wolfgram war der eine, mein Albtraum aus der vorangegangenen Nacht der andere. Er spukte mir die ganze Zeit im Kopf herum. Wolfgram stammte aus Tonga, einem kleinen Inselstaat im Südpazifik. Er war sechs Jahre älter als ich und ein Koloss von einem Boxer. Hundertvierzig Kilo brachte er auf die Waage. Für ihn war das nahezu das Idealgewicht. In der Vorbereitung auf Olympia hatte er sich achtzehn Kilo abtrainiert! Ich wog immerhin fast hundert, auch nicht wenig, doch neben ihm wirkte ich eher schmächtig. Mein Kontrahent trat in blauer Kleidung an, ich in roter. Wie bei den Amateuren üblich, trugen wir zur Hose ein Hemd und außerdem einen Kopfschutz. Auf meiner Brust prangte in Weiß der Schriftzug *Ukraine*.

Die erste Runde ging an mich. Dachte ich. Ich hätte wetten können, denn ich hatte ein gutes Gefühl. Ich musste nur so weitermachen, dann würde es reichen. Doch ich schätzte die Situation falsch ein. In der Pause holte mich der Trainer in die Realität zurück: Ich lag hinten, Wolfgram führte mit drei Punkten! Also doch, dieser verdammte Traum! Offenbar ließ sich das Schicksal nicht überlisten. Auch die zweite Runde hätte ich mir zugerechnet. Aber inzwischen war ich zu verunsichert, um mich auf meinen Instinkt zu verlassen. Jedes andere Turnier dauert maximal eine Woche, Olympia zog sich fast drei Wochen hin. Die langen Wartezeiten zwischen den Kämpfen förderten die körperliche Regeneration, auf die Psyche wirkten sie jedoch zermürbend, das spürte ich deutlich. Dazu der Traum der letzten Nacht. Normalerweise hätte ich gewusst, wo ich nach der zweiten Runde stand. Wenigstens behielt Zolotarew den Durchblick. Er meinte, ich hätte aufgeholt, läge nur noch mit einem Punkt zurück.

Jetzt wusste ich selbst, was ich zu tun hatte. Es war noch alles drin. Dann der Gong, die dritte Runde begann, die entscheidende. Wirkte Wolfgram verunsichert? Spürte er, dass der Kampf auf der Kippe stand? Dass er dabei war, seinen Vorsprung einzubüßen? Er schlug, ich schlug, wir schenkten uns nichts. Er traf meine Deckung, ich sein Gesicht. Nach zwei Minuten erwischte er mich mit einer Geraden. Ich spürte den Schlag, ließ mir aber nichts anmerken. Ich konterte sofort mit einer Kombination und kam selbst mit einer Geraden durch. Ich platzierte sie punktgenau auf seiner Nase. Ein klarer Wirkungstreffer. Das Blut, das aus seiner Nase tropfte, bemerkte ich sofort. Der Ringrichter unterbrach uns, um es mit einem Papiertaschentuch aus Wolfgrams Gesicht zu wischen. Derweil mobilisierte ich meine letzten Reserven. Noch dreiundzwanzig Sekunden, eine Unendlichkeit! Die Schlussoffensive. Ein offener Schlagabtausch. Noch vierzehn Sekunden! Mitten im Angriff traf mich erneut Wolfgrams Rechte, aber die registrierte ich nicht mehr. Ich boxte wie in Trance. Ich erhöhte sogar noch meine Schlagfrequenz, als hätten die letzten Minuten nicht schon alle Kraft gekostet. Noch acht Sekunden! Mein Gegner schien zu taumeln, oder täuschte ich mich? Zum Nachdenken blieb keine Zeit. Er hielt sich aufrecht. Ich schlug einfach weiter. Bis der Schlussgong ertönte.

Was ich in den Minuten bis zur Urteilsverkündung dachte? Was mir durch den Kopf ging, während Zolotarew meine Boxhandschuhe aufschnürte und auszog? Nichts! Ungelogen! Ich war nicht imstande, einen halbwegs klaren Gedanken zu fassen. Merkwürdigerweise änderte sich das auch nicht in dem Moment, als uns der Ringrichter in die Mitte rief. Es stellte sich nicht einmal ein anderer Zustand ein, als er mein linkes Handgelenk fasste, um meinen Arm in die Höhe zu befördern, nachdem der Hallensprecher den Namen des Olympiasiegers im Superschwergewicht verkündet hatte: »Wladimir Klitschko!«

Später sah ich mir die Fernsehbilder auf Video an und erschrak. Ich funktionierte wie ein Roboter! Meine Bewegungen sahen vielleicht etwas gelenkiger aus, aber das schien auch der einzige Unterschied zu sein. Zumindest wirkte es so. Ich reckte kurz beide Arme nach oben. Dann ging ich auf Wolfgram zu, umarmte ihn flüchtig, setzte meinen Weg zu seiner Ecke fort, drückte die Hand seines Trainers, drehte noch eine Halbrunde durch den Ring und verabschiedete mich vom Referee. Zum Schluss kniete ich mich kurz nieder, bekreuzigte mich – und das war es auch schon. Und mein Gesicht erst! Der Blick starr, die Mundwinkel unbeweglich. Keine Spur von Freude, nicht das unscheinbarste Lächeln, keine noch so winzige Regung. Als wäre mein Gesicht tiefgefroren gewesen.

Es wird mir vielleicht niemand glauben, aber da oben im Ring empfand ich tatsächlich keine Freude. Das nennt man wohl Blockade. Ich spürte nichts. Ich begriff zwar, dass ich den Kampf gewonnen hatte, aber was das bedeutete, drang nicht bis zu meinem Gehirn vor. Und Kämpfe hatte ich schon viele gewonnen, von meinen hundertvierzig die meisten. Eigentlich verrückt und irgendwie auch traurig: Da wurde ich Olympiasieger, mit zwanzig Jahren, und dann raste das große Glücksgefühl einfach an mir vorbei.

Mein Erfolg schien jeden anderen mehr zu beeindrucken als mich. Dass Vitali und der Trainer glücklich waren, der Delegationsleiter, meine Freunde und meine Eltern, das verstand ich ja. Aber was war mit den anderen, die ich größtenteils nicht einmal kannte, die aber unbedingt meine Hand schütteln wollten, die mir Fragen stellten und Mikrofone vor den Mund hielten? Unablässig musste ich Interviews geben. Oft wusste ich gar nicht, wen ich gerade vor mir hatte und was ich noch sagen sollte. Vieles klang wahrscheinlich gewichtiger, als ich es empfand. Die Journalisten verbreiteten regelrecht eine Hysterie, das steckte ein bisschen an.

Bevor wir nach Atlanta reisten, hatte uns der damalige ukrainische Sportminister, Valerie Borsov, in Kiew mit einer kurzen Rede verabschiedet. Alles habe ich nicht behalten, aber ein Satz fiel mir nach meinem Sieg wieder ein: Wem von uns es gelänge, Olympiasieger zu werden, hatte er gemeint, dessen Leben würde sich von Grund auf ändern. Nicht, dass ich autoritätshörig gewesen wäre, aber ihm glaubte ich das. Borsov musste es wissen, er war 1972 in München als Sprinter selbst zweimal Olympiasieger geworden. Damals galt er als der schnellste Mann der Welt. In seinem besten Lauf benötigte er ganze sechsundvierzig Schritte für die Hundert-Meter-Distanz.

Man ließ mir keine Ruhe, um darüber nachdenken zu können, wie es sich anfühlt, Olympiasieger zu sein. Erst einmal fühlte ich mich nicht anders als vorher, außer dass ich schrecklich erschöpft war. Hatte ich die letzten drei Wochen kampffixiert in jenem Tunnel höchster Konzentration zugebracht, so wurde ich mit der Goldmedaille um den Hals geradewegs in eine andere Scheinwelt gestoßen. Ich kam gar nicht erst auf meine bisherige Umlaufbahn zurück, ich flog direkt in die nächste Galaxie. Ich trug die Nationalflagge der Ukraine zur Schlussfeier ins Stadion. Ich marschierte vor den anderen unserer Mannschaft und war überall auf der Welt groß im Fernsehen zu sehen. Ich stieg in Kiew als Erster aus der Sondermaschine, die uns aus Amerika zurückgebracht hatte. Ich wurde wie ein Star bejubelt, während ich die Gangway hinunterschritt. Die halbe Stadt schien auf den Beinen zu sein. Ich erhielt Einladungen zu wichtigen Empfängen bei Leonid Kutschma, dem ukrainischen Präsidenten, und beim Bürgermeister von Kiew. Ich bekam täglich Körbe mit Hunderten von Briefen und Geschenken. Ich, ich, ich – die ganze Welt schien sich nur noch um mich zu drehen! Nicht meine Goldmedaille, sondern ich wurde wie eine Trophäe herumgereicht. Das fühlte sich verdammt gut an, irgendwie unwirklich zwar, wie in einem zu schönen Traum, aber gut. Bisher hatte ich stets in der zweiten Reihe gestanden, hinter Vitali, er war der Star, ich lediglich sein jüngerer Bruder. Ihm hätten sie einen Olympiasieg zugetraut, mir nicht.

Ich leugne nicht, dass es für den Charakter eines jungen Mannes nicht unbedingt förderlich ist, plötzlich von jedermann hofiert zu werden. Ich frage mich, wie Boris Becker das nach seinem Wimbledonsieg mit siebzehn auf die Reihe bekam. Mir ist der überraschende Ruhm wahrscheinlich etwas zu Kopf gestiegen. Selbst merkt man das ja nicht so. Jeden Tag hörte ich neue Komplimente, auch wenn es meistens die gleichen waren. Alle Welt schwärmte mir vor, was für ein toller Hecht ich sei, wie schön und wie erfolgreich. So ganz prallte dieser Schwall an Bewunderung nicht an mir ab. Vor allem dachte ich, dass es nun für den Rest meines Lebens so weitergehen würde.

War es aus meiner Perspektive nicht verständlich, dass mir Vitali mit seinen besonnenen Sprüchen manchmal auf die Nerven ging? »Glaub denen nicht jedes Wort«, mahnte er, »und bleib mit den Füßen gefälligst auf dem Boden!« Aber da schwebte ich ja schon. Ruhm sei eine trügerische Angelegenheit, meinte Vitali auch noch. Und einmal wollte er mir weismachen, er wisse, wie ich mich fühlte und dass er am eigenen Leibe erfahren habe, wohin Arroganz führe. Nach seinen ersten beiden Weltmeistertiteln als Kickboxer habe er auch abgehoben und genau wie ich große Töne gespuckt: Er könne alle schlagen, er sei unbezwingbar! Bis er mit seiner Überheblichkeit auf die Nase gefallen sei, im wahrsten Sinn des Wortes. Sein Trainer habe ihn damals gebeten, bei einer Europameisterschaft im bulgarischen Varna im *light contact* anzutreten. Normalerweise kämpfte er im *full contact*, der härtesten und schwierigsten Kategorie. Vitali meinte, er sei der große Weltmeister, nahm die Sache nicht ernst und ließ das Training schleifen. Seinen Kontrahenten trat er ziemlich selbstherrlich gegenüber, was in den ersten beiden Kämpfen noch gut ging. Doch im dritten, dem Finale, knockte ihn sein Gegner mit einem gezielten Fußschlag aus. Danach sei die Häme groß gewesen. Und viele von denen, die sich vorher seine dicksten Freunde nannten, hätten sich auf einmal nicht mehr gemeldet.

Ich verstand, was er mir damit sagen wollte, vermute aber, dass ich mich nicht sofort einsichtig zeigte. In der ersten Zeit dachte ich wohl, er sei ein bisschen neidisch auf meinen Titel. Aber eigentlich hätte ich es besser wissen müssen. Vitali teilt Freude und Leid mit mir, aber Neid? Nicht einmal mit der Lupe könnte man einen Krümel davon bei ihm entdecken. Nach einem Monat dämmerte es mir dann langsam. Die Einladungen wurden nämlich weniger, und das ständige Schultergeklopfe hörte auch auf.

Das heißt nicht, dass sich Borsovs Prognose nicht bewahrheitete. Dieser Olympiasieg änderte irgendwie alles. Er löste aber nicht gleichzeitig alle Probleme. Auf einmal traten völlig neue Fragen in den Vordergrund, etwa die, wie ich meine Zukunft gestalten sollte. Das Studium näherte sich dem Ende, ich würde es noch im selben Jahr abschließen. Doch was sollte danach aus mir werden? Sportlehrer war nicht unbedingt der Beruf, von dem ich träumte. Und mit dem Boxen hatte es sich ja eigentlich auch erledigt. Ich boxte gern, aber nur so zum Spaß? Wie sollte ich mich für ein Turnier noch motivieren? Und wie für die nächste Meisterschaft? Selbst wenn ich sie wieder gewänne, der Empfang würde nie mehr größer ausfallen. Als Sportler hatte ich das Höchste erreicht. Ein Olympiasieg war in meiner Vorstellung nicht zu übertrumpfen.

Eine neue Welt

Vitali

Ich erwartete nicht, dass sie uns mit wehenden Fahnen und Böllerschüssen empfangen würden. Wladimir war seit sechs Tagen zwar Olympiasieger und ich in unserer Heimat immerhin auch kein Unbekannter, aber das musste sich nicht zwangsläufig bis nach Deutschland herumgesprochen haben. Die Wahrscheinlichkeit schien mir sogar eher gering. Die Grenzen zwischen Ost und West waren durchlässiger geworden, aber welchen Grund sollte es geben, dass sich die Menschen im Westen ausgerechnet für zwei Brüder aus der Ukraine interessierten? Nein, wir gaben uns bestimmt keinen falschen Illusionen hin, als wir am 10. August 1996 von Kiew nach Frankfurt flogen. Mit der Art von Begrüßung, die uns dann auf dem Flughafen zuteil wurde, hatten wir allerdings auch nicht gerechnet.

Vielleicht hatten wir für unsere Reise nach Deutschland die falsche Garderobe gewählt. Wer sich bei uns modisch kleiden wollte, trug damals Schwarz. In dieser Frage kannten wir uns aus. Durch die vielen Modenschauen, die wir besuchten, waren wir, was die neuesten Trends anging, stets auf dem Laufenden. Deshalb war es für uns selbstverständlich, dass wir zu unseren schwarzen Hosen schwarze Schuhe anzogen und unter den schwarzen Lederjacken schwarze Hemden trugen. Irgendwie passte das auch ganz gut zu unseren schwarzen Haaren, die wir fassonkurz geschnitten hatten, wie sich das für Boxer gehört.

Vielleicht verhielten wir uns auch etwas auffällig, wirkten eine Spur zu nervös, nachdem die Maschine gelandet war. Wir warteten ziemlich ungeduldig aufs Aussteigen, weil wir es eilig hatten. Wir wollten unseren Anschlussflug nach Hamburg nicht verpassen und waren knapp dran. Dummerweise rollte die Maschine nicht direkt zu einem Gate, was Zeit gespart hätte, sondern blieb auf einem Außenstellplatz stehen.

Wahrscheinlich kam an diesem Morgen in Frankfurt einfach alles zusammen: zwei riesige, muskulöse Kerle, die in der schwarzen Kleidung und mit ihren kantigen Schädeln ausgesprochen finster wirken mussten, sich darüber hinaus ziemlich verdächtig verhielten und zu allem Überfluss aus dem wilden Osten einreisten. Die Beamten des Bundesgrenzschutzes und des Zolls schienen auf Gestalten wie uns nur gewartet zu haben. Verwunderlich war das nicht, bei den Gruselgeschichten, die über kriminelle Organisationen aus dem Ostblock seit Anfang der neunziger Jahre überall in Europa kursierten, besonders in Deutschland. Der Begriff »Russenmafia« war zu einem Schlagwort in den Medien geworden. Er tauchte jedes Mal in großen Lettern auf, sobald jemand aus der ehemaligen Sowjetunion irgendwo ein Verbrechen verübte. Und das kam zu dieser Zeit nicht gerade selten vor. Neu war uns das nicht, davon hatten wir in Kiew schon gehört. Mit der nach dem Zusammenbruch des Sowjetreichs ausufernden Kriminalität schlugen sich die Behörden dort genauso herum. Allerdings war uns nicht klar, welche Dimension das Thema in Deutschland angenommen hatte. Die Zeitungen waren voll davon. Gerade war ein umstrittenes Buch über die Russenmafia erschienen, dem angeblich gefährlichsten Verbrechersyndikat der Welt. Wenn es stimmte, was darin stand, dann stammten einige der einflussreichsten Ganoven aus Kiew. In unseren Reisepässen stand auch Kiew. Wir brauchten uns also wirklich nicht zu wundern. Die Beamten taten nur ihre Pflicht.

Meinen Ausweis sah sich der Uniformierte an der Passkontrolle noch gewissenhaft an, Wladimirs nahm er nur entgegen, ohne einen Blick hineinzuwerfen. Er forderte uns auf, ihm zu folgen. Wie eine freundliche Bitte klang das nicht, eher nach einem Befehl. Ein paar Minuten später fanden wir uns in einem Kleinbus wieder. Grün-weiß wie ein Polizeifahrzeug sah der nicht aus, die hinteren Scheiben waren aber trotzdem vergittert. Wir schauten uns ratlos an. Unsere Pässe mussten in Ordnung sein, ansonsten hätten wir schon die Kontrollen in Atlanta wohl kaum ohne Beanstandung passieren können. Wir versuchten natürlich, den Beamten begreiflich zu machen, wer wir waren und wohin wir wollten. Da unser Deutsch noch ziemlich lückenhaft war, probierten wir es mit unserem Schulenglisch. Ich weiß nicht, ob die Beamten dieses Kauderwelsch sortiert bekamen. Sie machten zumindest nicht den Eindruck, als würden unsere Erklärungen irgendetwas ändern. Dabei konnte ich mir nicht vorstellen, dass sie jeden Tag einen Olympiasieger zu Gast hatten. Und noch weniger, dass sie den in eine Zelle sperrten, wie sie das mit uns taten. Ich sah die Maschine nach Hamburg schon ohne uns abheben. Die Leute vom Boxstall Universum würden vergeblich auf uns warten. Ein gutes Omen war das nicht gerade.

Dabei überlegten wir ernsthaft, in Zukunft unser Glück als Profiboxer zu versuchen. Ganz neu war der Gedanke nicht, im Grunde bewegten wir ihn seit einem Jahr in unseren Köpfen. Bei der Weltmeisterschaft in Berlin waren die Späher von Universum das erste Mal an mich herangetreten und hatten mit einem Profivertrag gelockt. Es tauchten auch andere auf, die mir ihre Offerten unterbreiteten, aber zu diesem Zeitpunkt kam für mich ein Wechsel zu den Profis nicht in Frage. Ich hatte mich gerade für die Olympischen Spiele qualifiziert und wollte mir diese Chance unter keinen Umständen entgehen lassen. Außerdem stand fest, dass ich, wenn überhaupt, nur gemeinsam mit Wladimir ins Profilager ziehen würde. So oder so – wir wollten zuerst einmal abwarten, wie es bei Olympia laufen würde, ehe wir eine Entscheidung trafen.

So abgeklärt, wie das klingt, waren wir damals nicht. Unser Zögern stellte sich trotzdem als kluger Schachzug heraus, obwohl meine Dopinggeschichte den ursprünglichen Plan zunichte machte. Letzten Endes genügte jedoch Wladimirs Sieg. Er öffnete uns alle Türen. Wir konnten unter mehreren Angeboten wählen.

Kaum hatte der Ringrichter im Finale von Atlanta die Entscheidung der Punktrichter verkündet, da stieß mich ein junger Mann an, der die ganze Zeit auf der Tribüne neben mir gesessen haben musste. Ich hatte ihn nicht bemerkt. Ich konzentrierte mich voll auf den Kampf und feuerte Wladimir an, was meine Stimme hergab. Neben mir hätte Madonna sitzen können oder der Präsident der Vereinigten Staaten – es wäre mir entgangen. Mein Sitznachbar fragte mich, ob ich der Bruder des Olympiasiegers sei. Eine Sekunde später hielt er mir sein Handy ans Ohr. Mister King wolle mich sprechen. Mister King? Meinte er wirklich Don King? Den berühmtesten Boxpromoter der Welt? Ich weiß nicht, was mir noch durch den Kopf schoss. Einen Augenblick lang hielt ich das Ganze für einen Scherz.

Dann begriff ich, dass der Fremde nicht zufällig auf dem Platz neben mir saß. Es war tatsächlich Kings Stimme, von dieser Sorte gibt es nur eine. Und das, was er sagte und wie er es aussprach, klang auch verdammt nach ihm: »Congratulations!«, brüllte es mir durchs Handy entgegen. »Dein Bruder ist großartig! Er ist der Größte! Ihr müsst zu mir kommen! Ich gebe euch einen Vertrag! Wann könnt ihr da sein?« Ich stammelte etwas auf Englisch in den Hörer. Nur ruhig bleiben!, dachte ich. Obwohl der Anruf direkt aus dem Olymp des Profiboxsports kam. Einen Mächtigeren als Don King gibt es im Boxgeschäft nicht. Offenbar hatte er seine Augen und Ohren überall. Wladimirs Sieg war noch keine fünf Minuten alt, doch King schien längst einen genauen Plan im Kopf zu haben. Wir sollten zum nächsten Kampf von Mike Tyson nach Las Vegas kommen, dann würde er alle Details mit uns besprechen. Selbstverständlich übernehme er sämtliche Kosten. Das musste ich erst einmal verdauen.

Ich wollte endlich zu meinem Bruder. Aber weit kam ich nicht. Auf dem Gang hörte ich jemanden »Klitschko« schreien. Ein älterer Mann mit lichtem grauem Haarkranz stürzte auf mich zu, umarmte mich und gratulierte mir zu Wladimirs Olympiasieg. Im ersten Moment dachte ich, es sei ein deutscher Boxfan, der Wladimir wahrscheinlich aus seiner Zeit in Flensburg kannte. Irgendjemand in der kleinen Menschentraube, die mich inzwischen umgab, lüftete das Geheimnis. Ich war viel zu aufgekratzt, um noch den Überblick zu behalten. Der »Boxfan«, der im Grunde ein Boxbesessener ist, war Klaus-Peter Kohl, der mir als »Promoter from Germany« vorgestellt wurde. Das also war der Chef von Universum Box-Promotion, dessen Mitarbeiter mich seinerzeit in Berlin kontaktiert hatte.

Kohl, der in diesem Jahr, 2004, seinen sechzigsten Geburtstag gefeiert hat, ist auch einer von diesen Infizierten. Der gelernte Kaufmann, der in Hamburg-St. Pauli aufwuchs, kam in seiner Jugend mit dem Boxsport in Berührung und wäre gern etwas erfolgreicher gewesen. Doch er bekam wohl ziemlich viel Prügel ab und hörte lieber schnell wieder auf. Später wurde er Zeitnehmer bei Boxkämpfen, und noch später, 1984, veranstaltete er mit den Rocchigiani-Brüdern Graziano und Ralf seine ersten Kämpfe als Promoter. Die beiden trainierten damals noch in der legendären *Ritze* auf der Reeperbahn. Die Veranstaltung erwies sich allerdings als Verlustgeschäft. Mit gerade fünfhundert Zuschauern, von denen nicht einmal jeder Eintritt zahlte, bekam Kohl seine Kosten nicht annähernd wieder rein. Anfang der neunziger Jahre riskierte er mit dem Boxstall Universum Box-Promotion einen neuen Versuch und bewies vor allem mit der Verpflichtung von Dariusz Michalczewski, der Weltmeister verschiedener Verbände wurde, eine glücklichere Hand. Als wir uns in Atlanta begegneten, hatte er zwar mehrere Weltmeister unter seinen Fittichen, der internationale Durchbruch war ihm jedoch noch nicht gelungen.

Die wirklich großen Deals handelten nach wie vor die amerikanischen Star-Promoter aus, zu denen neben Don King auch Bob Arum und Cedric Kushner gehören.

In einem waren sich Boxpromoter offenbar ähnlich: Auch Kohl kam ohne Umschweife zur Sache. Einen Tyson-Kampf hatte er zwar nicht zu bieten. Dafür lud er uns umgehend nach Hamburg ein, gleich für den kommenden Samstag. Damit ich den Termin auch ja nicht vergaß, überreichte er mir seine Visitenkarte mit einer Telefonnummer, unter der er für mich jederzeit zu erreichen sei. Als hätte er geahnt, dass wir auf dem Weg zu ihm in Schwierigkeiten geraten könnten.

Ob es letztlich Kohls Visitenkarte war, die uns in Frankfurt zur Freiheit verhalf, wissen nur die Beamten, die uns festhielten. Ich hatte sie ihnen gegeben, damit sie sich von ihm unsere legitimen Reiseabsichten bestätigen lassen konnten. Etwa eine halbe Stunde schmorten wir in der Zelle, dann öffnete jemand die Tür und entschuldigte sich für die Unannehmlichkeiten, die man uns bereitet habe. Das war eine freundliche Geste, aber nicht die Lösung unseres Problems. Der Flug nach Hamburg war inzwischen aufgerufen. Auf normalem Weg würden wir ihn unmöglich noch erreichen. Doch dem Beamten fiel auch dazu etwas ein. Er fuhr uns mit dem Kleinbus, mit dem er uns hierher gebracht hatte, direkt zu der abflugbereiten Maschine aufs Rollfeld.

In Hamburg-Fuhlsbüttel erwartete uns Peter Hanraths, Universum-Geschäftsführer und so etwas wie die rechte Hand von Klaus-Peter Kohl. Auch er ist ein Boxbesessener, der, einmal infiziert, nicht von diesem Sport lassen kann. In seiner Jugend bestritt er über hundert Kämpfe als Amateurboxer. Danach wechselte er ins Trainerfach, um anschließend Manager zu werden und Vorsitzender eines Amateurboxvereins im Rheinland. Inzwischen arbeitete er seit fünf Jahren für Kohl. Hanraths, den ich von der Weltmeisterschaft in Berlin kannte, kutschierte uns im Mercedes zu einem Hotel an der Außenalster. Der Tag war wie gemacht, um sich als Besucher auf Anhieb in Hamburg zu verlieben: Herrlicher Sonnenschein, eine leichte Brise und Temperaturen, die sich bis spät in die Nacht bei über zwanzig Grad hielten.

Ideal auch für den Boxkampf, zu dem uns Kohl eingeladen hatte. Der sollte am Abend in einem Fußballstadion über die Bühne gehen, unter freiem Himmel. Da wir fremd in der Stadt waren, sagte uns der FC St. Pauli nichts. Von dem ganzen Presserummel im Vorfeld des Kampfes hatten wir in Kiew auch nichts mitbekommen. Hätte uns jemand erzählt, Boxkämpfe in einem Stadion seien in Deutschland nichts Außergewöhnliches, wahrscheinlich hätten wir es geglaubt. Dreiundzwanzigtausend Zuschauer erschienen uns ungeheuer viel. Und als wir im Stadion saßen, beeindruckte uns diese gigantische Kulisse. Doch woher sollten wir wissen, wie viele Leute hierzulande üblicherweise zu einem Profikampf gingen? Wir hatten nicht einmal eine Vorstellung davon, wie hochkarätig dieser Abend besetzt war. Dariusz und Graciano mögen uns verzeihen, aber mit den Namen Michalczewski und Rocchigiani wussten wir damals genauso wenig anzufangen wie mit *Tiger* und *Rocky*. Dass die beiden im Halbschwergewicht um den Weltmeistertitel der World Boxing Organization, WBO, kämpften, des jüngsten der vier maßgeblichen Boxverbände, musste man uns zuerst einmal erklären. Solche komplizierten Strukturen existierten bei den Amateuren nicht.

Wir lernten an diesem Abend noch andere Dinge. Zum Beispiel, dass sich Amateurboxen und Profigeschäft gewissermaßen auf den ersten Blick unterscheiden. Denn der richtete sich im St.-Pauli-Stadion nicht gleich auf den Boxring, sondern erst einmal nach oben, in den dämmrigen Himmel, wo ein Feuerwerk abbrannte, bevor die beiden Boxer auf der Kampffläche erschienen. Bei den Profis kam also die Show vor dem Kampf. Dass es beim Kampf anscheinend wesentlich brutaler zugeht als bei den Amateuren, begriffen wir, nachdem der Eröffnungsgong ertönt war. Nicht fremd hingegen war mir die Tatsache, dass mancher Ringrichter die Regeln, auch wenn die hier andere waren, bisweilen äußerst zweifelhaft auslegte.

Überhaupt war es eine sehr lehrreiche Reise für uns. Die

nächste Lektion erteilte uns Klaus-Peter Kohl, mit dem wir uns tags darauf in der Lobby unseres Hotels zusammensetzten. Ich war richtiggehend enttäuscht, als er uns verkündete, wie er sich unsere Zukunft als Boxer vorstellte: Natürlich bestünde sein Ziel darin, uns zu Weltmeistern zu machen, am besten beide. Nur dürfe man nichts überstürzen. An einen Titelkampf sei frühestens in drei Jahren zu denken. Bis dahin müssten wir uns Stück für Stück auf den Ranglisten der Verbände emporarbeiten. Da hatte mir Don King bei unserem kurzen Telefonat schon mehr versprochen. Aber wir wollten uns ohnehin nicht sofort entscheiden. Mike Tysons nächster Kampf, zu dem uns Don King eingeladen hatte, war für Anfang September angekündigt. Dann könnten wir Kohls Angebot mit dem vergleichen, was Mister King in petto haben würde.

In Las Vegas fiel alles eine Spur pompöser aus. Vom Fughafen holte uns eine schwarze Stretchlimousine ab. Untergebracht wurden wir im berühmten MGM Grand Hotel, in dem am Abend des 7. September auch der Kampf stattfand. *Iron* Mike trat gegen Bruce Seldon an. Zum Verdruss der Zuschauer hielt er sich nicht lange mit ihm auf. Er benötigte ungefähr fünfzig Schläge, von denen einige ins Leere trafen, und exakt hundertneun Sekunden, um seinem Landsmann den Weltmeistertitel der WBA abzunehmen.

Viel bekamen wir von der kurzen Ringschlacht nicht mit. Während wir in Hamburg Plätze in der ersten Reihe bekommen hatten, saßen wir hier ziemlich weit hinten. Besonders gastfreundlich erschien uns das nicht. Es war nicht wirklich wichtig, welche Plätze sie uns gaben, aber es vermittelte uns auch nicht unbedingt das Gefühl, besonders willkommen zu sein. Wenn ich beabsichtige, mit jemandem zusammenzuarbeiten, würde ich ihm einen der besten Plätze in der Arena reservieren. Vermutlich hatten wir den großen Meister am Nachmittag verärgert und waren deshalb für den Abend in Ungnade gefallen. Wollte uns Don King demonstrieren, wer hier das Sagen hatte? Erwartete er, dass wir vor ihm auf die Knie fielen?

An seiner Macht zweifelten wir keinen Augenblick. King war seit über zwanzig Jahren der einflussreichste Mann im internationalen Boxgeschäft, und daran hat sich bis heute nichts geändert. Er hat über fünfhundert Weltmeisterschaftskämpfe veranstaltet. Zu seinen Klienten gehörten die berühmtesten und erfolgreichsten Kämpfer, Boxlegenden wie George Foreman, Joe Frazier und Larry Holmes, sogar für Muhammad Ali hat er schon gearbeitet. Es waren zwei Geniestreiche, mit denen King seinen legendären Ruf als Box-Pate begründete. Der erste gelang ihm 1974 mit dem als *Rumble in the Jungle* titulierten Jahrhundertkampf zwischen Foreman und Ali in Zaires Hauptstadt Kinshasa, der zweite ein Jahr später, als er Ali dazu brachte, in Manila gegen Frazier anzutreten.

King ist ein ausgebuffter Geschäftsmann, mit allen Wassern gewaschen. Dem Promoter mit der markanten Starkstromfrisur gehören mittlerweile zahlreiche Immobilien, außerdem wird ihm ein Millionenvermögen nachgesagt. Immer wieder gab und gibt es allerdings Gerüchte über kriminelle Machenschaften, in die er verwickelt sein soll. Wirklich zu stören scheint ihn das nicht. Bisher konnten ihm weder FBI noch CIA oder Steuerfahndung etwas Gravierendes nachweisen. Festgenommen wurde er immer mal wieder. Seine letzte Gefängnisstrafe liegt allerdings Jahrzehnte zurück. Damals, mit vierunddreißig Jahren, wurde er wegen Totschlags verurteilt, weil er einen Mann zu Tode getrampelt hatte, der ihm Geld schuldete. Inzwischen verkehrt Don King längst mit honorigeren Zeitgenossen, umgibt sich mit Schriftstellern, Schauspielern und Musikstars, selbst zum Weißen Haus werden ihm enge Kontakte nachgesagt.

Das waren in etwa die Fakten, die wir über unseren Gastgeber in Erfahrung gebracht hatten, bevor er uns am Nachmittag, vor dem Tyson-Kampf, in einer imposanten Villa in Las Vegas begrüßt hatte. An seine ersten Worte erinnere ich mich noch: »Willkommen im Mike-Tyson-Camp und beim Mike-Tyson-Team! Mike ist glücklich, dass wir zusammenarbeiten werden. Er wird alles für euch tun …« Wie er da stand, bot er eine reichlich theatralische Vorstellung, die allerdings auch bestens zur Umgebung passte. Im Garten plätscherte ein künstlich angelegter Wasserfall, überall glänzte weißer Marmor. King besitzt wirklich Schauspielerqualitäten. Er breitete die Arme aus, als wolle er seine verloren geglaubten Söhne an die Brust drücken. Und während er sprach – oder besser brüllte –, zog er die Wörter mit seiner blechernen Stimme wie Ringsprecher Michael Buffer übertrieben in die Länge.

Don King schien sich seiner Sache sicher zu sein. Er war es bestimmt nicht gewöhnt, dass ihm jemand widersprach. Für ihn standen die Details unserer Zusammenarbeit bereits fest. Er hatte sogar schon Verträge aufsetzen lassen. Sein Plan sah vor, dass wir in Florida Quartier bezogen und so bald wie möglich mit dem Training begannen. Wir hätten gar nicht erst wieder zurückfliegen müssen. Im Grunde versprach er uns alles, was wir uns erhofften: perfekte Trainingsbedingungen, außerdem umgehend die ersten Weltmeisterschaftskämpfe und goldene Berge, wie er es nannte. Wir bräuchten nur unsere Unterschriften unter die Verträge zu setzen, meinte er, schon würde er die Maschinerie seines Unternehmens anwerfen und alles für uns arrangieren.

Um dem Ganzen einen festlichen Rahmen zu verleihen, setzte er sich an den schwarzen Flügel, der in der Mitte des Raumes stand, und verkündete, er werde zur Feier des Tages etwas spielen, nur für uns. Wenn ich mich nicht irre, klang es nach Beethovens Neunter. Es klang auf jeden Fall ziemlich perfekt. Das verblüffte uns: Erlebten wir gerade die andere, die verborgene, die sensible Seite des ansonsten eher poltrigen Promoters? Er schien sich völlig der Musik hinzugeben. Seine Hände schwebten gekonnt über die Tasten. Mit dem Oberkörper bewegte er sich elegant im Rhythmus wie ein geübter Konzertpianist. Und mit den Füßen… Moment mal! Sah ich das richtig? Seine Füße rührten sich nicht, sie standen neben den Pedalen, die sich von alleine bewegten. Also doch! Er spielte nur Theater, das passte zu ihm.

Diese kleine Showeinlage war nicht das Einzige, was uns davon abhielt, die Verträge auf der Stelle zu unterschreiben. Aber sie mahnte uns noch mehr zur Vorsicht. Don King konnte uns den Himmel auf Erden versprechen – was wussten wir denn, was da auf dem Papier stand? Die Kontrakte waren in Englisch abgefasst und sicherlich mit komplizierten juristischen Feinheiten gespickt. Und dann war da noch Kings etwas großspurige Art, die uns zurückschrecken ließ. Sie überraschte uns nicht wirklich, weil wir schon von ihr gehört hatten, sie machte ihn uns aber auch nicht sympathischer. Bestimmt hatte dieser Mann eine Menge im Box-Business bewegt. Und bestimmt war er ein erfahrener Geschäftsmann, der sich mit allen Tricks auskannte. Nur schien er auf der menschlichen Ebene nicht zu uns zu passen oder wir nicht zu ihm.

Wahrscheinlich wären wir unter seiner Regentschaft schneller als Boxer bekannt geworden, vor allem weltweit. Und vermutlich hätten wir mit ihm auch mehr Geld verdient. Nur, was hätte das genutzt, wenn die Chemie nicht stimmte? Irgendwie sprang der Funke zwischen ihm und uns nicht über. Gut möglich, dass wir etwas naiv an die Sache herangingen. Aber erstens waren wir unerfahren, sosehr wir uns bei den Verhandlungen auch bemühten, einen anderen Eindruck zu erwecken. Und zweitens konnten und wollten wir nicht über unseren Schatten springen. Wir haben nun einmal russische Seelen, und für die sind Gefühle wichtig. Wenn der Kopf etwas gut findet, fragen wir immer noch den Bauch, was er davon hält. Wir können geschäftliche Angelegenheiten noch so nüchtern betrachten, ohne Vertrauen und menschliche Wärme fühlen wir uns bei niemandem gut aufgehoben.

Es war für Don King vielleicht kein Schlag ins Gesicht, aber eine Ohrfeige war es schon. Wir zögerten. Wir baten ihn um Bedenkzeit. Ein Sprichwort bei uns sagt: Mit einem guten Gedanken muss man eine Nacht verbringen. Außerdem wollten wir seine Verträge mit Anwälten in Kiew besprechen. Am Ende sagten wir ab, und das nahm er uns übel.

Wie sehr wir seine Eitelkeit gekränkt haben mussten, erfuhren wir ein paar Wochen später. Da erklärte er in einem Fernsehinterview, er habe uns niemals ein Angebot unterbreitet. Das hätten die Leute vielleicht noch geglaubt. Doch dann beging er den

Fehler zu behaupten, uns nicht einmal zu kennen. Er tat tatsächlich so, als hätte er unsere Namen noch nie gehört, als wäre er uns weder in Las Vegas noch sonstwo begegnet. Damit machte er es uns allerdings einfach, seine Behauptung zu widerlegen. Schließlich hatte er sich mit uns fotografieren lassen, das konnte ihm unmöglich entgangen sein. Die Fotos erschienen kurz darauf in einigen Zeitungen.

Wir entschieden uns für Klaus-Peter Kohl und seinen Universum-Boxstall. Was gab eigentlich den Ausschlag? Die Verträge waren es nicht, die waren nicht besser. Wir verzichteten sogar auf Geld. Mit Don King hätten wir außerdem den größeren Namen hinter uns gehabt. Kohl war in der deutschen Boxszene bekannt, in Amerika nahm kaum jemand Notiz von ihm. Trotzdem signalisierte mir mein Bauch: Kohl! Und Wladimir empfing von seinem die gleichen Signale. Kohl wirkte bodenständiger, irgendwie seriöser. Er versprach uns keine »goldenen Berge«, keine übertriebenen Gagen und keine Weltmeistertitel. Er meinte, unser sportliches Fortkommen und unsere Einnahmen würden in erster Linie von uns selbst abhängen. Er trug nicht so dick auf. Was er sagte, schien eher der Realität zu entsprechen. Und er wirkte menschlich einfach sympathischer. Wir fanden den richtigen Draht zueinander.

Leider machen wir gerade die Erfahrung, dass so ein Draht, der einen jahrelang verbunden hat, auch wieder zerbrechen kann. Wahrscheinlich werden wir, wenn das Buch erscheint, schon nicht mehr für Kohl und Universum boxen. Momentan liegt die Sache beim Gericht. Ich mag weder Gerichte noch Konflikte. Aber uns bleibt keine andere Wahl. Zunächst ging es nur darum, zu klären, wie lange die Verträge zwischen Kohl und uns noch laufen. Unterschrieben hatten wir bis zum 30. April 2004. Damit sie an diesem Tag auch wirklich enden, mussten wir sie ein halbes Jahr vorher kündigen, so war es vereinbart. Wir hätten danach neue Verträge abschließen können, zu geänderten Konditionen, aber irgendwie lief auf einmal alles gegen uns.

Kohl meinte plötzlich, unsere Verträge würden sich automatisch um jeweils die Zeitspanne verlängern, die wir durch Verletzungen hatten aussetzen müssen. Eine solche Option mögen die Schriftstücke vielleicht vorsehen, sehr fair finde ich es aber nicht, darauf zu pochen. Wir setzten bei jedem Kampf unsere Gesundheit aufs Spiel, damit es auch in seinem Geldbeutel klingelte, er nicht. Und schließlich fügten wir uns die Verletzungen nicht absichtlich zu. Aber gut, damit müssen sich die Juristen auseinander setzen. Fest steht, dass in jüngster Zeit ein paar Dinge passiert sind, die wir nicht akzeptieren können. Sie vermittelten uns das Gefühl, dass Kohl als Promoter nicht mehr in unserem Sinne agiert, sondern eindeutig gegen uns. Dadurch haben wir das Vertrauen zu ihm verloren. Und ohne das, ohne eine gemeinsame Basis, geht es einfach nicht. Deswegen haben wir ihm Anfang Mai 2004 fristlos und außerordentlich gekündigt. Eine Zeitung schrieb daraufhin, das Tischtuch zwischen uns sei zerschnitten. So kann man es wohl sehen. Ich will aber nicht vorgreifen.

Noch lagen wir mit Kohl und Hanraths auf einer Wellenlänge. Das war sicherlich entscheidend. Nicht unwichtig war allerdings auch die Tatsache, dass Hamburg unserer Heimat entschieden näher lag als irgendeine Stadt in Amerika. Wir wollten nicht alles mit einem Mal aufgeben. In Kiew wohnten unsere Eltern und die meisten unserer Freunde. Von Deutschland aus konnten wir sie jederzeit besuchen, oder sie konnten zu uns kommen. Wir schlossen also einen Vertrag, der beide Seiten zufrieden stellte. Damit waren wir, zwei Kinder des Sozialismus, offiziell Profiboxer. Schaue ich mir diesen ersten Vertrag mit Universum heute an, muss ich schon schmunzeln. Inzwischen würden wir eine solche Vereinbarung nicht mehr unterschreiben. Ich glaube noch immer, dass wir damals die richtige Entscheidung getroffen haben, nur sehe ich viele der im Vertrag enthaltenen Klauseln mittlerweile mit anderen Augen.

Wir waren Neulinge in dem Geschäft, und so sah das Abkommen auch aus: ziemlich einseitig. Damals wussten wir noch nicht, welche Gelder beim Boxen fließen. Von wem sie kommen und wohin genau sie gehen, wer hinter den Kulissen woran verdient. Wir erhielten pro Kampf eine festgelegte Gage, von der wir fünfunddreißig Prozent an den Promoter abgeben mussten. Ihre Höhe richtete sich nach der Anzahl der Runden, die der Kampf dauern sollte. Als Profi beginnt man nämlich nicht sofort mit Zwölf-Runden-Kämpfen. In den ersten anderthalb Jahren traten wir fast monatlich zu einem Kampf an, immer Samstagabend, mitunter sogar zweimal im Monat, mit einem Wochenende Pause dazwischen.

Der Umzug nach Hamburg läutete die bis dahin schwierigste Phase meines Lebens ein. Obwohl es uns eigentlich an nichts mangelte. Der Boxstall stellte uns einen Mercedes zur Verfügung und beschaffte eine Wohnung – zwei Schlafzimmer, ein Wohnzimmer, Küche und Bad, groß genug für Wladimir und mich. Sie lag sehr günstig, wir erreichten das Universum-Gym bequem zu Fuß. Ihr Nachteil bestand allerdings darin, dass sie sich genau an einer Kreuzung und in unmittelbarer Nähe einer Polizeiwache befand. An den alltäglichen Verkehrslärm gewöhnte ich mich mit der Zeit. Doch wenn die Polizeiautos nachts mit Blaulicht und Sirene über die Kreuzung rasten, stand ich jedes Mal wieder senkrecht im Bett. Ein Jahr lang ertrugen wir das, dann zogen wir in eine ruhigere Gegend.

Ein echtes Problem stellten unsere bescheidenen Sprachkenntnisse dar. Ich wundere mich manchmal selbst, wie wir das geschafft haben. Vor kurzem waren wir Gäste in einer großen Talkshow und diskutierten vor Millionen von Fernsehzuschauern mit Politikern wie Edmund Stoiber und Günter Verheugen über die Osterweiterung der Europäischen Union und die bevorstehende Europawahl. Über Boxen zu reden ist eine Sache, damit haben wir täglich zu tun, da bewegen wir uns auf sicherem Terrain. Es fällt uns auch nicht mehr schwer, bei irgendwelchen Veranstaltungen Smalltalk zu machen. Darin sind wir inzwischen geübt. Aber politische Diskussionen sind etwas vollkommen anderes. Da reicht es nicht, sich für Politik zu interessieren und halbwegs über die Weltlage informiert zu sein. Wenn man in so einer Runde mitreden will, muss man schon die größeren Zusammenhänge begreifen, bestimmte Fachbegriffe kennen und eine eigene Meinung haben. Perfekt ist unser Deutsch immer noch nicht, und ich habe ganz schön geschwitzt im Studio, aber ich denke, wir haben uns gut geschlagen.

Damals, in der Anfangszeit in Hamburg, konnte ich mir im Traum nicht vorstellen, jemals einen solchen Auftritt hinzukriegen. Wenn mir einer gesagt hätte, dass wir eines Tages bei Thomas Gottschalk in *Wetten dass ..?* auf der Couch sitzen, Witze reißen und Zaubertricks vorführen würden, ich hätte ihn für verrückt gehalten. Heute bekomme ich gar nicht mehr zusammen, in wie vielen Fernsehsendungen wir schon aufgetreten sind. Allein bei Gottschalk waren wir dreimal.

Seit einiger Zeit drehen wir sogar Werbespots auf Deutsch. Man kann sich gar nicht vorstellen, welche Arbeit dahinter steckt. Unsere Texte sind zwar nicht sehr lang, aber sie laufen immer auf eine Pointe hinaus, die natürlich jeder verstehen soll. Deshalb reicht es auch nicht, dass wir die Sätze auswendig lernen und vor der Kamera herunterrasseln. Wir müssen jedes Wort auf eine bestimmte Weise betonen, damit der Witz und die Botschaft beim Zuschauer auch richtig ankommen. Und das in einer Sprache, die uns so schon schwer fällt, sie ist ja relativ kompliziert. Der Satzbau im Deutschen wird jemandem, der nicht mit der Sprache aufgewachsen ist, vermutlich immer ein Rätsel bleiben. Und die Zahlen erst! Ich möchte wissen, wer auf die Idee gekommen ist, bei zweistelligen Zahlen immer zuerst die hintere Ziffer zu nennen. Oder bei dreistelligen erst die erste, dann die hintere und zum Schluss die mittlere. Geht's noch komplizierter? Im Russischen oder im Englischen ist das jedenfalls viel einfacher. Bei unserem ersten Dreh, für einen Vollmilchsnack, mussten die Filmleute wirklich Geduld aufbringen. Zum Glück merkte man das dem fertigen Spot nicht an.

Wir lebten zwar mitten in Hamburg, aber die erste Zeit praktisch wie auf dem Mond. Wir bekamen nichts von dem mit, was in der Welt geschah. Die Nachrichten im Fernsehen oder im

Radio verstanden wir nicht, die in den Zeitungen konnten wir nicht lesen. Und mit wem sollten wir uns unterhalten? Das entsprach nicht gerade unserer Mentalität, denn eigentlich sind wir gesellige Typen. Die Sprachlehrerin, die uns Privatunterricht erteilte, verzweifelte fast an uns. Zum Lernen blieb ja auch nur zwischendurch Zeit. Die Vormittage brachten wir beim Training zu, die Nachmittage ebenfalls.

Ich war ein paarmal drauf und dran, eine Satellitenschüssel zu kaufen, um einen russischen Fernsehsender empfangen zu können. Und als ich erfuhr, dass es am Hauptbahnhof russische Zeitungen zu kaufen gab, wäre ich am liebsten sofort losgefahren. Die Versuchung war wirklich groß. Doch die Worte eines guten Bekannten hielten mich zurück. Er lebte schon länger in Deutschland und beherrschte die Sprache bereits ganz gut. »Ihr könnt natürlich den bequemen Weg gehen«, meinte er, »russische Zeitungen und Bücher kaufen und euch mit Leuten umgeben, die unsere Sprache sprechen. Aber auf diese Weise werdet ihr umso länger brauchen oder es vielleicht nie schaffen, vernünftig Deutsch zu lernen.«

Das erwies sich als kluger Ratschlag. Irgendwie quälten wir uns durch. Wir büffelten Vokabeln und Grammatik, sooft Zeit war. Wir zwangen uns, deutsche Zeitungen zu lesen. Und wir gingen häufig ins Kino, auch eine gute Lernmethode, die uns ein anderer Bekannter empfohlen hatte. Trotzdem verstrichen Monate, ehe wir mit anderen ein paar Sätze wechseln konnten. Und noch ein paar weitere, bis wir in der Lage waren, mithilfe unserer Lehrerin ein erstes Buch auf Deutsch zu lesen. Hier bewies sie ein gutes Gespür, indem sie einen Stoff aussuchte, der für uns so spannend war, dass wir das Buch am liebsten gar nicht wieder beiseite gelegt hätten: die Erinnerungen von Max Schmeling.

Beim täglichen Training fielen unsere Sprachdefizite weniger ins Gewicht. Anfangs war noch meist Wladimir Zolotarew, unser Trainer aus Kiew, dabei. Er betreute inzwischen das ukrainische Nationalteam und pendelte ständig zwischen Kiew und Hamburg. Wir hätten es gern gesehen, wenn er als Coach bei uns geblieben wäre, doch die Belastung wurde zu groß für ihn, er sah seine Familie kaum noch. Auch sportlich befriedigte ihn die Situation nicht. Um keinen seiner Boxer konnte er sich so kümmern, wie er es für erforderlich hielt. War er in Hamburg, vernachlässigte er sein Team zu Hause, hielt er sich in Kiew auf, fehlte er uns. Wir schlugen ihm vor, seinen Amateurstatus als Trainer aufzugeben und nur mit uns weiterzumachen. Das schien ihm zu riskant. Sosehr wir das bedauerten, wir verstanden seine Entscheidung. In der Ukraine war er ein bekannter Mann und genoss hohes Ansehen. Immerhin hatte er den ersten ukrainischen Olympiasieger im Boxen hervorgebracht. In Deutschland wäre er einer unter vielen Trainern gewesen. Und der Posten des Chefcoachs war bei Universum bereits an Fritz Sdunek vergeben.

Komisch, aber das Erste, was ich dachte, als ich Fritz sah, war: Das ist ein Frauentyp! Er hat so ein Grübchen am Kinn. Und bei uns hieß es immer, Frauen stünden auf Männer mit Grübchen. Noch mehr beeindruckte mich dann seine Arbeit als Trainer. Manche Trainer neigen ja dazu, ihre Boxer alle nach ein und demselben Schema zu trainieren. Oder sie sagen denen, die neu zu ihnen kommen: »Vergesst, was ihr bisher gelernt habt, bei mir läuft jetzt alles anders!« So geht Fritz nicht heran. Obwohl er mehrere Boxer betreut und genug um die Ohren hat, stellt er sich auf jeden Typ individuell ein. Auch meinen Boxstil wollte er nicht gleich völlig umkrempeln. Er nahm ihn zuerst einmal genau unter die Lupe und entschied dann, die vorhandenen Fähigkeiten als Basis zu nehmen und darauf aufzubauen. Fritz hat ein ungeheures Talent, die individuellen Stärken eines Boxers zu erkennen und zielgerichtet weiter zu verfeinern. Ich merkte gleich, dass er an seine Aufgabe mit geradezu wissenschaftlicher Akribie heranging. Er arbeitete einen Trainingsplan für mich aus, der bis ins kleinste Detail auf meinen Körper, auf meine Schwachstellen, aber vor allem auf meine Stärken zugeschnitten war.

Die Steckenpferde von Fritz sind Athletik und Kondition, darin ist er einfach unschlagbar. Bis heute ist mir kein Trainer begegnet, der ihm auf diesen Gebieten das Wasser reichen könnte. Wahrscheinlich liegt das auch daran, dass Fritz sich permanent weiterbildet. Er könnte sich ja sagen: »Ich habe schon viele Boxer zu Champions gemacht, also brauche ich mir nichts Neues einfallen zu lassen.« Mein letzter Kampf, der gegen Corrie Sanders in Los Angeles, war der fünfundsiebzigste Weltmeisterschaftskampf, den er als Trainer erlebte. Das ging in dem Trubel etwas unter. Die Liste seiner Erfolge ist wirklich beträchtlich. Ralf Rocchigiani steht da drauf und Artur Grigorian, Dariusz Michalczewski und Juan Carlos Gomez, Wladimir und ich und noch einige andere. Und dennoch: Fritz lehnt sich nie zurück, er forscht ständig nach den besten Trainingsmethoden und sieht zu, wo er etwas Neues aufschnappen kann. Manches überträgt er von anderen Sportarten aufs Boxen, aus der Leichtathletik zum Beispiel, wenn er überzeugt ist, dass sein Training dadurch noch effizienter wird.

Allerdings hatten wir nicht den besten Einstand bei ihm. Am Anfang gerieten wir einige Male aneinander. Er hatte seine Ideen im Kopf und wir unsere. Er trainierte seit Jahren Profiboxer, wir kamen aus dem Amateurlager. Zwei unterschiedliche Boxwelten prallten da aufeinander. Wie unterschiedlich die waren, das überblickten wir am Anfang noch nicht. Im Grunde sind es zwei verschiedene Sportarten. Außerdem waren wir noch voll auf Zolotarews sehr speziellen Trainingsstil eingespielt.

Ein großes Problem – für Fritz, weniger für mich – war unsere Unpünktlichkeit. Auf Sprachschwierigkeiten konnten wir die schlecht schieben, Uhren ticken überall auf der Welt gleich. Und mit Verkehrsproblemen konnten wir uns auch nicht herausreden, da wir zu dieser Zeit noch fast in Nachbarschaft des Gyms wohnten. Vielleicht fließt in unseren Adern südländisches Blut. Zehn Minuten früher oder später, davon kann das Leben nicht abhängen. Mit dieser Einstellung waren wir bei Fritz genau an der richtigen Adresse! Wenn er acht Uhr sagte, meinte er auch acht Uhr – und nicht eine Minute später. Acht Uhr Trainingsbeginn, wohlgemerkt. Wir mussten also sogar ein bisschen früher da sein, damit wir uns noch umziehen konnten.

Fritz ist ein anspruchsvoller Trainer und ein konsequenter, in seinen Forderungen hart, aber kein Leuteschinder. Er besteht auf seinen Prinzipien, trägt uns unsere kleinen Sünden aber niemals nach. Er übt seinen Beruf mit höchster Professionalität aus, und das Gleiche verlangt er von seinen Boxern. Dafür geht die Betreuung weit über seine Pflichten hinaus. Er hat ein großes Herz und würde einen nie im Stich lassen, wenn man Hilfe benötigt. Inzwischen gibt es eigentlich nur noch einen Streitpunkt zwischen uns, aber der ist eine Frage der Mentalität: Wenn ich während eines Kampfes in der Pause in meine Ecke komme, erzählt er mir meistens, was ich in der abgelaufenen Runde besonders gut gemacht habe. Gelungene Kombinationen, geschickte Meidbewegungen, blitzschnelle Sidesteps – er zählt alles auf. Das ist auch gut gemeint. Er will damit mein Selbstbewusstsein stärken, mich motivieren. Aber ich höre lieber, was ich noch besser machen kann, um meinen Gegner zu schlagen. Bei Wladimir ist das genau andersherum, er braucht das Lob.

Fritz hat schon einige turbulente Jahre hinter sich. Er ist jetzt siebenundfünfzig. Ihn kann so schnell nichts erschüttern. Seine ersten Box-Erfahrungen sammelte er als junger Bursche bei den Amateuren. Als seine Trainerlaufbahn begann, war er gerade dreiundzwanzig. Er hatte Landmaschinentechnik studiert, bevor er sich zum Sportlehrer ausbilden ließ. Seine Schützlinge, die er im Amateurbereich trainierte, gewannen bei Europa- und Weltmeisterschaften und auch bei Olympischen Spielen zahlreiche Medaillen. Einer errang sogar olympisches Gold wie Wladimir.

Fritz stammt aus der ehemaligen DDR, aus dem kleinen Ort Lüssow im Norden der untergegangenen Republik. Er kam nach der Wende in den Westen. Seine Erfolge als Trainer hatten sich hier längst herumgesprochen. Deshalb konnte er gleich als Cheftrainer der Bundesliga-Boxer von Bayer 04 Leverkusen anfangen. Einige Jahre betreute er sogar gleichzeitig noch die holländische Nationalmannschaft. Manchmal stand er den halben Tag in Leverkusen in der Trainingshalle, raste dann mit dem Auto über die Grenze nach Holland und trainierte nachmittags seine Jungs dort. Irgendwann nachts kam er wieder zurück. Viel kann seine Familie – er ist verheiratet und Vater von zwei Kindern – damals nicht von ihm gehabt haben.

Weil er in der DDR aufgewachsen ist, spricht Fritz auch ein bisschen Russisch. Die Sprache war dort Pflichtfach in der Schule. Das erleichterte unseren ersten Kontakt. Carola, seine Frau, beherrscht unsere Sprache noch besser. Außerdem kannte Fritz eine Reihe von unseren alten Boxgefährten aus der Sowjetunion. Das schweißte uns zusätzlich zusammen. Wir sind Freunde geworden, obwohl er als Coach natürlich eine Autorität bleibt. Aber ein Freund ist er deshalb, weil ich ihm hundertprozentig vertraue, als Trainer und als Mensch. Wie er und Carola sich die ersten Monate um uns kümmerten, werde ich ihnen niemals vergessen. Ohne die beiden wäre uns die Eingewöhnung in Hamburg noch schwerer gefallen. Sie halfen uns bei Behördengängen und zeigten uns, wo sich die Praxen von wichtigen Ärzten befanden und in welchen Geschäften wir günstig einkaufen konnten. Vorher waren wir immer nur kurz zu Besuch in der Stadt gewesen. Da erschien uns das Leben hier gar nicht so kompliziert. Doch jetzt mussten wir uns im Alltag zurechtfinden – und stießen ständig auf irgendwelche Tücken.

Das fing schon bei den Verkehrsregeln an. Die gab es in Kiew auch, nur wurden sie dort nicht so restriktiv ausgelegt. Man bekam jedenfalls keine Scherereien, wenn man sein Auto einfach am Straßenrand parkte. In Hamburg muss man damit vorsichtig sein. Eines Abends fuhren wir zu einem Theater in der Nähe des Hauptbahnhofs. Wir waren wieder mal ziemlich spät dran und fanden direkt vor dem Theater keine Parklücke. Eine Straße weiter lächelte uns jedoch eine zwischen zwei Autos an, wie geschaffen für unseren Mercedes. Dass in der Reihe vor und hinter uns nur Taxis standen, störte uns nicht weiter.

Als wir nach der Vorstellung zurückkamen, war unser Wagen verschwunden. Unsere erste Vermutung: gestohlen! Wir waren vielleicht sauer. Das ging ja schneller als bei uns zu Hause! Dann schöpften wir Hoffnung. Es standen so viele Taxis herum, vielleicht hatte einer der Fahrer den Dieb ja gesehen. Der Erste, den wir fragten, war Pole, er sprach ein paar Worte Russisch. Und grinste nur, als wir ihm unser Problem schilderten. Er meinte, das könne nur die Polizei gewesen sein. Jetzt verstanden wir gar nichts mehr. Durfte die hier einfach Autos klauen? Der Taxifahrer klärte uns auf. Er kannte sogar die Stelle, wo die abgeschleppten Fahrzeuge hingebracht wurden.

Auf einem anderen Gebiet schienen die Ordnungshüter wesentlich toleranter zu sein. Nach und nach lernten wir die interessantesten Ecken der Stadt kennen – das Gebiet um die Alster, die Geschäftsstraßen in der City, den Hafen. Ziemlich schnell landeten wir auf dem Kiez. Die Reeperbahn mussten wir uns ansehen, in Kiew gab es kein Rotlichtviertel! Ein Kulturschock für uns: Die Herbertstraße mit den Prostituierten in den Fenstern. Die aufreizend gekleideten jungen Frauen gegenüber der Davidwache, die vor den Augen der Polizisten auf Freier warten. Und die legendäre *Ritze* natürlich, das verruchte Lokal, von dem uns die anderen Boxer erzählt hatten. Die, die schon länger bei Universum waren wie Dariusz, hatten dort noch wenige Jahre zuvor im Keller trainiert. Er schwärmt heute noch von dieser Zeit. Meine Sache wäre das ja nicht gewesen.

Überhaupt das ganze Milieu auf der heißen Meile! Im ersten Moment faszinierte es uns natürlich. Wir waren junge Kerle und hatten so etwas noch nie gesehen, also befriedigten wir unsere Neugier. Damit war unser Interesse aber auch erloschen. Es ist bestimmt keine Gegend, in der wir uns bevorzugt aufhalten. Obwohl die schillernde Halbwelt mit den leichten Mädchen sicher gut zum Klischee vom Profiboxer passen würde. Existiert dieses Klischee überhaupt noch? Vielleicht wird es von einigen Angehörigen unserer Zunft ja nur künstlich am Leben erhalten, damit sie interessanter dastehen, als sie in Wirklichkeit sind. Das mag sein, aber zu uns passt es nicht. Wir sind, wie wir sind. Eine Rolle spielen wir höchstens in einem Werbespot. Und selbst dabei würden wir uns niemals verleugnen. Das Produkt muss zu uns passen und die Botschaft auch. Für mich ist das Wichtigste im Leben, dass man sich und anderen nichts vormacht, dass man immer authentisch bleibt. Im Alltag, im Siegestaumel, aber besonders in der schmerzhaften Phase nach einer Niederlage.

Das Maß an Freizügigkeit ist sicherlich auch eine Frage von Mentalität und Erziehung. Für mein damaliges Verständnis gingen die Deutschen ausgesprochen großzügig damit um. Wir wurden in der Sowjetunion ja eher prüde erzogen. Inzwischen sehe ich das auch etwas lockerer. Und manchmal mache ich mir sogar einen Jux daraus. Öffentliche Saunas, in denen Frauen und Männer gleichzeitig ihre volle Pracht entblößen, sind nämlich beileibe nicht überall auf der Welt üblich. Anscheinend nicht einmal im Land der unbegrenzten Möglichkeiten. Es macht mir immer wieder Spaß zu erleben, wie sich meine amerikanischen Sparringspartner verhalten, wenn ich in Hamburg mit ihnen nach dem Training in die Sauna gehe und dort unverhofft eine nackte Frau auftaucht. Völlig schockiert sind sie, als träfe sie ein Schlag, viel härter, als das im Ring passieren könnte. Sie geraten regelrecht in Panik und können sich nicht schnell genug ein Handtuch um die Hüften schlingen, um nur ja ihr Gemächte zu verdecken.

Ich würde mich niemals über die Moralvorstellungen anderer Völker lustig machen. Oftmals sind sie über Jahrhunderte gewachsen und stark religiös geprägt. Wie gesagt, wir wurden selbst alles andere als freizügig erzogen, obwohl weniger Glauben als Ideologie dahinter steckte. Aber wenn man wie wir in ein Land zieht, in dem offensichtlich andere Maßstäbe gelten, fängt man automatisch an, über die eigenen Prinzipien nachzudenken. Und vielleicht führt das auch dazu, dass man einige Dinge toleranter betrachtet. Prinzipiell ist dagegen nichts einzuwenden, nur erntet man damit manchmal Unverständnis. Uns ist das vor gar nicht so langer Zeit einmal passiert.

Das Lifestylemagazin *Max* trat mit einer Bitte an uns heran, beziehungsweise an Bernd Bönte, unseren persönlichen Manager, der sich um all unsere Medienkontakte kümmert. Bernd lernten wir kennen, als er noch als Sportreporter beim TV-Sender Premiere arbeitete. Von da an blieben wir in Kontakt. Vor gut drei Jahren fing er bei der Vermarktungsagentur *Sportfive* an. Seitdem betreut er ausschließlich uns. Wir verstanden uns damals sofort mit ihm, seine Art beeindruckte uns. Er ist ein geradliniger Typ, der sich in vielen Bereichen auskennt, über Politik Bescheid weiß und die Klaviatur des Mediengeschäfts aus dem Effeff beherrscht. Außerdem spielt er, wie wir, gern Schach und ist ein Fachmann für alles, was mit dem Boxgeschäft zu tun hat. Kurz gesagt: Er ist ein guter Berater und gleichzeitig ein enger Vertrauter. Und ein Freund ist er auch.

Das Magazin plante eine mehrseitige Fotostrecke mit uns. Wir sollten sogar auf der Titelseite erscheinen. An sich war das nichts Neues für uns. Pressearbeit und Fototermine gehören einfach zum Geschäft. Wir hatten schon einige Erfahrungen auf diesem Gebiet gesammelt. Aber diesmal sollten es ganz besondere Aufnahmen sein. Dem Chefredakteur schwebte schon die Schlagzeile vor: *Die Klitschkos hautnah*. Er dachte an etwas freizügigere Fotos. Zwar glaubte ich nicht, dass wir uns mit unseren durchtrainierten Körpern verstecken müssten. Richtig überzeugt war ich von der Idee aber trotzdem nicht. Ein anderer hätte vielleicht sofort abgelehnt, aber ich hielt es für fairer, sich wenigstens mit dem Fotografen zu verabreden, um zu hören, welche Motive er sich vorstellte.

Wir einigten uns darauf, die Fotos zu machen und danach zu entscheiden, ob wir sie auch veröffentlichen wollen. Die Qualität der Bilder überzeugte uns. Sie waren erotisch, aber gleichzeitig auch sehr ästhetisch, nicht ansatzweise schmuddelig. Andreas H. Bitesnich, der Fotograf, ist ein wahrer Künstler. Auf einigen Fotos waren wir bis knapp über dem Schambereich nackt – vom Kopf aus betrachtet natürlich. Viel mehr bleibt den Leuten auch nicht verborgen, wenn wir mit freiem Oberkörper im Boxring stehen. Wenn es hochkommt, zehn Zentimeter mehr. Haut.

In Deutschland kamen die Bilder hervorragend an. Die Illustrierte, die tatsächlich ihre Titelseite mit uns gestaltete, verkaufte sich gut. Ganz anders fielen die Reaktionen in der Ukraine aus, obwohl das Blatt dort gar nicht verkauft wurde. Viele unserer Landsleute erfuhren trotzdem davon, und die meisten reagierten entsetzt. In ihren Augen war das fast schon Pornografie. Dass die Fotos von irgendjemandem ins Internet gestellt wurden, auf die einschlägigen Seiten, die sich mit nackter Haut und mehr beschäftigen, machte es nicht besser. Lag das Problem womöglich bei uns? Kannten wir unsere eigenen Landsleute nicht mehr? Hatten wir aus der Entfernung ihre Auffassung von Moral vergessen? Oder nicht mehr daran gedacht, dass sie in dieser Beziehung empfindlich sind? Dass viele seit dem Zusammenbruch des Sowjetreichs im russisch-orthodoxen Glauben eine Orientierung suchen? Ich bereue unsere Entscheidung nicht. Ich bin nicht stolz darauf, aber ich stehe dazu. Trotzdem würde ich es nicht noch einmal tun.

Ich weiß, dass Wladimir das etwas lockerer sieht. Er ist fast fünf Jahre jünger, wahrscheinlich liegt es daran. Und entdeckungsfreudiger ist er auch, er probiert gern neue Sachen aus. So war er schon, als wir nach Hamburg kamen. Für mich war es vor allem ein sportlicher Schritt, für ihn darüber hinaus auch ein Abenteuer. Während ich die Stadt kennen lernte, eroberte er sie. Manches Wochenende natürlich auch das Nachtleben. Er war schließlich zwanzig und ungebunden.

Mein Leben verlief dagegen in relativ geordneten Bahnen. Ich hatte Natalie. Wir waren in der Zwischenzeit, noch in Kiew, eine kleine Familie geworden, auch wenn Natalie bis heute behauptet, dass wir gar nicht richtig verheiratet sind, weil unsere Hochzeit etwas dürftig ausfiel. Ein rauschendes Fest war es wirklich nicht. Genau genommen ging das Ganze ziemlich flott. Auf dem Weg zum Hochzeitspalast, in dem schon Wladimir seine Schnellheirat durchgezogen hatte, gerieten wir uns noch in die Haare. Natalie meinte plötzlich, sie wolle mich zwar heiraten, aber nicht so. Sie wünschte sich ein Hochzeitskleid und eine Festgesellschaft. Ich dagegen fand, dass sie das Leben nicht unnötig kompliziert machen musste. Wladimir begleitete uns, aber er blieb vor dem Standesamt im Auto sitzen, da wir nach der Trauung sofort ins Trainingslager aufbrechen wollten. Ich weiß gar nicht, ob er den Motor nicht gleich laufen ließ.

Vor unserer Abfahrt versprach ich Natalie, unsere Hochzeit nachzufeiern, sobald ich zurück sei. Bis heute ist nichts daraus geworden, irgendwie fehlte immer die Zeit. Meinetwegen muss eine große Feier auch nicht sein. Viel wichtiger ist mir, dass wir miteinander glücklich sind. Darin stimmt mir Natalie prinzipiell auch zu, doch wie jeder Mensch hat sie ihre Träume. Und ihr Hochzeitstraum ist eben der von einer Traumhochzeit: Ein lauer Frühsommertag, die Sonne scheint, alles ist festlich geschmückt. Wir beide schreiten Hand in Hand durch das schier endlose Spalier unserer Gäste, ich im dunklen Anzug und Natalie in einem wunderschönen weißen Kleid mit einer langen Schleppe. Und vor uns laufen zwei süße Blumenkinder, die duftende Rosenblüten verstreuen. Natalie liebt Rosen ... Ich versteh sie ja. Wir werden das auch nachholen, mein Versprechen steht. Vielleicht, wenn ich mit dem Boxen aufgehört habe und es in unserem Leben wieder etwas ruhiger zugeht. Vielleicht schaffen wir es ja dann.

Das verpasste Fest

Wladimir

Mein Debüt als Profiboxer war kein großes Ereignis, jedenfalls keins, das in die Annalen einging. Für mich war es natürlich trotzdem etwas Besonderes. Es fand drei Monate nach dem legendären Kampf zwischen Dariusz und Rocky statt, am 16. November 1996. Von dem Glamour, der Vitali und mich im Fußballstadion so fasziniert hatte, war an diesem Samstagabend jedoch nichts zu spüren. Mein Kampf sollte über vier Runden gehen. Als Gegner suchte Hedi Taouab, der Matchmaker von Universum, einen Amerikaner aus. Fabian Meza war einen halben Kopf kleiner als ich, aber fast gleich schwer. Niemand muss jetzt lange grübeln, den kennt wahrscheinlich kaum einer. Er war damals keine Berühmtheit und ist danach auch nie eine geworden. Ich schätze, unsere Begegnung trug mit dazu bei.

Meza war als Profi fast noch ein Anfänger wie ich, allerdings schon sieben Jahre älter. Er hatte zu diesem Zeitpunkt sechs Profikämpfe absolviert, vier Siege errungen, einen davon durch Knockout. Aber das spielte alles keine Rolle, seine Kampfbilanz beschäftigte mich so wenig wie seine Maße. Ich konzentrierte mich ausschließlich auf meinen Körper und auf meinen Geist. Wir traten in der Wandsbeker Sporthalle gegeneinander an. Sie liegt nur wenige Straßenzüge vom Universum-Boxgym entfernt und von der Wohnung, in der Vitali und ich damals lebten.

Vitali war vor mir an der Reihe. Er kämpfte gegen Tony Bradham, ebenfalls ein Amerikaner und auch er kein berühmter. Ich stand nicht wie sonst üblich in Vitalis Ecke, sondern bereitete mich auf meinen eigenen Kampf vor, wärmte mich auf und beobachtete von der Galerie aus, was Vitali zuwege brachte. Seine Überlegenheit war von der ersten Sekunde an nicht zu übersehen. Er hätte seinen Kampf beinahe in der ersten Runde schon beendet. Nach einem schweren Treffer mit der Linken ging Bradham zu Boden. Nur der Gong rettete ihn in die zweite Runde. Nach der Pause begrüßte ihn mein Bruder gleich mit einem wuchtigen Leberhaken. Damit war die Partie dann doch vorzeitig vorbei.

Es mag so scheinen, als wären wir den Weg, den wir in Kiew zuvor als Amateurboxer beschritten hatten, in Hamburg als Profis in gewohnter Manier weitergegangen. Auf unsere Erfolge bezogen traf das sogar zu. Doch im Detail sah es völlig anders aus. Wir wechselten mit unserem Status praktisch auch die Sportart. Dass das Hemd als Kampfbekleidung wegfiel, war noch das Geringste. Sich einem Gegner ohne Kopfschutz stellen zu müssen, veränderte die Situation im Ring indes schon beträchtlich. Außerdem fielen unsere neuen Boxhandschuhe deutlich kleiner aus. Und sie waren längst nicht mehr so weich gepolstert. In den alten Handschuhen konnte ich meine Hände lediglich leicht krümmen, wie die Tatzen einer Raubkatze. Das hatte mir immer viel von meiner Schlagkraft genommen. In den neuen konnte ich richtige Fäuste machen. Die Bandagen darunter, die neuerdings viel länger waren und stabiler, weil sie mit etlichen Metern Tape gefestigt wurden, gaben mir das Gefühl, mit Händen aus Beton zu boxen. Meine Schläge bekamen eine ganz andere Wucht. Als ich das im Training das erste Mal testete, war ich baff. Auch darüber, was mir selbst bevorstände, falls ein Gegner mit seinen Schlägen bis zu meinem Kopf durchkäme. Ich beschloss, alles zu tun, um das zu verhindern.

Was ich unter den neuen Bedingungen mit meinen Fäusten anzurichten vermochte, wurde mir gleich bei meinem ersten Kampf so richtig bewusst. Ich führte es mir sozusagen selbst vor Augen. Meza besaß ehrlich gesagt nicht den Hauch einer Chance gegen mich. Ich stand schon vor dem Kampf dermaßen unter Strom. Ich war heiß, wie wir Boxer sagen. Nachdem ich Vitalis kurze Vorstellung gesehen hatte, konnte ich es kaum erwarten, in den Ring zu steigen und zu beweisen, dass ich meinem Bruder in nichts nachstand. Den Menschen in der Halle und natürlich mir selbst. Im Ring ging dann alles sehr schnell. Wir bewegten uns in der ersten Runde gerade in der Ringmitte. Meza versuchte, mir eine Gerade zu verpassen, und legte sein ganzes Gewicht in den Schlag. Ich wich zurück, wodurch er in die Luft schlug und mir mit dem Kopf geradewegs entgegenflog. Meine rechte Faust landete an seinem Schädel, und er stürzte rückwärts zu Boden, mit dem Kopf gegen die gepolsterte Ringecke. Ich weiß noch, wie ich dachte: »Bleib liegen, Junge! Lass dich auszählen! Komm bloß nicht wieder hoch!«

Das war keine Arroganz, und Hass war es erst recht nicht. Ich spürte nur, dass es kein gutes Ende nehmen würde, falls er sich noch einmal vor meine Fäuste stellte. Er hatte mir einfach nichts entgegenzusetzen. Ihm war bis dahin kein einziger gefährlicher Schlag gelungen. Ich dagegen fuhr alle meine Geschütze auf. Ich war voll in Fahrt. Durch meine Adern floss Starkstrom. Seit meinem Olympiasieg fühlte ich mich irgendwie unschlagbar. Anfangs hatte ich ja befürchtet, in ein Loch zu fallen, weil ich mir einfach keine größere Herausforderung als einen Titel bei Olympia vorstellen konnte. Mit der Unterschrift bei Universum aber war meine Euphorie in Motivation umgeschlagen. Jetzt dachte ich, gerade als Olympiasieger müsste ich allen zeigen, dass ich jeden Kontrahenten bezwingen konnte.

An diesem Abend ging das aber zu weit. Meza hievte sich noch einmal hoch. Der Ringrichter hörte bei sechs oder sieben auf, ihn anzuzählen und ließ uns weiterboxen. Mein Gegner wird den Boden unter seinen Füßen noch gar nicht wieder richtig gespürt haben, als ich seinen Kopf erneut erwischte, diesmal zuerst mit der Linken und gleich darauf mit einer Rechten. Beide hatten es in sich. An diesem Punkt hätte der Ringrichter dazwischengehen und uns auseinander bringen müssen. Bei den Amateuren wurde ein Kampf schon unterbrochen, wenn man seinen Gegner weniger hart traf. Und erst nachdem sich der Ringrichter vergewissert hatte, dass der Getroffene in Ordnung war, durfte man weitermachen. Der Ringrichter hier aber fühlte sich aus einem unerklärlichen Grund nicht dazu veranlasst. Und ich erkannte nicht, dass Meza gar nicht mehr bei sich war. Also schlug ich meine Kombinationen weiter, vielleicht noch zwei oder drei Sekunden, sie reichten für sechs Schläge. Alle trafen seinen Kopf, der nach jedem Treffer die Richtung änderte, erst nach hinten schnellte, dann nach rechts, nach links und wieder zurück. Mein siebter Schlag endete in der Luft, da erst merkte ich, was geschehen war. Ich sah noch, wie Mezas Kopf auf den Boden schlug und zwei-, dreimal nach oben federte, ehe er liegen blieb.

Was hatte ich angerichtet? Ich war schockiert. Ich erschrak dermaßen, dass meine Beine weich wie Pudding wurden. Und noch heute kriege ich Gänsehaut, wenn ich mir die Videoaufzeichnung anschaue. In Zeitlupe wirkt es noch schlimmer. In Zeitlupe wirken alle schweren Treffer beim Boxen viel schlimmer. Es vergingen einige Minuten, aber Meza hatte Glück, er konnte nach dem Abbruch des Kampfes wieder aufstehen. Ich darf mir gar nicht vorstellen, was ich hätte anrichten können.

Über meinen Sieg freute ich mich natürlich, er war ein gelungener Einstand als Berufsboxer. Aber darauf, wie er letztlich zustande kam, bin ich wirklich nicht stolz. Außerdem hatte dieses Erlebnis auch seine Kehrseite. Wenn ich es bis dahin noch nicht verinnerlicht hatte, spätestens an diesem Abend muss mir bewusst geworden sein, wie gefährlich diese Art von Boxen tatsächlich ist. Beim nächsten Mal könnte ich es sein, der k.o. geschlagen wurde, der womöglich eine schwere Verletzung oder gar bleibende Schäden davontrug.

Es klingt immer so dramatisch, wenn ein Boxer erklärt, dass es im Ring um Leben und Tod geht. Es gibt ja auch bei den Profis Regeln, die das Schlimmste verhindern sollen. Trotzdem würde ich diese Aussage jederzeit unterschreiben. Nicht nur, weil es genügend Beispiele gibt, die sie auf grauenhafte Weise belegen. Für einen Boxer ist das auch ein wichtiger Selbstschutz. Bevor ich in einen Kampf gehe, mache ich mir genau das klar: Wenn du nicht gut genug bist, Wladimir, dann kannst du sterben! Eine Hundertstelsekunde Unaufmerksamkeit genügt, und alles kann vorbei sein. Dann könnte es nicht nur dein letzter Kampf sein, sondern womöglich auch dein letzter Tag. Ich kann nicht darauf hoffen, dass mein Gegner schwächer ist. Und darauf verlassen, dass mir der Ringrichter rechtzeitig zu Hilfe kommt, kann ich mich auch nicht. Im Ring muss ich mein Schicksal selbst in die Hand nehmen. Heil kommt da nur einer raus – mein Kontrahent oder ich.

Da drängt sich eine Frage förmlich auf: Darf ein Boxer Angst haben? Ich finde, er darf nicht nur, er *muss* sogar Angst haben. Ich habe vor jedem Kampf Angst. Heute noch, nach einhundertvierzig Kämpfen bei den Amateuren und fünfundvierzig als Profi. Das halte ich auch für wichtig. Angst sorgt dafür, dass ich hellwach bin, hochkonzentriert. Dass ich schon im Training alles gebe, um optimal vorbereitet zu sein. Und dass ich nicht leichtsinnig werde. Damit habe ich schlechte Erfahrungen gemacht. Die größte Gefahr ist, sich zu sicher zu fühlen. Die Betonung liegt allerdings auf *vor* dem Kampf. Sobald ich in den Ring steige, lasse ich die Angst in der Kabine zurück.

Es kommt auch darauf an, wovor man Angst hat. Meine Gegner fürchte ich nicht. Ich bin bereit, gegen jeden anzutreten. Ich habe auch keine Angst, Schläge einzustecken. Schläge verursachen zwar Schmerzen, aber die spüre ich beim Kampf nicht. Das Adrenalin betäubt sie. Angst habe ich einzig vor dem Verlieren.

Wie habe ich mich mit dieser Angst schon herumgequält! Ich glaube, dass das bis jetzt nicht einmal Vitali wusste. Von mir aus habe ich es ihm jedenfalls nie offenbart. Vielmehr versuchte ich alles, um es zu verbergen. Er sollte das auf keinen Fall mitbekommen. Mir wäre das peinlich gewesen. Ich wollte keine Schwäche vor ihm zeigen.

Es ist schon merkwürdig: Wir stehen uns wirklich sehr nahe. Mein Bruder ist die engste Vertrauensperson für mich. Er weiß mehr als jeder andere von mir. Aber über Angst würde ich niemals mit ihm sprechen. Und er wahrscheinlich auch nicht mit mir. In dieser Beziehung herrscht eine stille Übereinkunft zwischen uns. Obwohl die nie einer festgelegt hat. Sie bestand von Anfang an zwischen ihm, dem Älteren, und mir, dem Jüngeren. Von klein auf war Vitali für mich eine Autorität. Ich orientierte mich an dem, was er tat. Und schon im Kindesalter sah ich in ihm jemanden, der sich vor nichts fürchtete. Angst oder Schwäche waren Begriffe, die ich niemals mit ihm in Verbindung gebracht hätte. Natürlich wollte ich auch nicht, dass er sie mit mir in Verbindung brachte. Ich wollte so sein wie er. Umgekehrt wollte er mir, seinem kleinen Bruder, Vorbild und Beschützer sein. Es ist heute noch so, dass er mir gegenüber keine Schwäche zeigt. Sollte ihn aus irgendwelchen Gründen einmal Angst überkommen, wovon ich ausgehe, weil niemand davon verschont bleibt, dann würde er sie vor mir, aber auch vor jedem anderen verbergen.

Habe ich meinen Bruder jemals weinen sehen? Ich kann mich eigentlich nur an eine Begebenheit erinnern. Sie war typisch für uns. Keiner wollte sich vor dem anderen eine Blöße geben. Es war auf der Beerdigung unserer Großmutter Jewtokia. Wir hingen sehr an ihr, haben sie abgöttisch geliebt. Ihr Tod brach mir das Herz, und ich hätte auf dem Friedhof am liebsten losgeheult. Ich fühlte mich elend und wusste nicht, wohin mit meinem Schmerz. Niemand hätte mich trösten können. Aber ich riss mich zusammen. Ich wusste, dass Vitali das Gleiche empfinden musste. Aber ich war mir sicher, dass er seine wahren Gefühle vor mir und den anderen Trauergästen nicht preisgeben würde, weil er, wie Vater, Tränen für unmännlich hielt. Also biss ich mir auf die Zunge und presste die Lippen fest aufeinander. Hätte ich ein einziges Wort sagen müssen, ich wäre augenblicklich in Tränen ausgebrochen. Ich bewunderte Vitali. Es imponierte mir, wie erwachsen er sich benahm. Wie sehr er sich unter Kontrolle hatte. Er hielt sogar eine kleine Rede auf die Verstorbene. An seiner Stelle hätte ich keinen Ton herausbekommen. Doch scheinbar hatte ich ihn überschätzt. Und er sich selbst vielleicht auch. Auf einmal fing seine Stimme an leicht zu vibrieren. Erschrocken blickte ich zu ihm hinüber. In diesem Moment sah ich die Tränen in seinen Augen. Mein großer Bruder weinte.

Heute denke ich, es war ein groteskes Spiel, das wir in dieser Hinsicht manches Mal veranstalteten. Es wäre viel erwachsener gewesen, wenn wir uns zu unseren Gefühlen bekannt hätten. Aber so sind wir von unserem Vater nicht erzogen worden. Er trichterte uns die alten Männlichkeitsideale ein, die heute längst überholt sind. Wirklich stark ist doch der, der so viel Stärke besitzt, auch mal eine Schwäche einzugestehen.

Über Großmutter Jewtokia sprechen wir manchmal heute noch. Die schönen Erinnerungen an sie behalten wir in unseren Herzen. Sie gab uns Kindern sehr viel Wärme. Bei ihr fühlten wir uns immer geborgen. Über unsere Gefühle bei ihrer Beerdigung jedoch und über Vitalis Tränen sprechen wir nie. Das ist wirklich ein Phänomen zwischen uns: Es gibt Themen, die wir einfach nicht berühren, weil sie von vornherein irgendwie klar sind. Ohne dass wir uns jemals ausgetauscht hätten, weiß ich, wie Vitali darüber denkt, und er kennt meinen Standpunkt. Dabei geht es nicht nur um Dinge, die mit Emotionen zu tun haben.

Zum Beispiel entwickelte sich nach unseren ersten Profikämpfen eine Art heimlicher Wettkampf zwischen uns. Jeder wollte den anderen übertrumpfen. Brauchte Vitali zwei Runden, um seinen Gegner auszuknocken, so versuchte ich, es in der ersten Runde zu schaffen. Beendete Vitali seinen Kampf vor dem ersten

Pausengong, so strengte ich mich an, seine Zeit noch zu unterbieten. Wir sprachen das nicht vorher ab. Es war in dem Sinne auch keine Rivalität. Wir fühlten uns einfach von der Leistung des anderen motiviert und wollten es jeder noch einen Tick besser machen. Selten musste ich in meinen ersten dreißig Kämpfen über die volle Länge gehen, höchstens ein oder zwei Mal.

An meine frühen Kämpfe erinnere ich mich kaum. Viele davon waren einfach zu kurz, bereits in der ersten oder zweiten Runde beendet. Im ersten Jahr meiner Profikarriere, also bis Ende 1997, kamen immerhin sechzehn Kämpfe zusammen. Doch im Grunde sind sie nicht weiter erwähnenswert. Erst mit dem siebzehnten, im Februar 1998 in Stuttgart, gewann ich meinen ersten Titel als Profi. Ich boxte gegen Marcus McIntyre aus den USA und schlug ihn in der dritten Runde k. o. Damit erkämpfte ich mir die Interkontinentalmeisterschaft des World Boxing Council, WBC. Vitali zog im Mai desselben Jahres nach und holte sich den gleichen Titel, nur bei der World Boxing Organization, WBO.

Wir hatten bei den Vertragsverhandlungen mit Universum darauf bestanden, in verschiedenen Verbänden platziert zu werden, um einen Brüderkampf von vornherein auszuschließen. Zum einen galt nach wie vor das Versprechen, das wir unserer Mutter gegeben hatten, dass wir niemals gegeneinander boxen würden. Daran wollten wir uns auch bis zum Ende unserer Karriere halten. Zum anderen lag es ja in unserem eigenen Interesse, damit wir uns auf dem Weg zu den ersehnten Weltmeisterschaftskämpfen nicht in die Quere kommen konnten. Die allerdings lagen noch in weiter Ferne. Zuerst einmal mussten wir uns mühsam auf den jeweiligen Ranglisten emporarbeiten. Anfangs standen wir irgendwo zwischen den Plätzen einhundertachtzig und zweihundert. Ungefähr drei Jahre, hatte Klaus-Peter Kohl prophezeit, würde es dauern, bis wir unsere erste große Chance erhielten.

Wenn ich mir meine alten Kämpfe mithilfe der Videoaufzeichnungen ins Gedächtnis rufe, fällt mir auf, dass ich eine Zeit lang am Ende jedes Kampfes im Ring niederkniete und mich bekreuzigte.

Heute mache ich das nicht mehr, aber damals war es mir wichtig. Kirche und Glaube waren in der Sowjetunion verpönt gewesen. Es hieß, Religion sei Opium für das Volk, sie verneble nur die Köpfe. Doch nach dem Zusammenbruch des Sozialismus wandten sich viele in unserer Heimat der russisch-orthodoxen Kirche zu. Vermutlich hatten sie auch in den sozialistischen Zeiten an ihrer Religiosität festgehalten, sie aber nicht nach außen demonstriert, da sie Repressalien fürchten mussten. In unserer Familie, der Familie eines Offiziers und überzeugten Kommunisten, gehörte sich das freilich nicht. Dabei glaubte Großmutter Jewtokia durchaus an Gott und Mutter vielleicht auch ein bisschen. Vater war natürlich Atheist. Ich hielt mich – wie meistens – an meinen Bruder.

Vitali interessierte sich sehr für Geschichte. Und Geschichte ist seit jeher mit Religion verknüpft. Als er fünfzehn oder sechzehn war, brachte ihm Mutter das Buch *Der Meister und Margarita* von Michail Bulgakow mit. Ich weiß nicht, wie oft er es inzwischen gelesen hat. Er sagt, es sei sein absolutes Lieblingsbuch. Ich glaube, anfangs reizte es ihn vor allem, weil es bei uns lange Zeit verboten war. Es geht darin unter anderem um die Frage, ob es einen Gott gibt und ob man – ohne über einen gegenständlichen Beweis für ihre Existenz zu verfügen – an eine überirdische Kraft glauben kann, an etwas, das wir nicht sehen und mit dem wir uns nicht von Angesicht zu Angesicht austauschen können, das aber dennoch irgendwie unsere Geschicke lenkt. Schwer zu sagen, ob es darauf wirklich eine überzeugende Antwort gibt. Jeder muss für sich selbst entscheiden, was und woran er glaubt, ob er überhaupt an etwas glaubt.

Jedenfalls beschäftigte sich Vitali seitdem intensiver mit diesem Thema. Und natürlich drückte er mir das Buch auch in die Hand. Einige Jahre später, ich war zwanzig, ließen wir uns zusammen taufen. Nicht etwa, weil es unter den jungen Leuten von Kiew gerade angesagt gewesen wäre. Entweder man glaubt an Gott oder nicht. Das ist eine Überzeugung, es kann keine Modeerscheinung sein. Und wenn man an ihn glaubt, wie Vitali und ich das tun, sollte man sich dazu auch bekennen.

Meine Geste im Ring war ein solches Bekenntnis und gleichzeitig ein Dank. Für mich besteht Glaube nicht darin, in einem Gebet Wünsche zu formulieren und darauf zu warten, dass Gott sie einem erfüllt. Meiner Meinung nach ist er nicht dafür da, meine Schwierigkeiten zu bewältigen, das muss ich schon alleine tun. Aber ich denke, dass Gott mich manchmal bei dem unterstützt, was ich anpacke. Wenn er sieht, dass ich mich bei einer Sache ganz besonders anstrenge, fällt seine Unterstützung vielleicht ein bisschen großzügiger aus. Und dafür bedanke ich mich dann bei ihm. Damals tat ich das noch öffentlich. Heute mache ich das im Stillen, ohne dass es jemand sieht.

Aber bleiben wir noch kurz im Jahr 1998. Ich will die unrühmlichen Kapitel nicht aussparen. Nach meinem Sieg über McIntyre warteten noch acht Gegner auf mich, jeden Monat einer, außer im April und Juni. Ich nahm das hohe Pensum in Kauf, da ich annahm, dass es im Profiboxen halt so ist. Doch meine Konzentration litt darunter. Es stellte sich allmählich Routine ein, die durch die schnellen K.-o.-Siege begünstigt wurde. Einerseits wuchs mit jedem gewonnenen Kampf mein Selbstvertrauen, andererseits nahm die Angst vor dem Verlieren ab. Das eine war so gut, wie das andere gefährlich werden konnte. Ich wurde nicht gerade leichtsinnig, ging allerdings immer häufiger mit der Gewissheit in einen Kampf, dass mir mein Gegner nicht gefährlich werden konnte. Ich boxte nicht taktisch überlegt. Ich sah zu, dass ich schnellstmöglich einen Knockout hinbekam. Ich verlor die Gefahr aus den Augen. Ich stumpfte ein wenig ab. Und irgendwie nervte es mich auch, ständig wieder einen dieser namenlosen Kontrahenten vorgesetzt zu bekommen.

Später hielt die Presse Vitali und mir vor, wir hätten lange Zeit lediglich gegen »Fallobst« geboxt. So nennt man in der Branche Boxer, die weitaus mehr Kämpfe verlieren als gewinnen. Ganz von der Hand weisen kann ich das nicht, obwohl immer wieder auch Ausnahmen dabei waren. Aber einige fielen tatsächlich verdammt schnell um. Wir wollten das auch nicht. Mit solchen Gegnern kann man sich keinen Namen machen. Dennoch, als Neuling muss man sich erst einmal nach oben boxen und bekommt nicht gleich einen berühmten Weltmeister als Gegner. Profiboxen ist in erster Linie ein Geschäft, mit dem die Beteiligten Geld verdienen wollen: die Sportler, aber vor allem die Promoter und Manager, die Fernsehanstalten und wer noch alles am finanziellen Gewinn beteiligt ist. Die Kasse klingelt jedoch nur dann, wenn ein Boxer so erfolgreich und populär ist, dass Millionen Menschen seine Kämpfe sehen wollen.

Erfolg hatten wir unbestritten, aber wer kannte uns damals schon? In Amerika, dem Mekka des Profiboxens, die wenigsten. Und selbst in Deutschland waren wir erst einem relativ überschaubaren Kreis von Boxinteressierten bekannt. Hier waren Henry Maske und Axel Schulz die großen Stars. Ihre Berühmtheit mussten wir erreichen, um die großen Kämpfe zu bekommen.

Es hörte sich wahrscheinlich ziemlich großspurig an, als wir nach unseren ersten Kämpfen als Profis das Ziel verkündeten, gemeinsam die Weltmeistergürtel der vier großen Verbände in Familienbesitz bringen zu wollen. Aber das waren keine leeren Sprüche. Wir stiegen wirklich mit diesem Vorsatz ins Berufsboxen ein. Wir wollten nie nur irgendwo im Mittelfeld mitboxen, mal gewinnen und mal verlieren und dabei ein bisschen Geld verdienen. Dann hätten wir die Profilaufbahn gar nicht erst eingeschlagen. Auf unserem Weg nach oben sollte uns natürlich kein Fehler passieren. Eine Niederlage wäre der schlimmste Fehler gewesen. Bei den Amateuren kann man eine Meisterschaft verlieren und sie beim nächsten Mal wieder gewinnen, ohne dass die Karriere großen Schaden nimmt. Als Profi wirft einen ein einziger verlorener Kampf gleich um Jahre zurück. Man purzelt die Rangliste hinunter und muss zehn Stufen tiefer wieder von vorn anfangen.

Am 5. Dezember 1998 wollte ich noch aus anderen Gründen besonders gut sein. Zum ersten Mal boxten wir als Profis in unserer Heimatstadt Kiew. Die Stimmung im Sportpalast war unglaublich, fünfzehntausend Landsleute bereiteten uns einen überwältigenden

Empfang. Ihr Jubel war wie ein warmer Regen für uns. Für mich bedeutete dieser Auftritt außerdem ein kleines Jubiläum: Ich stand vor meinem fünfundzwanzigsten Kampf als Profi.

Seit Monaten hatte ich mich nicht mehr so motiviert gefühlt. Mein letzter Kampf lag zwar erst drei Wochen zurück. Ich hatte ihn jedoch bereits in der ersten Runde beendet, wodurch ich Kräfte sparen konnte. Danach brachte mich Fritz in Topform. Eigentlich konnte unter diesen Voraussetzungen nichts schief laufen. Mein Gegner, der fast zehn Jahre ältere Texaner Ross Puritty, schien bezwingbar. Vor seinem letzten K.-o.-Sieg hatte er nacheinander Niederlagen gegen Corrie Sanders, Larry Donald und Chris Byrd einstecken müssen. Mich hätte warnen sollen, dass er gegen alle drei immerhin die volle Distanz von zehn beziehungsweise zwölf Runden durchgehalten hatte.

War ich mir meiner Sache zu sicher? Lullte mich die euphorische Stimmung des Publikums ein, das mich wie einen Champion begrüßte? Fühlte ich mich schon zu sehr wie einer? Es fällt nicht leicht, einen Fehler einzugestehen, an jenem Abend aber beging ich gleich mehrere. Und das bereits bevor ich in den Ring kletterte. Physisch befand ich mich in einem ausgezeichneten Zustand. Aber meine mentale Verfassung ließ zu wünschen übrig. Ich hatte keine Angst, ich nahm meinen Gegner nicht ernst. Vor dem ersten Gong stand für mich der Gewinner schon fest: Wladimir Klitschko, der Olympiasieger, der ungeschlagene Profiboxer, der demnächst die ganz Großen herausfordern würde.

Da ich in Kiew boxte, vor meinen Landsleuten, wollte ich nicht nur den Kampf gewinnen, sondern darüber hinaus eine besondere Show bieten. Mit einem spektakulären Knockout wollte ich ihnen meine Überlegenheit vorführen. Lange sah es sogar danach aus, als wäre es nur eine Frage der Zeit, bis ich Puritty in die Knie zwingen würde. Über neun Runden lieferten wir uns einen überaus einseitigen Kampf. Zumeist war ich es, der schlug, während er den Kopf hinter seiner Deckung versteckte. Trotzdem drang ich häufig genug mit meinen Schlägen bis zu seinem Kopf durch. Manchmal gleich fünf-, sechsmal hintereinander. Oder ich zielte mit rechten und linken Haken auf seinen Oberkörper. Er schien dann auch immer wieder zu wanken. Nur fallen wollte er nicht. Wenn ich dachte: »Jetzt, jetzt müsste es aber passieren«, riss er sich plötzlich wie ein tollwütiges Tier aus seiner Lethargie und konterte mit einem blitzartigen Schlaghagel, der mich in Bedrängnis brachte.

Mit mehr Geduld, mit etwas Übersicht hätte ich den Kampf sicher über die Runden gebracht. Nach Punkten lag ich klar vorne. An meinem Sieg wäre nicht mehr zu rütteln gewesen, selbst wenn die letzten zwei oder drei Runden an Puritty gegangen wären. Und das wären sie wahrscheinlich nicht einmal. Aber Heißsporn, der ich war, hatte ich es auf einen Knockout abgesehen. Und mit jedem Wanken Purittys wähnte ich mich meinem Ziel näher. Ich ging nicht nach einem Plan vor. Ich wollte ihn einfach nur umhauen, die Leute in der Halle sollten noch mehr jubeln. Auf diese Weise verpulverte ich meine Kräfte. Meine Kondition machte sich auch bemerkbar. Vor diesem Kampf hatte ich noch nie länger als acht Runden boxen müssen.

Als Puritty mit dem entscheidenden Treffer durchkam, steckten wir in der zehnten. Es war wieder einer seiner explosionsartigen Angriffe. Ich sah die Faust nicht kommen. Die Schläge, die man nicht kommen sieht, sind die gefährlichsten. Ich spürte keinen Schmerz. Ich hätte gar nicht sagen können, wo er mich getroffen hatte. Am Kinn? Ich weiß es nicht. Das schummrige Gefühl saß jedenfalls im Magen, und den hatte er garantiert nicht erwischt. Es stieg wie eine Welle zum Kopf empor, wo sich alles zu drehen begann. Ich taumelte in die Seile. Ich suchte Halt, vergeblich jedoch. Ich stolperte fast einmal im Kreis herum, an den Seilen entlang, den ganzen Weg rückwärts, als hätte jemand die Return-Taste gedrückt. Bis meine Beine nachgaben und ich auf dem Boden landete.

Als Amateur hatte ich schon Kämpfe verloren, aber immer nach Punkten. Das war mein erster Niederschlag! Und der passierte ausgerechnet hier, in Kiew, in der Heimat! Vor all meinen Freunden, den Nachbarn, den Landsleuten. Und vor den Augen des ukrainischen Staatspräsidenten und des Bürgermeisters von Kiew, die mir nach den Olympischen Spielen den roten Teppich ausrollen ließen und jetzt auf der Ehrentribüne saßen. Nichts Peinlicheres hätte mir widerfahren können. Der Kampf war zwar noch nicht zu Ende, aber lange dauerte er auch nicht mehr. Die nächste Pause war einfach zu kurz, um noch einmal Kraft zu schöpfen. Mein Herz pumpte, ich hatte mich völlig verausgabt. Ich war platt. Ich konnte mich kaum noch auf den Beinen halten.

Ich hätte gleich sitzen bleiben sollen. In die elfte Runde zu gehen, war ein Wagnis. Trotzdem begann ich sie noch. Ich konnte mich doch nicht geschlagen geben! Auf diese Weise wollte ich hier nicht abtreten! So durfte dieser Abend nicht enden! Das ging mir noch durch den Kopf. Der Wille, den Kampf zu einem guten Ende zu führen, war auch vorhanden, aber leider die Kraft nicht mehr. Zum Glück stand Fritz Sdunek in meiner Ecke. Bei allem Ehrgeiz, der ihn als Trainer auszeichnet – er würde niemals einen Boxer verheizen, womöglich dessen Gesundheit aufs Spiel setzen. Er erkannte rechtzeitig, was mit mir los war, und bewahrte mich vor einer noch größeren Blamage. Im richtigen Moment sprang er in den Ring, um dem Kampf ein Ende zu setzen. Puritty wurde zum Sieger erklärt. Ich hätte mich am liebsten in Luft ausgelöst, so sehr schämte ich mich. Vor den Leuten in der Halle, aber auch vor meinem Bruder. Wenn ich der Schwächere im Ring gewesen wäre, ich hätte ihm wenigstens in die Augen schauen können. Aber so!

Ich bewunderte Vitali dafür, wie er das wegsteckte. Es war unser Herzenswunsch gewesen, in unserer Heimat zu boxen. Wir hatten uns darauf gefreut. Der Abend sollte ein unvergessliches Fest werden. Und dann dieses Fiasko! Man stelle sich das vor: Vitali musste nach mir gegen den Italiener Francesco Spinelli antreten, um seinen Europameistergürtel zu verteidigen. Eigentlich hätte er in der Umkleidekabine warten sollen, bis ich fertig war. Aber ihn hielt es dort nicht lange. Er ging heimlich in die Halle und schaute sich meinen Kampf an, bis zum bitteren Ende. Und dann musste er mit ansehen, wie ich in die Kabine geschlichen kam. Ich war mit den Nerven völlig am Ende. Ich glaube, ich weinte sogar. Ich traute mich kaum, meinen Bruder anzusehen. Ich wusste, dass er stinksauer war. Er sagte zwar kaum etwas, aber ich sah es ihm an. Er kochte vor Wut. Irgendwie auch verständlich, ich hatte ihn enttäuscht. Wie ein blutiger Anfänger hatte ich mich aufgeführt, die letzten Runden völlig kopflos, ohne Verstand geboxt.

Vitali war derart geladen, dass er mit seinem Gegner nicht lange fackelte. In solchen Momenten kann ihn niemand bezwingen. Er sagte später selbst, er habe an diesem Abend nicht geboxt, sondern nur drauflosgeschlagen. Ich wurde in einem Krankenhaus untersucht, er wollte schnellstmöglich nachkommen, um zu sehen, wie es mir ging. Vom ersten Gongschlag an stürzte er sich in die Offensive. Und nach zwei Minuten wies Spinellis Gesicht bereits starke Schwellungen und einen Cut auf. Der Ringrichter tat das einzig Richtige, er brach den Kampf noch in der ersten Runde ab. Seitdem haben wir uns nie wieder eine Kabine geteilt und es tunlichst vermieden, auf ein und derselben Veranstaltung nacheinander zu boxen.

Oft sind die bittersten Niederlagen auch die hilfreichsten. Man kann sie nicht einfach wegdiskutieren oder nach Entschuldigungen suchen, die dann nichts weiter als Ausreden sind. Das Desaster von Kiew war mir eine heilsame Lehre. Es öffnete mir die Augen. Es war an diesem Abend ja nicht das erste Mal gewesen, dass ich ohne einen taktischen Plan in den Ring stieg. Bis dahin hatte ich bei jedem Kampf zwar versucht, einige Grundregeln zu befolgen, ansonsten aber einfach nur drauflosgeboxt. Bei der Anzahl der Kämpfe, die wir absolvierten, blieb gar nicht die Zeit, sich auf jeden Gegner gezielt einzustellen. In der Regel erfuhr ich nicht viel mehr als deren Körpermaße und Kampfbilanzen. Vielleicht noch, ob sie Rechts- oder Linksausleger waren. Bis auf dieses eine Mal hatte das ja auch immer ausgereicht. Doch mir wurde klar, dass ich professioneller vorgehen musste, wollte ich eines Tages gegen die Großen bestehen.

72 Zwei Brüder, zwei Ausnahmeboxer, zwei Sportwissenschaftler mit Doktortitel.

73 Für die UNESCO im Einsatz: Mit Sonderbotschafterin Ute Ohoven bei den Kindern eines Armenviertels in Brasilien.

74 Gute Sache: Wir unterstützen das Hilfsprojekt *Kellogg's macht Schule*. Damit wird Unterricht für Kinder in der Dritten Welt finanziert.

75 Mal nicht mit den Fäusten, sondern mit dem Kopf: Vitali liefert sich ein Duell mit Schachweltmeister Wladimir Kramnick.

76 Drei gute Freunde: Während unserer Reise nach Monte Carlo im Juni 2000 mit Werner Baldessarini. Seine Frau Cathrin drückte den Auslöser.

77 Ukrainische Seele, deutsche Trinkkultur: Auf dem Oktoberfest 2003 in München stießen wir mit Boris Becker, Franz Beckenbauer und Ralf Moeller an.

78 Bei Max Schmeling zu Hause. Er ist ein großartiger Mensch und ein Vorbild für uns.

79 Zaubern mit dem größten Boxer aller Zeiten: Seit Jahren sind wir mit Muhammad Ali befreundet. Er kennt einige Tricks, die Wladimir noch nicht drauf hat.

80 Fast jedes Mal, wenn wir in Los Angeles sind, treffen wir uns mit Ali und seiner Frau Lonnie, die sich rührend um ihn kümmert.

81 Ein interessanter Blickwinkel: Zur Abwechslung steht Wladimir bei einem Dreh auf Gran Canaria mal hinter der Kamera.

82 Ob jemand unsere Stimmen erkennt? Für den neuen Walt-Disney-Zeichentrickfilm *Die Kühe sind los* haben wir uns als Synchronsprecher versucht.

83 In *Ocean's Eleven* spielt Wladimir eine kleine Rolle als Boxer. Sein Kontrahent im Film: Lennox Lewis (rechts). Hinter ihm Julia Roberts und Andy Garcia.

84 Gedreht wurde in Las Vegas. Es war ganz schön aufregend, mit den Hollywood-Stars George Clooney, Julia Roberts und Andy Garcia zu arbeiten.

85 Brüder-Treffen im EuroDisney in Paris: Thomas und Christoph Gottschalk sind beruflich ähnlich eng verbandelt wie wir beide.

86 Der ehemalige US-Präsident Bill Clinton beeindruckte uns mit seiner offenen Art. Wir lernten ihn bei einer Veranstaltung in Augsburg kennen.

87 Coole Rocker: Nach Wladimirs Kampf gegen Derrick Jefferson in München sangen die Jungs von Aerosmith ein Geburtstagsständchen für ihn.

88 Jon Bon Jovi ist ein toller Musiker. Wladimir ist mit ihm befreundet.

89 Damit hatte wohl keiner im Circus Krone gerechnet: Zwei Boxer als Zauberer. Bei *Stars in der Manege* führten wir Verwandlungstricks vor.

90 Im Ring treten wir niemals gegeneinander an, im Fernsehstudio, beim Armdrücken, können wir das schon mal wagen.

91 Noch eine Verwandlung: Hier versuchen wir uns als Models für eine neue Modekollektion. Hinterher haben wir uns selbst kaum wiedererkannt.

92 Ein Blick hinter die Kulissen: So sieht es aus, wenn wir einen Werbespot drehen. Jede Einstellung muss zig Mal wiederholt werden, ehe der Regisseur zufrieden ist.

93 Unsere Beziehung ist ein Naturgesetz …

Das wollte ich, und Vitali wollte das auch. Darauf liefen all unsere Bemühungen hinaus. Uns schwebten Kämpfe in Amerika vor, am besten gegen Mike Tyson und Evander Holyfield, falls die nicht vorher in Rente gingen. Ansonsten gegen ihre Nachfolger, Lennox Lewis zum Beispiel. Das hatte nichts mit Größenwahn zu tun. Wir überschätzten uns nicht. Kiew war ein Ausrutscher, ein unnötiger zugegebenermaßen, der meine Schwächen offenbarte. Aber die würden zu beheben sein. Wir hatten ein klares Ziel, die Richtung stand fest.

Doch zunächst galt es, eine wichtige Aufgabe in Deutschland zu erledigen. Die recht eindrucksvolle Siegesserie der Klitschkos war den Medien offenbar nicht verborgen geblieben. Unsere Namen tauchten nicht mehr nur nach Kämpfen in Meldungsspalten auf. Die Berichte über uns nahmen immer mehr Platz ein. Alle großen Sportredaktionen baten uns um Interviews. Und selbst die Klatschpresse schien sich für uns zu interessieren. Die Medienarbeit lief ausgezeichnet, für unseren Boxstall Universum, der damit ebenfalls in die Öffentlichkeit rückte und seine Kampfabende lukrativer vermarkten konnte, aber auch für uns. Was noch fehlte, war ein Aufsehen erregender Kampf gegen einen namhaften Gegner, durch den wir uns einem Millionenpublikum empfehlen konnten. Und dafür kam hierzulande nur einer in Frage.

Seit Monaten versuchte Klaus-Peter Kohl, einen Kampf gegen Axel Schulz unter Dach und Fach zu bringen, was sich äußerst kompliziert gestaltete. Schulz, der blonde Boxer aus Frankfurt an der Oder, war nach Henry Maske der absolute Publikumsliebling bei den Deutschen. Seine Kämpfe erzielten riesige Einschaltquoten. Was ein bisschen merkwürdig war, da er meistens ziemlich brav boxte und einen ganz großen Fight streng genommen nur einmal geliefert hatte, 1995, als er Weltmeister George Foreman herausforderte und nur durch ein umstrittenes Punkturteil zum Verlierer erklärt wurde. Insgesamt nahm er dreimal Anlauf, um einen Weltmeistergürtel zu erkämpfen, geklappt hat es nie. International war er eigentlich nicht mehr im Geschäft. Anscheinend blieben ihm seine Anhänger trotzdem treu. Axel stand beim konkurrierenden Boxstall von Wilfried Sauerland unter Vertrag, für den einst auch Maske kämpfte.

In dieser Zeit dürfte kaum ein Interview mit Vitali oder mir erschienen sein, in dem wir Axel nicht zu einem Duell herausforderten. Die Journalisten schienen sich einen Spaß daraus zu machen, uns auf dieses Thema zu lenken. Aber wir fanden tatsächlich, dass er sich einem von uns stellen sollte. Dass die Schlagzeilen bisweilen zu groß gerieten und dabei reichlich provozierend klangen, lag in der Natur der Sache. Zum einen wollten wir ihn herausfordern, zum anderen bauschte die Presse das ein wenig auf. Aber mit unserer Meinung standen wir nicht alleine da, auch das Publikum schien auf einen solchen Kampf zu warten. Als Axel einmal in Leipzig boxte, musste er sich »Klitschko, Klitschko«-Sprechchöre anhören.

Ich weiß nicht, ob er wirklich kniff oder ob irgendwelche Vermarktungsinteressen seines Promoters unserem Vorhaben entgegenstanden. Auf jeden Fall war die Konstellation hinter den Kulissen ziemlich kompliziert. Sauerland arbeitete mit dem Privatsender RTL zusammen, während Kohl mit der Kirch-Gruppe verbandelt war, zu der neben dem Bezahlsender DF 1 unter anderem auch SAT.1 gehörte. Scheinbar sprach sich auch Schulz' langjähriger Coach Manfred Wolke vehement dagegen aus.

Die Verhandlungen zogen sich, mit Unterbrechungen, über ein Jahr hin. Ich glaubte schon fast nicht mehr daran. Im Frühjahr 1999 wurden sich beide Seiten dann doch noch handelseinig. Angeblich lagen mittlerweile über drei Millionen Mark allein für Axel im Topf. Für mich ging es um mehr als Geld. Mit einem Sieg gegen ihn würde ich Europameister sein und mich für Kämpfe in Amerika ins Gespräch bringen. Durch Axels Ankündigung, im Falle einer klaren Niederlage gegen mich seine Karriere beenden zu wollen, erhielt der Kampf zusätzliche Brisanz, die der Vermarktung nur zuträglich sein konnte. Die RTL-Verantwortlichen bekamen den Slogan des Abends damit förmlich frei Haus geliefert: *Die Stunde der Wahrheit*.

Die schlug dann am späten Abend des 25. September 1999 in der ausverkauften Kölnarena, vor achtzehntausend Zuschauern, der bis dahin imposantesten Kulisse meiner Laufbahn. Die Eintrittskarten für die besten Plätze waren für knapp eintausendsiebenhundert Mark weggegangen. In den vordersten Reihen saßen die Showgrößen des übertragenden Senders. RTL hatte den Kampf zum nationalen Ereignis erklärt und im Vorfeld kräftig die Werbetrommel gerührt. Seit Tagen liefen immer wieder Beiträge darüber. Er wurde sogar in den Nachrichten angekündigt. Mich verkauften sie mehr oder weniger als Nobody, während sie Axel als deutschen Boxhelden anpriesen. Tatsächlich schien er noch immer eine Menge Fans zu haben. Vor der obligatorischen Pressekonferenz, die in einem vornehmen Hotel gegenüber dem Kölner Dom abgehalten wurde, musste er unzählige Autogramme schreiben. Die Leute umschwärmten ihn wie einen großen Star. Mich fragten auch einige nach einer Unterschrift, aber längst nicht so viele.

Für die Pressekonferenz dachte sich Axel eine Überraschung aus. Weil er kein Mann großer Sprüche ist, versuchte er offenbar, mich auf andere Weise einzuschüchtern. Er kam mit Ross Puritty im Schlepptau. Mit dessen Anwesenheit wollte er wohl meinen wundesten Punkt treffen. Soviel ich gehört hatte, war ihm der Amerikaner aus El Paso in der Vorbereitung als Sparringspartner behilflich gewesen. Ich müsste lügen, würde ich behaupten, dass mich Purittys Erscheinen kalt ließ. Die Schmach der Niederlage gegen ihn saß tief. Aus Axels Sicht war das ein kluger Schachzug, um mich zu verunsichern. Ich beruhigte mich aber schnell wieder, war sogar ein bisschen froh, dass er mit diesem Trick kam. Damit gab er mir endlich die Gelegenheit, ihm etwas übel nehmen zu können.

Das heißt nicht, dass ich meinen Gegner hassen muss, um Aggressionen für den Kampf aufzubauen. Aber es schadet auch nicht, wenn mir einer nicht übermäßig sympathisch ist. Die meisten ziehen ja spätestens auf der Pressekonferenz eine Show ab und lassen irgendwelche verrückten Sachen los. Mir haben sie schon die dämlichsten Sprüche an den Kopf geworfen. »Ich bring dich um! Ich mach Hackfleisch aus dir! Such dir schon mal einen Grabstein aus!« Einige scheinen da alle Hemmungen zu verlieren. Für die meisten gehört ein kleiner Aufstand wohl auch dazu, um sich ein bisschen in den Vordergrund zu drängen.

Mit Axel lief es eher ungewöhnlich. Es war fast schon unheimlich. Er riss keine fiesen Sprüche, er blieb ganz der Gentleman, als den ich ihn kennen gelernt hatte. Wir begegneten uns in Köln nämlich nicht das erste Mal. Zuvor hatten wir uns schon bei einem Fotoshooting in Hamburg getroffen und dann noch zu einem Interview für die *Bunte*. Da fielen wir uns nicht gerade um den Hals, aber es herrschte eine freundliche Atmosphäre. Axel ist ein netter Typ, ein richtig lieber Brummbär. Ich sagte anschließend zu Vitali: »Es wird schwierig, gegen ihn zu kämpfen, weil er so freundlich ist.«

Die Arena bebte, als ich sie betrat. Was für ein Spektakel! Grelle Lichtkegel durchschnitten die Dunkelheit. Als Herausforderer wurde ich zuerst in den Ring gerufen. Meine Einmarschmusik ertönte in donnernder Lautstärke, *Simply the Best* von Tina Turner. Aber das Publikum schaffte es, noch lauter zu sein. Es empfing mich mit Buh-Rufen und Pfiffen. Ich versuchte, mich davon nicht beeindrucken zu lassen, im Gegenteil: Es stachelte mich an.

Man fragt mich häufig, was mir in solchen Momenten, so kurz vor einem Kampf, durch den Kopf geht. Viel ist es nicht. Ich bin nur wahnsinnig angespannt, spüre, wie sich das Adrenalin in meinem Körper ausbreitet. Ich liebe dieses Gefühl der Hochspannung. Dabei fixiere ich mich schon voll auf meinen Gegner. Manchmal spule ich in Gedanken noch einmal ab, was ich in der Vorbereitung gemacht habe, worauf ich achten muss, wie mich der Trainer instruiert hat. Aber das ist dann bloß ein Schnelldurchlauf, eher oberflächlich. Im Grunde warte ich nur auf den Gong und dass es endlich losgeht, dass ich den Schalter umlegen kann. Sobald der Kampf beginnt, mit dem ersten Gongschlag, verwandle ich mich in eine andere Person. Ich schlüpfe in eine

Rolle. Im normalen Leben bin ich ein friedfertiger Mensch. Mir käme es niemals in den Sinn, mich mit jemandem zu prügeln. Im Ring werde ich ein anderer. Das ist ein irres Gefühl, als nähme ich für kurze Zeit eine neue Identität an.

Auf einmal schlug die Stimmung in der Halle um, die Pfiffe verstummten. Axel bahnte sich mit seinem Gefolge den Weg zum Ring. Ihm jubelten die Massen zu. Sie riefen seinen Namen, wieder und wieder. Den riefen sie auch noch in der ersten Runde und in der zweiten, aber da wurden die Rufe schon weniger und leiser. In der dritten und vierten verstummten sie fast vollständig. Stattdessen schallte plötzlich mein Name durch die Halle, erst noch vereinzelt, dann immer lauter, im hundertstimmigen Chor. Und das spiegelte nur den Verlauf des Kampfes wider.

Ich bekam ziemlich schnell den Eindruck, dass mir mein Gegenüber an diesem Tag nicht gefährlich werden konnte. Anfangs erinnerte mich seine Taktik ein wenig an Puritty. Der hatte sich auch die meiste Zeit hinter seiner Deckung verschanzt. Doch davon ließ ich mich heute nicht beirren. Zumal ich einen entscheidenden Unterschied feststellte: Die vereinzelten Schläge, die Axel zwischendurch wagte, kamen nicht annähernd mit der Wucht, die Purittys gehabt hatten. Und meinen Schlägen hielt seine Deckung auf Dauer nicht stand. Ich kam immer wieder mit meiner linken Führhand durch. Runde für Runde steckte er harte Treffer ein. Sein Gesicht war schwer gezeichnet, die Augenpartie schwoll bedrohlich an. Der Box-Experte Bertram Job schrieb nach dem Kampf in der *Berliner Zeitung*: »Spätestens ab Runde fünf, als Schulz zum ersten Mal das Knie beugen musste, kam der Kampf einer öffentlichen Exekution gleich.«

In der Pause nach der sechsten Runde fragte ich mich, warum er nicht aufgab. Wollte er es Puritty gleichtun? Für einen kurzen Moment dachte ich daran und verspürte leichte Panik. Aber ich musste ihn mir nur ansehen: Wenn er nicht überraschend Kraft tankte, würde er den Kampf nicht bis zum Ende durchstehen. Und ich täuschte mich nicht. Die siebte Runde hielt er noch durch. Zwanzig Sekunden vor dem Ende der achten war es dann aber so weit: Meine Linke traf ihn seitlich am Kopf. Sie machte den Weg für meine rechte Gerade frei. Die landete genau an seiner Stirn. Dieser Schlag war definitiv zu viel für ihn. Er torkelte nach hinten und sank in die Seile. Der Ringrichter beendete den Kampf.

Unglaublicher Beifall brach los, Standing Ovations, minutenlang. Ich traute meinen Ohren kaum. Was geschah hier? Plötzlich war ich es, dem die achtzehntausend in der Halle zujubelten. Ich badete in ihrer Begeisterung. In diesem Moment war ich der glücklichste Mensch auf der Welt. Als ich jedoch langsam wieder zu mir kam, stimmte mich die Reaktion des Publikums nachdenklich. Für Axel schien sich auf einmal niemand mehr zu interessieren. Sie ließen ihren Helden einfach fallen. Er hatte verloren, aber es war doch nur ein Boxkampf. Sollte Ruhm wirklich so vergänglich sein?

Ich dachte daran, wie sie mich in Kiew nach dem Kampf gegen Puritty behandelt hatten. Sie klatschten keinen Beifall, den hatte ich auch nicht verdient. Sie buhten mich aber auch nicht aus. Sie verteufelten mich für meinen Fehler nicht. Ich habe gesehen, wie viele Zuschauer schockiert zum Ring schauten und weinten. Um Axel schien bis auf seine Freundin, die ganz vorn am Ring saß, niemand zu weinen. In der anschließenden Pressekonferenz tat er mir sogar Leid. Offensichtlich hatte er nicht nur gegen mich geboxt, sondern auch gegen seinen Trainer und den Promoter. Die beiden ließen kein gutes Haar an ihm. Ich weiß, dass man nach einer Niederlage alles andere braucht als Beschimpfungen, schon gar nicht aus dem eigenen Boxstall. Axel ist ein feiner Kerl. Ich hätte ihm einen angenehmeren Abschied gewünscht.

Der Kampf in Köln verhalf mir in Deutschland endgültig zum Durchbruch. Über zehn Millionen verfolgten ihn an den Bildschirmen. Die RTL-Verantwortlichen freuten sich über die gigantische Quote. Allerdings verloren sie mit Axel ihr letztes Zugpferd und zogen sich bald aus dem Boxgeschäft zurück. Für Vitali und mich dagegen ging es jetzt erst richtig los. Unsere Popularität stieg schlagartig. Auf einmal sprachen uns wildfremde

Menschen auf der Straße an, baten uns um ein Foto oder fragten nach einem Autogramm. Aus Kiew kannten wir das. Aber hier? Wir konnten uns das gar nicht so richtig erklären. Es war natürlich sehr angenehm, diese Anerkennung zu spüren. Doch was hatten wir schon vollbracht? Wir boxten doch nur. Und noch dazu waren wir Ausländer. Die Deutschen schienen uns trotzdem ins Herz zu schließen. Was wir jedoch nur zu einem geringen Teil meiner Leistung zu verdanken hatten. Mein Bruder hatte nämlich bereits einige Monate vor mir sein Meisterstück abgeliefert. Und was für eins!

Zwei freudige Ereignisse

Vitali

Für Herbie Hide war es ein Heimspiel. Der Brite schien die ganze Stadt auf seiner Seite zu haben. Die Wettbüros verzeichneten einen Kurs von eins zu zweiunddreißig. Bestenfalls. Natürlich gegen mich. Hide, der in Nigerias Hauptstadt Lagos geboren, aber bald von einem englischen Ehepaar adoptiert worden war, war WBO-Champ und galt als der große Favorit. Aber auch sonst wollte mir offenbar so ziemlich jeder die Tage bis zu unserem Kampf zur Hölle machen. Ich kam eine Woche vorher nach London, Mitte Juni 1999. Vorbereitet hatte ich mich in Hamburg, im Universum-Gym. Irgendjemand musste es lustig gefunden haben, mir ausgerechnet ein Zimmer in einem kleinen Hotel am Hyde-Park zu buchen. Der wurde zwar anders geschrieben, klang aber genauso wie der Name meines Gegners. Nichts gegen den Hyde-Park, der ist wirklich prächtig. Bei schönem Wetter ist er ein Traum. Ich ging darin spazieren und genoss es sehr. In einer anderen Situation hätte ich wahrscheinlich selbst über diese Zweideutigkeit geschmunzelt. Aber ich war hoch sensibilisiert, ich stand vor dem wichtigsten Kampf meiner Karriere. Deshalb erschien mir diese eigentlich unbedeutende Kleinigkeit in einem anderen Licht.

So schön die Lage des Hotels war, mein Zimmer glich eher einer Studentenbude. Es roch nicht nur muffig, ich musste auch fast fürchten, mir den Kopf an der niedrigen Decke zu stoßen. Anscheinend kamen selten groß gewachsene Gäste in die Herberge, zumindest hielten sie hier alles etwas kleiner. Das Bett zum Beispiel hätte fast in ein Puppenhaus gepasst. Dementsprechend sahen meine Nächte aus, ich konnte kaum schlafen. Dabei ist ausreichend Schlaf vor einem Kampf so wichtig wie das Training.

Aber davon verstanden die hier wohl nichts. Ich verdächtigte schon die Leute von Hide. Oder sollte es in einer Millionenstadt wie London wirklich Zufall sein, dass ausgerechnet in meinem Hotel und ausgerechnet in der Nacht vor der Pressekonferenz Feueralarm ausgelöst wurde? Glücklicherweise waren nirgends Flammen zu sehen. Und den vermeintlichen Brandherd entdeckten die Feuerwehrleute auch nach stundenlangem Suchen nicht. Trotzdem musste ich mit den anderen Hotelgästen so lange im Freien ausharren. An Schlaf war danach natürlich nicht mehr zu denken. Das schlug ganz schön aufs Gemüt. Ich war so schon nicht besonders entspannt.

All das passte irgendwie zu den Eskapaden meines Gegners. Hide, der sich den Kampfnamen *Dancing Destroyer* zugelegt hatte, entpuppte sich als ein richtiger Stinker. Die ganze Zeit legte er es darauf an, mich zu provozieren. In jedem Interview warf er mit wüsten Beschimpfungen um sich. Ich könne nicht boxen, sei ein Amateur, ein lahmer Sandsack, und er brauche maximal drei Runden, um mich fertig zu machen. Und das waren noch die harmlosesten Sprüche. Die konnte er auch auf der Pressekonferenz nicht für sich behalten, nachdem er dann endlich kam. Zuvor ließ Mister Champion die Journalisten, die Verantwortlichen des Boxverbands und natürlich auch unser Team eine Stunde auf sich warten. Und dann hätte er am liebsten eine wilde Schlägerei mit mir angezettelt. Zu dumm nur, dass ich auf seine Beleidigungen nicht reagierte. Ersatzweise brachte er seine Sparringspartner gegen sich auf, die hinter uns saßen und plötzlich ein Gerangel mit ihm begannen. Wenigstens ein kleiner Skandal, die Reporter rieben sich die Hände. Solche Pressekonferenzen können furchtbar langweilig sein. Vielleicht brauchte Hide ja diesen Zoff, um für den Kampf in die richtige Stimmung zu kommen. Vielleicht inszenierte er das alles aber auch nur, um mich aus dem Konzept zu bringen und zu verunsichern.

So oder so, ein Anfänger war ich in diesem Geschäft nun auch nicht mehr. Solche Tricks kannte ich. Vor Hide waren mir schon andere Großmäuler auf Pressekonferenzen begegnet, die im Ring dann aber alle ganz kleinlaut wurden. Mir stand mein fünfundzwanzigster Profikampf bevor. Der längste hatte bisher fünfeinhalb Runden gedauert, gegen Gilberto Williamson im November 1997 in Frankfurt. Die Mehrzahl brachte ich allerdings in der ersten oder zweiten Runde zu Ende und alle durch Knockout, auch die etwas längeren. Selbst für den deutschen Europameister Mario Schiesser benötigte ich keine vollen zwei Runden. Durch diesen Sieg und zwei überzeugende Pflichtverteidigungen des EM-Titels hatte ich mich für den Weltmeisterschaftskampf in London qualifiziert.

Hide bemühte sich also vergebens. Ich ließ mich auf seine Psychospielchen nicht ein. Seine Worte prallten an mir ab, ohne dass sie mich berührten. Natürlich war ich vor so einem Kampf nervös, aber das ließ ich mir nicht anmerken. Was ihn wahrscheinlich erst recht in Rage versetzte. Mit meiner Zurückhaltung machte ich seine ganze Show zunichte. In seinem theatralischen Zorn wirkte er auf dem Podium irgendwie lächerlich. Ich sagte nur, ich würde ihm später antworten, mit den Fäusten, sobald wir uns im Ring gegenüberstünden.

Eine ausführliche Unterredung gestattete ich Hide aber auch dort nicht. Obwohl ich ihm einige Takte zu sagen gehabt hätte. Denn bei seinem Walk-in zog er den geschmacklosesten Auftritt ab, der mir je untergekommen war. Statt der üblichen Musik ließ er das Sirenengeheul eines Fliegeralarms aus dem Zweiten Weltkrieg einspielen. Allem Anschein nach war er wirklich von allen guten Geistern verlassen. Und die Leute, die ihm das gestatteten… Da erübrigt sich jeder Kommentar.

Ich bot meinem Rivalen kaum eine Gelegenheit, seine Argumente geordnet vorzubringen. Nur einmal ganz kurz, in der ersten Runde, traf er meine Lippe, nicht mehr. Und auch nicht gerade heftig, ich spürte seinen Schlag kaum. Von Beginn der zweiten Runde an trieb ich ihn dann mit linken Jabs vor mir her. Hin und wieder ließ ich eine kräftige Rechte folgen, die ihr Ziel selten verfehlte. Anfangs versuchte er noch, Gegenwehr zu leisten. Doch die schnellen Attacken, die er mit seinen Fäusten vorbrachte, kamen gar nicht bei mir an, sie verpufften auf meiner Deckung. Damit hatte er wohl nicht gerechnet. Ich sah es in seinen Augen, es irritierte ihn. Die Runde war noch keine fünfzig Sekunden alt, da fiel ihm gar nichts mehr ein. Obwohl er Zeit zum Nachdenken bekam, er landete nämlich das erste Mal auf dem Boden. Sechs oder sieben Sekunden genehmigte er sich, ehe wir unseren Disput fortsetzten. Doch wieder wurde nur ein Monolog daraus, und zwar ein ziemlich kurzer. In einem günstigen Moment – Hides Deckung stand einladend offen – ließ ich noch einmal meine Linke sprechen. Und gleich darauf setzte ich mit der Rechten einen Punkt. Den Schlusspunkt.

Wie soll ich es beschreiben? Ich hatte Hide, den Schwergewichtschampion, entthront. Ich war Weltmeister! Wladimir schwang sich zu mir in den Ring und jubelte. Fritz kam hinterher, er jubelte auch. Klaus-Peter Kohl folgte ihnen und – jubelte. Er hatte Recht gehabt, es waren fast genau drei Jahre seit meinem ersten Profikampf vergangen. Auch das Publikum in der London Arena jubelte, besonders die fünfhundert Fans aus Deutschland und aus der Ukraine, die extra angereist waren, um meinen Triumph zu erleben. In Kiew jubelten fast zweihunderttausend Menschen auf dem Platz der Unabhängigkeit. Dort stand eine riesige Leinwand, auf der mein Kampf übertragen worden war. Meine Landsleute zündeten sogar ein riesiges Feuerwerk. Selbst Frank Warren, Hides Manager, jubelte, wenn auch verhalten und nur mit Worten. »Sensationell«, rief er einem Reporter zu, wie ich später lesen konnte, »Vitali hat einen tödlichen Punch!«

Und ich? Ich hüpfte durch den Ring wie ein kleiner Junge, dem es zum ersten Mal gelungen ist, für seine Mannschaft ein Tor zu schießen. Ich riss die Arme hoch und ließ mich in dieser Siegerpose fotografieren. Ich nahm den Weltmeistergürtel der World Boxing Organization in Empfang, trug ihn wie eine Trophäe vor mir her und hielt ihn ins Blitzlichtgewitter der hektischen Fotografen. Ich hatte mein Ziel erreicht. Mir gehörte ein Weltmeistergürtel. Ich war der erste Profiboxweltmeister in der Geschichte der Ukraine. Dieser Sieg bescherte mir sogar einen Eintrag ins Guinness-Buch der Rekorde. Noch nie hatte ein Schwergewichtler vom Anfang seiner Profikarriere bis zum Titelgewinn so wenige Runden benötigt wie ich. Mit siebenundfünfzig Runden, was durchschnittlich 2,3 Runden pro Kampf macht, unterbot ich den bisherigen Rekord von Mike Tyson. Der hatte vierundsiebzig gebraucht. Ich hatte also allen Grund zu jubeln. Und ich jubelte auch, ich genoss es in vollen Zügen. Doch – es fühlte sich gar nicht so großartig an, wie ich es mir immer vorgestellt hatte.

Meine Erwartungen erwiesen sich eindeutig als zu hoch. In einigen Dingen sind Wladimir und ich ja sehr verschieden, aber in diesem Punkt ähneln wir uns. Bei ihm stellte sich nach dem Olympiasieg auch nicht die grandiose Euphorie ein, mit der er gerechnet hatte, höchstens ganz kurz. Aber dann merkte er recht schnell, dass er wie alle Sportler weitertrainieren musste, dass er dieselben Straßen benutzte und in den gleichen Restaurants speiste wie andere Menschen auch, die nicht einen solchen Titel errungen hatten.

Wenn ich als Profiboxer jemals Weltmeister würde, noch dazu im Schwergewicht, in der Königsklasse, in der schon Legenden wie Jack Dempsey und Max Schmeling boxten, Rocky Marciano und Muhammad Ali, Joe Frazier und George Foreman, wenn ich also deren Nachfolger würde, dann, so dachte ich, würde sich mein Leben radikal ändern, dann würde ich eine ganz neue Stufe erreichen. So ähnlich wie früher, als ich von den Pionieren zu den Komsomolzen aufgestiegen war, nur eben viel gewaltiger. Damals hatte ich mich von einem Tag auf den nächsten gleich viel größer gefühlt, wichtiger und irgendwie erwachsener. Aber erwachsen war ich ja nun schon ziemlich lange. Kämpfe hatte ich auch schon ziemlich viele gewonnen. Und es waren wirklich schon schwierigere, anstrengendere als jener gegen Herbie Hide darunter gewesen.

Was änderte dieser Sieg denn wirklich? Im Himmel läuteten keine Glocken für mich. Die Welt war nicht plötzlich eine Scheibe, und sie drehte sich wie gewohnt weiter, nicht einmal ihre Geschwindigkeit änderte sich. Es war natürlich ein Riesenerfolg für mich. Für *mich*! Aber ich bewirkte dadurch nichts. Es fielen immer noch Bomben auf den Kosovo, und der Bürgerkrieg in Afghanistan endete deswegen auch nicht. Die Menschen in den verfeindeten ehemaligen Sowjetrepubliken schlugen sich weiterhin gegenseitig die Köpfe ein. Und den Opfern des verheerenden Erdbebens, das gerade die Türkei heimsuchte, war damit ebenso wenig geholfen.

Natürlich ehrte es mich, dass sich plötzlich alle Welt für mich interessierte. Für diesen Abend stand ich sogar ganz gern im Mittelpunkt. Ich fand, ich hatte mir das verdient. Die Journalisten kamen gleich scharenweise. Es waren sogar einige von denen dabei, die jüngst noch behauptet hatten, meine Gegner seien nichts als »Fallobst«. Auf einmal redeten sie ganz anders. Doch bei aller Bewunderung und Anerkennung – ich blieb auf dem Teppich.

Anschließend bestand meine Verpflichtung darin, den Gästen der VIP-Party im *Stringsfellows Club* in Covent Garden einen Besuch abzustatten. Ich nenne das wirklich Verpflichtung, denn eigentlich sind mir solche Veranstaltungen direkt nach einem Kampf oft zu viel. Ich sage immer: »Der Kampf ist das Wichtigste, aber das Schwierigste ist die Party danach.« Das ist vielleicht etwas übertrieben und so ernst nicht gemeint, im Kern aber stimmt es. Ich verstehe ja, dass die Leute das von einem erwarten. Sie zahlen sehr viel Geld, um beim Kampf auf einem guten Platz zu sitzen.

Einige laden wir auch ein, Geschäftspartner, Sponsoren oder besonders gute Freunde. Die kommen dann von weit her, nur um mich boxen zu sehen und mich dabei anzufeuern. Manche unterbrechen sogar ihren Urlaub dafür. Andere legen ihre beruflichen Termine gleich so, dass nichts dazwischenkommen kann. Ich nehme das nicht als Selbstverständlichkeit. Es bedeutet mir ungeheuer viel. Und ich bin diesen Menschen wirklich dankbar. Deswegen finden diese Partys ja auch statt. Damit ich ihnen ein klein wenig Aufmerksamkeit zurückgeben kann. Und deswegen bleibt das auch in Zukunft so.

Trotzdem versteht der eine oder andere vielleicht, dass ich mich nach einem Kampf nach etwas anderem sehne. Dabei ist es vollkommen egal, wie viele Runden er dauert. Ich bereite mich wochenlang auf dieses Ereignis vor. Ich trainiere so, dass ich mich exakt in der Sekunde, in der der Kampf losgeht, in Höchstform befinde. Genau auf den Punkt, nicht vorher und nachher sowieso nicht. Das ist körperlich anstrengend, aber auch psychisch verlangt es einem alles ab. Je näher der Termin rückt, desto höher wird die Anspannung. Besonders in den letzten sechs, sieben Tagen davor. Da fixiere ich mich nur noch auf den Kampf und denke an nichts anderes mehr. Häufig schalte ich sogar das Handy ab, um nicht abgelenkt zu werden.

Während des Kampfes stehe ich dann unter Hochspannung. Ich bin zu hundert Prozent konzentriert. Muss ich auch sein, damit mir keine Bewegung meines Gegners entgeht und ich seine Schwachstellen erkenne. Wann öffnet er seine Deckung? Nach welchem Muster schlägt er seine Kombinationen? Folgt einem Haken eine Gerade oder umgekehrt? Weicht er mit dem Kopf nach hinten aus oder zur Seite, zuerst nach rechts oder nach links? Tausend kleine Details, die ich innerhalb von Sekunden registrieren und gleichzeitig verarbeiten muss, damit ich entsprechend reagieren kann. Am besten bin ich, wenn ich es schaffe, seine Schläge schon zu erahnen, bevor er sie abfeuert.

Nach dem Kampf fällt die ganze Anspannung von mir ab. Nicht sofort, zuerst einmal bin ich noch geladen, und das Adrenalin kocht weiter in mir. Ich brauche ein Weilchen, um herunterzukommen. Wie ein Langstreckenläufer, der sich nach einem

Rennen auslaufen muss. Aber ich spüre, wie mit jeder Minute die Energie aus meinem Körper weicht. Bald darauf fühle ich mich nur noch erschöpft und ausgelaugt und müde. Und dann kommen allmählich auch die Schmerzen. Ein paar Schläge steckt man ja meistens ein. Schon jetzt möchte ich eigentlich nur noch nach Hause, zu meiner Familie, meine Ruhe haben. Stattdessen schleppe ich mich zur Pressekonferenz. Währenddessen wartet schon der Herr mit dem Aluminiumkoffer auf meinen Urin. Dopingkontrolle! Er lässt mich keine Sekunde aus den Augen, weicht nicht von meiner Seite, auch auf der Toilette nicht. Und er drängt. Aber meistens habe ich all meine überschüssige Körperflüssigkeit im Kampf ausgeschwitzt. Fünfundsiebzig Milliliter verlangt er, die sind vorgeschrieben und können verdammt viel sein. Mehr jedenfalls, als mein Körper noch hergibt. Also muss ich trinken, viel trinken, und am besten Bier, weil das die Urinproduktion ankurbelt. Die ersten Gläser saugt mein ausgetrockneter Körper wie ein Schwamm auf, ohne dass meine Blase reagiert. Im Kopf hingegen stellt sich die Wirkung des Alkohols umgehend ein, sodass ich mich noch erschöpfter fühle, noch müder.

In diesem Zustand erreiche ich die VIP-Party. Meistens ist es schon Mitternacht oder kurz davor. Die Luft im Raum ist zum Schneiden. Zigarettenqualm wabert über den Köpfen der Gäste. Für einen Nichtraucher schwer auszuhalten, für einen Nichtraucher nach einem Kampf eine Qual. Ich wage kaum zu atmen. In Amerika ist das wesentlich angenehmer, weil dort bei solchen Veranstaltungen nicht geraucht wird. In Gedanken sehne ich mich nach meinem Bett. Ich möchte einfach schlafen und nichts mehr spüren. Aber die Leute stürmen auf mich zu, bitten um Autogramme und verwickeln mich in Gespräche, denen ich kaum folgen kann. Mit den meisten soll ich mich fotografieren lassen. Ständig blitzt jemand. Bald sehe ich nur noch Sterne und weiß, dass die mich bis ins Bett verfolgen werden. Aber ich lächle. Ich bin freundlich. Ich ertrage sogar die, die schon zu viel getrunken haben und mir auf die Schulter klopfen, als sei ich ihr Kumpel vom Stammtisch in der Kneipe.

Über die Begrüßung in Hamburg freute ich mich wirklich. Zweihundert Menschen waren es bestimmt, die mich auf dem Flughafen willkommen hießen. In Kiew hätte ich damit gerechnet, in Hamburg überraschte mich die Begeisterung. Und wie sie alle strahlten! Anscheinend hatte ich sie mit meinem Sieg glücklich gemacht. Einen von ihnen, den ich aus Kiew gut kannte, auf jeden Fall. Er war in London gewesen und hatte bei den Buchmachern ein paar Pfund auf mich gesetzt. Wahrscheinlich waren es ein paar mehr gewesen. Der Gewinn, den er hinterher einstrich, muss jedenfalls recht ansehnlich ausgefallen sein. Immerhin reichte er, um davon bei *Harrods* Geschenke für seine Frau und die Tochter zu kaufen. Am Ende behielt er sogar noch einige tausend Pfund übrig.

Langsam ging es auch bei mir mit den Börsen aufwärts. Das bringt ein Weltmeistertitel mit sich. Wer auf den Thron wollte, kam nun an mir nicht mehr vorbei. Ab jetzt würde jeder Kampf sozusagen ein Endspiel sein. Und Endspiele erzielen die höchsten Quoten, was sich wiederum auf die Größenordnung der Börse niederschlägt. Aber das war auch schon die gravierendste Veränderung in meinem Leben, denn trainieren musste ich auch als Weltmeister, wollte ich den Titel behalten, sogar noch mehr, noch zielstrebiger, noch professioneller.

Diese Erkenntnis trug vor allem dazu bei, dass sich die Bedeutung dieses Sieges für mich ziemlich schnell relativierte. Heute durfte ich mich Weltmeister nennen, morgen auch noch, nach dem nächsten Kampf vielleicht schon nicht mehr. So ein Titel ist nichts, worauf man sich den Rest des Lebens ausruhen kann. Die tägliche Schinderei hört dadurch nicht auf. Ich konnte mir allerdings endlich einmal einen längeren Urlaub gönnen, da ein Weltmeister nur noch zwei, höchstens drei Kämpfe im Jahr absolviert. Aber danach musste es umso intensiver weitergehen, auf höherem Niveau, um die kommenden Herausforderungen bestehen zu können. Mit dem Erfolg ist das also so eine Sache.

Einer meiner Bekannten ist Alpinist. Ich kann dieser Sportart ja nichts abgewinnen und verstehe nicht, was ihn daran fasziniert. Seine Motivation aber, immer wieder auf einen anderen Berg zu kraxeln, um auch den nächsthöheren zu bezwingen, leuchtet mir schon ein. Denn so ähnlich verhält es sich mit dem Erfolg. Er hat mir das einmal erklärt. Er sagte: »Wenn ich auf dem Gipfel eines Berges angelangt bin, überkommt mich jedes Mal ein unvorstellbares Glücksgefühl. Ein paar Minuten kann ich das genießen. Ich stehe da oben, schließe die Augen und atme die Luft so tief ein, dass mir fast schwindlig wird. Dann öffne ich sie wieder, um mir die tolle Landschaft ringsum anzusehen. Und was muss ich in diesem Moment feststellen? Es war doch nicht der höchste Berg, den ich erklommen habe! Ich sehe nämlich, dass sich nebenan einer erhebt, auf dessen Spitze ich den Wolken noch ein Stückchen näher käme. Schon ist die Enttäuschung da, und die ist stärker, als die Euphorie kurz vorher war. Aber genau daraus entwickelt sich dann der Wunsch und vor allem der unbändige Wille, so schnell wie möglich zu einer neuen Expedition aufzubrechen, um den höher gelegenen Gipfel in Angriff zu nehmen und danach einen noch höheren und so weiter.«

Beim Boxen ist es in gewisser Weise nicht anders: Ich setze mir ständig ein neues Ziel, um den nächsten Erfolg zu erringen, danach noch einen und immer so weiter. Es ist fast wie eine Sucht, man ist nie satt, bekommt nie genug. Man rackert für den Augenblick des Triumphs, für die wenigen Minuten eines kurzen Glücksrausches – um anschließend sofort eine anspruchsvollere Aufgabe anzupeilen. Jetzt war ich Weltmeister der World Boxing Organization, aber es gibt noch andere wichtige Verbände, die vielleicht sogar bedeutender sind. Vor allem gab es mit Mike Tyson, Evander Holyfield und Lennox Lewis noch namhaftere Gegner als Hide, die ich gern herausgefordert und noch lieber bezwungen hätte.

Ein ganz anderes Problem ließ sich mit dem Weltmeistertitel jedoch nicht aus der Welt schaffen. Das betraf Wladimir übrigens genauso. Unsere Körper weisen ja nicht unbedingt Modelmaße auf. Statistisch gesehen tun das die Körper der meisten Menschen auf der Welt nicht. Nur können die meisten Menschen in gewöhnliche Bekleidungsgeschäfte gehen und zwischen unterschiedlichen Größen und Zwischengrößen auswählen oder bei Sonderausstattern nach speziellen Übergrößen fragen. In unserem Fall gestaltete sich die Suche nach passender Kleidung um einiges komplizierter. Besonders mit Hosen und Anzügen war es eine Krux. Für die normalen Kollektionen waren wir entweder zu groß, oder unsere Schultern waren zu breit oder die Bizepse zu stark oder die Oberschenkel zu dick. Kurz: Sie passten vorne und hinten nicht. Mit den Konfektionsgrößen sechsundfünfzig oder achtundfünfzig wären wir, je nach Schnitt, eventuell noch zurechtgekommen, doch bei denen fiel wiederum der Hosenbund zu weit aus. Keine Ahnung, was die Hersteller sich dabei dachten. Als würden die etwas größer Geratenen immer auch zu Fettleibigkeit neigen.

Nun war es keineswegs so, dass wir den Hauptinhalt unseres Lebens darin sahen, uns stets nach dem letzten Schrei der Mode zu kleiden. Vielleicht hätte uns das Spaß gemacht, doch die ewige Suche nach passgerechten Kleidungsstücken nervte so, dass uns die Freude daran verging. Außerdem raubte es unnötig Zeit. Wir schraubten also unsere Ansprüche herunter. Die Sachen mussten passen und einen guten Schnitt haben, mehr verlangten wir eigentlich nicht. Natürlich wollten wir auch gut darin aussehen. Wer will das nicht? Wladimirs Wünsche fallen diesbezüglich etwas moderner aus, ich bevorzuge eher die klassische Richtung. Die meiste Zeit trugen wir ohnehin sportliche Kleidung. Jeans und Shirts sind für den Alltag einfach sehr praktisch. Doch je bekannter wir wurden, desto häufiger kamen öffentliche Auftritte auf uns zu. In Amerika handhabt man das prinzipiell ja etwas legerer. In Deutschland jedoch – und auch in unserer Heimat – verstehen es die Leute als Ausdruck schlechten Stils, in einer seriösen Fernsehsendung oder gar bei einer Galaveranstaltung mit besserer Freizeitkleidung zu erscheinen. Schlechter Stil war nun etwas, das wir uns bestimmt nicht nachsagen lassen wollten.

Eines Tages streiften wir wieder einmal durch Hamburg, in der

Hoffnung, einen vernünftigen Anzug für jeden von uns zu finden. Wir hatten es vorher schon einige Male bei verschiedenen Schneidern mit Maßanfertigungen versucht, allerdings stellten uns die Ergebnisse nie wirklich zufrieden. Es war kein Zufall, dass uns ein ganz bestimmter Herrenausstatter in den Sinn kam. Wir hatten noch nie etwas von Hugo Boss besessen, aber schon davon geschwärmt, als wir noch in Kiew wohnten. Für uns war das mehr als eine Modemarke. Mit diesem Namen verbanden wir Erfolg und Wohlstand. Wer bei uns damals einen Anzug von Boss trug, wurde von den meisten bewundert, der hatte es in unserer Vorstellung zu etwas gebracht. Der Preis für so ein Stück schien uns astronomisch hoch.

Unter preiswert verstanden wir immer noch etwas anderes. Doch inzwischen verdienten wir ganz gut. Und wir hatten schließlich nicht vor, uns gleich ein komplettes Sortiment zuzulegen. Fürs Erste wären wir mit einer Hose und einem Jackett, die richtig saßen, schon zufrieden gewesen. Eines von den Modellen, die wir anprobierten, passte auch – zumindest irgendwie. Aber leider eben nicht richtig, nicht perfekt. An den Oberarmen saß es so eng, dass der Stoff spannte. Bei einem Bizepsumfang von vierzig Zentimetern wahrscheinlich kein Wunder. Mein Brustkorb wies mit hundertzwanzig Zentimetern Umfang auch nicht gerade ein Durchschnittsmaß auf. Und in der Länge fehlte ebenfalls der eine oder andere Zentimeter. Bestimmt hätte ich mich in den Anzug hineinzwängen können – besonders elegant hätte ich darin allerdings nicht ausgesehen. Wenn schon der Verkäufer die Stirn runzelte! Zumindest gab er uns den Tipp, in die Firmenzentrale nach Metzingen zu fahren. Dort gebe es einen riesigen Shop, in dem die Auswahl entsprechend umfangreicher sei.

Wir brachten die nächsten Kämpfe hinter uns. Wladimir verteidigte seinen Europameistertitel und fertigte Lajos Erös aus Ungarn in zwei Runden ab, während ich für den Amerikaner Obed Sullivan ganze neun benötigte. Dabei machte er es mir gar nicht so schwer, er fiel nur einfach nicht um. Er hätte freiwillig auch nicht aufgegeben, wäre sein Auge nicht so zugeschwollen, dass er mich kaum noch sehen konnte. Die Statistik beweist, wie einseitig unser Aufeinandertreffen verlief: Von meinen über dreihundert Schlägen musste Sullivan fast die Hälfte als Treffer einstecken, wogegen ich von ihm in der ganzen Zeit gerade mal elf abbekam. Mehr als meine Überlegenheit freuten mich die lobenden Worte von Sullivans Promoter. Immerhin war es Cedric Kushner, seit Jahren einer der Einflussreichsten in unserem Geschäft, der meinte, wir Klitschkos stünden inzwischen mit Lewis, Tyson und Holyfield auf einer Stufe. Wir würden in Zukunft das Schwergewicht sogar dominieren. Das hört man doch gern.

Danach machten wir uns auf den Weg ins Schwabenland, nach Metzingen. Wahrscheinlich hatte der Hamburger Filialleiter unser Kommen angekündigt. Jedenfalls stand sofort jemand bereit, der sich unser annahm und uns beim Anprobieren geduldig beriet. Nur passten die Anzüge, die für uns in Betracht kamen, wieder nur so leidlich wie in Hamburg. Es war zum Verrücktwerden. Wir zogen einen nach dem anderen an, der Stoff fühlte sich gut an, doch an irgendeiner Stelle zwickte es immer.

Man soll seine Mitmenschen ja nicht nach Äußerlichkeiten beurteilen, bei manchen drängt es sich aber förmlich auf. Ist wohl der Hobbyfotograf, der da bei mir durchkommt, der sein Gegenüber intensiv fixiert und dabei das Interessante, das Einmalige in einem fremden Gesicht entdeckt. Bei Werner Baldessarini sprangen meine Sensoren sofort an, als er den Verkaufsraum betrat und auf uns zusteuerte. Das lag zuerst einmal an seiner Stirn. Ob es wohl schon mal jemandem aufgefallen ist, was das Besondere an seiner Stirn ist? Es sind die Falten. Bei den meisten Menschen verlaufen sie einigermaßen horizontal, bei einigen auch vertikal, meistens zwischen den Augenbrauen. Aber noch nie hatte ich jemanden gesehen, bei dem die Stirnfalten in beide Richtungen gehen, faktisch über Kreuz. Ich weiß nicht, ob er seine Furchen mag. Ich finde, sie sind etwas Außergewöhnliches. Sie geben ihm ein interessantes, ein markantes Aussehen. Sein Gesicht braucht man nur einmal gesehen haben, um es nie wieder zu vergessen.

Selbst wenn er nichts sagt, »sprechen« die Falten mit einem: Dieser Mann strotzt vor Energie, dachte ich, der brennt, der kann andere mitreißen. Und ein kreativer Kopf muss er auch sein, ein Denker, ein Tüftler, einer, der mit allen Sinnen das Leben aufsaugt.

Wie sich herausstellte, lag ich mit meiner Einschätzung richtig. Vor uns stand der Vorstandsvorsitzende der Hugo Boss AG höchstpersönlich. So ein Posten mag nach staubtrockener Managertätigkeit klingen, aber Werner Baldessarini verstand seine Aufgabe anders. Er bildete gewissermaßen das Kreativ- und Designzentrum des Unternehmens, entwickelte eine eigene exklusive Modelinie, brachte die Damenkollektion auf Erfolgskurs und kümmerte sich außerdem leidenschaftlich ums Marketing.

Uns half er zunächst einmal im Kleinen weiter. Obwohl er bestimmt Wichtigeres zu tun hatte, als die Zeit mit zwei etwas groß geratenen Boxern totzuschlagen, bat er uns in sein Büro. Ehe wir uns versahen, rief er einen seiner Mitarbeiter hinzu, nahm dann aber doch selbst Maß bei uns, und zwar vom Scheitel bis zur Sohle. Und dabei erzählte er uns, dass Boxen seine heimliche Leidenschaft und Henry Maske ein guter Freund von ihm sei. Zwar würde er sich nicht als großer Fan bezeichnen, und übermäßig Ahnung habe er von unserem Sport auch nicht. Aber ihn begeistere das Spektakel, das man bei den Kämpfen erleben könne, das dramatische Schauspiel im Ring, die Inszenierung der Show drum herum und besonders die Emotionen, die bei den Zuschauern freigesetzt würden.

Es blieb nicht bei dieser einen Begegnung. Doch bevor wir uns das nächste Mal sahen, überraschte er uns mit einer Paketsendung, in der wir die maßgeschneiderten Anzüge vorfanden, die wir bei unserem ersten Treffen in Auftrag gegeben hatten. So schnell hatten wir damit gar nicht gerechnet. Bei anderen Schneidern hatte es eine halbe Ewigkeit gedauert, und jedes Mal waren mehrere Anproben erforderlich gewesen. Die Boss-Leute hatten nur diesen einen Termin benötigt. Und was das Schönste war: Die Anzüge saßen perfekt, tatsächlich wie auf den Leib geschneidert.

Natalie war mindestens so begeistert wie ich. Sie machte mir Komplimente, wie ich sie schon lange nicht mehr von ihr gehört hatte!

Aus dem ersten Zusammentreffen mit Werner entwickelte sich eine Freundschaft. Schon in seinem Büro hatte ich ein gutes Gefühl gehabt. Seine Professionalität beeindruckte mich. Er wirkte wie jemand, der genau weiß, was er will. Gleichzeitig verströmte er eine Herzlichkeit, die sehr ehrlich wirkte. Er schien uns nicht nur als potenzielle Kunden zu betrachten, sondern gab uns das Gefühl, dass er sich auch für uns als Menschen interessierte. Inzwischen weiß ich, dass ich mich nicht getäuscht habe: Er ist, wie er ist, er verbiegt sich nie, er bleibt immer authentisch. Er ist unglaublich charmant, aber genauso kann er sich unglaublich echauffieren, wenn ihm etwas gegen den Strich geht. Er ist viel zu engagiert in allem, was er tut, um sich mit Mittelmaß zu begnügen. Darin sind wir uns irgendwie ähnlich. Als Boxer gibt man alles, oder man lässt es besser. Ich kann mein Training nicht auf halber Flamme durchziehen. Ich muss bis an meine Grenzen gehen und am besten noch ein Stück darüber hinaus, wie es Zolotarew früher schon von mir forderte. Alles darunter wäre leichtsinnig, weil immer die Gefahr besteht, dass ich im Kampf dafür bezahle. Ich würde nicht nur einen Titel aufs Spiel setzten oder meine Reputation oder Geld, sondern vor allem meine Gesundheit, ja schlimmstenfalls mein Leben.

Im späten Frühjahr bekamen wir Gelegenheit, Werner und seine bezaubernde Frau Cathrin näher kennen zu lernen. Er lud uns als Gäste seines Unternehmens nach Monaco ein, zum alljährlichen Formel-1-Rennen in Monte Carlo. Hugo Boss und der Rennstall McLaren-Mercedes sind seit Jahren partnerschaftlich verbunden, was man an den Werbeaufschriften der Autos deutlich erkennt. Auch die silberfarbenen Rennanzüge der Fahrer werden von Boss entworfen und gefertigt. Wir sind Autofans, deshalb nahmen wir die Einladung natürlich gern an. Die Formel 1 war für uns eine völlig fremde Welt. Wir waren nie zuvor bei einem Rennen gewesen. Und Monte Carlo interessierte uns auch. Die Hochburg des internationalen Jetsets kannten wir bislang nur aus der Zeitung und von Berichten im Fernsehen.

Als wir ankamen, herrschte Ausnahmezustand in Monte Carlo. Die ganze Stadt schien zu vibrieren. Der Motorenlärm der Formel-1-Flitzer, die das Qualifying absolvierten, dröhnte bis in die kleinste Gasse. Entlang der Rennstrecke drängelten sich Menschenmassen, die unmöglich alle hier wohnen konnten. Und an jeder Ecke boten Händler Fanartikel an, wobei das Rot von Ferrari eindeutig dominierte.

Erst gegen Abend beruhigte sich die Szenerie, der Lärm verebbte. Nach dem Essen begleiteten wir Werner und Cathrin zum Hafen. Dort lagen die größten und schönsten Yachten, die wir jemals gesehen hatten, jede einzelne ein Vermögen wert. So hatten wir uns Monte Carlo schon eher vorgestellt: Die Sonne ging gerade unter, es war noch angenehm warm, vom Meer wehte eine laue Brise. Auf den Schiffen spielte Musik. Die Leute amüsierten sich. Urlaubsstimmung.

Wir steuerten die Yacht von David Coulthard an, er hatte zu einem Empfang geladen. Unmittelbar daneben ankerte die von Bernie Ecclestone, dem Boss der Formel 1. Ich muss zugeben, dass ich ein bisschen aufgeregt war, David kennen zu lernen. Er ist ein Star und weltberühmt. Eigentlich war es eine Überraschung, dass er überhaupt schon wieder an den Start ging. Es lag gerade mal einen Monat zurück, dass er mit einem gecharterten Learjet verunglückt war. In der Maschine hatten auch Davids amerikanische Freundin Heidi und sein Fitnesstrainer gesessen. Auf dem Flug nach Nizza war eines der beiden Triebwerke ausgefallen, Pilot und Kopilot versuchten in Lyon notzulanden, verloren dabei jedoch die Kontrolle über die Maschine. Beim Aufprall wurde das Cockpit abgerissen, beide Piloten starben. Im hinteren Teil der Kabine brach ein Feuer aus. Trotzdem schafften es David, Heidi und der Trainer irgendwie, sich durch ein Fenster ins Freie zu retten. Sie erlitten ein paar Prellungen, mehr aber nicht. Es grenzte an ein Wunder.

An diesem Abend war David von alledem nichts mehr anzumerken. Er wirkte vollkommen relaxt und scherzte unbefangen mit seinen Gästen. Er machte nicht den Eindruck, als bedrückte ihn ein Gedanken an das bevorstehende Rennen. Vielleicht muss das bei einem Rennfahrer so sein. Dass er am Morgen vor dem Start dann noch einmal auf die Yacht kam, um sich den Leuten zu zeigen und Smalltalk mit ihnen zu machen, wunderte mich wirklich. Im Rennanzug rauschte er auf einer knatternden Vespa an! Diesen Mann schien nichts aus der Ruhe zu bringen. Er begrüßte uns mit einem breiten Lachen, als hätte er schon gewusst, wie das Rennen ausgehen würde. Ich hielt ihn so schon für einen ausgezeichneten Rennfahrer, aber dieser Auftritt beeindruckte mich fast noch mehr. Wer so etwas bringt, muss Nerven haben, stark wie Drahtseile.

Das Rennen sahen wir uns mit Werner und Cathrin und ein paar anderen Leuten von einem Balkon im obersten Stockwerk eines Hochhauses an. Von dort oben überblickten wir fast die komplette Strecke. Außerdem bot sich eine herrliche Sicht über die Stadt und den Hafen, bis zum Flughafen, hinter dem das Meer beginnt. Auf der rechten Seite sahen wir das Schloss der Fürstenfamilie. Ich nehme an, dass man von dort keinen so guten Blick auf das Rennen hat, sonst hätte auf dem Balkon nebenan wohl kaum Prinz Albert gestanden. Ich hätte ihn beinahe nicht erkannt, obwohl er mich mit einem Kopfnicken grüßte. Wladimir musste mir auf die Sprünge helfen, der kennt sich mit prominenten Zeitgenossen einfach besser aus. Mir kam das Gesicht zwar bekannt vor, und ich überlegte auch, woher. Aber ich brachte die Kleidung nicht mit dem Gesicht zusammen: In einem Poloshirt hatte ich den Prinzen noch nie gesehen. Monate später, bei der Verleihung der World Music Awards, lernten wir ihn persönlich kennen. Er lud uns mit anderen Ehrengästen zu einem festlichen Abendessen ein.

Meine Begriffsstutzigkeit war aber auch so nicht verwunderlich. Bei der Vielzahl an Berühmtheiten, die sich in diesen Tagen in Monte Carlo tummelten, konnte man leicht den Überblick verlieren. Ständig liefen einem Filmschauspieler oder Rockmusiker über den Weg, Politiker oder Sportstars aus aller Herren Länder, als wäre die ganze Stadt ein einziger Laufsteg der Schönen, Mächtigen und Reichen.

Es war nicht Davids beste Saison, aber das Rennen, das er an diesem Sonntag fuhr, war eines seiner besten. Auf einer der letzten Runden überholte er in einer Kurve den in Führung liegenden Ferrari von Michael Schumachers Teamkollegen Rubens Barrichello und überquerte als Erster die Ziellinie. Als wir ihn später auf seiner Yacht wieder trafen, verkündete er, wir hätten ihm Glück gebracht. Dieser Schmeichler! Aber vielleicht stimmte das sogar. Es war sein erster Sieg auf dieser Strecke. Und wir waren die Neulinge seiner Yachtgesellschaft. Außerdem hatten wir ihm auf dem Balkon ja wirklich die Daumen gedrückt. Meine Anwesenheit schien seinem Erfolg jedenfalls nicht zu schaden. Als ich mir zwei Jahre später noch einmal das Rennen in Monte Carlo ansah, wieder mit Werner und Cathrin, aber diesmal ohne Wladimir, der sich in Atlantic City auf seinen Kampf gegen Ray Mercer vorbereitete, hängte David die Konkurrenz komischerweise wieder ab. Diesmal gewann er vor Mika Häkkinen und Michael Schumacher. In dem Jahr dazwischen gelang ihm das nicht.

Jetzt konnte ich auch die Fans verstehen, die an der Strecke mitfieberten. Ich fühlte mich selbst wie einer. David war mir sympathisch, ich gönnte ihm von ganzem Herzen den Sieg. Ich fand es ungeheuer spannend, in diese für mich unbekannte Welt einzutauchen. Vor dem Fernseher bekommt man die Atmosphäre und den Zauber dieses ganzen Rummels gar nicht richtig mit. Dank Werner durften wir sogar hinter die Kulissen des Rennzirkus schauen. Er besorgte uns VIP-Pässe, mit denen wir überall Zutritt bekamen, selbst zur Boxengasse, dem Heiligtum der Formel 1.

Dort lernten wir eine interessante Persönlichkeit kennen: Frank Williams, den Teamchef des britischen Rennstalls, der nach ihm benannt ist. Über ihn gibt es die widersprüchlichsten Meinungen. Manche halten ihn für ein Genie, andere wollen ihn als eiskalten und herzlosen Chef erlebt haben. Was davon zutrifft, kann ich nicht beurteilen. Ich finde, seine Geschichte spricht für sich. Er wuchs ohne seine Eltern auf, die ihn früh in ein Kinderheim gaben. Alles musste er sich hart erarbeiten, nichts fiel ihm in den Schoß. Aus eigener Kraft baute er einen Rennstall auf und machte ihn – trotz zahlreicher Rückschläge – zu einem der erfolgreichsten in der Formel 1. Damit verwirklichte er sich seinen Lebenstraum. Seit einem schweren Autounfall Mitte der achtziger Jahre ist er gelähmt und muss im Rollstuhl sitzen, trotzdem gab er nicht auf. Vor dieser Leistung habe ich großen Respekt. Wir unterhielten uns nur ein paar Minuten, aber die genügten, um zu spüren, welch ungeheure Energie und Willenskraft noch immer in Frank Williams steckten. Er war voller Pläne und setzte sich ehrgeizige Ziele, vor denen andere in seiner Verfassung längst kapituliert hätten.

Auch von Werner lernte ich in diesen Tagen. Manchmal möchte ich wirklich seine Gedanken lesen können. In seinem Kopf scheinen ständig neue Ideen herumzugeistern. In Monte Carlo beschäftigte ihn unter anderem unsere damalige Kampfbekleidung. Das Schöne an ihm ist, dass er sich eine klare Meinung bildet und die dann genauso klar artikuliert. Werner würde zum Beispiel niemals sagen: »Eure Hosen sind ja nicht schlecht, aber vielleicht könnte man dieses und jenes noch an ihnen verbessern.« Er fand sie nämlich abscheulich. Und so sagte er das auch, nur charmant: »Ich will euch nicht beleidigen, aber sie sehen schrecklich aus.« Von unseren Mänteln, mit denen wir vor einem Kampf durch die Halle zum Ring marschierten, hielt er noch weniger. Für seinen Geschmack sahen sie aus wie Morgenmäntel, die vielleicht Frauen nach dem Aufstehen anzögen, die aber nicht zum Bild eines muskulösen Boxers passten. Darin sähen wir aus, als kämen wir gerade aus der Badewanne.

So genau hatten wir uns damit noch gar nicht beschäftigt. Die Farben wurden ja häufig von den Sponsoren vorgegeben. Am deutlichsten sah man das, als wir für die Likörsorte *Kleiner Feigling* warben und zu den Kämpfen in einem schwarz-grünen Outfit mit entsprechendem Schriftzug antraten. Das fanden wir damals sogar lustig, inzwischen hat sich mein Humor etwas verändert. Ganz abgesehen davon, dass ich für Alkohol keine Werbung mehr machen würde – zumindest in Deutschland nicht. In der Ukraine ist das mit Wodka oder Bier noch etwas anderes, wie die Mentalität der Menschen dort eine andere ist.

Werner kritisierte nicht nur, er breitete gleich noch seine Philosophie vor uns aus. Boxen, sagte er, sei eine Gladiatoren-Sportart. Im Ring würde der ursprünglichste Kampf der Menschheit ausgetragen: Mann gegen Mann, jeder allein mit seiner Kraft. Und dabei würde es um die ewige Frage nach dem Stärkeren gehen, um Männlichkeit und Macht. Wer wollte ihm da widersprechen? Offenbar nahm seine Idee langsam Gestalt an. Später setzte er einen seiner fähigsten Designer auf das Thema an. Der spann den Faden weiter und landete gedanklich im Römischen Reich. Wir seien wie römische Kämpfer, meinte er, aber das stimmte ja nicht. Die alten Römer waren keine Faustkämpfer. Sie traten mit Waffen an. Sein Konzept ging am Ende trotzdem auf.

Schon die Skizzen überzeugten uns, ja, sie begeisterten uns. Und so ist unsere heutige Kampfkleidung entstanden. Die Hosen sind aus hochwertiger Seide, wir benutzen für jeden Kampf eine neue, da der Stoff nicht gewaschen werden kann. Aber noch spektakulärer sind die Mäntel: Wladimirs in Rot und meiner in Schwarz. Ursprünglich hatte ich einen weißen, aber der schwarze gefällt mir noch besser. Sie sind aus Ponyfell gefertigt und Stich für Stich von Hand genäht. Jeder für sich ist ein Kunstwerk, das wir hüten wie einen Schatz.

Als ich meinen anprobierte, staunte ich über sein Gewicht. Noch mehr verblüffte mich, dass ich durch ihn ein ganz neues Körpergefühl bekam. Ich scherzte noch: »Gebt mir ein Schwert, und ich bin unbezwingbar!« Vielleicht bildete ich mir das nur ein, aber irgendwie fühlte ich mich tatsächlich stärker, sicherer. Wladimir meinte, ihm ginge es ähnlich. Allein dafür gebührt Werner und Cathrin bei jedem unserer Kämpfe ein Ehrenplatz.

Der Ausflug nach Monaco und die Gespräche mit den Baldessarinis taten mir gut. Zerstreuung hatte ich in diesen Wochen bitter nötig, und ein bisschen Aufmunterung konnte ich erst recht gebrauchen. Wenigstens glaubten meine engsten Freunde noch an mich, wenn ich schon selbst an mir zweifelte. Was ich als Boxer zu leisten vermochte, das wusste ich, aber ich fragte mich, ob mein Körper den Anforderungen noch gewachsen war. In den letzten Jahren hatte ich immer erst ihn besiegen müssen, bevor ich gegen einen Kontrahenten antreten konnte. Stets war mein Körper mein schwerster Gegner. Ich erinnere mich nicht, dass ich jemals über einen längeren Zeitraum von Verletzungen verschont geblieben wäre. Und in den meisten Fällen musste ich gleich operiert werden, die Narben kann ich kaum noch zählen. Zuletzt bereitete mir meine linke Schulter Probleme. Im Training hatte ich Schmerzen, aber das war ja nichts Neues. Da sie nicht besonders stark waren, beunruhigten sie mich nicht weiter. Zumal ein wichtiger Kampf bevorstand. Zum dritten Mal musste ich meinen Weltmeistergürtel gegen einen Herausforderer verteidigen. Der Kampf war für den 1. April 2000 im Convention Center des Berliner Hotels Estrel angesetzt, und das sollte nicht etwa ein Scherz sein. Was im Vorfeld passierte, war auch alles andere als lustig.

Womit begann es eigentlich? Schon bei der Vorbereitung gab es Pannen. Neun Wochen vor dem Kampf stieg ich in die intensive Phase ein, einen Monat später wollte ich mit dem Sparring beginnen. Für das Sparring sucht man sich Boxer als Partner, die dem zukünftigen Gegner in Hinblick auf Rechts- oder Linksauslage, Körpergröße, Reichweite, Schlagkraft und Technik möglichst genau entsprechen. Günstig ist, wenn man drei oder vier davon findet. Man boxt zwei bis drei Runden gegen einen, dann kommt ein neuer an die Reihe. Allerdings ist es manchmal schwierig, die passenden Leute aufzutreiben. Daran mangelte es diesmal auch. So viele Doppelgänger von Donovan Ruddock, gegen den ich in Berlin boxen sollte, schien es nicht zu geben. Eine Woche vor dem Kampf erledigte sich dieses Problem jedoch von selbst: Der Jamaikaner mit Wohnsitz in Kanada sagte überraschend ab.

Dafür kam gleich ein neues auf mich zu. Kein anderer als Don

King witterte die Gelegenheit, schnell noch einen seiner Boxer an den Start zu bringen. Er bot den Amerikaner Chris Byrd als Ersatz an. Dem war das Gleiche widerfahren. Sein Gegner hatte den Kampf ebenfalls wegen einer Verletzung gecancelt. Obwohl Byrd damals eigentlich im Cruisergewicht zu Hause war, also maximal sechsundachtzig Kilo wiegen durfte, wollte er sich die Chance auf den Kampf um eine Weltmeisterkrone in der höheren Gewichtsklasse nicht entgehen lassen. Zweifellos war es für ihn auch verlockend, die weite Reise nach Berlin anzutreten, weil der amerikanische Fernsehsender Home Box Office, HBO, zum ersten Mal einen Klitschko-Kampf in die Staaten übertrug. Und er ging auch kein großes Risiko ein. Selbst als Verlierer würde er von seinem Auftritt profitieren. Der würde seine Popularität enorm steigern, denn HBO ist der größte Pay-TV-Sender Amerikas. Er hat rund dreißig Millionen Abonnenten und kann deshalb für sich in Anspruch nehmen, so etwas wie die Weltbühne des Profiboxens zu sein. Mittlerweile werden nahezu alle großen Kämpfe von HBO übertragen.

Warum ich mich als amtierender Weltmeister so kurzfristig auf einen neuen Gegner einließ, der noch dazu Rechtsausleger war, im Gegensatz zu Ruddock, frage ich mich heute noch. War es Überheblichkeit? Unterschätzte ich Byrd? Auf jeden Fall war es unprofessionell, zumal ich wissen musste, dass die verbleibende Zeit zu knapp sein würde, um mich auch nur halbwegs auf ihn einstellen zu können. Natürlich freute es mich, dass sich die Amerikaner für mich interessierten, sonst wären die Leute von HBO wohl kaum angereist. Davon träumt jeder Boxer. Aber das hätten sie später auch noch getan. Schließlich war ich nicht schuld daran, dass der ursprünglich geplante Kampf geplatzt war. Wie dem auch sei – ich hätte auf meine innere Stimme hören sollen! Die riet mir, das Vorhaben besser abzublasen. Spätestens als ich in Berlin eintraf, überkam mich eine böse Vorahnung. Die wurde ich nicht wieder los, sosehr ich auch versuchte, mich ausschließlich auf den bevorstehenden Kampf zu konzentrieren.

Auf dem Weg zum Hotel lief mir eine schwarze Katze vors

Auto. Das verhieß nichts Gutes. Und tatsächlich, im Hotel erwarteten mich die nächsten Ärgernisse. Im Foyer lungerte ein Maler herum, der Zeichnungen von Wladimir und mir angefertigt hatte und dort zum Kauf anbot. Vielleicht meinte er es ja gut. Vielleicht witterte er auch ein großes Geschäft. Mich stieß seine zudringliche Art nur ab. Als hätte ich keine anderen Sorgen! Abgesehen davon, dass mir die Bilder nicht einmal gefielen.

Scheinbar drehten hier alle etwas durch, auch das Personal. Der Hotelmanager verkündete mir voller Stolz, dass die Präsidentensuite für mich bereitstünde und dass sie mir ein extragroßes Bett besorgt hätten. Sehr freundlich, dachte ich noch, was für ein aufmerksamer Gastgeber. Doch als ich das Schlafzimmer betrat, traf mich fast der Schlag. Hatten sie doch tatsächlich zwei normale Betten hintereinander montiert! Auf diese Idee muss man erst einmal kommen. Wozu ich eine vier Meter lange Liegefläche benötigte, konnte mir keiner erklären. Heute kann ich darüber lachen, damals wäre ich am liebsten nach Hamburg zurückgefahren. Es war alles so absurd.

Wenn ich etwas nicht ertrage, dann sind es Lobeshymnen vor einem Kampf. Und wenn ich etwas vermeide, dann sind das Prognosen über den Ausgang eines solchen. Das hat nichts damit zu tun, dass ich an mir zweifle. Ich will jeden Kampf gewinnen, und ich gehe auch immer davon aus, dass ich es schaffe. Aber schon vorher über einen Erfolg zu reden, den ich noch gar nicht errungen habe, bringt einfach Unglück. Da bin ich abergläubisch. Die Medien schienen das völlig anders zu sehen. Ständig waren mir Journalisten und Fotografen auf den Fersen. Einige Zeitungen beschworen regelrecht eine Klitschko-Manie herauf. Sie schwelgten in Superlativen und überschlugen sich mit Jubelberichten über Vitali Klitschko, den »K.-o.-König«. Es war ja schön, dass sie mich so sahen und dass sie an mich als Boxer glaubten. Das schmeichelte mir, aber ich fand, dass es einfach zu viel war, dass sie mit ihrer Euphorie übertrieben. Das bedrückte mich, ich fand keine Ruhe. Mit jedem Tag, den der Kampf näher rückte, wurde mir mulmiger zumute. Ich bekam den Kopf nicht frei, konnte mich nicht richtig konzentrieren. Ich spürte förmlich, dass es kein gutes Ende nehmen würde.

Natürlich musste auch der Doktortitel herhalten, den mir die Universität Kiew wenige Wochen zuvor verliehen hatte. Einige schrieben von »Doktor Faust«, andere nannten mich »Doktor Eisenfaust«. Wo gab es das schon: ein Schwergewichtsboxer mit Doktortitel? Hatte es das überhaupt jemals gegeben? Soviel ich weiß, nicht. Nur nach mir, ein knappes Jahr später, als auch Wladimir seinen Doktorhut bekam. Ich hatte nach fünf Jahren meine Forschungsarbeit abgeschlossen und mit dem Thema »Die Methodik der Bestimmung von Fähigkeiten im System der mehrstufigen Auswahl im Sport« erfolgreich promoviert. Es ging um die Frage, die ich einst mit meinem Doktorvater Leonid Wolkow diskutiert hatte, nämlich, was für den Erfolg eines Sportlers maßgeblich ist. Dafür verfolgte ich über einen längeren Zeitraum die Entwicklung junger ukrainischer Boxer verschiedener Altersstufen. Am Schluss kam ich zu der Erkenntnis, dass das Talent, die genetische Veranlagung also, ungefähr siebzig Prozent ausmacht und der Rest durch kontinuierliches und optimales Training erreicht werden kann.

Ob ich der Sportwissenschaft damit einen großen Dienst erwiesen habe? Die Prüfungskommission zumindest schien sehr zufrieden. Manche argwöhnten ja, als prominenter Sportler hätte ich einen Bonus erhalten. Davon merkte ich allerdings nichts. Ich fand die Prüfer ziemlich pedantisch, die Herren Professoren schenkten mir nichts. Nach meinem Vortrag musste ich über zwanzig Fragen beantworten und mich einer Diskussion stellen, die fast eine Stunde dauerte. Hinterher war ich so erschöpft wie nach einem Boxkampf.

Der stand mir in Berlin noch bevor. Obwohl es nicht zu spät war, noch hätte ich die Reißleine ziehen können. Einen Tag vor dem Kampf war ich auch fest entschlossen, das zu tun. Ich bin bestimmt kein wehleidiger Typ, aber diesmal sträubte sich alles in mir. Rational war das schwer zu erklären, es gab keine handfesten Gründe. Meine Schulter schien wieder in Ordnung zu sein. Der Gegner flößte mir keine Angst ein, dafür wusste ich auch zu wenig über ihn. Meine Abneigung gegen den Kampf kam aus dem Bauch.

In meiner Verzweiflung wandte ich mich an Fritz. Er würde mich verstehen. Noch nie hatte ich ein solches Gespräch geführt, mit niemandem. »Du musst mir helfen«, sagte ich, »wir müssen einen Weg finden, den Kampf abzusagen.« Ich versuchte ihm zu erklären, was mich bedrückte. Er versuchte mich zu beruhigen. Wir redeten aneinander vorbei. Er verstand meine Gründe nicht und schob meine Bedenken auf die Psyche. »Mach dich nicht verrückt«, sagte er, »das ist der Erfolgsdruck, du stehst unter enormer Anspannung, das macht dir zu schaffen. Aber die Sorgen sind völlig überflüssig, deine Form ist ausgezeichnet. Es kann überhaupt nichts schief gehen«.

Wir sprachen sehr lange miteinander, aber einig wurden wir uns nicht. Er überzeugte mich nicht und ich nicht ihn. Ich möchte Fritz nicht die Schuld an dem geben, was am folgenden Tag geschah. Dafür konnte er nichts. Aber wahrscheinlich wäre ich zu dem Kampf nicht angetreten, wenn ich Fritz nicht hundertprozentig vertraut hätte. Er sagte, ich solle kämpfen, also tat ich es. Gegen alle Widerstände, die ich in mir spürte.

Ich verscheuchte die schlechten Gedanken so gut es ging. Im Ring ließ ich mir nichts anmerken. Ich verzog auch keine Miene, als in der dritten Runde die Qualen begannen. Ich bekam einen Schlag auf die linke Schulter und spürte mit einem Mal einen stechenden Schmerz, der nicht nachließ, sondern von Minute zu Minute schlimmer wurde. Chris Byrd war ein unangenehmer Gegner. Es war schwierig, ihn zu treffen. Er bewegte sich wie eine Gummipuppe. Ständig duckte er sich unter meinen Schlägen weg. Zwischendurch ließ er dumme Sprüche los, mit denen er meine Treffer kommentierte. Das hatte er sich wahrscheinlich bei Muhammad Ali abgeschaut, der machte das früher auch manchmal. Aber damit konnte er mich nicht beeindrucken. Ich landete deutlich mehr Treffer, und meine waren auch die härteren. Er beschäftigte sich hauptsächlich mit seinen Ausweichbewegungen. Nur gelegentlich kam er aus der Deckung. Dann allerdings feuerte er seine Schläge blitzschnell ab, sodass sie durchaus gefährlich wurden. Trotzdem bin ich mir sicher, dass er unter normalen Umständen keine Chance gegen mich besessen hätte. Vielleicht wäre er nicht k. o. gegangen, nach Punkten hätte ich ihn aber gewiss bezwungen.

Sechstausend Zuschauer in der Halle sahen den Kampf, zehn Millionen verfolgten ihn allein in Deutschland an den Bildschirmen. In Amerika erreichte HBO angeblich zwölf Millionen Zuschauer. Doch keiner von ihnen konnte sehen, was sich wirklich abspielte, was in mir vorging, wie heftig die Schmerzen waren, trotz des Adrenalins. Und deshalb konnte auch niemand begreifen, warum ich in der Pause nach der neunten Runde einfach meine Handschuhe auszog und aufgab. Ich sah mir den Videomitschnitt später an. An meinem Gesicht konnte man tatsächlich nichts ablesen, es verriet nichts. Es war nur zu erkennen, dass ich von Runde zu Runde schwächer boxte, dass ich weniger mit der linken Führhand arbeitete, seltener und kraftloser als gewohnt zuschlug und einige Treffer einsteckte, die ich sonst niemals zugelassen hätte. Auf meine Schmerzen aber deutete augenscheinlich nichts hin. Und auch nicht darauf, dass sie so stark wurden, dass sie mir den Blick vernebelten. Zeitweise konnte ich Byrd kaum noch erkennen oder nur so verschwommen, dass ich seine Schläge nicht kommen sah und nicht einzuschätzen vermochte, ob er nun einen Meter von mir entfernt stand oder drei, ob wirklich er es war oder der Ringrichter Lou Moret, der viel kleiner ist.

Fritz wusste seit der dritten Runde Bescheid, Wladimir auch. Ich klagte ihnen meine Schmerzen von da an in jeder Pause. Beide waren dagegen, dass ich gleich aufgab. Ich wollte es selbst am allerwenigsten. Sie überredeten mich nach der fünften und nach der sechsten, nach der siebten noch einmal und nach der achten auch. Wladimir spornte mich immer wieder an. Er hoffte, dass ich einen Lucky Punch landen würde, irgendwie. Das hoffte ich auch. Mir gehörte der Sieg. Nach Punkten führte ich klar.

Wer mich kennt, weiß, dass ich eine Menge wegstecken kann. Nach der neunten Runde aber ging es einfach nicht mehr. Selbst Wladimir begriff nicht, was geschehen war. Ich hatte keinen gefährlichen Cut davongetragen, keine blutende Wunde, die alles erklärt hätte. Er redete noch auf mich ein. Ich empfand es ja nicht anders: Es war eine Schande, einen Kampf aufzugeben! Wären es nur die Schmerzen gewesen, ich hätte durchgehalten. Aber blind gegen jemanden anzutreten, wäre nicht nur leichtsinnig gewesen, sondern lebensgefährlich. Wenn ich mich auch auf meine Schulter nicht mehr verlassen konnte und auf meine Augen – mein Verstand funktionierte noch, zum Glück.

Das Unglück kam von allein. Das Publikum, das mich vor dem Kampf frenetisch begrüßt hatte, pfiff und buhte mich aus, als es sah, dass ich nicht mehr weitermachte. Und die Journalisten fielen mit hämischen Kommentaren über mich her. Einer der ersten war Larry Merchant, Boxfachmann und Starreporter von HBO, der den Kampf live für die Boxfans in Amerika kommentierte. Ich sei kein echter Champion, tönte er, andernfalls hätte ich weitergekämpft. Er schüttete das Salz gleich kübelweise in meine Wunde. Ich hätte nicht die Klasse eines Holyfield oder Lewis, ich würde nicht in deren Liga boxen, sondern wie ein Amateur. Sein Chef, Lou Di Bella, legte noch nach, er beschimpfte mich als promoviertes Weichei: »Dr. No Balls.«

Wie schlimm es um meine Schulter stand, wusste ich zu diesem Zeitpunkt selbst noch nicht. Ich fuhr am nächsten Tag sogar noch mit dem Auto nach Hamburg zurück. Ich wollte allein sein. Bevor ich mich am Montag in der Fleetklinik untersuchen ließ, ging ich zum Frühstück wie so oft ins Hotel Kröger. Ich hatte in der Nacht kaum geschlafen und war früh dran, noch vor sieben Uhr. Wie es aussah, war ich der erste Gast. Appetit hatte ich eigentlich nicht, die Vernunft sagte mir aber, ich sollte etwas zu mir nehmen. Allerdings kriegte ich nichts herunter, nachdem ich die aktuellen Zeitungen in die Hände bekam. Die Schlagzeilen verschwammen vor meinen Augen. Überall wurden die Äußerungen Merchants und Di Bellas zitiert. Und sie waren nicht die Einzigen, die ihre Häme auskippten. Selbst ein Boxer von Universum verkniff sich seinen Kommentar nicht. Er habe ja schon immer gewusst, dass ich kein guter Boxer sei und meine Fähigkeiten zu wünschen übrig ließen. Andere kramten die alte Geschichte vom »Fallobst« heraus. Jetzt sei ich an den ersten ernst zu nehmenden Gegner geraten und gleich gescheitert.

Siebenundzwanzig K.-o.-Siege sollten auf einmal nicht mehr zählen! Dass sich auch noch welche fanden, die sich über unsere Fernsehauftritte mokierten, wunderte mich schon nicht mehr. Die Klitschkos würden sich mehr in irgendwelchen Shows und auf Galas herumtreiben, hieß es, als im Gym zu trainieren. Was definitiv nicht zutraf. Zwar erhielten wir häufig Einladungen, nicht nur zu Sportsendungen und Talkshows. Zuletzt waren wir bei der Verleihung des Musikpreises *Echo* als Laudatoren für die *Fantastischen Vier* aufgetreten. Doch solche Auftritte erledigten wir nebenbei und nicht umgekehrt. Offenbar war plötzlich die ganze Welt angetreten, den gestürzten Weltmeister zu verteufeln.

In der Klinik gab es auch keine besseren Nachrichten für mich. Der erste Verdacht, der Supraspinatus-Muskel, der oberhalb des Schulterblatts zum Oberarm verläuft, könnte eingerissen sein, bestätigte sich nicht ganz. Es war schlimmer: Er war abgerissen! Das erklärte zwar die höllischen Schmerzen, aber alles andere stellte es in Frage. Einen schnellen Revanchekampf konnte ich auf jeden Fall abschreiben. Den Weltmeistergürtel für die nächsten Monate damit auch. Würde ich überhaupt wieder boxen können? Diese Ungewissheit quälte mich fast noch mehr als die Niederlage. Wenigstens da machten mir die Ärzte Hoffnung, nachdem sie am nächsten Morgen die Schulter operiert und den Muskel wieder mit dem Oberarm verbunden hatten. Mit etwas Glück, meinten sie, könnte ich in sechs Monaten wieder fit sein. Ein halbes Jahr kann endlos lange sein. Und was das Glück betraf, das hatte ich im Moment wohl auch nicht gerade gepachtet.

Was mich in diesen Tagen wirklich tröstete, war ein Brief von Max Schmeling. Ich verehre diesen Mann. Er war nicht nur ein außergewöhnlicher Sportler, sondern nach seiner Boxkarriere auch ein erfolgreicher Geschäftsmann. Vor allem aber ist er ein großartiger Mensch. Wladimir und ich hatten ihn anlässlich seines Geburtstags kennen gelernt, zu dem er uns eingeladen hatte. Als ich jetzt seine Zeilen las, konnte ich ihn förmlich vor mir sehen, wie er in seinem Haus in Hollenstedt am Schreibtisch saß. In meiner schlimmsten Stunde hatte er an mich gedacht. Diese Vorstellung berührte mich. Seine aufmunternden Worte gaben mir Kraft. Ich spürte, dass er einer der wenigen war, der sich wirklich vorstellen konnte, wie ich mich fühlte. Er schrieb, dass er an mich glaube und sicher sei, dass ich noch allen beweisen würde, wie gut ich bin. Auch in seinem Leben habe es einige Tiefschläge gegeben. Wichtig sei nur, dass man sich wieder aufrappele. Eine Formulierung gefiel mir besonders gut: »Wer nie am Boden lag, kann nicht zurückkommen und stärker sein.« Ich verstand sehr gut, was er meinte. Diesen Satz werde ich nie vergessen. Er wird mich zeitlebens an Max Schmeling erinnern.

Die ganze Aufregung hätte ich Natalie gern erspart. Sie machte sich Vorwürfe und fühlte sich mitschuldig, weil sie bei dem Kampf gegen Byrd nicht dabei gewesen war. Sonst saß sie immer am Ring. Es ist nicht gerade ihre Lieblingsbeschäftigung, mir bei der Arbeit zuzusehen. Ich hätte auch nichts dagegen, wenn sie zu Hause bliebe. Aber sie besteht darauf. Als meine Frau, sagt sie, müsse sie bei mir sein und mich unterstützen. Diese Einstellung mag altmodisch sein, irgendwie gefällt sie mir trotzdem. Diesmal jedoch konnte sie die Strapazen unmöglich auf sich nehmen: Wir erwarteten nämlich Familienzuwachs. Und zwar schon sehr bald, das war nicht mehr zu übersehen. Es sollte ein Junge werden. Ich hatte mir einen Jungen gewünscht. Natalie brauchte jetzt vor allem Ruhe. Sie war in unserem Apartment in Los Angeles geblieben und wartete auf meine Rückkehr. Ich wollte ihr bei der Geburt beistehen. Vorher konnte ich mir noch einen kurzen Abstecher nach New York erlauben. Wladimir boxte Ende April im Madison Square Garden gegen den Amerikaner David Bostice, der keine zwei Runden gegen ihn durchstand.

Zwei Wochen darauf, an einem Sonntagabend, setzten bei Natalie die Wehen ein. Sie hatte alles vorbereitet, ihre Tasche stand fertig gepackt im Schlafzimmer. Den Weg zum Cedars Sinai Hospital in Beverly Hills konnten wir zu Fuß zurücklegen, da wir gleich um die Ecke wohnten. Von außen wirkt das riesige Gebäude nicht sehr gemütlich, ein typischer Zweckbau. Hinter der Fassade aber verbirgt sich ein unüberschaubares Reich mit der wohl weltweit modernsten Medizintechnik. Natalie bekam ein wunderschönes Zimmer in einem der oberen Stockwerke. In einem guten Hotel hätte es nicht gemütlicher und geschmackvoller sein können. Weder die Möbel noch das Bett erinnerten einen daran, dass man sich in einem Krankenhaus aufhielt. Durchs Fenster sah sie direkt auf die Berge von Hollywood mit dem berühmten Wahrzeichen, dem fünfzehn Meter hohen Schriftzug. Unser Nachwuchs hatte es jedoch offenbar nicht eilig, all das zu sehen. Kaum dass wir angekommen waren, hörten bei Natalie die Wehen wieder auf.

Am nächsten Tag war es dann aber so weit. Ich hatte die Klinik für ein paar Stunden verlassen, um in einem Gym in der Nähe Kondition zu trainieren. Viel mehr war mit der operierten Schulter noch nicht möglich. Eine Freundin blieb solange bei meiner Frau. Ich absolvierte gerade etliche Kilometer auf dem Laufband, als mich Natalies Anruf erreichte. Sie klang ganz aufgeregt: »Es geht jeden Moment los! Du musst sofort kommen!« Verschwitzt, wie ich war, raste ich zu ihr. Ich hätte mich noch gern geduscht, doch der Arzt meinte, dafür bliebe jetzt keine Zeit mehr. Eine Krankenschwester betätigte einige Knöpfe an der Wand, die mir vorher gar nicht aufgefallen waren, und das vermeintliche Hotelzimmer verwandelte sich wie von Zauberhand in einen Hightech-Kreißsaal. An der Decke öffnete sich eine große Luke, in der eine Operationsleuchte zum Vorschein kam. An einer der Wände schob sich eine Tür beiseite und gab einen Medizinschrank mit allen notwendigen Instrumenten frei. Neben dem Bett stand plötzlich ein Kardiotokografie-Gerät, mit dem gleichzeitig die mütterlichen Wehen und die Herzfrequenz des Kindes registriert und überwacht wurden.

Und schon ging es los. Der Arzt sagte, Natalie solle bis zehn zählen und dann pressen, wieder zählen und wieder pressen. Sie schrie vor Schmerzen, dass mir ganz anders wurde. Ich hielt ihre Hand. Das war das Einzige, was ich tun konnte. Ich fühlte mich ziemlich hilflos. Es schien ewig zu dauern. Doch endlich kamen die ersten schwarzen Haare zum Vorschein und dann der komplette Kopf. Natalie presste und atmete tief und presste erneut. Aber was machte der Arzt? War der von allen guten Geistern verlassen? Er nahm den kleinen Kopf in die Hände und drehte ihn einfach herum. Ich schrie ihn an, er solle gefälligst damit aufhören! Gerade wollte ich mich auf ihn stürzen, um ihn davon abzuhalten, weiter so brutal mit unserem Sohn umzugehen, da fauchte er mich an. »Bleiben Sie an Ihrem Platz, sonst muss ich Sie rauswerfen! Das hier ist meine Aufgabe. Ich weiß genau, was ich zu tun habe!«

Als das Schlimmste überstanden war, gingen wir wieder freundlich miteinander um. Der Arzt reichte mir lächelnd eine Schere und sagte: »So, Papa, nun sind Sie dran. Das ist jetzt Ihre Aufgabe.« Ich nahm sie und durchtrennte die Nabelschnur. Ich kann nicht beschreiben, was ich dabei empfand. Es war ein unglaubliches Gefühl. Von anderen Vätern hatte ich gehört, dass sie die Geburt ihrer Kinder sehr schön fanden und glücklich dabei waren. Aber ich finde, das trifft es nicht. Es war eher so, als würde der Verstand aussetzen. Die Gefühle überkamen mich wie eine Flutwelle. Sie waren so mächtig, dass ich eigentlich gar nichts mehr fühlte. Ich war einfach nur überwältigt. Das kann man niemandem so richtig vermitteln, man muss es einfach selbst erlebt haben.

Danach sah ich mir den kleinen Kerl erst mal genauer an. Natalie, die eher ein zierliches Wesen ist, hatte wirklich Schwerstarbeit geleistet. Unser Sohn wog viertausendsiebenhundert Gramm und maß beachtliche achtundfünfzig Zentimeter. Und es war alles dran an ihm. Ich küsste ihn und dann küsste ich Natalie, die erschöpft im Bett lag und selig strahlte. Ich konnte wirklich zufrieden sein. Doch wenn ich ehrlich bin, erschrak ich ziemlich. »Oh,

Gott«, dachte ich, »der sieht ja genauso aus wie du!« Dieser Kopf und die breite Nase, irgendwie kamen mir die bekannt vor.

Wir gaben unserem Sohn den Namen Egor Daniel. Eigentlich dachte ich, wir würden ihn Wladimir nennen, nach meinem Vater und meinem Bruder, um die Familientradition fortzusetzen. Doch Natalie erinnerte mich an ein Versprechen, das ich ihr zum Anfang unserer Beziehung gegeben hatte: nämlich dass wir unseren ersten Sohn nach ihrem Familiennamen nennen würden. Vor unserer Hochzeit hieß sie Egorewa, also sollte unser Sprössling Egor heißen. Das ist die russische Version von Georg. Daniel fügten wir noch dazu, den Namen fanden wir beide gut.

Ich brauchte einige Zeit, um mich mit der Vaterrolle zurechtzufinden. Genau genommen musste ich erst einmal begreifen, dass ich Vater geworden war. Natalie und ich waren jetzt für diesen kleinen hilflosen Menschen verantwortlich. Und das würden wir unser Leben lang bleiben. Damit bekam alles andere einen neuen Stellenwert. Wenn ich zu Hause war, versuchte ich, Natalie zu entlasten. Ich wechselte Egor auch die Windeln. Das hatte ich früher schon bei Wladimir gemacht, allerdings nicht so gern, weil ich den Geruch nicht ausstehen konnte. Ich hielt mir meistens die Nase zu. Doch mit einer Hand ging das Wickeln nicht so gut. Wir benutzten damals ja noch einfache Baumwollwindeln.

Ob ich ein guter Vater bin? Ich gebe mir Mühe. Allerdings bleibt der größte Teil der Arbeit an Natalie hängen, weil mein Beruf verlangt, dass ich die meiste Zeit unterwegs bin. Ich muss sie viel zu oft allein lassen. Aber das wird ja nicht ewig so bleiben.

Mehr als Boxer

Wladimir

Eine verrückte Welt ist das! Ich bin jetzt achtundzwanzig, komme mir aber viel älter vor. Wie fünfzig, mindestens. Nicht körperlich, meine Knochen funktionieren sehr gut, alles andere auch. Ich fühle mich ausgezeichnet, Gott sei Dank. Es ist nur so, dass ich in den letzten fünf, sechs Jahren irrsinnig viel erlebt habe. Manchmal denke ich: »Junge, was dir alles passiert! Das kann doch unmöglich in ein einziges Leben hineinpassen!« Oft ist mir, als würde ich in einem Schnellzug sitzen, der mit einer Höllengeschwindigkeit durch die Zeit rast und immer nur kurze Zwischenstopps einlegt. Heute noch New York, morgen Los Angeles, anschließend zwei Tage Hamburg, hinterher einen Abstecher nach München, der nur einen halben Tag dauern darf, damit ich rechtzeitig in Kiew sein kann. Vitali ist meistens dabei, dem geht es bestimmt nicht anders. Zwischendurch hetzen wir von einem Termin zum anderen, unsere Kalender sind proppenvoll: eine Talkshow im amerikanischen Fernsehen, ein Auftritt bei den Baseballern der New York Yankees, am Wochenende das Fotoshooting für ein bekanntes Lifestyle-Magazin, anschließend ein Interview, danach in Deutschland Dreharbeiten für einen neuen Werbespot, wieder Fotoaufnahmen, diesmal mit einer brandaktuellen Modekollektion, und am Abend Treffen mit Sponsoren... Kaum sind wir irgendwo angekommen, wartet schon wieder der nächste Flieger auf uns. Ich beklage mich nicht, um Himmels willen, mir gefällt dieses Leben. Es ist abwechslungsreich, aufregend, spannend. Ich langweile mich nie. Und ich mag dieses rasante Tempo. Aber ich wundere mich immer wieder, wie mir geschieht. Mittlerweile können wir gar nicht alle Einladungen wahrnehmen, sonst kämen wir nicht mehr zum Boxen. Und das bleibt natürlich das Wichtigste. Unserem Sport verdanken wir schließlich alles.

Wenn ich zurückdenke: Damals, nach den Olympischen Spielen, sah ich mich ja schon auf der Überholspur. Aber niemals hätte ich mir träumen lassen, wie viel das Leben noch für mich, für uns, bereithalten würde. Es fängt schon damit an, dass wir ständig interessante Persönlichkeiten treffen: David Bowie und Boris Becker und Giorgio Armani und Pink und Steffi Graf und Katharina Witt – es sind so viele. Bei Thomas Gottschalks *Wetten dass...?* plauderten wir mit Paul McCartney, Elton John und Robbie Williams. Den sah ich später in Beverly Hills wieder. Oder Arnold

Schwarzenegger! Ihn trafen wir bei der Premiere eine seiner letzten Filme. Es ist schon verrückt: Als Jugendliche in Kiew schwärmten wir von ihm, jetzt duzen wir uns. Und wenn wir in Los Angeles einen Kampf bestreiten, sitzt Arnie manchmal am Ring. Soweit es seine Zeit als Gouverneur von Kalifornien erlaubt.

Ich werde nie vergessen, wie wir nach meinem Kampf gegen Derrick Jefferson in München mit Steven Tyler und den Musikern seiner Band Aerosmith zusammensaßen, die mir zu meinem fünfundzwanzigsten Geburtstag ein Happy-Birthday-Ständchen sangen. Tylers Tochter Liv war leider nicht dabei, die hätte ich gern kennen gelernt. Ich glaube, sie ist nicht nur unwahrscheinlich hübsch, sondern auch blitzgescheit. Aber trotzdem war der Abend einmalig. Die Aerosmith-Jungs sehen ja nicht mehr ganz frisch aus, aber sie sind wirklich gut drauf. Ossy Hoppe, der Konzertveranstalter, der schon für die größten Stars der Musikbranche wie Deep Purple, die Rolling Stones und Bruce Springsteen gearbeitet hat, brachte uns zusammen. Mit ihm sind wir seit Jahren befreundet.

Über Ossy lernte ich auch einen anderen außergewöhnlichen Künstler kennen, Jon Bon Jovi. Dessen Musik gefällt mir gut. Von seinem Konzert in Hannover war ich begeistert. Nach der Show unterhielten wir uns noch ziemlich lange. Als ich hörte, dass er sich für Boxen interessiert, lud ich ihn zu meinem Kampf gegen David Bostice in New York ein. Leider konnte er nicht kommen. Kurz vorher schrieb er mir einen Brief, er müsse zu einer wichtigen Familienfeier. Dafür kam er nach Atlantic City und sah im Casino Taj Mahal zu, wie ich Ray Mercer die erste K.-o.-Niederlage seiner Karriere zufügte. Hinterher meinte Jon, die Reise habe sich wirklich gelohnt, ich hätte eine gute Vorstellung geboten. Ich hatte Mercer, der sich gern *Merciless,* der Gnadenlose, nennt, in der ersten Runde mit einem linken Haken gnadenlos auf den Ringboden befördert und in der sechsten dann endgültig geknackt. Das hatten nicht einmal Lennox Lewis und Evander Holyfield geschafft, die vor mir gegen ihn boxten und beide nur knapp nach Punkten gewannen.

In guter Erinnerung geblieben ist mir auch eine Begegnung mit Dirk Nowitzki, dem deutschen Superstar in der amerikanischen Basketballliga. Vitali und ich trafen ihn bei einem Formel-1-Rennen am Hockenheimring. Es kommt ja äußerst selten vor, dass wir jemandem begegnen, der noch größer ist als wir. Es war richtig komisch, neben Dirk fotografiert zu werden. Er ist zwei Meter dreizehn, ein Riese! Seine Karriere ist ein bisschen mit unserer vergleichbar. Auch er musste in die Welt hinausziehen, um in seinem Sport ganz nach oben zu kommen. In Los Angeles sehe ich mir gern die Spiele der Lakers an. Haben sie allerdings die Dallas Mavericks zu Gast, Dirks Mannschaft, drücke ich heimlich ihm die Daumen.

Ein Kindheitstraum ging für uns in Erfüllung, als wir mit Oleg Popow zusammentrafen, dem russischen Clown. Er ist der berühmteste Clown der Welt. Er war schon so berühmt, als wir noch Kinder waren, wir sind praktisch mit ihm aufgewachsen. In der Sowjetunion sahen wir ihn oft im Fernsehen. Jeder hat so eine Figur aus der Kindheit, an die er sich immer wieder erinnert und die ihn zeit seines Lebens begleitet. Für uns ist das Oleg Popow. Wie überrascht wir waren, kann man sich vorstellen, als er im Circus Krone in München plötzlich leibhaftig vor uns stand. Nicht in der Manege, sondern hinter den Kulissen! Wir hatten selbst gerade unseren Auftritt bei der Veranstaltung *Stars in der Manege* hinter uns gebracht. Ich hörte noch den Beifall. Ich glaube, das Publikum war ganz schön verblüfft. Vitali und ich hatten uns als Zauberer versucht und einen Verwandlungstrick vorgeführt. Wir betraten die Manege in schwarzen Smokings, und – schwuppdiwupp – auf einmal trugen wir weiße. Wie das genau funktionierte, darf ich natürlich nicht verraten. Wir mussten den richtigen Zauberkünstlern, die die Vorführung mit uns eine Woche lang in Hamburg einstudierten, unser Ehrenwort geben.

Zaubern ist ein Hobby von mir. Ich bin schon lange mit dem russischen Magier Jewgeni Woronin befreundet, der mir immer wieder neue Kunststückchen beibringt. Die probiere ich dann aus, wenn ich mit Freunden zusammensitze. Gelegentlich auch bei Interviews mit Journalisten. Das lockert die Atmosphäre auf. Einmal zauberte ich sogar für Mariah Carey, nur für sie allein, in ihrer Garderobe, nach ihrem Auftritt bei der Verleihung der *World Music Awards* in Monte Carlo. Sie amüsierte sich köstlich. Das ist es auch, was mich an der Zauberei fasziniert: Egal, ob man die Menschen damit zum Staunen bringt oder zum Lachen – man erreicht sie einfach, man berührt ihre Seele. Und dafür sind nicht einmal Worte nötig.

Bei einem Clown ist das ähnlich. Oleg Popow gelingt es, sich allein durch Mimik und Gestik den Zuschauern verständlich zu machen. Das sieht sehr einfach aus, es ist aber große Kunst. Jeder Auftritt ist inszeniert wie ein kleines Theaterstück, mit der er eine Message vermitteln möchte. Nur sein Kostüm und die Maske sind immer gleich. Daran erkannten wir ihn auch in München sofort. Er sah aus wie früher im Fernsehen, als wäre die Zeit stehen geblieben: knallrote Knollennase, schwarz-weiß karierte Ballonmütze, quietschblonde Perücke, ein schwarzes Samtjackett, gestreifte Hosen und rote Socken in viel zu großen Schuhen.

Er schien sich über unsere Begegnung genauso zu freuen. Mit einem strahlenden Lächeln kam er uns entgegen. Er sei ein großer Fan, sagte er, und sehe sich, falls er nicht gerade auftreten müsse oder verreist sei, jeden Boxkampf von uns an. Ein größeres Kompliment konnte er uns nicht machen. Wir verrieten ihm, dass wir noch viel größere Fans von ihm seien. Es ist schwer zu beschreiben: Da trifft man jemanden zum ersten Mal, der auch noch ein halbes Leben älter ist als man selbst – und doch spürt man sofort eine große Vertrautheit. Das lag nicht nur an der gemeinsamen Sprache. Oleg Popow ist ein weiser Mann. Es macht Spaß, ihm zuzuhören. Und es lohnt sich, über das, was er sagt, nachzudenken. Zum Beispiel, wenn er von der Sternenkrankheit erzählt, wie er es nennt, wenn Künstler allzu sehr abheben. Viele würden daran erkranken, sobald sie ihre ersten Erfolge feierten. Sie fühlten sich dann gleich als große Stars und dächten, sie hätten alles erreicht, was es zu erreichen gibt. Das ist sicherlich nicht nur eine Erscheinung unter Künstlern. Auf Sportler trifft das auch zu. Nach Olympia habe ich ja selbst gemerkt, wie schnell man dazu verleitet wird. Eigentlich ist man davor nie gefeit, die Versuchung lauert ständig. Deshalb kann es, glaube ich, prinzipiell nicht schaden, sich selbst nicht so wichtig zu nehmen.

Wir hätten noch Stunden zusammensitzen können, der Gesprächsstoff ging uns nicht aus. Popow hat natürlich viel mehr erlebt als wir. Er reiste mit dem Moskauer Staatszirkus bereits in der Weltgeschichte umher, als wir noch gar nicht geboren waren. Allerdings verlief sein Leben meistens nicht so lustig, wie es auf der Bühne oder in der Manege herüberkommt. Zu seinem Beruf gehört eben auch, dass Sorgen und Tränen hinter der Maske verschwinden müssen.

Im Alter ist er etwas sesshafter geworden. Seit einigen Jahren lebt er in der Nähe von Nürnberg. Seine zweite Ehefrau, Gabrielle, ist Deutsche. Sie steht ihm auch auf der Bühne zur Seite. Seit diesem Abend in München telefonieren wir regelmäßig miteinander, und wenn es irgend geht, versuchen wir uns zu treffen. Leider konnten die beiden noch nie zu einem unserer Kämpfe kommen. Die finden ja immer samstags statt, und da stehen sie meistens irgendwo auf der Bühne. Popow ist schon vierundsiebzig, aber er will sich partout nicht zur Ruhe setzen. Er meint, er brauche den Applaus des Publikums wie die Luft zum Atmen. Er macht das jetzt seit über fünfzig Jahren, irgendwie kann ich verstehen, dass er nicht davon lassen kann.

Bei manchen Anlässen treffen wir sogar wichtige Politiker. Das kann spannend sein, manchmal ist es aber auch einfach nur langweilig, besonders wenn es sich um einen offiziellen Termin handelt. Dann geht es meistens zu wie im Fernsehen, es wird nur um den heißen Brei herumgeredet. Eine ganz andere Erfahrung bescherte uns Bill Clinton, der ehemalige Präsident der USA, dem wir im Dezember 2001 auf dem Zukunftsforum in Augsburg begegneten. Das war eine riesige Veranstaltung, zu der über siebentausend einflussreiche Persönlichkeiten aus den Bereichen Politik, Kultur, Wirtschaft, Wissenschaft, Sport und aus dem Showbusiness eingeladen waren. Clinton trat aufs Podium und nahm gleich mit dem ersten Satz die Zuhörer für sich ein. Sinngemäß sagte er: »Ich bin kein Präsident mehr, daher kann ich ehrlich mit Ihnen reden. Jetzt kann ich die Wahrheit sagen ...« In jedem Witz, heißt es in unserer Heimat, steckt ein Fünkchen Wahrheit.

Nach seinem Vortrag lernten wir Clinton persönlich kennen. Ich weiß nicht, ob er schauspielerte, aber als man uns miteinander bekannt machte, reagierte er so überschwänglich, als hätte er diesen Augenblick seit langem herbeigesehnt. Und als müssten wir ihm gar nicht erst vorgestellt werden. Selbstverständlich würde er die beiden Boxbrüder kennen, triumphierte er, schließlich sei er ein großer Boxfan und würde sich unsere Kämpfe im Fernsehen anschauen. Ich versuchte mir vorzustellen, wie er früher in Washington im Weißen Haus saß und uns beim Boxen zusah. Ich fragte mich, ob seine Frau Hillary ihm dabei Gesellschaft leistete. Und vor allem fragte ich mich, ob ihm als Präsident der Vereinigten Staaten Zeit dafür geblieben sein konnte. So, wie er das vorbrachte, wirkte es durchaus glaubwürdig. Auf jeden Fall nahmen wir es als großes Kompliment, dass uns der einst mächtigste Mann der Welt so herzlich begrüßte.

Andere Politiker sind fast schon gute Bekannte, so häufig, wie wir sie treffen. Leonid Kutschma zum Beispiel, der ukrainische Ministerpräsident, und Kiews Bürgermeister Alexandr Omeltschenko. Mit ihnen sprechen wir dann auch nicht nur über unseren Sport. Vieles hat sich in der Ukraine in den letzten Jahren getan, trotzdem gibt es noch einen riesigen Berg von Problemen. Die Demokratisierung ist längst nicht so weit vorangeschritten, wie sich das die Bevölkerung wünscht. Und die Kriminalitätsrate ist zwar gesunken, aber nach wie vor erschreckend hoch. Immer mehr Jugendliche greifen zu Drogen. Angeblich ist jeder hundertste Ukrainer rauschgiftsüchtig. Was ich besonders beängstigend finde, ist die hohe Zahl an Aids-Erkrankungen. Auch über solche Themen diskutieren wir mit ihnen.

Vitali und ich können nicht viel bewirken. Aber wir versuchen unsere Popularität zu nutzen, um einige Dinge in unserer Heimat voranzubringen. Wir engagieren uns vor allem für junge Menschen. Die Kinder sind die Zukunft eines Landes, um die muss man sich kümmern. Sie brauchen eine gute Schulbildung und danach eine Ausbildung und einen Arbeitsplatz. Auch Sport ist für junge Menschen wichtig, der liegt uns verständlicherweise besonders am Herzen. Deswegen haben wir ein Hilfsprojekt gegründet, mit dem wir Nachwuchstalente fördern. Nach dem Zusammenbruch der Sowjetunion wurde kaum noch Geld für den Sport ausgegeben. Sogar meine ehemalige Sportschule, die eine der besten Kaderschmieden für Spitzenathleten war, drohte zu verfallen. Inzwischen konnten wir sie renovieren lassen, zwei andere Sportschulen auch. Für die notwendige Ausrüstung haben wir ebenfalls gesorgt.

Leider sind unsere Aktivitäten nicht mehr als der berühmte Tropfen auf dem heißen Stein. Das bekommen wir immer wieder zu spüren. Uns erreichen Tausende von Briefen, in denen uns verzweifelte Menschen um Hilfe bitten. Sie schildern ihr Schicksal, und man merkt genau, wie viel Hoffnung sie in uns setzen. Einige Briefe kann ich gar nicht zu Ende lesen, weil mir sonst die Tränen kämen. Was manchen an Leid zustößt, ist kaum vorstellbar. Könnten wir doch allen helfen! Es ist schön, zu erleben, dass wir nicht nur als Boxer wahrgenommen werden. Aber damit ist auch eine große Verantwortung verbunden.

Unsere Hauptbeschäftigung ist das Boxen, das ist unser Beruf, auf den konzentrieren wir uns. Doch ich versuche auch, mich in anderen Bereichen weiterzuentwickeln. Es gibt genügend Beispiele von Sportlern, die nach ihrer Karriere nicht wussten, was sie mit ihrem Leben anfangen sollten, weil sie keinen Beruf erlernt und nie etwas anderes als Sport betrieben hatten. Wir sind zumindest ausgebildete Sportlehrer, obwohl ich mir nicht vorstellen kann, dass ich diesen Beruf später einmal ausüben werde. Trotzdem ist es ein gutes Gefühl zu wissen, dass man neben dem Boxen noch etwas anderes beherrscht.

Ich will nicht schon wieder Vitalis Vorbildrolle strapazieren. Doch wäre er nicht mit seiner Doktorarbeit vorgeprescht, hätte ich meine wohl kaum in Angriff genommen. Vermutlich wäre ich gar nicht auf die Idee gekommen. So war es natürlich eine große Herausforderung und beileibe kein Zuckerschlecken. Mit meiner Arbeit, die den Titel »Die pädagogische Kontrolle im System der Vorbereitung junger Sportler« trägt, griff ich Vitalis Ergebnisse auf und versuchte zu erforschen, wie Sporttalente optimal trainiert werden können. Dafür waren etliche Versuchsreihen erforderlich, aber ich wusste ja, wo ich die besten Probanden finden konnte: in meiner ehemaligen Sportschule, in Browari. Dort standen mir siebenundsechzig junge Boxer zur Verfügung, an denen ich die Effektivität spezieller Trainingsmethoden testen konnte.

Die Details spare ich mir lieber, sonst wird es zu wissenschaftlich. Das Gute an der Forscherei war, dass ich nicht im Theoretischen herumfischen musste, sondern sehr praxisbezogen vorgehen konnte. Dadurch sah ich gleich, ob die Trainingsprogramme, die ich erstellte, auch zu den gewünschten Erfolgen führten. Einen Erfolg konnte ich am Ende auf jeden Fall vorweisen, den Titel eines Doktors der Sportwissenschaft. Das Rigorosum dauerte fast eineinhalb Stunden und war Schwerstarbeit. Aber geschafft habe ich es, sogar mit dem gleichen Prädikat wie mein Bruder: *ausgezeichnet.*

Ich bin stolz auf diese Leistung. Aber natürlich weiß ich, dass es sich mit der Wissenschaft verhält wie mit dem Sport – und mit dem Leben überhaupt: Wer sich auf seinen Lorbeeren ausruht, wird vom Nächstbesten überholt. Deshalb halte ich ständig die Augen offen und nach Neuem Ausschau.

Durch meine sportlichen Leistungen bin ich bekannt geworden. Das wiederum eröffnet mir ungeahnte Möglichkeiten. Mir ist bewusst, dass ich privilegiert bin. Ich sehe es als Geschenk, das ich mir hart erarbeitet habe. Ich weiß nicht, was ich tun werde, wenn es mit dem Boxen einmal vorbei sein sollte. Damit möchte ich mich auch noch nicht beschäftigen. Dennoch sehe ich einen unschätzbaren Vorteil darin, schon jetzt einige Dinge ausprobieren zu können, um festzustellen, was mir Spaß macht, aber auch, ob neben dem Boxen noch ein anderes Talent in mir schlummert.

Meine Begabung als Model müssen die Fotografen einschätzen, mit denen ich bisher das Vergnügen hatte. Für mich war es jedenfalls eine interessante Erfahrung, einmal morgens kurz nach Sonnenaufgang auf einer Brücke in Manhattan die vom Fotografen gewünschten Posen einzunehmen oder es wenigstens zu versuchen. Es war an einem der letzten Apriltage, und die können in New York ziemlich kalt sein. Tagsüber kam die Sonne heraus, aber es musste natürlich so früh sein, wegen des besonderen Lichts. Vom Hudson stieg eine unangenehme feuchte Kühle auf und legte sich wie Eiswickel um meine Glieder. Das wäre noch auszuhalten gewesen, hätte ich normale Kleidung angehabt. Aber ich trug gerade mal eine Unterhose. Die Bilder waren für einen Modekatalog gedacht. Ich saß auf den Holzplanken und sollte ein freundliches Gesicht machen, lächeln, während ich das Gefühl nicht loswurde, dass allmählich mein Hintern festfror.

Für die nächsten Aufnahmen stiegen wir auf das Dach eines Hochhauses. Viel angenehmer war es da oben aber auch nicht. Erstaunlich, dass ich mir bei dieser Aktion keine Lungenentzündung holte! Nach vier Tagen wurde ich dafür mit einem Flug Richtung Süden belohnt. In Miami fotografierten wir am Ocean Drive. Diese Location und vor allem die sommerlichen Temperaturen gefielen mir wesentlich besser. Urlaub war es deswegen noch lange nicht. So langsam begriff ich, dass Modeln echte Arbeit ist. Sieht man Heidi Klum und die anderen Supermodels, denkt man immer, die haben ein tolles Leben. Sie jetten um die Welt, werden an den schönsten Stränden abgelichtet und feiern anschließend coole Partys. Dabei ist es ein Knochenjob, der höchste Konzentration erfordert. Es ist ein bisschen wie beim Boxen: Man muss alles um sich herum ausknipsen können. Die Kälte oder die Hitze und die Leute, die einem zusehen, sowieso. Und Geduld braucht man auch, genauso wie Stehvermögen. Manchmal vergehen Stunden, ehe eine Aufnahme im Kasten ist, die den Wünschen des Fotografen entspricht.

Mein kurzer Abstecher in die Modelwelt liegt über vier Jahre zurück. Ursprünglich sollte ich mir die Arbeit mit meinem Bruder teilen. Doch Vitali musste wegen seiner Verletzung, die er sich im Kampf gegen Chris Byrd zugezogen hatte, absagen. Nach der Operation trug er seinen linken Arm in einer Schlinge, damit hätte er nicht besonders modisch ausgesehen. In der Zwischenzeit hat er die Erfahrungen auf diesem Gebiet ausgiebig nachgeholt. Mittlerweile sind Termine mit Fotografen für uns Alltag. Ich kann nicht gerade behaupten, dass ich versessen darauf bin, so schön finde ich mich auch wieder nicht. Aber das gehört halt dazu, wenn man in der Öffentlichkeit steht, und ein bisschen schmeichelt es einem ja auch.

Vitali und ich treten inzwischen sogar als Werbepartner namhafter Markenhersteller auf. Im Fernsehen werden verschiedene Werbespots mit uns gezeigt. Sven Müller, unser Business-Manager von *Sportfive* meint, sie würden prima laufen, die Vertragspartner seien sehr zufrieden. Die meisten Leute denken zuerst ans Geld, wenn sie hören, dass Prominente Werbeverträge abschließen. Ich bestreite gar nicht, dass es dabei um Geld geht. Aber die Vorstellung, dass solche Vereinbarungen nur zustande kommen, weil man die Sympathie von vielen Menschen genießt, für bestimmte Werte steht und als Vorbild betrachtet wird, ist für mich mindestens genauso schön. Die Firmen kommen auf uns zu, weil sie davon ausgehen, dass sich Frühstücksflocken, Milchsnacks und Papiertaschentücher durch uns noch besser verkaufen. Das ist natürlich auch eine Anerkennung für uns.

Bald drehen wir wieder einen neuen Spot fürs Fernsehen. Mir macht das großen Spaß, obwohl es anstrengender ist als ein Photoshooting. Wir müssen richtige kleine Rollen spielen, wie Schauspieler. Na ja, ich möchte nicht übertreiben. Zumindest bekommt man ungefähr eine Ahnung davon, wie es sein muss, als Schauspieler vor der Kamera zu stehen. Und man sieht erst mal, wie aufwändig das ganze Drumherum ist, wie viele Leute im Hintergrund herumwuseln.

Unser erster größerer Werbedreh mit einer richtigen Handlung fand in Portugal statt, in der Nähe von Lissabon. Mit dem Wetter hatten wir wieder Pech, dafür hätten wir in Hamburg bleiben können. Es regnete zwar nicht, aber die Sonne ließ sich auch keine Sekunde blicken. Auf solche Widrigkeiten bereiten sich Filmleute natürlich vor. Sie rückten mit vier Lastwagen Technik an. Die fehlende Sonne stellte das kleinste Problem dar, sie wurde einfach durch einen starken Scheinwerfer ersetzt. Der spendete ausreichend Licht, aber nicht genug Wärme. Ich bibberte, und Vitali sah auch nicht so aus, als wäre ihm zu warm. Dass wir die ersten Einstellungen in kurzen Hosen zu drehen hatten, machte die Arbeit nicht angenehmer. Und dann ging es los: Immer schön lächeln! Und nur ja den Text nicht vergessen! Und sich bloß nicht versprechen! Und die Worte natürlich auch richtig betonen! Jede Silbe muss sitzen! Auf keinen Fall zu schnell hinsetzen! Aber auch wieder nicht zu langsam! Und schon gar nicht mit dem Rücken zur Kamera, sonst wird das nichts! Am besten, wir fangen noch einmal von vorn an!

Ich zählte nicht mit, bestimmt fingen wir zwanzig oder dreißig Mal von vorn an, ehe der Regisseur mit einer Szene zufrieden war. Zwischendrin kam die Frau von der Maske, puderte mal die Nase, die sich vor Kälte rot färbte, mal die Stirn, die zu sehr glänzte. Am Abend fühlte ich mich ungefähr so, als hätte ich einen Marathonlauf absolviert und anschließend noch zwölf Runden geboxt. Vitali sah auch nicht fitter aus. Dennoch war es ein Erlebnis. Und ein erster kleiner Vorgeschmack. Denn wie es beim richtigen Film zugeht, sollten wir auch noch erleben.

Dazu wäre es jedoch kaum gekommen, hätte ich nicht vorher als Boxer überzeugt. Die Sache mit Chris Byrd war nicht vergessen. Er trug einen Weltmeistertitel, der eigentlich Vitali gehörte. Klaus-Peter Kohl hatte sich, wie bei einer freiwilligen Titelverteidigung üblich, eine Option auf die nächsten Kämpfe des Amerikaners gesichert. Der offizielle Herausforderer wäre eigentlich Mike Tyson gewesen. Doch der zeigte kein Interesse, gegen den »Gummimann« zu boxen. Da Vitali noch an seiner Schulterverletzung laborierte, fiel die Aufgabe mir zu – ein gefundenes Fressen für die Medien. Die Fernsehsender SAT.1 und Premiere World, die sich die Übertragungsrechte gesichert hatten, legten schon mal die Richtung vor. Sie gaben dem Kampf den Titel *Die Rache des Bruders*.

Für Außenstehende mag dieser Schlachtruf auf der Hand gelegen haben. Mit den Gefühlen, die mich in der Vorbereitungsphase antrieben, hatte er rein gar nichts zu tun. Hass und Rache sind die schlechtesten Ratgeber für einen Boxer, sie verkleistern einem nur das Hirn. Deshalb versuchte ich, genau diese Empfindungen auszuschalten. Wollte ich die Familienehre wiederherstellen, und das war sicherlich eine große Motivation, musste ich einen klaren Kopf bewahren. Eine andere Aussicht trieb mich allerdings mindestens genauso an: Der Kampf sollte am 14. Oktober 2000 in Köln stattfinden. Würde ich ihn gewinnen, wäre ich Weltmeister im Schwergewicht. Mit vierundzwanzig Jahren!

Die gute Botschaft kam von oben. Die letzten Stunden vor einem Kampf laufen bei mir immer gleich ab, egal, wo auf der Welt er stattfindet. Morgens stehe ich relativ früh auf. Spätestens gegen neun Uhr sitze ich am Frühstückstisch. Anschließend mache ich einen langen Spaziergang. Günstig ist es, wenn sich in der Nähe des Hotels ein schöner Park befindet. Noch lieber gehe ich ins Museum. Das lenkt wunderbar ab. In Las Vegas bin ich auch schon durch die Casinos gestreift, natürlich ohne beim Black Jack hängen zu bleiben oder an irgendeinem anderen Spieltisch. In Köln bot sich das Rheinufer zum Spazieren an. Ich trug einen Lederhut mit Krempe, damit mich nicht gleich jeder erkannte. Außerdem fand ich ihn chic. Anscheinend gefiel er auch einer der Möwen, die über mir herumschwirrten. Dieses Biest suchte sich ihn glatt als Zielscheibe für seine Exkremente aus! Ich hörte es platschen und wusste sofort Bescheid. Was sollte jetzt noch schief gehen? Bei uns heißt es, in – Entschuldigung! – Scheiße treten bringt Glück. Das stimmt auch. Ich habe es schon einige Male mit Hundehaufen getestet. Und so unterschiedlich konnte die

Wirkung nicht sein, bloß weil der Glücksbringer diesmal auf meinem Kopf landete.

Bis zum Mittagessen ist es mir in der Regel gelungen, mich müde zu laufen. Natürlich achte ich darauf, was ich esse. Das tue ich in der Woche vor einem Kampf besonders genau, und in den Stunden davor noch extremer. Wenig Fett, möglichst nichts Gebratenes, auf keinen Fall Sushi. Die Ration fällt auch kleiner aus als üblich, damit ich nicht zunehme und meinem Körper gerade genug zum Verbrennen zuführe. Anschließend schlafe ich. Wirklich! Das will mir immer keiner glauben. Ich falle nicht unbedingt in einen Tiefschlaf, aber ich schlafe, ungefähr zwei Stunden lang, je nachdem, wie weit die Halle entfernt ist und wie lange die Fahrt dorthin dauert.

Die Kölnarena war mir von meinem Kampf gegen Axel Schulz noch angenehm in Erinnerung. Das Publikum schlug sich damals noch überraschend auf meine Seite. Diesmal standen die knapp dreizehntausend Zuschauer von Anfang an hinter mir. Und auch im Ring schienen die Rollen gleich klar verteilt. Nach Vitalis Begegnung mit Byrd wusste ich schließlich, was mich erwartete. Ich stellte mich auf dessen merkwürdigen Abtauchstil ein. In der *Frankfurter Allgemeinen Zeitung* stand hinterher, ich hätte den Kampf von der ersten Minute an bestimmt.

Ich schonte mich wirklich nicht und legte ein hohes Tempo vor, das Byrd sichtlich irritierte. Mit dem Schlagen hatte er es nicht so. Die ersten Runden lief er mir fast nur davon. Vermutlich spekulierte er darauf, dass mir in der zweiten Hälfte des Kampfes die Puste ausgehen würde. In den Runden fünf und sechs keuchte ich tatsächlich ein wenig, woraufhin er doch noch zu boxen anfing. Seine Augenpartie sah zu diesem Zeitpunkt schon nicht mehr gut aus. Die besseren Treffer landete ohnehin ich. Und mit hundertneununddreißig waren es zum Schluss insgesamt fast viermal mehr, als er durchbrachte. Der beste Schlag gelang mir in der neunten Runde mit meiner Rechten. Ich zog sie stramm durch, sodass sich Byrd auf dem Ringboden wiederfand. Vielleicht hätte das für ihn schon das Ende bedeutet. Doch ehe der Ringrichter bis neun zählen konnte, ertönte der Pausengong, der rettete ihn. Wie es um den Mann aus Michigan derweil stand, sahen alle in der Arena: Er tapste orientierungslos durch den Ring und suchte seine Ecke.

Die Byrds betrachten Boxen als Familienangelegenheit. Chris' Vater Joe, einst selbst Berufsboxer, agiert als sein Coach, während ihm Bruder Patrick sekundiert. In Köln saß sogar seine Mutter mit in der Ringecke. Ein solches Familientreffen war mir in meinen bisher fünfunddreißig Kämpfen noch nicht begegnet. Besonders harmonisch ging es zwischen den dreien an diesem Abend allerdings nicht zu. In der elften Runde streckte ich meinen Kontrahenten zum zweiten Mal nieder. Da erkannte auch Byrds Vater, dass sein Sohn keine Chance mehr hatte. Noch eine Demütigung wollte er seinem Sprössling ersparen. Er hielt das Handtuch bereits in der Hand, um es zum Zeichen der Aufgabe in den Ring zu werfen. Doch Patrick hinderte ihn daran. Ein Byrd gibt nicht auf, meinte der wohl. Dadurch erlebte ich zum ersten Mal, wie es ist, einen Kampf über volle zwölf Runden auszutragen. An dem klaren Urteil änderte das nichts: Ich war einstimmiger Sieger nach Punkten! Rache hatte ich nicht geübt, aber unsere Familienehre wieder hergestellt und irgendwie auch die Gerechtigkeit, falls es so etwas in unserem Metier gibt.

Vor allem war ich Weltmeister! Einer der jüngsten, die es im Schwergewicht jemals gegeben hatte. Ich stand im Ring und dachte: »Oh, Mann, das ist Wahnsinn!« Ich bekam den Gürtel der World Boxing Organization überreicht, den ein gutes halbes Jahr zuvor noch mein Bruder getragen hatte. Da stand ich und musste an den kleinen, schmächtigen Jungen aus Kasachstan denken, der ständig krank gewesen war und den Mutter wieder und wieder aufgepäppelt hatte. Dieser Bursche war jetzt Weltmeister! Im Schwergewicht! In der Königsklasse! Verdammt, sagte ich mir, ich sollte mich freuen! Ich freute mich auch. Aber worüber ich mich freute, begriff ich in diesem Moment noch nicht. Das sickerte erst langsam in mein Bewusstsein, Tage später. Da bin ich wie eine Giraffe, bei der dauert es bestimmt auch ein Weilchen, ehe eine Botschaft den langen Hals hinauf bis zum Kopf gelangt. Ich hätte mich auf eine einsame Insel zurückziehen sollen, wo mich niemand erreichen konnte, um es mir in Ruhe zu vergegenwärtigen. Stattdessen hetzte ich weiter: Interviews, Talkshows, Promotiontermine, Empfänge, das volle Programm, eben weltmeisterlich. Aber ich wollte es ja so.

Und dann geschah etwas Überraschendes. Wir erhielten einen Anruf aus Amerika, aus Hollywood. Kein Geringerer als Starregisseur Steven Soderbergh, der Julia Roberts gerade zu einem Oscar für ihre Hauptrolle in *Erin Brockovich* verholfen hatte, bot uns einen Auftritt in seinem nächsten Film an. Er wollte ein Remake des Gangsterstreifens *Ocean's Eleven* drehen, einem Filmklassikers von 1960, der unter dem Titel *Frankie und seine Spießgesellen* auch in Deutschland lief. Darin spielten Frank Sinatra, Dean Martin und Sammy Davis jr. drei ausgebuffte Ganoven. Das allein brachte uns noch nicht aus der Fassung, zumal Soderbergh seinen Ruf mit Ausnahme von *Erin Brockovich* vor allem Independentfilmen verdankte, mit denen er eine Reihe bedeutender Preise abgesahnt hatte, aber nicht unbedingt immer die Kinos füllte.

Als wir allerdings erfuhren, mit welchen Schauspielern er sein neues Projekt umzusetzen gedachte, blieb uns doch die Sprache weg. Es war ihm gelungen, die berühmtesten Hollywoodgrößen zu engagieren, die wir kannten. George Clooney sollte Frank Sinatras Part übernehmen, Brad Pitt und Matt Damon waren für die Rollen seiner Ganovenbrüder vorgesehen. Ansonsten standen neben Andy Garcia noch Don Cheadle, Carl Reiner und Elliott Gould auf der Besetzungsliste. Und – Julia Roberts! Ich hätte mich stundenlang in den Arm kneifen können und wäre mir dennoch wie in einem Traum vorgekommen. Den Mann möchte ich erleben, der bei der Aussicht, demnächst Julia Roberts zu treffen, gelassen bleibt.

Las Vegas war nicht neu für uns, und doch diesmal ganz anders. Wir kamen eines Abends Anfang April 2001 an. Die Leute vom Produktionsteam holten uns in einer Stretchlimousine vom Flughafen ab und quartierten uns für zwei Wochen im Hotel Bellagio ein, in dem auch die meisten Szenen gedreht wurden. In der Suite, die sie uns gebucht hatten, konnte man sich fast verlaufen. Sie war groß genug, um darin Fußball zu spielen. An Annehmlichkeiten mangelte es wirklich nicht. Wenn sie uns schon derart verwöhnten, wie mögen dann erst die Unterkünfte der Stars ausgesehen haben?

Am nächsten Morgen stand wieder jemand bereit, der uns zum Set führte. Da waren sie also: George Clooney, der mit Matt Damon Basketball spielte, Andy Garcia und Brad Pitt. Wir schüttelten jedem die Hand und versuchten, cool zu bleiben. Das war gar nicht so schwierig, sie unterhielten sich ganz normal mit uns, ohne irgendwelche Allüren. Clooney und Damon erzählten sogar, sie hätten unsere letzten Kämpfe gesehen. Während wir miteinander redeten, gesellte sich ein Mann zu uns, der eine Brille mit starken Gläsern trug und etwas abgerissen aussah. Wahrscheinlich ein Techniker, dachte ich und wunderte mich, wieso der mit den Stars so locker umsprang. Später sprach ich mit den anderen darüber. Sie sahen mich mit großen Augen an: »Kennst du den nicht? Das ist der wichtigste Mann hier, der Regisseur!«

Soderbergh passte die ursprüngliche Drehbuchvorlage der Neuzeit an, außerdem machte er eine Komödie daraus. Der Film beginnt damit, dass Danny Ocean, also George Clooney, aus dem Zuchthaus entlassen wird. Natürlich hat er längst einen Plan für seinen nächsten Coup im Kopf. Er will den Tresorraum des berühmten Bellagio in Las Vegas ausrauben, in dem die Geldvorräte der drei größten Spielcasinos der Stadt lagern. Ein Schlitzohr wie er weiß natürlich, dass die Safes in einer Nacht, in der ein wichtiger Boxkampf im Hotel stattfindet, besonders prall gefüllt sind. An dieser Stelle kamen wir ins Spiel. Ich sollte darstellen, was ich bin: einen Boxer. Auch Vitalis Aufgabe entsprach der Realität. Wenn ich boxe, sitzt er als Sekundant in meiner Ecke. Steht er im Ring, mache ich das für ihn. Nur unser Medienberater Bernd Bönte musste schummeln und beim Einmarsch in die Halle meinen Trainer mimen. Viel ist von uns dreien im fertigen Film nicht zu sehen. Um Vitali und Bernd nicht zu verpassen, muss man schon genau hinsehen. Meine Rolle war auch nicht wesentlich bedeutsamer, ein paar Miniszenen bekam ich mehr.

In einer durfte ich sogar mit Julia Roberts, die Oceans geschiedene Frau Tess spielte und sich während seiner Haftzeit mit dem Besitzer der drei Casinos eingelassen hatte, auf Tuchfühlung gehen. Das stellt man sich vielleicht schön vor und aufregend. Unangenehm war es auch nicht. Aber vor allem war es Arbeit, die Konzentration verlangte, den richtigen Blick und die richtige Bewegung im richtigen Tempo und alles im richtigen Moment. Nach einer Pressekonferenz sollte ich sie an der linken Hand eine Treppe hinunterbegleiten. Rechts von ihr lief Terry, ihr Filmfreund, der finstere Casinoboss, der in Wirklichkeit Andy Garcia war. An sich keine wahnsinnig komplizierte Aufgabe. Ich hoffe auch, dass es nicht an mir lag, aber irgendwas schien nicht perfekt zu sein. Soderbergh ließ uns immer wieder die Stufen hinunter marschieren und wieder hoch.

Obwohl das Drehbuch nur diese eine gemeinsame Szene vorsah, begegnete ich Julia Roberts noch häufiger, nicht nur, weil sie im selben Hotel logierte. Einmal saß sie in der Maske neben mir, ein andermal verfolgte sie am Ring, wie wir eine Boxszene drehten. In einer Pause verriet sie mir, dass sie noch nie bei einem Boxkampf live dabei war. Auf der Stelle versprach ich ihr ein Ticket für meinen nächsten, der im Sommer hier in Las Vegas stattfinden sollte.

Doch, sie war wirklich nett. Ein wenig merkte man ihr die Diva an. Sie hatte auch als Einzige einen Bodyguard dabei. Aber das bleibt wohl nicht aus, wenn einen alle Welt anhimmelt. In natura, ungeschminkt, sah sie vielleicht nicht ganz so toll aus wie auf der Leinwand, aber immer noch atemberaubend schön. Unantastbar schien sie allerdings nicht zu sein. Ich hatte jedenfalls nicht das Gefühl, dass Hollywoods bestbezahlte Schauspielerin unter Berührungsängsten litt. Bei einer Gelegenheit – war's in einer Drehpause, in der wir zusammenstanden? – spürte ich plötzlich, wie sie ihre Hand auf meinen Hintern legte. Ich hätte schwören können, dass sie ihn streichelte. Oder bildete ich mir das nur ein? Im Drehbuch war die Geste jedenfalls nicht vorgesehen.

Eines Abends, unmittelbar vor unserer Abreise, kamen wir uns noch einmal ziemlich nahe. Sie schmiss im Hotel eine Party für die Filmcrew, um ihren Oscar nachzufeiern. Uns lud sie auch ein. Also ließ ich es mir nicht nehmen, sie zum Tanz aufzufordern. Gut möglich, dass die Sache mit meinem Hintern auch hierbei geschah. Wir schmiegten uns aneinander und schwebten über die Tanzfläche. Ihre wunderbar zarten Hände fühle ich jetzt noch. So nah bei ihr konnte einem ganz schön schummrig werden.

Ocean's Eleven wurde ein Riesenerfolg. In Amerika kam er Ende Dezember 2001 in die Kinos und spielte allein am Premierenwochenende mehr als achtunddreißig Millionen Dollar ein. Weltweit waren es am Ende sogar fast vierhundertfünfzig Millionen. Diese Zahlen merkte ich mir nur, weil mich wunderte, wie viele Leute mich ansprachen, die den Film gesehen und mich dabei nicht glatt übersehen hatten. Eine gewisse Bekanntheit kam unserem Plan durchaus entgegen, als Boxer in Amerika Fuß zu fassen, um an die Big Fights heranzukommen, an die spektakulären Kämpfe, die wirklich zählten und die uns auf der ganzen Welt bekannt machen würden: gegen Lewis und Tyson und Holyfield.

Wenn es sich auch nur um einige kurze Filmszenen handelte, so konnte es doch von Nutzen sein, in einem Atemzug mit einem der drei Großen genannt zu werden, mit Lennox Lewis nämlich. Der spielte in dem Film auch mit, und er spielte ebenfalls sich selbst. Wir beide waren die Kontrahenten bei dem nächtlichen Boxkampf, der, wie von den Gangstern geplant, nach einem Stromausfall in einem Tumult endet. Währenddessen räumen Clooney und seine Komplizen den Tresor aus. Bei den Dreharbeiten schlugen wir natürlich nicht richtig zu. Wenn man genau hinsieht, merkt man das auch. Dabei hätte ich unseren Auftritt in der Filmkulisse danach allzu gern in einem echten Boxring wiederholt. Lewis war ein begehrter Gegner. Der Brite besaß zu diesem Zeitpunkt zwei Weltmeistergürtel und befand sich auf dem Höhepunkt seiner Karriere. Er hatte Evander Holyfield bezwungen und Frans Botha und David Tua. Jetzt wartete er auf die größte Herausforderung seiner Karriere, einen Kampf gegen *Iron* Mike. Danach würde er noch berühmter sein.

Lewis war uns gegenüber nicht unhöflich. Eine gewisse Großspurigkeit konnte er sich jedoch nicht verkneifen. Er kehrte den Champion heraus. Als Vitali ihn fragte, wann er endlich bereit sei, gegen ihn zu kämpfen, spuckte er große Töne: Ihn werde er zum Frühstück verspeisen, und ich sei eine gute Mahlzeit zu Mittag. Fragte sich nur, warum er dann nicht gegen einen von uns antrat. Popow hätte wohl gesagt, den habe die Sternenkrankheit erwischt. Ein deutliches Symptom dafür war nicht zu übersehen: Er nahm seinen nächsten Gegner nicht ernst. Obwohl der Kampf gegen Hasim Rahman schon in zwei Wochen in Johannesburg stattfinden sollte, hielt er sich immer noch in Las Vegas auf und verbrachte die meiste Zeit am Set. Was ihm seine lasche Einstellung einbrachte, sah man dann: Rahman, der krasse Außenseiter, knockte den Champion in der fünften Runde aus und knöpfte ihm seine Weltmeistergürtel ab.

Wäre es übrigens nach Soderbergh gegangen, so hätte im Dezember nach den Dreharbeiten tatsächlich ein Kampf zwischen Lewis und mir stattgefunden. Er malte sich das Event schon aus: Am Abend vor der Filmpremiere sollten wir gegeneinander in den Ring steigen, während er mit den Hauptdarstellern in der vordersten Reihe Platz nähme. Ich glaube, der sportliche Aspekt interessierte ihn daran weniger. Ihm ging es wohl mehr um eine möglichst spektakuläre Promotion für seinen Film. Hollywood kann ja vieles möglich machen, aber alles eben doch nicht. So einfach kam ich an einen Kampf gegen Lewis nicht heran.

Profiboxen ist ein undurchsichtiges Geschäft. Jeder der wichtigen Boxverbände führt eine eigene Rangliste. Nach welchen Maßstäben die aufgestellt wird, ist schwer nachzuvollziehen. In erster Linie geht es ums Geldverdienen, da muss man sich nichts vormachen. Doch Geld fließt nur, wenn der Fernsehsender, der Boxkämpfe überträgt, in diesem Fall vor allem HBO, hohe Einschaltquoten erzielt. Mit unbekannten Boxern gelingt ihm das nicht. Also wird er immer auf berühmte Namen setzen, selbst dann noch, wenn die zu alt sind, um den Zuschauern hochwertige Kämpfe bieten zu können. Warum sonst käme ein George Foreman auf die Idee, mit fast fünfzig noch einmal in den Ring zu steigen? Das Geld und das Rampenlicht müssen ihn locken. Andernfalls wäre er wohl kaum bereit, sich diesem Risiko auszusetzen.

Wie man es auch drehte, wir waren in Amerika noch nicht bekannt genug. Bis dahin hatte ich zwei Mal in den USA geboxt: in Las Vegas und New York, gegen Phil Jackson und David Bostice, die ich beide jeweils in der zweiten Runde besiegte. Als Visitenkarte war das nicht schlecht, um sich einen Namen zu machen, aber noch zu wenig. Zumal Vitali erst ein Mal jenseits des Atlantiks angetreten war: in Miami gegen Ricardo Kennedy. Aber das lag über zwei Jahre zurück. Er lieferte damals auch nur eine denkbar kurze Vorstellung, die keine drei Minuten dauerte, dann war Kennedy k. o.

Abgesehen von finanziellen Interessen zählen im Profiboxen selbstverständlich auch sportliche Kriterien. Vielleicht nicht gerade im Falle eines Foreman-Comebacks, sollte das jemals zustande kommen, in der Regel aber schon. Nicht zuletzt, weil das eine das andere bedingt: Ein Weltmeister lässt sich einfach besser vermarkten. Und ein ehrgeiziger Boxer kennt nur ein Ziel: Er will Weltmeister werden. Von Bedeutung sind hier vor allem die Gürtel der vier großen Weltverbände, die nicht gerade freundschaftlich miteinander verbunden sind. Und wirklich *Welt*-Meister – ich meine, akzeptiert auf der ganzen Welt – ist man erst, wenn man sich in den USA, dem Mekka des Profiboxsports, durchgesetzt hat. Max Schmeling erzählte uns, dass das zu seiner Zeit schon so war. Er riet uns: »Wenn ihr etwas erreichen wollt, müsst ihr nach Amerika gehen!« Mit einem Weltmeistertitel hierzulande ist man eben nur Weltmeister in Deutschland und in Amerika ein kleines Licht – falls die dort überhaupt etwas von einem mitbekommen.

Henry Maske ist ein gutes Beispiel dafür. Jahrelang trug er einen Weltmeistertitel, trotzdem war er außerhalb von Deutschland kaum jemandem ein Begriff. In Europa mag er den Boxinteressierten noch bekannt gewesen sein, in den USA kaum. Mit Dariusz Michalczewski verhält es sich ähnlich. Ein starker Boxer und auch lange Zeit Weltmeister, nur eben mit begrenzter Popularität, da ihm der Sprung nach Übersee bis heute nicht geglückt ist. Woran das lag, weiß nur er. Das Potenzial, auch dort erfolgreich zu sein, besaß er bestimmt. Womöglich reichte Klaus-Peter Kohls Einfluss nicht aus, ihm dort die erforderlichen Kämpfe zu verschaffen. Damit schlugen auch wir uns herum.

Der amerikanische Boxmarkt war längst aufgeteilt. Die warteten dort vielleicht auf außergewöhnliche Boxer, wo auch immer die herkamen. Wohl kaum aber auf einen Promoter aus Deutschland. Zumal Kohl in Personalunion als Promoter und Manager seiner Boxer auftritt. Eine solche Doppelfunktion ist in den Staaten, und nicht nur dort, weder üblich noch gestattet. Für die Amerikaner muss das zwangsläufig zu einem Interessenkonflikt führen. Wie kann jemand gleichzeitig eigene Interessen und die seines Geschäftspartners vertreten? Das hätte uns eigentlich bereits auffallen müssen, als wir unseren ersten Vertrag mit ihm unterschrieben. Aber damals hatten wir keine Ahnung, wie das Geschäft läuft. Es gab auch niemanden, der uns hätte aufklären können. Und eine Gewerkschaft oder Vereinigung der Berufsboxer, wie beispielsweise die ATP der Tennisprofis, existiert noch nicht. Wäre vielleicht eine ganz nützliche Einrichtung, besonders für junge Boxer, die sich neu ins Haifischbecken des Profiboxens wagen und gute Berater bräuchten.

Wie viele Schritte waren wir da schon weiter! Doch wie viele würden es noch bis ans Ziel sein? Durch die Dreharbeiten waren wir Lennox Lewis zumindest schon einmal persönlich begegnet. Falls es vorher nicht bis zu ihm vorgedrungen sein sollte, jetzt hatte er es von uns gehört, dass wir gegen ihn kämpfen wollten. Das änderte freilich nicht viel. Keine Ahnung, ob wir überhaupt auf seiner Wunschliste standen. Auf der Wunschliste der Fernsehbosse und der beteiligten Manager standen wir offenbar noch nicht. Die zogen ihre Strippen, um eine Sensation zustande zu bringen, das lang erwartete Aufeinandertreffen von Lewis und Tyson. Lewis träumte den gleichen Traum wie wir: die Legende Tyson zu schlagen, den berühmtesten Schwergewichtsboxer der Gegenwart.

Tatsächlich stiegen die beiden im Juni 2002 in Memphis gegeneinander in den Ring. Nicht ohne sich fürstlich entlohnen zu lassen. Jeder von ihnen kassierte eine Garantiegage von siebzehneinhalb Millionen Dollar. Damit war das der höchstdotierte Weltmeisterschaftskampf in der Geschichte des Boxens. Ob *Iron* Mike diese Riesensumme allerdings entschädigte, wage ich zu bezweifeln. Für ihn endete der Kampf mit einer Erniedrigung. Lewis ließ ihm keine Chance. Er knockte ihn in der achten Runde aus.

Ich hatte mich mit weniger namhaften Gegnern zu begnügen, obwohl sie alle darauf aus waren, den WBO-Weltmeister vom Thron zu stürzen. Mein erster Herausforderer, Derrick Jefferson, kam über die zweite Runde nicht hinaus, nachdem ich ihn bereits in der ersten mit einem linken Haken auf den Boden geschickt hatte. Der verhalf mir auch gegen Charles Shufford zu einem vorzeitigen Sieg, kurz vor Ende der sechsten Runde. Als Nächster stellte sich mir Frans Botha entgegen, dessen beste Zeit aber auch schon hinter ihm lag. Wir boxten in der Stuttgarter Martin-Schleyer-Halle, in der er sechs Jahre zuvor in einem Weltmeisterschaftskampf Axel Schulz nach Punkten bezwungen hatte – allerdings unter Zuhilfenahme unerlaubter Mittel, wie die Dopingprobe erwies. In einem war mir der Südafrikaner trotzdem voraus: Ihn hatten Tyson, Lewis und auch Michael Moorer bereits zu sich in den Ring gelassen. Gewonnen hatte er jedoch gegen keinen von ihnen. Das gelang ihm auch gegen mich nicht. In der achten Runde, nach zwei Links-rechts-Kombinationen, brachte ich den Kampf mit meiner linken Führhand zu Ende. Ich war erfolgreich, aber nicht zufrieden. Nach einer Verletzung hatte ich acht Monate keinen Kampf bestritten. Mir fehlte die alte Lockerheit, und schnell genug war ich auch noch nicht wieder.

Den Kampf gegen Ray Mercer, der darauf folgte, erwähnte ich bereits. Noch ein Sieg gegen einen, der sich einst zwar Weltmeister nennen durfte, aber mit seinen einundvierzig Jahren inzwischen zu den Boxrentnern zählte. Mit der Übertragung dieses Kampfes stieg übrigens das ZDF nach zweiunddreißig Jahren wieder ins Boxgeschäft ein. Klaus-Peter Kohl handelte einen Fünf-Jahres-Vertrag mit dem Mainzer Sender aus. Auch mit HBO fädelte er einen Deal ein. Die Amerikaner wünschten sich Jameel McCline als nächsten Herausforderer für mich. Der Exsträfling galt nach einigen spektakulären Siegen als Aufsteiger im Schwergewicht. Im Nachhinein bereuten sie ihre Wahl, da das, was er gegen mich in die Waagschale zu werfen hatte, alles andere als spektakulär war, eher dazu angetan, die Zuschauer zu vergraulen. Es wirkte nicht so, als wollte er mich unbedingt schlagen, er versteckte sich stattdessen hinter seiner Deckung und griff nur selten an.

Wir boxten im Hotel Mandalay Bay in Las Vegas. Das dortige Events Center war nur zur Hälfte gefüllt. Die Buhrufe, mit denen das Publikum uns Runde um Runde bedachte, waren trotzdem nicht zu überhören. Es hätte lieber einen Schlagabtausch nach dem anderen gesehen. Ganz unschuldig war auch ich nicht daran, dass die Leute sich langweilten. Ich boxte nicht wild drauflos. Ich ging so strategisch heran wie selten zuvor. Ich hatte es nicht auf einen schnellen Sieg abgesehen. Ich hielt ihn mir mit der Führhand vom Leib und punktete. Erst am Ende der zehnten Runde zwang ich ihn mit zwei wuchtigen Linken und einem rechten Uppercut auf den Boden. In der Pause entschied sich sein Coach zur Aufgabe. Sicher eine kluge Entscheidung. Sie brachte die Zuschauer jedoch nur noch mehr auf. Hatte sie der Kampf schon nicht vom Hocker gerissen, so fühlten sie sich jetzt auch noch um den Höhepunkt der Show, einen klaren Knockout, betrogen.

Und dann kam Corrie Sanders, der Polizist aus Pretoria. Und jener unselige Kampf gegen ihn am 8. März 2003 in der Preussag-Arena von Hannover. Ich machte so ziemlich alles falsch, was man falsch machen konnte. An diesem Abend im Ring, aber auch schon vorher. Heute kann ich das sagen, damals war mir das noch nicht bewusst, nicht bevor ich auf dem Boden landete. Sonst hätte ich es anders angestellt. Ich könnte ein Dutzend Rechtfertigungen anbringen. Etwa die, dass keiner in meinem Umfeld den neuen Herausforderer als ernste Gefahr betrachtete. Und dass diese Stimmung irgendwie auch auf mich abfärbte. *The Bomber*, wie Sanders sich nennen lässt, hatte in den sechs Jahren vor unserer Begegnung lediglich sechs Kämpfe bestritten. Der letzte davon lag ein Jahr zurück. In den unabhängigen Ranglisten, die reeller als die der einzelnen Boxverbände sind, tauchte er nirgends unter den Top Twenty auf.

Ich könnte auch noch vorbringen, dass ich nach den fünf vorherigen Titelverteidigungen ausgebrannt war und eine längere Pause nötig gehabt hätte. Das stimmte auch. Ich bat Kohl, mir eine Auszeit zu gönnen, doch er meinte, wir hätten mit HBO und dem ZDF die besten Fernsehpartner, die könnten wir nicht hängen lassen. Außerdem sei der Gegner doch nicht stark. Er sagte es also auch. Und doch war das alles nur die halbe Wahrheit. Sicherlich kam der Kampf zu schnell, ich war noch nicht wieder heiß. Ich spürte keinen Strom in mir. Ich war nicht einmal sonderlich scharf darauf, die Boxhandschuhe anzuziehen. Ich war einfach des Boxens müde.

Aber in meinem Kopf spukten noch andere Gedanken herum, die mich geradewegs ins Verderben führten. Einundvierzig Kämpfe als Profi lagen hinter mir. Alle hatte ich gewonnen, bis auf einen, den gegen Puritty in Kiew, aber der war lange her und ja auch nur auf meine eigenen Fehler zurückzuführen. Ähnliches war mir seither nicht wieder passiert. Diese Bilanz gab mir Selbstsicherheit, vielleicht etwas zu viel. Ich betrachtete Sanders nicht als »Fallobst«, so schlecht war sein Ruf nicht. Ich sah aber auch nicht, dass er mir gefährlich werden könnte. Ich hatte keine Angst, den Kampf zu verlieren. Nicht einmal die Tatsache, dass er sich, wie schon Axel Schulz, mit Ross Puritty als Sparringspartner vorbereitet hatte, schüchterte mich diesmal ein.

All das zusammen genommen dürfte mich wahrscheinlich etwas leichtsinnig gemacht haben, bereits in der Vorbereitung. Andernfalls hätte ich mich nicht kurz vor dem Kampf noch für PR-Termine einspannen lassen. Ins Goldene Buch der Stadt Hannover hätte ich mich auch danach noch eintragen können. Und die Arbeiter des Stahlwerks Salzgitter wären über einen Besuch von *Doctor Steelhammer*, wie mich die Presseleute seit meiner Promotion gern bezeichnen, zu einem späteren Zeitpunkt genauso erfreut gewesen. Aber ich machte mir keine Sorgen. Ich setzte mich lässig ins *ZDF-Sportstudio* und ließ witzige Sprüche vom Stapel. Reine Routine, dachte ich. Mit Sanders wollte ich kurzen Prozess machen. Und danach endlich einen längeren Urlaub einlegen, verreisen, am Strand entspannen und nichts tun, um wieder Lust zu bekommen auf das, was meinen Beruf ausmacht. Keine Sekunde zweifelte ich daran, dass ich meinen Herausforderer besiegen würde.

Sein erster Treffer hätte mich wachrütteln müssen. Nur war es da bereits zu spät. Mit diesem schlug er mich zwar noch nicht nieder, wirbelte aber in meinem Kopf den Plan durcheinander, den ich mir vorher mit Fritz zurechtgelegt hatte. Eine Gerade mit meiner Rechten gelang mir noch. Ich dachte, das könnte es schon gewesen sein. Doch Sanders wich dem Schlag geschickt aus und nahm ihm damit die Wirkung. Ich wunderte mich, wie schnell er reagierte. Ich hatte ihn mir behäbiger vorgestellt. Mit den Speckringen um die Hüften sah er weder durchtrainiert noch besonders beweglich aus.

Mein Pech war, dass ich die eine Linke von Sanders nicht kommen sah. Ich wollte gerade wieder angreifen und eine flotte Kombination schlagen. Doch kaum öffnete ich meine Deckung, schoss mir blitzschnell seine Faust entgegen und traf mich, unvorbereitet, etwas oberhalb des Kinns. Mein Kopf schnellte, für jeden sichtbar, nach hinten. Ich erschrak so sehr, dass von dieser Sekunde an nichts mehr lief, wie ich es mir vorgenommen hatte. Er hatte mich getroffen! Wie konnte das geschehen? Es wäre besser gewesen, Ruhe zu bewahren, notfalls zu clinchen, sich zurückzuziehen, etwas durchzuatmen, um den Kopf wieder klar zu bekommen. Aber jetzt lief in meinem Hirn ein anderer Film ab. Ich verlor die Konzentration und geriet in Panik.

Mich beherrschte nur noch ein Gedanke: »Dir werd ich's zeigen! Dich mach ich fertig!« Ich stürzte mich auf ihn, vergaß meine Deckung, und an irgendeine Taktik dachte ich auch nicht mehr. Damit machte ich es ihm verdammt leicht. Er brauchte nur den richtigen Moment abzupassen. Vierundzwanzig Sekunden vor dem ersten Pausengong war der gekommen. Er zog seine Linke durch, genauso unglaublich schnell wie die erste. Gleich darauf spürte ich seine Rechte, woraufhin ich das erste Mal kippte. Am nächsten Tag wurde ich von einem Reporter gefragt, wie ich mich in diesem Moment fühlte, was ich dachte. Ich wusste keine Antwort, die weiß ich auch heute noch nicht. Ich spürte nicht den Schmerz. Ich merkte nicht, dass über meinem linken Auge eine Wunde klaffte. Ich fühlte nur die Wucht, mit der mich der Schlag traf. Und gedacht habe ich gar nichts. Dazu war ich nicht fähig.

Keine zehn Sekunden nachdem ich wieder stand, warf es mich erneut auf den Boden. Es war ein Jammer. Ich hörte, wie einer »*Stawai! Stawai!*« brüllte. Das musste mein Bruder sein. Kohl rief das Gleiche, nur auf Deutsch: »Steh auf! Steh auf!« Dabei hasse ich es, wenn sie in der Ringecke hektisch werden. Am liebsten will ich gar nichts hören. Ich sage immer wieder: »Bleibt ruhig, egal, was passiert! Damit helft ihr mir am meisten.« Alles andere macht mich nur nervös. Daran dachte Vitali bestimmt nicht mehr. Er war außer sich, er war erschrocken, fassungslos, enttäuscht, schockiert, wütend. Auch bei ihm drehte sich alles, obwohl er keinen Schlag abbekommen hatte. Vor seinen Augen verprügelte jemand seinen Bruder, und er konnte nicht einschreiten. Das machte ihn rasend. Woher ich das wusste? Ich hörte es am Klang seiner Stimme. Und ich sah es in seinen Augen.

Die eine Minute Pause zwischen der ersten und zweiten Runde reichte nicht, um die Gedanken zu ordnen. Fritz fragte: »Wie geht es dir?« Als ob man das nicht sah. »Kann passieren, kann passieren«, stammelte ich, mehr fiel mir auch nicht ein. Ich wollte es selbst nicht wahrhaben. Ich war auf diese Situation nicht vorbereitet. Ich hatte keinen Notfallplan, an den hatten wir nie ernsthaft gedacht. Und mein Körper spielte auch nicht mehr mit. Meine Kraft schwand, ich bewegte mich zu langsam. Die Treffer hatten mein Koordinationsvermögen lahm gelegt. Ich war kaum noch imstande, die Balance zu halten. Trotzdem stand ich mit dem Gong noch einmal auf, mit dem festen Willen, Sanders den entscheidenden Schlag zu verpassen. So schnell wie möglich, bevor mich meine Kräfte völlig verlassen würden. Sanders hatte es noch eiliger. Er war erfahren genug, um zu sehen, was mit mir los war, und beeilte sich, seine nächsten Schläge ins Ziel zu bringen. Sieben Sekunden der neuen Runde vergingen, und ich knickte das dritte Mal ein. Und noch einmal zwanzig Sekunden, ehe der Ringrichter dem Drama ein Ende setzte.

Das Geschrei war hinterher natürlich groß: der Favorit gestürzt! Der Weltmeister entthront! Der Höhenflug beendet! Ich wollte nur noch weg, weit weg, keinen sehen, mit niemandem sprechen. Auch meine Boxhandschuhe konnte ich nicht mehr ertragen. Wenn es nach mir gegangen wäre, hätte ich alles zurückgelassen und den nächsten Flieger ans andere Ende der Welt genommen. Doch so einfach konnte ich mich nicht aus dem Staub machen. Am nächsten Tag strahlte das ZDF eine Sondersendung aus. Fritz, Vitali und ich sollten erklären, was nicht erklärbar war. Uns saß der Schock ja noch selbst in den Gliedern. Keiner von uns konnte fassen, was geschehen war.

Es sah ganz so aus, als machte es dem Moderator Spaß, den Kampf vor meinen Augen noch einmal Szene um Szene und Schlag für Schlag zu sezieren. Ich sagte nicht viel. Auch Vitali bekam kaum ein Wort heraus, er war einfach nur frustriert. Am liebsten hätte er ganz geschwiegen, noch lieber mich wahrscheinlich kräftig zusammengestaucht.

Noch nie hatte ich ihn so wütend auf mich erlebt. Er sagte das nicht, aber ich spürte es nur allzu deutlich. Wir setzten uns nicht zusammen und diskutierten das aus. Er ging mir aus dem Weg. Er stieg in sein Auto und raste nach Hamburg zurück. In einem Tempo, das die Polizei für unangebracht hielt. Er wurde geblitzt und bekam zu allem Überfluss für zwei Monate ein Fahrverbot aufgebrummt. Wenn man so will, war ich auch daran schuld.

Zwei Tage danach fanden wir doch wieder zusammen. Vitali hatte sich in der Zwischenzeit seinen Ärger von der Seele geschrieben und Punkt für Punkt auf einem Zettel aufgelistet, was ihm an mir, an meiner Einstellung nicht gefiel. Er war nicht sauer, weil ich verloren hatte. Das tat ihm genauso weh wie mir, vielleicht sogar noch mehr. Es ist schlimmer, so etwas ansehen zu müssen, als mittendrin zu stecken. *Wie* die Niederlage zustande gekommen war, das brachte ihn auf die Palme. Ich hätte die Vorbereitungen schlampig absolviert, meinte er, mich nicht hundertprozentig aufs Boxen konzentriert und den Kampf auf die leichte Schulter genommen. Das Hauptübel sah er darin, dass ich nur zu bereit gewesen sei, all den Schmeichlern, wie er sie bezeichnete, zu glauben, die vorher im Fernsehen gesagt und in den Zeitungen geschrieben hatten, was für ein toller Boxer ich sei. Die mich mit dem jungen Muhammad Ali verglichen und mit Komplimenten überschütteten.

Aber er wäre nicht Vitali gewesen, hätte er sich nicht selbst für vieles verantwortlich gemacht, was seiner Meinung nach falsch gelaufen war. Er sieht sich immer als der große Bruder, der auf mich aufpassen muss. Das steckt seit der Kindheit in ihm drin. Vor allem warf er sich vor, mich während der Vorbereitung allein gelassen zu haben, um ein bisschen Zeit mit Natalie und Egor zu verbringen. Aber das ging wirklich zu weit. An dem Desaster trug allein ich die Schuld. Was mir Vitali alles auftischte, war beileibe nicht leicht verdaulich. Selbst mein Haarschnitt passte ihm nicht, seitdem ich die Haare etwas länger trug.

Ich brauchte einige Zeit, um diese Brocken herunterzuwürgen. Je länger ich jedoch über Vitalis Vorhaltungen nachdachte und je ehrlicher ich mit mir selbst ins Gericht ging, umso mehr musste ich mir eingestehen, dass er so Unrecht nicht hatte. Vielleicht trafen seine Vorwürfe nicht in jedem Punkt zu, im Großen und Ganzen aber schon. Nachdem ich mich zu dieser Erkenntnis durchgerungen hatte, besorgte ich mir einen Friseurtermin. Ich bin sicher, Vitali verstand, was ich damit ausdrücken wollte. Abgesehen davon ist es wirklich gescheiter, mit kurzen Haaren zu boxen. Ich kann sie mir nach einem Kampf ja wieder länger wachsen lassen.

Die Niederlage gegen Sanders war bitter, und gern hätte ich mir diese Erfahrung erspart. Und den Weltmeistergürtel, der mir fast zweieinhalb Jahre gehört hatte, hätte ich auch lieber behalten. Trotzdem bin ich mit ihr im Reinen. Aus heutiger Sicht kann ich ihr sogar Positives abgewinnen. Ich habe dadurch eine Menge gelernt. Ich bin reifer geworden. Und ich weiß jetzt, dass es im Leben auch weitergehen kann, wenn man mal am Boden lag. Man muss wieder aufstehen und es beim nächsten Mal besser anstellen. Die schönste Erkenntnis aber war, dass es Menschen gibt, die einen in der Not nicht im Stich lassen. Die nicht alles in Frage stellen, weil man einmal versagt hat.

Bis ans Ende der Welt kam ich nicht, aber nach Los Angeles. Das war erst mal Abstand genug. Vom Boxen wollte ich nichts mehr hören und sehen. Meine Trainingssachen nahm ich gar nicht erst mit. Und um das Gym, in dem wir sonst trainierten, machte ich einen großen Bogen. Ich mietete mir nicht einmal ein Auto. Stattdessen quartierte ich mich in einem einfachen Hotel in Beverly Hills ein und belegte in der Sprachschule gegenüber einen Englischkurs.

Das Hotel war nichts Besonderes. Das Zimmer kostete neunzig Dollar, was für Los Angeles relativ günstig ist. Ich bekam sogar Rabatt, weil ich so lange blieb. Eineinhalb Monate lebte ich beinahe wie früher in der Schulzeit. Mit dem Unterschied, dass ich diesmal mit wesentlich mehr Hingabe an meine Aufgaben heranging. Ich war der fleißigste Schüler. Der normale Unterricht in der Gruppe dauerte von morgens acht Uhr bis nachmittags gegen fünf, aber ich hängte meistens noch eine oder zwei Stunden Einzelunterricht dran, schrieb zusätzliche Tests oder feilte im

Sprachlabor an meiner Aussprache. Ich lernte eigentlich den ganzen Tag lang. Das lenkte mich prima von meinen Problemen ab. Die Anonymität tat mir zusätzlich gut. Einige Mitschüler erkannten mich zwar, aber die ließen mich in Frieden. Außerdem war es eine Investition in die Zukunft. Mein Englisch ist seitdem viel besser. Unterricht nehme ich aber heute noch.

Für immer verschanzen konnte ich mich allerdings nicht, wollte ich auch nicht. Irgendwie musste es ja weitergehen. Lust auf Boxen verspürte ich noch immer nicht, aber eine Reise würde nicht schaden. Vitali konnte mich nicht begleiten, er bereitete sich auf seinen nächsten Kampf vor. Deshalb machte ich mich mit Bernd nach Monte Carlo auf. Dort waren wir zur Verleihung des *Laureus Award* eingeladen, so etwas wie ein Oscar für Sportler. Entsprechend sah die Gästeliste aus. Radprofi Lance Armstrong war da, der als Weltsportler des Jahres geehrt wurde, Boris Becker und der brasilianische Fußballgott Ronaldo, Michael Schumacher und Serena Williams, die Tennis-Powerfrau, die ebenfalls einen *Laureus* erhielt. Ich kann sie gar nicht alle aufzählen. Noch nie hatte ich so viele Superstars in einem Raum gesehen.

Am nächsten Tag reisten wir zu den Filmfestspielen nach Cannes weiter. Ganz Hollywood schien sich an der französischen Mittelmeerküste aufzuhalten. Überall begegneten einem Filmstars und -sternchen. Die Stadt wirkte wie eine riesige Kulisse zu einem Film. Julia Roberts war angeblich auch angereist. Ob sie sich überhaupt noch an mich erinnerte? Am Abend sollte ich meinen großen Auftritt haben. Im Nobelrestaurant »Le Moulin de Mougins« stieg Liz Taylors berühmte Gala *Cinema against Aids*, zu der sich etwa tausend prominente Gäste einfanden, das *Who's who* der Showbranche. Das Aufgebot an Prominenz übertraf den vorangegangenen Abend noch. Wer mir da alles über den Weg lief? Meg Ryan und Donatella Versace, Liz Hurley und Veronika Ferres und Liz Taylor natürlich, die eine bewegende Rede hielt. Steven Soderbergh war auch da, wir unterhielten uns ein Weilchen, und Naomi Campbell und Johnny Depp – eine illustre Mischung. Macy Gray, Lionel Richie und Elton John nicht zu vergessen, sie sorgten mit ihren Auftritten für tolle Stimmung.

Der Sinn dieser Veranstaltung besteht darin, möglichst viel Geld zu sammeln, um verschiedene Projekte im Kampf gegen Aids finanziell zu unterstützen. Ein Teil kommt durch die Eintrittkarten zusammen, das meiste aber erbringen Versteigerungen. Monica Seles bot zum Beispiel eine Stunde privaten Tennisunterricht an, die für dreißigtausend Euro wegging. Ein Abendessen mit Johnny Depp brachte knapp neunzehntausend Euro. Ein tolles Foto von Liz Taylor sogar fünfzigtausend. Insgesamt lagen am Ende über eine Million Euro in der Spendenkasse. Auch ich leistete einen Beitrag, obwohl mein Auftritt zunächst ein Flop zu werden drohte.

Zu vorgerückter Stunde bat mich Harvey Weinstein, der mächtige Miramax-Boss, der den Abend moderierte, auf die Bühne. Er stellte mich als Box-Olympiasieger im Schwergewicht vor. Weltmeister war ich ja nun nicht mehr. Es sah auch nicht so aus, als interessierte sich jemand im Publikum für mich. Die Geräuschkulisse im Saal war ziemlich deprimierend. Die Leute schienen mit ihrem Essen und den Getränken beschäftigt, oder sie unterhielten sich mit ihren Tischnachbarn. Ich versuchte, mit einem Scherz ihre Aufmerksamkeit zu gewinnen. »Jeder versteigert heute etwas«, sagte ich ins Mikrofon, »da will ich natürlich nicht nachstehen. Ich biete einen Showkampf gegen mich – für nur hundert Dollar Einstiegsgebot!« Ich hörte ein paar vereinzelte Lacher, die mussten aber nicht unbedingt mir gelten. Ich schien wirklich fehl am Platz. Aber so schnell gab ich nicht auf. Ich startete noch einen Versuch, zog ein anderes Register: Ich probierte es mit einem Zaubertrick. Ich bat Harvey Weinstein um einen Zwanzig-Dollar-Schein. Viel leiser wurde es immer noch nicht. Erst als der Geldschein vor mir zu schweben begann – wie gesagt, Tricks verrät man nicht –, kehrte schlagartig Ruhe ein. Man hätte eine Stecknadel fallen hören können. Und dann brach Beifall los. Ich seufzte erleichtert.

Mein Angebot mit dem Boxkampf hatte ich schon vergessen,

als mich Weinstein nach einer Viertelstunde erneut auf die Bühne rief. Es hätten einige Leute Interesse an einem Duell mit mir bekundet. Ich verstand nicht gleich, dass er damit natürlich eine Trainingsstunde meinte. Da lief die Versteigerung auch schon. Es dauerte nicht lange, und wir waren bei siebzehntausend Euro angelangt! Und es wurde noch weitergeboten. Ivana Trump, die Exfrau des amerikanischen Immobilienmoguls, zeigte sich besonders eifrig. Sie legte noch so viel drauf, dass am Ende fast sechsundzwanzigtausend Euro aufs Spendenkonto flossen.

Das war natürlich verrückt, und das Training kam auch niemals zustande. Trotzdem war dieser Auftritt nach der Sanders-Pleite Balsam für meine Seele. Aber noch wichtiger war, dass ich damit den wohltätigen Zweck der Gala unterstützte. Das klingt immer so plakativ, so aufgesetzt, als wollte man sich als besonders edlen Menschen darstellen, der die Erde vor dem Untergang bewahrt. Dabei ist es so wenig, gemessen an dem Elend, das es in der Welt gibt. Eigentlich würde ich unser soziales Engagement auch gar nicht an die große Glocke hängen. Doch manchmal ist es offenbar notwendig, um auf Missstände aufmerksam zu machen, um die Menschen aufzurütteln, um etwas zu erreichen.

Wir werden ja ständig zu Partys und Galas eingeladen. Viele müssen wir aus Zeitgründen absagen. Aber wenn es um karitative Veranstaltungen geht, versuchen wir, irgendwie teilzunehmen. Wenigstens einer von uns, falls der andere gerade im Trainingslager steckt oder anderweitige Verpflichtungen hat. Die Benefiz-Gala *Cinema for Peace* in Berlin beispielsweise, die jährlich während der Berlinale stattfindet, ist so eine Veranstaltung, die wir ungern verpassen. Wir versuchen mitzuhelfen, dass die Auktion, die der UNICEF-Aktion *Kinder in Kriegsgebieten* zugute kommt, jedes Mal ein großer Erfolg wird. Einmal versteigerten wir die Boxhandschuhe, die ich bei den Dreharbeiten zu *Ocean's Eleven* gegen Lennox Lewis anhatte. Im Jahr davor bot Vitali eine Trainingsstunde, die dreizehntausend Euro einbrachte. Übrigens fast das Doppelte von dem, was für ein Filmkleid von Julia Roberts geboten wurde.

Manchmal ist es kaum zu glauben, welche Summen für ein Andenken von uns gezahlt werden. Wir sehen darin auch eine Wertschätzung unserer Leistungen. Bei einer Versteigerung der Stiftung *Brot gegen Not* zugunsten Hunger leidender Kinder erzielte Vitali letztens für die Boxhose, in der er gegen Corrie Sanders Weltmeister wurde, sage und schreibe fünfzigtausend Euro! Wenn wir auf diese Weise helfen können, dass Kinder in der Ditten Welt weniger leiden müssen, macht uns das glücklich. Und es spornt uns an, noch mehr zu tun.

Ich könnte aus der Haut fahren, wenn ich daran denke, wie viele Kinder in Afrika, in Südamerika, in Asien, aber auch in Europa unter erbärmlichsten Bedingungen aufwachsen. Von *leben* kann man gar nicht sprechen. Sie vegetieren dahin, unterernährt und medizinisch entweder gar nicht oder nur unzureichend versorgt. Und viele sterben, bevor sie erwachsen sind. Täglich kommen über zwanzigtausend Kinder durch Kriegsfolgen, Krankheiten, Hunger oder Armut um. Man kann ständig in den Zeitungen darüber lesen. Aber wie oft lesen wir auch darüber hinweg? Es ist etwas völlig anderes, wenn man diese hilflosen Geschöpfe einmal selbst in ihren Elendsbehausungen gesehen hat, ihre großen Augen und die vor Hunger und Unterernährung aufgedunsenen Bäuche. Solche Bilder brennen sich einem ein, die vergisst man nie, sie rauben einem den Schlaf. Ich übertreibe nicht, ich weiß, wovon ich spreche. Es ist eigentlich noch schlimmer, als ich beschreiben kann.

Im Dezember 2002 reisten Vitali und ich nach Brasilien, um Hilfsprojekte der UNESCO zu unterstützen. Ein halbes Jahr zuvor hatten wir Ute Ohoven kennen gelernt, die sich als UNESCO-Sonderbotschafterin seit fast zwanzig Jahren für Kinder engagiert, die unter Not und Elend leiden. Sie berichtete uns von ihrer Arbeit und den Hilfsprojekten überall auf der Welt, für die sie Spenden sammelt. Uns gefiel, dass das Geld nicht in irgendwelchen undurchschaubaren Kanälen verschwindet, sondern den Hilfsprojekten direkt zugeführt wird. Man sieht, dass es auch dort ankommt, wo es gebraucht wird. Diese Projekte sind einerseits darauf angelegt, den betroffenen Kindern möglichst schnell zu helfen, ihnen andererseits aber auch Perspektiven für die Zukunft zu geben. So stellen wir uns Hilfe vor, die wirklich nützt. Das Programm *Bildung für Kinder in Not* überzeugte uns. Wir sagten Frau Ohoven sofort unsere Unterstützung zu. Seitdem sind wir mehrmals im Jahr in dieser Mission unterwegs. Dass wir inzwischen den Titel *Heroes for Children* von der UNESCO verliehen bekommen haben, freut uns, zumal vor uns nur Pelé und Michael Schumacher damit geehrt wurden. Aber wichtiger als jeder Titel ist, etwas für diese armen Kinder zu tun.

Als ich einem Bekannten erzählte, dass wir nach Brasilien fliegen würden, schwärmte er gleich von den traumhaften Stränden und vom blauen Meer, von den Palmen und herrlichem Sonnenschein. Das hatte ich eigentlich auch im Kopf, als wir in Salvador da Bahia landeten. Doch dann fuhren wir in die Armenviertel und sahen die andere Seite des Paradieses. Und ich schämte mich für meine Gedanken. Wir besuchten zuerst eine Boxschule, die von UNESCO-Geldern mitten in einer Favela am Rande der Millionenstadt eingerichtet wurde. Eine kleine Halle zum Boxen – das hört sich nicht weltbewegend an. Für die Kinder ist sie aber viel mehr als das. Sie erkennen daran, dass sich jemand für sie interessiert, dass sie nicht sich selbst überlassen bleiben. Außerdem müssen sie nicht mehr auf der Straße herumlungern. Sie können regelmäßig trainieren und dadurch auch Aggressionen abbauen. Sie lernen Disziplin, Fairness und Respekt und sehen, dass es im Sport, wie im Leben auch, nach festen Regeln zugeht. Und was speziell die Boxtechnik betraf, da konnten wir ihnen ein paar gute Tipps geben. Allein, dass wir sie in ihrem Viertel besuchten, machte die Jugendlichen schon glücklich. Für einige Stunden schienen sie die Armseligkeit ihres Lebens zu vergessen, die windschiefen Bretterverschläge, in denen sie mit ihren Eltern hausen, den Schmutz, den Gestank und das Ungeziefer. Wie sie strahlten, als wir mit ihnen trainierten!

In Recife, einer Stadt weiter im Norden, unserer zweiten Station, schlug uns die gleiche Begeisterung entgegen. Wir stießen aber auch auf die gleiche Armut und sahen ähnlich erbärmliche Hütten, ohne fließendes Wasser und Strom, in denen die Kinder auf dem blanken Fußboden schlafen mussten. In Recife sorgt die UNESCO dafür, dass einige Schulen für die Kinder aus den Slums an den Wochenenden geöffnet werden, damit sie Sport treiben können oder musizieren oder Theater spielen, bestenfalls auch lernen. Die Kinder sind sehr dankbar, wenn man ihnen hilft. Wer einmal ihre leuchtenden Augen gesehen hat, begreift, dass es sich lohnt weiterzumachen.

Auf der Reise begleiteten uns Journalisten, Fotografen und Kameraleute vom Fernsehen. Das war eine seltsame Situation. Normalerweise hätte ich es geschmacklos gefunden, die Kinder zu fotografieren oder zu filmen. Aber ich sagte mir, je mehr Menschen dieses Leid vor Augen geführt wird, umso mehr Spenden werden wir erhalten. Und damit können wir den Kleinen noch besser helfen. Ich muss da jedes Mal wieder über meinen Schatten springen. Weil mein Herz eigentlich etwas anderes will, als mein Verstand sagt. Erst kürzlich, auf einer anderen Reise für die UNESCO, die uns nach Rumänien führte, zu den Straßenkindern in Bukarest, beschlich mich ein ähnliches Gefühl. Man möchte sie in den Arm nehmen und vor der Ungerechtigkeit dieser Welt beschützen, aber ihr Leid nicht vor Fernsehleuten ausbreiten. Ein altes Sprichwort sagt: Der Zweck heiligt die Mittel. Das ist banal, aber manchmal ist es wohl so. Gegen das Team, das uns für den *RTL-Spendenmarathon* begleitete, war auch nichts einzuwenden. Alle Beteiligten verhielten sich ausgesprochen einfühlsam. Jedem schien bewusst zu sein, worum es wirklich ging.

Menschen erreichen, anderen helfen, Dinge voranbringen, Veränderungen anstoßen – darin sehe ich die größten Vorzüge, die eine gewisse Popularität mit sich bringt. Für uns ist es leichter, von vielen Menschen wahrgenommen zu werden. Zum einen ergibt sich relativ häufig die Gelegenheit, dass wir in den Medien präsent sind. Zum anderen scheinen sich eine Menge Leute für uns zu interessieren, selbst wenn wir nicht gerade im Boxring stehen. Sie hören uns im Fernsehen zu, sie lesen die Interviews mit uns. Erklären kann ich mir das nicht so richtig, doch ich bin sehr dankbar für die Zuneigung, die uns die Menschen entgegenbringen, besonders in Deutschland.

Aber alles hat bekanntlich zwei Seiten, so auch die Popularität. Wer im Rampenlicht steht wie wir, braucht sich über die Schatten nicht zu wundern, die dieses Leben auch mit sich bringt. Die Begeisterung beflügelt, und das Interesse ehrt einen, doch die Neugier geht manchmal etwas weit. Zum Beispiel müssen wir uns genau überlegen, wie viel von unserem Privatleben wir der Öffentlichkeit preisgeben wollen. In der ersten Zeit in Hamburg dachte ich mir nichts dabei, mich in Gesellschaft einer Frau fotografieren zu lassen, die ich vielleicht eben erst kennen gelernt hatte. Und damals kümmerte sich ja auch noch kaum jemand darum. Mit zunehmendem Erfolg änderte sich das jedoch.

Richtig bewusst wurde es mir, als ich mich in Marina verliebte, eine Frau, die andere offenbar besser kannten als ich. Es wurde damals einiges geschrieben, über unsere Beziehung, aber noch mehr über Marina und ihr schillerndes Leben, wie es einige Journalisten bezeichneten. Manche taten so, als wären sie immer dabei gewesen, wenn wir uns trafen. Es kursierten allerhand Gerüchte, von denen die wenigsten der Realität entsprachen. Marina war eine aufregende Frau, spontan und ehrgeizig und ruhelos, so weit stimmte es schon. Und wir hatten eine schöne Zeit miteinander. Sie wohnte sogar eine Weile bei mir. Vielleicht ging es nicht so gemächlich zu wie in einer Ehe nach zwanzig Jahren, aber auch nicht so turbulent, wie behauptet wurde. Es sei denn, wir waren in der Luft.

Marina war ja Pilotin, sie besitzt sogar ein Diplom, mit dem sie eine Boeing 737 fliegen dürfte. Meistens steuerte sie jedoch kleine Privatmaschinen. Wenn ich Zeit hatte, begleitete ich sie. Dadurch lernte ich ihren Fluglehrer Hartmut Peters kennen. Es dauerte nicht lange, und ich bekam selbst Lust darauf, fliegen zu lernen. Hartmut gab mir einige Stunden. Wir fliegen heute noch gelegentlich zusammen. Ich stieg allerdings schnell auf Hubschrauber um, das macht mir noch mehr Spaß. Den Pilotenschein habe ich nur deshalb noch nicht gemacht, weil mir bisher immer die Zeit fehlte. Irgendwann werde ich das nachholen. Das meiste kann ich ja schon. Dieter Bohlen könnte das bestätigen, obwohl er sich wahrscheinlich nicht so gern an den Flug mit mir erinnert. Nach einer *Wetten dass ...?*-Sendung wollte ich mit Vitali und ein paar anderen in einem Privatjet nach Hamburg zurückdüsen. Dieter fragte, ob wir noch einen Platz für ihn hätten. Hatten wir, da ich meinen frei machte und zum Piloten ins Cockpit kletterte, um unter seiner Aufsicht selbst das Steuer zu übernehmen. Irgendwie muss Dieter das mitbekommen haben. Vitali erzählte mir nach der Landung, dass er ganz schön in Panik verfallen und ziemlich blass geworden sei. So ruhig wie auf diesem Flug habe er ihn noch nie erlebt.

Meine Liebe zur Fliegerei ist geblieben. Die Beziehung zu Marina indessen war ziemlich schnell vorbei, sie hielt kein Jahr. Wir passten wohl nicht zueinander. In den Zeitungsarchiven spielt so etwas keine Rolle, dort war unsere Liaison natürlich gespeichert. Dadurch gehörte ich mit zu den Ersten, die von dem erfuhren, was ihr in einer Nacht im September 2000 zustieß. Auch darüber wurden die abenteuerlichsten Geschichten geschrieben und die wildesten Spekulationen angestellt. Ob sie absichtlich aus dem Fenster ihrer Dachwohnung sprang oder aus Versehen in die Tiefe stürzte? Ich weiß es nicht. Marina hatte unglaubliches Glück, sie überlebte, zog sich jedoch schlimmste Knochenbrüche zu. Was in dieser Nacht auch immer geschehen sein mag, mit mir konnte es nichts zu tun haben. Wir hatten zu dieser Zeit keinen Kontakt mehr. Aber einige Klatschreporter wussten selbst das wieder besser.

Das sollte mir eine Lehre sein. Seitdem gehe ich mit meinem Privatleben zurückhaltender um. Nicht, weil ich etwas zu verbergen hätte. Wenn ich verliebt bin, geht es eher darum, dass ich etwas bewahren möchte, eine Zweisamkeit, in der eine Beziehung in Ruhe gedeihen kann. Vielleicht denken sich manche Journalisten deswegen immer mal wieder Frauengeschichten aus. Das Gerücht, dass ich ein ziemlicher Casanova sei, kenne ich. Und dass mir alle Frauen zu Füßen liegen sollen, davon habe ich auch gehört. Ich weiß gar nicht, ob ich das wirklich gut fände. Nur ist es definitiv nicht so. Ich mag es nicht einmal besonders, wenn sich eine Frau an mich heranschmeißt. Da bin ich total altmodisch. Ich möchte schon derjenige sein, von dem die Initiative ausgeht. Ich weiß ja nicht, wie es anderen Männern geht, aber ich habe festgestellt, dass es genügend Frauen gibt, die nicht so leicht herumzukriegen sind. Wahrscheinlich finde ich die immer am interessantesten. Ich mag Frauen, die wissen, was sie wollen. Und die sich nicht bloß mit einem zum Rendezvous verabreden, weil man vielleicht ein bisschen bekannter ist.

Es ist nicht leicht, die Richtige zu finden. Doch bei Diana schien alles richtig zu sein. Diana ist eine Traumfrau. Sie ist intelligent, weltgewandt und sieht umwerfend aus. Kein Wunder, dass sie in ihrem Job als Model erfolgreich ist. Sie war auf vielen Titelblättern, sodass sie wahrscheinlich jeder schon einmal gesehen hat. Wir kannten uns noch aus Kiew. Sie war vierzehn, als ich sie zum ersten Mal sah. Das war in dem Jahr, als ich zu den Olympischen Spielen nach Atlanta fuhr.

Eigentlich stammt Diana aus Vinnicja, einer kleinen Stadt fast zweihundert Kilometer südwestlich von Kiew. Sie nahm damals an einem Modelwettbewerb teil, bei dem sie auf Anhieb den ersten Preis gewann. Damit begann ihre Karriere. Die Modelagentur Elite, die schon Claudia Schiffer, Naomi Campbell, Cindy Crawford und Heidi Klum weltbekannt gemacht hat, bot ihr einen Vertrag an. Diana zog nach New York und jettete seitdem um die Welt, pendelte zwischen Amerika und London und Paris und Mailand, wo sie ihre Aufträge gerade hinführten. Irgendwie blieben wir in Kontakt und kamen uns, Jahre später, irgendwie näher. Da war Diana achtzehn, und ich war vierundzwanzig.

Wir hatten also genau das richtige Alter, die Welt zu erobern. In diesem Alter denkt man, alles schaffen zu können. Die Entfernungen schreckten uns nicht ab. Immer wenn es unsere Zeit erlaubte, setzten wir uns in ein Flugzeug und besuchten einander. Ich flog zu ihr nach New York. Wir spazierten durch den Central Park, drehten mit den Rollerblades ein paar Runden oder mieteten uns ein Boot und paddelten über den Teich. Das war romantisch, wie in einem alten Liebesfilm. Abends besuchten wir Theatervorstellungen am Broadway oder gingen ins Kino. Einmal überraschte ich sie mit einem Hubschrauberflug über die Skyline. Bei meinem nächsten Besuch kurvten wir in einer Lincoln-Stretchlimousine durch die Stadt. Sie kennt sich gut aus und zeigte mir die schönsten Ecken.

Wir trafen uns auch in Paris. Sie hatte eine kleine Wohnung gemietet, da sie häufig dort arbeitete. Manchmal begleitete ich sie zu Modeshootings, manchmal kam sie zu meinen Kämpfen. Eigentlich waren wir ständig unterwegs, um uns möglichst oft nahe zu sein, irgendwo auf der Welt. Es war ein wildes, ein unbeschwertes Leben. Vielleicht war es die schönste Zeit für mich. Sicherlich auch, weil es uns gelang, unsere Liebe vor der Öffentlichkeit einigermaßen zu verbergen. Wir wollten beide nicht, dass sie in den Medien breitgetreten wurde. Sie war noch eine zarte Pflanze, die wachsen sollte.

Nur einmal lauerte uns ein Paparazzo auf. Diana kam aus Paris. Ich wartete auf dem Flughafen in Hamburg auf sie. Ihr Flug hatte Verspätung. Den Fotografen bemerkte ich erst, als ich nichts mehr verhindern konnte. Er war ganz schön dreist. Nicht nur, dass er keine Anstalten machte, uns zu fragen, ob wir mit dem, was er tat, einverstanden seien. Er knipste einfach drauflos. Und dann forderte er uns auch noch auf, uns für ihn in Positur zu stellen. Ich bin wahrlich ein höflicher und friedfertiger Mensch, aber dem hätte ich gern etwas erzählt! Wenn ich ein Bild von meiner Freundin und mir haben wollte, hätte ich mich schon selbst darum gekümmert. Ich finde, das ist auch mein gutes Recht. Ich wollte gerade zu ihm gehen, als er urplötzlich eine Kehrtwendung machte und wie ein Dieb davonrannte. Für eine Sekunde überlegte ich, ihm hinterherzulaufen. Aber das war mir zu blöd. Außerdem wollte ich Diana nicht alleine stehen lassen.

Ich weiß nicht, ob sich die Frechheit für den Fotografen lohnte und er viel Geld mit den Bildern verdiente. Ich frage mich heute noch, woher er überhaupt wusste, dass ich Diana an jenem Abend am Flughafen erwartete. Auf jeden Fall erschienen die Fotos in zahlreichen Zeitungen. Wenigstens blieben es die einzigen. Wir passten danach noch mehr auf. In New York oder Paris war es kein Problem, dort konnten wir uns ungestört bewegen. In Deutschland aber vermieden wir es, zusammen eine Gala oder andere öffentliche Veranstaltungen zu besuchen. Die wenigen Male, die wir es doch wagten, traten wir nicht gemeinsam auf. Wir kamen getrennt, und so gingen wir auch wieder.

Wir bemühten uns redlich, alles richtig zu machen. Vielleicht bestand unser Fehler nur darin, dass wir eines Tages, Ende Dezember 2002, beschlossen, eine Beziehungspause einzulegen. Was uns anfangs abwechslungsreich und aufregend vorkam, die ständige Hin-und-her-Fliegerei, machte uns inzwischen das Dilemma unserer Liebe deutlich: Wir wollten zusammensein und vieles gemeinsam erleben, aber auch am Alltag des anderen teilhaben, ihm ein Partner sein. Nur funktionierte das auf Dauer nicht, nicht so und nicht auf Distanz. Wir trennten uns nicht im Streit. Wir sind heute immer noch befreundet. Wir nannten es wirklich »eine Pause machen«. Vielleicht machten wir uns selbst etwas vor. Vielleicht wollten wir das Ende nicht wahrhaben. Vielleicht war es auch gar nicht das Ende?

Seit unserer Trennung waren fünf Monate ins Land gezogen, nicht gerade die glücklichsten unseres Lebens. Ich hatte die bitterste Niederlage meiner Laufbahn kassiert, war nach Los Angeles in die Anonymität einer Sprachschule geflüchtet und lenkte mich mit Reisen ab. Jetzt suchte ich nach einem Weg, der mich in das Leben zurückführte, das mir in der Preussag-Arena in Hannover, in dem ungleichen Kampf gegen Corrie Sanders, abhanden gekommen war. Die Wunde über dem Auge heilte schnell. Unser Promoter plante, mich gleich wieder in den Ring zu schicken. Das lehnte ich jedoch ab. Unmittelbar nach der Niederlage hatte ich zwar selbst gesagt, ich wolle so schnell wie möglich eine Revanche. Aber das war im Eifer des Gefechts geschehen. Ich brauchte Zeit, ein neuer Kampf hätte mich zu sehr unter Druck gesetzt. Erst nach der Rückkehr aus Südfrankreich, wir machten noch einen Umweg über Riga, wo wir beim *Grand Prix d'Eurovision* vorbeischauten, fand ich langsam mein inneres Gleichgewicht wieder.

Eines Tages begleitete ich Vitali in die La Brea Boxing Academy, das Boxgym, in dem wir trainieren, wenn wir uns in Los Angeles auf einen Kampf vorbereiten. Ich hatte gar nicht vor, die Boxhandschuhe überzustreifen, wollte nur zusehen, wie Vitali sich in Form brachte. Ihm stand sein wichtigster Kampf bevor, auf den wartete er seit Jahren. Auf einmal, ich weiß gar nicht, wie, fand ich mich doch an einem der Sandsäcke wieder. Meine Handschuhe hatte ich auch schon an, sie waren fest verschnürt. Ich nahm die typische Boxhaltung ein und schlug mit meiner linken Faust einmal gegen das schwarze Leder. Etwas zögerlich noch, aber das fühlte sich schon gut an. Ich war selbst überrascht. Ich probierte es gleich noch mit der Rechten, und die ließ ich schon kräftiger dagegenknallen. Meine Schläge wurden wuchtiger und kamen immer schneller. Ich konnte nicht aufhören. Ich spürte, wie Schweiß an meinem Körper hinabrann. Es war wie früher, und so war es gut. Jetzt wusste ich: Es würde weitergehen. Ich war wieder ein Boxer.

Der gestohlene Sieg

Vitali

Einen Kampf noch, dachte ich, einen Sieg, dann habe ich es geschafft! Noch nie war ich meinem Ziel so nah, gegen einen der großen Champions boxen zu können. Das war im Juli 2002. Seit Anfang des Monats stand mein Name auf der Rangliste des World Boxing Council an oberster Stelle. Damit war ich Pflichtherausforderer, also erster Kandidat für einen Weltmeisterschafts-Fight gegen Lennox Lewis. Der Brite, der zuletzt Mike Tyson eindrucksvoll geschlagen hatte, galt seit Jahren als bester Schwergewichtsboxer der Welt. Wie lange träumte ich schon davon, gegen ihn in den Ring zu steigen! Bis dahin war er mir aus dem Weg gegangen. Jetzt würde er um einen Kampf gegen mich nicht mehr herumkommen. Die einzige Hürde stellte noch Larry Donald dar, den musste ich zuvor schlagen.

Für den Kampf gegen den Amerikaner aus Cincinnati war schon alles geplant. Er sollte am 20. Juli in der Dortmunder Westfalenhalle über die Bühne gehen. Ein Großteil der Eintrittskarten war bereits verkauft. Und Thomas Gottschalk hatte sich endlich bereit erklärt, seine alte Wettschuld uns gegenüber zu begleichen und den Abend als Ringsprecher zu bestreiten. Alle standen in den Startlöchern. Das ZDF erwartete eine gute Quote, und auch HBO wollte übertragen. Mein Gegner war schon in der Stadt, um sich zu akklimatisieren. Eine gute Woche blieb noch Zeit.

Ich absolvierte die üblichen Trainingseinheiten, die letzten Runden Sparring. Wir hatten den amerikanischen Coach Tommy Brooks hinzugezogen, der Fritz zuletzt dabei unterstützte hatte, Wladimir optimal auf seinen Kampf gegen Ray Mercer einzustellen. Die beiden Trainer ergänzten sich gut. Fritz kannte mein boxerisches Vermögen wie kein anderer. Tommy, der aus Knoxville in Tennessee kommt, brachte wichtige Erfahrungen mit. Neben Mike Tyson und Evander Holyfield hatte er früher auch schon Larry Donald trainiert. Er wusste also genau, wo dessen Schwächen lagen und wie ich seinen Stärken beikommen konnte. Alles stimmte. Ich fühlte mich bestens vorbereitet.

Nur meine Rückenschmerzen machten mir etwas Sorgen. Aber die verdrängte ich, so gut ich konnte. Darin war ich ja geübt. Solange mein Körper beim Training warm genug war, spürte ich sie auch kaum. Deshalb glaubte ich, es würde schon nichts Dramatisches sein. Vielleicht hatte ich Zug bekommen oder mir eine Sehne gezerrt. Es treten schon mal Beschwerden auf, wenn man über längere Zeit hart trainiert. Ich hatte jetzt fast zwei Monate hinter mir. Ein paar Massagen zusätzlich würden helfen, dachte ich und bat unseren Physiotherapeuten, mich öfter und etwas länger durchzukneten. Eigentlich ging ich nur sicherheitshalber zum Arzt, weil der Kampf gegen Donald unmittelbar bevorstand. Aber der sah auch keinen Grund zur Besorgnis. Er diagnostizierte eine Nervenentzündung, die er mit einem Medikament behandelte, das er mir in den Rücken spritzte. Danach sollte sich kurzfristig eine Besserung einstellen, meinte er. Was jedoch nicht geschah. Trotzdem: Wenn ich mich ausreichend aufwärmte, bevor ich in den Ring stieg, würde es schon gehen. Ich redete mir das regelrecht ein. Wie würde es auch aussehen, so kurzfristig einen Kampf abzusagen! Mir schwirrte noch die Erinnerung an das Debakel gegen Byrd durch den Kopf. Ich konnte den Leuten unmöglich schon wieder mit einer Verletzung kommen.

Ich hatte lange genug gebraucht, mich an die Spitze zurückzukämpfen. Der Muskelriss hatte mich neben dem Weltmeistergürtel wertvolle Zeit gekostet, in der ich nicht in den Ring steigen konnte. Anschließend gelang mir gegen Timo Hoffmann zwar ein Comeback, aber das fiel noch nicht besonders überzeugend aus. Wir boxten um den vakanten Europameistertitel. Es war das erste Mal in meiner Profikarriere, dass ich über die vollen zwölf Runden gehen musste, um am Ende einen klaren Punktsieg herauszuholen. Doch der begeisterte die wenigsten in der Halle. Die Boxreporter auch nicht, die Hoffmann im Vorfeld als klaren Außenseiter eingestuft hatten. Anscheinend erwarteten die Leute von mir, dass ich jeden meiner Gegner ausknockte.

Das gelang mir auch wieder im Kampf gegen Orlin Norris, einen Texaner, den ich zwei Monate darauf in der Münchner Rudi-Sedlmayer-Halle besiegte. Allerdings auf eine Art und Weise, die das Publikum noch viel mehr empörte. Völlig zu Recht, ich war ja selbst wütend über die unsägliche Show, die Norris im Ring abzog. Hätte ich das vorher gewusst, wäre ich niemals gegen ihn angetreten. Ich hatte ihn stärker eingeschätzt, immerhin war er einmal Weltmeister im Cruisergewicht gewesen. Was er jedoch in München zeigte, grenzte an Arbeitsverweigerung. Mit Boxen hatte das auf alle Fälle nichts mehr zu tun.

Ich kam gar nicht dazu, ihn mit voller Kraft zu treffen. Nach sechsunddreißig Sekunden, in der ersten Runde wohlgemerkt, berührte ich ihn lediglich mit meiner Linken am Kopf. Da steckte wirklich nicht viel Pfeffer dahinter. Trotzdem fiel er einfach um und streckte auf dem Ringboden alle viere von sich. Ich musste ihn geradezu bitten, wieder aufzustehen, damit wir weitermachen konnten. Von da an rannte er noch eine Minute und fünfzehn Sekunden meinen Schlägen mehr davon, als sich ihnen zu stellen. Er schien nur auf den richtigen Moment zu lauern, seine Schmierenkomödie fortführen zu können. Zweimal ließ er sich von meinen Fäusten noch antippen, dann spielte er den sterbenden Schwan und dachte nicht daran, noch einmal aufzustehen, jedenfalls nicht, bevor der Ringrichter sozusagen den Vorhang für ihn zuzog.

Den Unmut der achttausend Zuschauer konnte ich gut verstehen. Sie mussten sich verschaukelt fühlen, betrogen. Sie hatten für die Eintrittskarten eine Menge Geld bezahlt. Die teuersten kosteten über tausend Mark. Dafür konnten sie mehr erwarten. Doch die Situation eskalierte. Einige brüllten »Pfui!« und »Schiebung!«, andere wedelten mit Geldscheinen. Und die, die besonders aufgebracht waren, schleuderten ihre vollen Bierbecher in den Ring. Unter dem Hagel dieser Wurfgeschosse wurde es für mich plötzlich gefährlicher, als es in dem ganzen Kampf zuvor gewesen war. Ich sah zu, dass ich mich in Sicherheit brachte. Auf der anschließenden Pressekonferenz entschuldigte ich mich bei den Fans. Ich weiß nicht, ob sie mir das abnahmen, aber es war mir wirklich unangenehm. Norris hatte dem Ruf des Boxsports keinen guten Dienst erwiesen. Er hatte nicht nur sich, sondern ja auch mich blamiert. Und obwohl ich die ganze Zeit dabei gewesen war, hatte ich das nicht verhindern können. Das fuchste mich. Ich fühlte mich selbst ein bisschen schuldig.

Das Pech schien mich zu verfolgen. Denn bevor ich zu einem neuen Kampf antreten konnte, auch, um meinen Ruf wieder herzustellen, musste ich erneut in die Klinik und eine Zwangspause einlegen. Ursprünglich wollte ich im Sommer gegen Ross Puritty kämpfen und beweisen, dass ihm in Kiew gegen Wladimir nur ein Glückstreffer gelungen war. Ich befand mich bereits im Aufbautraining, als ich mir das linke Knie so unglücklich verdrehte, dass ich um eine Operation nicht herumkam. Es war wirklich nicht unser Jahr. Einige Monate später musste auch Wladimir wegen einer Verletzung seinen bevorstehenden Kampf absagen.

Einige Medienvertreter glaubten, die Ursache für unsere Verletzungsserie in dem angeblich brutalen Drill finden zu müssen, dem wir als jugendliche Leistungssportler in der Sowjetunion ausgesetzt waren. Ich sehe es anders. Wir sind keine Maschinen, sondern Menschen aus Fleisch und Blut. Wir trainieren seit Jahren sehr hart. Wir schonen uns nicht. Wir gehen bis an unsere Leistungsgrenzen. Es dürfte niemanden geben, der ein solches Pensum ohne Verschleißerscheinungen und eben auch Verletzungen wegsteckt. Was mich jedoch beunruhigte, war die Aussage, die ich zwischen den Zeilen lesen konnte. Ständig schwang die Vorahnung mit, wir seien zu anfällig und deshalb nicht robust genug, um im Konzert der Großen eine erste Geige zu spielen.

Ich beeilte mich, das Duell gegen Puritty nachzuholen. Wir traten im Dezember 2001 in Oberhausen gegeneinander an. Obwohl ich mich darauf einstellte, notfalls zwölf Runden zu boxen, blieben mir die letzten drei Minuten erspart. Anschließend verzichtete ich darauf, eine Pause einzulegen, die üblich gewesen wäre. Ich hatte einiges nachzuholen. Ich trainierte sogar über Weihnachten und setzte auch am Jahreswechsel nicht aus, um gegen Vaughn Bean in Höchstform zu sein. Gegen den Amerikaner würde es nicht leicht werden. Er konnte eine beachtliche Kampfbilanz vorweisen. Mit seinen achtundzwanzig Jahren hatte er bereits zweiundvierzig Profikämpfe bestritten, nur zwei davon verloren und die auch nur nach Punkten, gegen die damaligen Weltmeister Holyfield und Moorer. Bis zur sechsten Runde hielt er auch gegen mich mit, danach wurde es eine recht einseitige Angelegenheit. In der elften Runde schien er stehend k.o. zu sein. Er leistete keinerlei Gegenwehr und konnte sich kaum noch auf den

Beinen halten, woraufhin der Ringrichter den Kampf abbrach und mich zum Sieger erklärte.

Jetzt trennte mich nur noch Larry Donald von einem Weltmeisterschaftskampf gegen Lennox Lewis. Erste Verhandlungen mit Lewis' Management liefen bereits. Die Chancen standen gut, dass wir noch vor Ende des Jahres gegeneinander boxen könnten. Die Gerüchteküche brodelte. Als Herausforderer käme auch Chris Byrd in Frage, hieß es, doch den favorisierten nicht einmal die amerikanischen Boxexperten, da niemand dessen eigenartigen Boxstil sehen wolle. Das war jedenfalls das, was bis nach Deutschland durchsickerte. Soweit wir das mitbekamen, reservierte der Fernsehsender HBO schon mal einen Termin für Anfang Dezember.

Doch mein Rücken, der spielte nicht mit! Neun Tage bevor ich in Dortmund gegen Larry Donald in den Ring steigen sollte, um auch den letzten Stein auf dem Weg zu Lewis beiseite zu räumen, zerplatzte mein Traum wie eine Seifenblase. Es war ein Donnerstag, daran erinnere ich mich genau. Vormittags absolvierte ich wie üblich das Konditionstraining. Ich lief ein paar Kilometer durch einen Park in der Nähe des Universum-Gyms. Der Rücken machte sich dabei noch gar nicht so bemerkbar. Ich hatte mich dick angezogen, damit er warm verpackt war. Dafür schien mit meinem rechten Bein etwas nicht zu stimmen. Ich spürte keinen richtigen Schmerz, merkte nur, dass ich es beim Laufen etwas nachzog.

Am Nachmittag standen einige Runden Sparring auf dem Programm. Vorher wärmte ich mich ausgiebig auf. Ich kochte regelrecht, als ich in den Ring kletterte. Für meinen Körper, für die Muskeln war es genau die richtige Temperatur. Auf diese Weise spürte ich die Schmerzen im Rücken nicht. Auch sonst tat mir nichts weh. Und trotzdem hinkte ich. Wieder das rechte Bein! Es fühlte sich irgendwie taub an. Was noch schlimmer war: Ich konnte es nicht mehr richtig bewegen. Wenn ich einen Schritt machen wollte, gehorchte es mir einfach nicht. Einmal fehlte nicht viel, und ich wäre der Länge nach auf den Ringboden geknallt. Im Nachhinein frage ich mich, wie ich das Sparring in dieser Verfassung überhaupt durchhielt. Irgendwie humpelte ich mich über die Zeit.

Kaum kühlte sich mein Körper danach etwas ab, merkte ich schlagartig die Schmerzen, im Rücken und jetzt auch im rechten Bein. Das konnte unmöglich eine gewöhnliche Muskelzerrung sein, so viel begriff ich. Ich fuhr sofort zu Peter Benckendorff, einem Hamburger Arzt, der eine Computertomografie durchführte. Die Diagnose war niederschmetternd. Seine Worte trafen mich stärker als der härteste Schlag, den ich jemals von einem Gegner abbekommen hatte. Ein Bandscheibenvorfall, erklärte er mir, zwischen dem vierten und fünften Lendenwirbel. Dadurch seien Nervenstränge eingeklemmt, die sich zu allem Überfluss auch noch entzündet hätten. Das allein hörte sich schon bitter an. Was ich am nächsten Morgen erfuhr, war jedoch noch deprimierender. Doktor Benckendorff hatte sich in der Zwischenzeit mit einigen Rückenspezialisten beraten. Und die meinten alle das Gleiche: In einem solchen Fall müsste umgehend operiert werden. Ansonsten bestünden schlechte Heilungschancen. Was das bedeutete, brauchte mir keiner mehr zu erklären: Meinen Kampf gegen Donald konnte ich abschreiben.

Eine Katastrophe war das! Am liebsten hätte ich mich bei jedem, der eine Eintrittskarte gekauft hatte, um mich kämpfen zu sehen, persönlich entschuldigt. Aber mich bedrückte noch etwas anderes. Wie würde Natalie diese entsetzliche Nachricht aufnehmen? Ihr waren meine Rückenschmerzen in den letzten Wochen zwar nicht entgangen, doch jedes Mal, wenn sie mich danach fragte, hatte ich sie als Lappalie abgetan. Ich wollte sie nicht unnötig beunruhigen. Sorgen konnte sie gerade jetzt überhaupt nicht gebrauchen. Sie war in anderen Umständen, wir freuten uns auf unser zweites Kind. Ich wünschte mir wieder einen Sohn, Natalie wollte lieber eine Tochter. Sie hatte sich sogar schon für einen Namen entschieden: Elisabeth. Aber darüber war das letzte Wort noch nicht gesprochen.

Ich beschloss, Natalie nicht die ganze Wahrheit zu sagen. Ich erklärte ihr, ich hätte wichtige Termine und müsse für zwei, vielleicht auch drei Tage verreisen. So weit stimmte es ja, und es klang unverdächtig, da das häufiger vorkam. Zwar selten so kurz vor einem Kampf, aber dafür würde mir notfalls auch eine Erklärung einfallen, falls sie sich wunderte. Ich dachte, in ihrem Zustand würde es besser sein, dass sie nicht erfuhr, wie gefährlich eine solche Operation sein kann. Bei dem Eingriff würden die Ärzte dicht an meine Wirbelsäule heran müssen. Und niemand konnte mir garantieren, selbst die größte Koryphäe im OP-Saal nicht, dass dabei mein Rückenmark nicht beschädigt würde. Mir wurde selbst ganz mulmig, wenn ich mir dieses Risiko vor Augen führte. Ich weihte nicht einmal Wladimir ein, der sich gerade in Kiew aufhielt.

Meine Geheimniskrämerei war vielleicht nicht besonders geschickt, da es neben den Ärzten, die zur Verschwiegenheit verpflichtet sind, bei Universum einige Mitwisser gab. Darauf, dass jemand Spaß daran finden könnte, die Sache auszuplaudern, kam ich nicht. Mir blieb aber auch nicht viel Zeit, alles gründlich zu durchdenken. Als ich in einer Heidelberger Spezialklinik unters Messer kam, waren seit dem Vorfall beim Sparring keine vierzig Stunden vergangen. Ich war viel aufgeregter als vor einem Kampf. Mein Puls raste so, dass sich sogar die Krankenschwester wunderte. Ich betete zu Gott, er möge helfen, dass die Operation gelingt. Ich war ja schon häufig operiert worden, aber noch nie hatte ich solche Angst gehabt wie diesmal.

Was ich nicht wusste: Wladimir stand während der Operation in einem grünen OP-Kittel am Fußende und beobachtete, wie mich die Mediziner aufschnippelten und an mir herumdokterten. Fritz, der ein feines Gespür fürs Zwischenmenschliche hat, hatte von sich aus meinen Bruder benachrichtigt. Und der war sofort mit der nächsten Maschine nach Frankfurt geflogen und von dort mit einem Taxi hergefahren. Eigentlich wollte er mich noch vor der Operation erreichen, um mir Glück zu wünschen. Dafür kam er ein paar Minuten zu spät. Ich war schon weggedämmert und merkte nicht einmal mehr, wie er den Ärzten half, mich vom

Rücken auf den Bauch zu drehen, damit sie an die richtige Stelle herankamen. Oder vielmehr: an die richtigen Stellen. Wo sie schon dabei waren, erledigten sie gleich zwei Eingriffe mit einem Mal. Bei der Kernspintomografie war ihnen ein kleines Knochenstück in meinem linken Ellenbogen aufgefallen, das vom Gelenk abgesplittert sein musste. Das entfernten sie noch schnell, ehe sie sich an meiner Bandscheibe zu schaffen machten.

Hinterher berichtete Wladimir ausführlich, was sie mit mir angestellt hatten. Das eine oder andere Detail hätte er sich meinetwegen sparen können. So genau wollte ich gar nicht wissen, wie die kleine Säge aussah, mit der sie mir zu Leibe rückten, und wie es sich anhörte, als sich ihre Zähne in meinen Rücken fraßen. Den Gestank, den das Ganze verursachte und der ihn an verbranntes Fleisch erinnert habe, hätte er mir auch nicht beschreiben müssen, mir war nämlich so schon übel. Es müsse aber nur einmal brenzlig gewesen sein, setzte er seine anschaulichen Schilderungen trotzdem fort. Als plötzlich eine Fontäne Blut aus meinem Rücken gespritzt sei, hätten die Ärzte etwas nervös und hektisch gewirkt. Und ihm sei vor Schreck fast das Herz stehen geblieben. Aber es sei ja alles gut verlaufen. Und tatsächlich: Die Schmerzen waren fast verschwunden, als ich aus der Narkose aufwachte. Mein Bein spürte ich auch wieder. Abends durfte ich sogar schon aufstehen und vorsichtig ein paar Schritte gehen.

Am nächsten Morgen klingelte mein Handy. Natalie war dran: »Vitali, wo bist du?«

Sie klang aufgebracht: »Das Baby!«, war mein erster Gedanke. Gab es Komplikationen? Ich faselte etwas von einem Termin und wollte noch sagen, dass ich morgen zurück sei. Doch da unterbrach sie mich schon.

»Mach mir doch nichts vor!« Jetzt hörte es sich an, als weinte sie. »Warum sagst du mir nicht die Wahrheit? Dein Rücken, du hast Schwierigkeiten mit dem Rücken! Deshalb humpelst du auch die ganze Zeit.«

Im ersten Moment dachte ich: Fritz. In seiner Fürsorglichkeit hatte er bestimmt auch sie angerufen und dabei erfahren, dass sie von der Operation gar nichts wusste. Aber es war viel schlimmer. Natalie hatte morgens völlig ahnungslos die Zeitung zur Hand genommen, und da stand es, schwarz auf weiß, gleich auf der ersten Seite, man konnte es nicht übersehen. Das hatte ich nicht bedacht. Universum musste natürlich den Kampf absagen. Dass sich die Journalisten für den Grund interessieren würden, hätte ich mir denken können. Und ich hätte davon ausgehen sollen, dass ihnen die einfache Erklärung, ich müsse wegen einer Verletzung pausieren, nicht genügen würde.

Aber die Zeitungen übertrieben, das versuchte ich auch Natalie klar zu machen. Ich sagte ihr, sie hätten aus einer Mücke einen Elefanten gemacht: »Das gehört zum Spiel, auch wenn das nicht besonders lustig ist.« Mittlerweile kannte ich das Geschäft. Die ersten Zeitungsartikel, die über Wladimir und mich erschienen waren, hatte ich noch fein säuberlich ausgeschnitten und abgeheftet. Ich war damals richtig stolz, dass die Artikel so groß waren. Doch das hatte ich mir schon lange abgewöhnt. Es waren einfach zu viele geworden. Und manche Geschichten waren es durchaus nicht wert, aufgehoben zu werden, weil sich jemand irgendeine abstruse Geschichte aus den Fingern gesogen hatte, über die ich nicht einmal lachen konnte.

Nach der Operation verging mir das Lachen endgültig. Hätte ich es nicht besser gewusst und hätte es mir der Arzt nicht anders prognostiziert, ich wäre wahrscheinlich in eine tiefe Depression verfallen. Was druckten die Zeitungen nicht alles! *Klitschko am Ende? Kann er wieder boxen? Wird er jemals gesund?* Sie schrieben mich offenbar schon ab. Und die Leute schienen das zu glauben. Ständig klingelte das Telefon. Jeden Anrufer musste ich beruhigen, dass es nicht so dramatisch sei, wie es in der Zeitung stand.

Die Ärzte waren mit meinem Zustand sehr zufrieden. Einen Tag nach der Operation stand ich zwar noch nicht wieder im Gym, das war auch nicht zu erwarten. Aber ich hatte kaum noch Schmerzen, als ich mit Wladimir einen längeren Spaziergang durch Heidelberg unternahm. Die Muskelfunktion im Rücken war noch nicht wieder hundertprozentig hergestellt. Und die Operationsnarben pochten noch ein wenig. Aber das war auszuhalten. Im Vergleich zu vorher fühlte ich mich richtig gut. Sah man einmal von den Kopfschmerzen ab, die mir die Zeitungsberichte bereiteten. Ich war wütend, weil darin solcher Unsinn stand. Und ich schwor mir: »Euch zeig ich's noch! Ich komme zurück, und dann werde ich stärker sein als je zuvor!«

Fürs Erste verspürte ich jedoch das dringende Bedürfnis, dieser Schwarzmalerei entgegenzusteuern. Vielleicht hätte es mir egal sein sollen. Irgendwann würde ich wieder im Boxring stehen und alle Lügen strafen, die mich jetzt verbal in den Ruhestand schickten. Aber es kratzte mich. Hier ging es nicht um eine belanglose Story, sondern um meine Reputation als Boxer. Darum bat ich die Ärzte, die mich operiert hatten, den Sachverhalt richtig zu stellen, falls sich Journalisten bei ihnen meldeten. Dann schlug Bernd, dem die Dramatik, die in meine Verletzung hineininterpretiert wurde, auch missfiel, vor, ein viel größeres Podium zu nutzen, um den Leuten die Wahrheit zu sagen, nämlich die nächste *Stern-TV*-Sendung von Günther Jauch. Ursprünglich hatten wir dort auftreten sollen, um unser Fitnessbuch vorzustellen, das gerade erschienen war. Der Termin stand seit Wochen fest. Nach meiner Operation rechnete natürlich niemand in der Redaktion damit, dass wir tatsächlich kommen würden.

Wir stellten uns das amüsant vor: Alle Welt hielt mich für einen Invaliden, und dann tauchte ich plötzlich im Fernsehen auf, ohne Rollstuhl, ohne Krücken, ich humpelte ja nicht einmal mehr. Darüber würden bestimmt auch die Zeitungen berichten, und alles wäre wieder klargestellt.

Ich rief sogar Natalie an, sie solle sich die Sendung ansehen. Ich wurde das Gefühl nicht los, dass sie mir noch immer nicht glaubte. Ihr Misstrauen konnte ich ja verstehen. Sie kennt mich eben gut und weiß, dass ich um eine Verletzung nie viel Aufhebens mache, wie schmerzhaft sie auch sein mag. Diesmal aber hatte ich ihr, nachdem sie mich bei meiner Flunkerei ertappte, alles haarklein erzählt.

Wladimir und Bernd begleiteten mich. Ich fragte auch den verantwortlichen Arzt, ob er mitkomme, um den Zuschauern zu erklären, dass es um meine Gesundheit so schlimm nicht stand. Ich dachte, dann würde es am glaubwürdigsten herüberkommen. Der Doktor schien auf meine Bitte förmlich gewartet zu haben. Im Fernsehstudio sollte mir klar werden, warum. Er konnte den Namen seiner Klinik gar nicht oft genug wiederholen. Und die Genialität seiner Ärzte lobte er auch in jedem zweiten Satz. Überhaupt ging es in der Sendung gar nicht so sehr um mich oder unser Buch, sondern um Rückenschmerzen allgemein und darum, dass es sich dabei um eine Volkskrankheit handelt. Entgegen der Absprache mit Bernd hatten sie das Programm komplett umgestellt. Mein Fall diente lediglich zur Illustration. So kam es mir jedenfalls vor. Nach dem Motto: Eben noch im Krankenbett – jetzt wieder auf der Showbühne.

Als der Arzt dann auch noch die Operation, die er mit seinen Kollegen an mir durchführte, in allen Einzelheiten beschrieb und dazu auf einem großen Monitor die entsprechenden Bilder gezeigt wurden, zog es mir fast die Schuhe aus. Hatten sie mich etwa im Operationssaal gefilmt? Dafür hätte ich niemals mein Einverständnis gegeben. Ich fühlte mich vorgeführt, instrumentalisiert, missbraucht als Reklamemaskottchen für eine Klinik.

Die größte Überraschung hob er sich für den Schluss seines Vortrags auf. Plötzlich hielt er kleines Stück Fleisch oder Knorpel, so genau konnte man das nicht unterscheiden, in die Kamera und verkündete, dies stamme aus meinem Rücken. Mir wurde richtig schlecht. Nicht, weil ich kein Blut sehen kann. Ich hatte Natalie beruhigen wollen. Und nun das! Sie ist so empfindlich und saß jetzt zu Hause vor dem Fernseher. Wie würde sie diese Bilder verkraften? Und alles, was sich hier abspielte? Ich kann nicht sehr überzeugend gewirkt haben. Auf die Fragen, die mir Günther Jauch anschließend stellte, antwortete ich denkbar knapp. Ich konnte mich nicht konzentrieren, war völlig durcheinander, enttäuscht – und wütend!

Der Arzt behauptete nach der Sendung, die Filmaufnahmen

stammten nicht von meiner Operation. Falls das stimmte, änderte das auch nichts mehr. Die Redaktion hatte den Beitrag so zusammengeschnitten, dass der Eindruck entstehen musste, es handle sich um meinen Rücken, aufgeschnitten und blutend. Natalie war noch schockiert, als ich sie später aus dem Hotel anrief. Ich weiß nicht, was ich getan hätte, falls wirklich Komplikationen mit dem Baby aufgetreten wären. Meine Anwälte rieten mir unabhängig davon, den Arzt zu verklagen. Aber was hätte das für mich, für uns verändert? Rückgängig hätte ich es damit nicht machen können. Mochte ich auch an seinem Charakter zweifeln, als Arzt leistete er gute Arbeit. Er würde in Zukunft noch vielen Patienten helfen können. Außerdem hasse ich Gerichtssäle. Und es gab genug andere Dinge, auf die ich mich jetzt konzentrieren musste.

Ich verschwendete keine Zeit. Eine Woche nach meiner Operation legte ich mit den ersten Reha-Übungen los. Und zwei Monate später steckte ich schon mitten in den Vorbereitungen für meinen dreiunddreißigsten Profikampf. Fritz musste mich manchmal bremsen, damit ich in meinem Elan nicht übertrieb. Klaus-Peter Kohl und Don King, der Larry Donald promotete, handelten einen neuen Termin aus. Wer gewann, sollte gegen Lewis antreten. Die Fernsehsender ZDF und HBO redeten auch ein Wörtchen mit. Schließlich einigten sich alle auf den 23. November 2002. Bei der Dortmunder Westfalenhalle blieb es, um die Zuschauer für die lange Wartezeit zu entschädigen. Mein Wunschtermin war das nicht. Aber das kann man sich nicht immer aussuchen. Außerdem war ich froh, so schnell wieder boxen zu können.

Und vielleicht konnte Natalie ja noch ein paar Tage warten. Ihr Arzt in Los Angeles hatte den Geburtstermin für unser zweites Kind für Ende November errechnet. Es würde eine Tochter werden, das wussten wir schon. Ich bat Natalie, sich auch wirklich zu gedulden, bis ich da sei. Ich wollte bei der Geburt unbedingt wieder dabei sein. Das war das Mindeste, was ich tun konnte. Ich plante alles, um nach dem Kampf so schnell wie möglich zu ihr zu kommen. Ich buchte einen Platz in der ersten Maschine, die am 24. November nach Los Angeles ging. Und auf der Pressekonferenz verriet ich, dass ich beabsichtige, den Kampf gegen Donald vorzeitig zu beenden. Das hatte ich noch nie getan. Solche Töne sind eigentlich nicht meine Art. Fritz wunderte sich und meinte, ich solle lieber vorsichtig mit solchen Sprüchen sein. Er dachte bestimmt, ich nähme Donald nicht ernst genug. Es war schon riskant, überhaupt einen Sieg über ihn zu prophezeien. Der Amerikaner hatte erst zwei seiner über vierzig Profikämpfe verloren. Und noch keinem war es bisher gelungen, ihn auszuknocken. Aber irgendwie spürte ich, dass mir das gelingen würde.

Wahrscheinlich war Natalie viel zu aufgeregt. Der Kampf! Und das Baby! Die Wehen setzten zwei Tage früher ein als erwartet. Drei Stunden bevor ich in den Ring sollte, klingelte plötzlich mein Telefon im Hotel. Natalie rief aus dem Sinai Cesars Hospital an. Sie klang erschöpft, aber auch sehr glücklich. Sie entschuldigte sich, dass sie doch nicht auf mich warten konnte. Und sie gratulierte mir zur Geburt meiner Tochter. Es sei ein strammes, gesundes Mädchen. Was hätte ich dafür gegeben, in diesem Moment bei ihnen zu sein! Wie gern hätte ich Natalie und die Kleine in meine Arme geschlossen! Ich konnte kaum abwarten, den Kampf hinter mich zu bringen, um zu ihnen zu fliegen. Jetzt durfte mir erst recht kein Fehler unterlaufen. Jetzt musste ich es besonders gut machen, musste konzentriert bleiben. Und ich musste Donald bezwingen. Natalie meinte, sie hätte im Kreißsaal den ersten Sieg für uns errungen, jetzt sei ich dran.

Larry Donald, der nicht müde wurde, sich als lebende Legende zu rühmen, trainierte seit geraumer Zeit mit Richie Giachetti, einem Urgestein des Profiboxens, der früher mit Mike Tyson gearbeitet hatte. Mitte der achtziger Jahre sammelte er sogar Erfahrungen beim Film: Vor und während der Dreharbeiten zu *Rocky IV* machte er Sylvester Stallone und Dolph Lundgren für ihre Boxszenen fit. Auch bei Donald leistete Giachetti gute Arbeit. Sein Stil glich ein wenig dem von Muhammad Ali. Für einen

Schwergewichtler bewegte er sich ungewöhnlich viel und ungewöhnlich leichtfüßig, fast tänzelnd.

Ich kämpfte für mich, ich kämpfte für Natalie und Egor. Und zum ersten Mal kämpfte ich für dieses kleine Geschöpf, das seit wenigen Stunden unsere Tochter war. In den ersten Runden fiel es mir schwer, Donald wirkungsvoll zu treffen. Wir tasteten uns zuerst einmal ab. Meiner Rechten wich er geschickt aus, sodass ich häufig ins Leere schlug. Dafür hielt ich ihn mit meinem linken Jab in Schach. Er legte es scheinbar darauf an, über die Runden zu gehen, um mich müde zu machen. Doch meine Kondition bereitete mir keine Sorgen. Mit der würde ich auch zwölf Runden durchstehen. Er dagegen wurde von Runde zu Runde langsamer. Nur in der siebten bäumte er sich einmal auf und hatte damit offenbar sein Pulver verschossen.

Er tänzelte jetzt weniger und bot mir dadurch eine bessere Zielscheibe. Jetzt kamen auch meine Geraden mit der Rechten an, immer besser sogar. In der achten Runde steckte er gleich drei hintereinander ein und anschließend noch eine Links-rechts-Kombination. Entscheidend wurde die zehnte Runde. Ungefähr nach der Hälfte der Zeit setzte ich ihn das erste Mal außer Gefecht. Kurz darauf ging er erneut zu Boden, insgesamt dann fünf Mal. Wobei der Ringrichter zwei davon nicht wertete, da er meinte, ich hätte Donald in diesen Fällen umgestoßen. Drei Niederschläge führte er aber eindeutig auf meine Schläge zurück. Zuletzt setzte ich zu einem rechten Cross an und beendete damit den Kampf. Und all die Spekulationen über ein mögliches Karriereende, die nach meiner Verletzung aufgekommen waren, auch gleich. Mit dem nächsten Kampf würde ich um den Gürtel eines Weltmeisters kämpfen, endlich wieder.

Doch zuerst einmal musste ich schleunigst nach Los Angeles. Dort wartete meine Familie auf mich. Wie würde mein Töchterchen aussehen? Hatte sie Ähnlichkeit mit Natalie? Konnte man das jetzt überhaupt schon sehen? Mir wirbelten tausend Gedanken durch den Kopf, Zeit genug hatte ich im Flugzeug ja. Ich überlegte auch, wie es diesmal sein würde, ob ich die gleichen Gefühle verspüren würde, die nach Egors Geburt so intensiv waren, dass sie mich regelrecht überwältigten. Ich hatte sie damals für einmalig, für unwiederbringlich gehalten. Würde ich für meine Tochter womöglich weniger empfinden? Dieser Gedanke machte mir ein bisschen Angst. Doch als ich das kleine Bündel endlich in meinen Armen hielt, beantworteten sich alle Fragen mit einem Mal von selbst, und jeder Zweifel schwand. Ich empfand nur noch unsagbares Glück!

Das konnte auch der kleine Streit nicht trüben, der sich zwischen Natalie und mir entspann, als es darum ging, einen Namen für unsere Tochter auszuwählen. Natalie hatte sich schon vor Wochen auf Elisabeth festgelegt. Ich fand jedoch, nach dem, was am Tag zuvor alles geschehen war, würde Victoria noch besser zu ihr passen. Ich hatte mein Comeback gefeiert und eindrucksvoll meinen Gegner besiegt und damit die Voraussetzung für den wichtigsten Kampf meines Lebens geschaffen. Natalie freute sich darüber genauso, aber der Name gefiel ihr trotzdem nicht so gut. Da ließ sie nicht mit sich reden. In solchen Situationen käme man nie darauf, dass ihr Sternzeichen eigentlich Fisch ist. Sie kann dickköpfig sein wie ein Widder. Also schlug ich ihr einen Kompromiss vor: Wir würden der Kleinen einfach beide Namen geben, Victoria und Elisabeth. Damit endete unser Disput allerdings noch nicht. Wenn schon, dann wollte Natalie die umgekehrte Reihenfolge. Jetzt war ich es, der sich weigerte, klein beizugeben. Irgendwann schien sie schließlich doch einzulenken. Bis ich feststellte, das sie mich nur ausgetrickst hatte: In den Papieren, die sie für die Geburtsbescheinigung ausfüllen musste, trug sie einfach Elisabeth Victoria ein. Damit war es amtlich und nicht mehr zu ändern. Dafür, versprach sie mir anschließend hoch und heilig, dürfe ich den Namen für unser drittes Kind bestimmen.

Obwohl Klaus-Peter Kohl den Vertrag für einen Kampf gegen Lennox Lewis seit Wochen unterschrieben in der Tasche hatte, ließ mich der Brite zappeln. Er trieb ein merkwürdiges Spiel. Inzwischen besaß er nur noch den Weltmeistergürtel des World

Boxing Council. Seinen zweiten, den der International Boxing Federation, gab er freiwillig zurück, um sich einen Kampf gegen Chris Byrd zu ersparen. Don King versüßte ihm den Verzicht mit einer Million Dollar und einem nagelneuen Range Rover. Natürlich nicht aus Gutmütigkeit, er brauchte den vakanten Titel, um ein Duell zwischen seinem Schützling Byrd und Holyfield zu arrangieren. Byrd siegte überraschend klar. Ende des Jahres 2002 kam endlich auch bei uns Bewegung in die Verhandlungen. Bis dahin waren wir über bloße Bereitschaftsbekundungen nie hinausgekommen. Jetzt legte Lewis' Manager Adrian Ogun erstmals einen konkreten Termin für den Kampf fest, der im kommenden Frühjahr lag. Ungeklärt blieb nur der Ort.

Doch Anfang 2003 plötzlich, da sollte alles nicht mehr wahr sein. Lewis zog seine Zusage zurück und behauptete, er habe nie einen Vertrag mit uns unterzeichnet. Ihm schien sein Ruhm nicht zu bekommen. Schließlich gibt es klare Regeln. Und die besagen, dass der Weltmeister seinen Gürtel innerhalb einer bestimmten Frist verteidigen muss. Die Nummer eins der Weltrangliste stand in diesem Fall auch als Herausforderer an erster Stelle. Nach dem Sieg über Donald war das nun einmal ich. Ich gab die Hoffnung also nicht auf. Aber es ging monatelang so weiter. Ich forderte ihn heraus, Lewis lehnte ab. Irgendwann schalteten wir unsere Anwälte ein, und schließlich handelte auch der Boxverband, der ihm ein Ultimatum für die Pflichtverteidigung seines Titels stellte. Lewis wollte lieber noch einmal gegen Mike Tyson boxen. Aber der sagte ab. An einem Wochenende Anfang Mai verhandelten wir wieder. Seit einem Jahr ging es ständig hin und her. Doch diesmal sah es wirklich danach aus, als käme der Kampf zwischen uns zustande. Auch mit den Fernsehsendern war alles besprochen. Sie würden am 21. Juni aus dem Staples Center in Los Angeles übertragen. Lewis und ich sollten um die WBC-Weltmeisterschaft kämpfen.

Als ich mich am Montag darauf wie jeden Morgen ins Internet klickte, um die aktuellen Nachrichten abzurufen, traute ich meinen Augen nicht. Das musste ein Fehler sein! Lewis habe endlich seinen Vertrag unterschrieben, stand dort. Doch nicht ich würde sein Gegner sein, sondern ein gewisser Kirk Johnson. Wie kam der denn plötzlich dazu? Der Kanadier stand in der Weltrangliste hinter mir und war bislang nie im Gespräch gewesen. Aber das Reglement erlaubte dem Champion, sich einen unter den ersten zehn als Gegner auszusuchen. Es war also kein Irrtum und auch keine Falschmeldung. Mir boten sie einen Kampf im Vorprogramm an, gegen den Amerikaner Cedric Boswell, der hatte auch nie auf meiner Liste gestanden. Ich war stocksauer, nahm das Angebot aber trotzdem an. Auf diese Weise könnte ich mich wenigstens dem amerikanischen Publikum präsentieren. Außerdem sollte Lewis wissen, dass ich ihm auf den Fersen blieb. Mit einem Sieg über Boswell käme er…, aber das hatte ich ja bereits nach meinem Fight gegen Donald gedacht. Verlassen konnte ich mich in dieser Hinsicht wohl auf nichts mehr.

Offenbar nur auf das Schicksal oder auf mein Glück. Eins von beiden muss es gewesen sein. Denn zwölf Tage vor dem Zusammentreffen mit Lewis zog sich Kirk Johnson einen Muskelfaserriss zu und musste absagen. Auf diese Weise kam ich doch noch zu meiner Chance. Fragte sich nur, ob ich nicht ein zu großes Risiko einging. Mir würde nicht genügend Zeit bleiben, mich auf Lewis einzustellen. Meine gesamte Vorbereitung war auf Boswell zugeschnitten. Der hatte nicht nur eine andere Statur, er praktizierte auch einen anderen Boxstil als Lewis. Fritz meldete Bedenken an. Ich überlegte auch. Ich erinnerte mich an die Vorgeschichte meines Kampfes gegen Chris Byrd. Der war auch nur durch die Absage des ursprünglichen Gegners zustande gekommen. Und er war schlecht ausgegangen. Ich würde gegen Lewis gut vorbereitet sein, aber nicht optimal. Andererseits fragte ich mich, ob ich ansonsten jemals die Gelegenheit bekäme, gegen ihn zu boxen. Nach dem, was er bis dahin abgezogen hatte, um einem Kampf gegen mich aus dem Weg zu gehen, würde er sich wohl kaum freiwillig darauf einlassen. Jetzt aber musste er. Der Veranstalter drängte, das Fernsehen und sein Manager wohl auch.

Ich fragte Fritz: »Glaubst du an mich?«

»Natürlich glaube ich an dich«, antworte er.

»Gut«, sagte ich, »wenn du an mich glaubst: Ich glaube an mein Schicksal.« Wir wagten es.

Der Tag vor dem Kampf: Ich zog mich völlig zurück. Ich schaltete den Fernseher nicht ein, ich nahm keine Zeitung zur Hand. Mein Handy war seit Tagen ausgeschaltet. Ich konzentrierte mich nur auf mich. Kämpfe werden im Kopf entschieden. Stimmt die Psyche nicht, ist jedes Training umsonst. Nur am Abend wagte ich mich unter Leute. Ich ging mit Wladimir und Roman ins Kino. Das mache ich eigentlich immer vor einem Kampf, Wladimir auch. Das lenkt noch einmal ab. Sonst würden wir wahrscheinlich im Hotel hocken und grübeln und nicht einschlafen können. Roman kennen wir aus Kiew. Er ist ein guter Freund, eine treue Seele. Wenn man so will, fungiert er in den Vorbereitungsphasen für unsere Kämpfe als Kotrainer, Physiotherapeut und Mädchen für alles. Er betreut uns den ganzen Tag und ist uns dabei auch ein guter Gesprächspartner. Er strahlt eine unglaubliche Ruhe aus. Ich möchte nicht auf ihn verzichten müssen.

Wir sahen uns den Film *Hulk* an, der an diesem Abend Premiere hatte. Darin spielt Eric Bana einen Wissenschaftler, der bei einem schweren Forschungsunfall eine Überdosis Gammastrahlen abbekommt und sich von da an jedes Mal in ein grünes Monster verwandelt, sobald ihn jemand reizt. Es war keine sehr kluge Entscheidung, ausgerechnet diesen Film auszuwählen. Er lief fast zweieinhalb Stunden. Dadurch kamen wir erst gegen Mitternacht ins Hotel zurück. Eigentlich hatte ich früher schlafen gehen wollen. Und eigentlich sollte mich der Film müde machen. Doch jetzt war ich aufgekratzt. Die verrückten Kampfszenen zwischen Hulk, dem grünen Monster, und den Mutantenhunden spukten mir noch im Kopf herum. Und das wilde Geballere auch, als ihn das Militär mit Panzern und Kampfjets jagte. Ich ärgerte mich, dass ich mir diesen Actionkram angesehen hatte und deshalb jetzt schlecht einschlafen konnte. Ausgerechnet in dieser Nacht musste mir das passieren!

Normalerweise schlafe ich vor Kämpfen immer tief und fest. Diesmal schlief ich sehr unruhig und wachte zwischendurch ständig wieder auf. Einmal schaute ich auf die Uhr. Es war kurz nach vier. Viel zu früh, um aufzustehen. Das würde meinen ganzen Rhythmus durcheinander bringen. Aber ich war zu aufgewühlt, um wieder einschlafen zu können. Ich ging auf den Balkon. Ich spürte eine kühle Brise und roch die frische Luft. Es würde nicht mehr lange dauern, bis die Sonne aufging. Im Westen dämmerte es schon. Ich sah zum Washington Boulevard hinüber, der nach Venice Beach zum Ozean führt. Tagsüber fuhren hier ununterbrochen Autos, jetzt lag er verlassen da. Ich dachte an den bevorstehenden Kampf. Dieser 21. Juni könnte der wichtigste Tag meines Lebens werden. Was würde er bringen? Einen triumphalen Sieg oder eine bittere Niederlage?

Mit einem Sieg könnte ich Geschichte schreiben und weltbekannt werden. Ich würde nicht nur Lewis' Nachfolge als WBC-Weltmeister antreten, sondern mich unter die ganz Großen einreihen. Diesen Gürtel hatten schon Muhammad Ali und Mike Tyson getragen. Mir kam das Lied einer ukrainischen Rockgruppe in den Sinn, darin heißt es: »Besser tot sein als Zweiter...« Ich sang den Text leise vor mich hin. Ich dachte nicht ans Sterben. Es musste ein Sieg werden! Ein Sieg! Danach schlief ich noch einmal ein. Und als ich gegen neun Uhr aufwachte, fühlte ich mich überraschenderweise ausgeschlafen. Ich war bereit.

Als Herausforderer wurde ich als Erster in den Ring gerufen. Psychologisch ist das nicht unbedingt ein Vorteil. Doch ich hatte mich darauf eingestellt. Ringsprecher Michael Buffer zog meinen Namen wie immer in die Länge: *Viitaliiiiii Klitschkooo*. Danach ertönte meine Walk-in-Musik. Ich wusste das, weil es immer so ist, aber ich hörte sie nicht. Meine Gedanken waren nur noch beim Kampf. Ich hatte mich diesmal für *Hotel California* von den Eagles entschieden. Ich liebe dieses Lied. Und ich fand, dass es hervorragend zum Austragungsort und der Zeit meiner Vorbereitung passte, die ich komplett in Los Angeles absolviert hatte. Ich schritt den Gang zum Ring entlang. Neben mir zwei Männer von der Security, die mich begleiteten, seitdem ich zwei Stunden zuvor das Hotel verlassen hatte. Hinter mir gingen Fritz und Wladimir. Und Joe Souza, der Cutman. Bislang hatte Fritz immer meine Blessuren verarztet. Für diesen Kampf engagierten wir zum ersten Mal einen professionellen Cutman. Bernd hatte uns nach Wladimirs Niederlage gegen Corrie Sanders eindringlich dazu geraten, und er hatte Recht. Ein Coach muss sich in den ohnehin kurzen Ringpausen voll auf seinen Boxer konzentrieren. Das kann er aber nicht, wenn er nebenbei auch noch mit Wattestäbchen, Vaseline und einem Eisbeutel hantieren muss.

Minuten vergingen, der Champion ließ auf sich warten. Die üblichen Psychospielchen, die sich Lewis vor fast jedem Kampf einfallen ließ, um seine Gegner nervös zu machen. Fritz sagte: »Bleib ganz ruhig!« Ich war ruhig. Vielleicht ist ruhig das falsche Wort. Weil ich natürlich aufgeregt und angespannt war. Aber das bin ich vor jedem Kampf. In dem Augenblick, in dem ich durch die Seile in den Ring steige, fällt diese Anspannung von mir ab. Dann befinde ich mich im Zustand höchster Konzentration. »Ruhig« soll also heißen, dass ich mich so fühlte, wie ich mich in diesen Momenten immer fühle. Ich hatte die Situation unter Kontrolle. Nichts war ungewöhnlich. Ich sagte: »Meinetwegen kann der mich eine Stunde warten lassen.« Ich musste nur zusehen, dass ich warm blieb.

Was hatte Lewis vor unserem Kampf nicht alles gehöhnt: Er wolle mich zum Lunch verspeisen und nur keine Überstunden machen, dafür würde er nicht bezahlt. Womit er die volle Distanz von zwölf Runden meinte. Fünf Runden gestand er mir zu, höchstens, danach würde er mich ausknocken.

Endlich standen wir beide im Ring. Jeder suchte den Blick des anderen. Ich versuchte, in Lewis' Augen zu lesen. Das mache ich bei allen Gegnern so. Lewis wirkte konzentriert und selbstbewusst. Ich sah keine Nervosität. Er schien sich sicher zu fühlen. Dann der erste Gong: Wir tasteten uns gegenseitig nicht erst ab. Lewis begann noch relativ verhalten, ich dafür legte mich gleich mit linken Jabs ins Zeug. Ich suchte eine Lücke in seiner Deckung, um meine Rechte durchzubringen. Zweimal gelang mir das. Dazwischen versuchte ich, Lewis auf Distanz zu halten. Doch der ging ständig auf Körperkontakt, um zu clinchen. In der Pause meinte Fritz, ich sollte so weitermachen, ihn nicht zu dicht kommen lassen, damit ich ihm keine Gelegenheit gäbe, seine gefürchteten Haken zu schlagen. In Runde zwei erwachte Lewis, und ich kassierte die ersten Treffer. Doch die spürte ich kaum. Ungefähr nach der Hälfte klaffte wieder ein Loch in seiner Deckung. Blitzschnell schickte ich einen rechten Cross und traf ihn damit am Kinn. Die Wirkung blieb nicht aus, sein Blick trübte sich ein, der Weltmeister wankte. Ich setzte mit einigen Kombinationen nach, vielleicht ein wenig zu hektisch. Sie bewirkten auch nicht viel, da er sich zu helfen wusste. Er klammerte ständig, um zu verschnaufen und wieder klar zu werden. Der Ringrichter unterband das nicht, und so erholte er sich. In dieser Runde hätte sich schon alles entscheiden können.

Stattdessen passierte in der nächsten etwas Gravierendes. Lewis stürmte überfallartig auf mich los. Er erwischte mich mit zwei Rechten. Die rechten Geraden sind neben den Haken seine gefährlichsten Waffen. Dann schlug er mir auch noch seinen Kopf entgegen. Schmerzen spürte ich immer noch nicht, die betäubte das Adrenalin. Aber ich fühlte plötzlich, wie eine warme Flüssigkeit über meine linke Wange rann. Blut! Verdammt, ein Cut! Noch nie hatte ich mir eine schwere blutende Wunde zugezogen, in all meinen Kämpfen nicht. Jetzt klaffte eine Risswunde über dem linken Auge, breit genug, um einen Finger hineinstecken zu können, aber die sah ich natürlich nicht. Später wurde spekuliert, was eine derartige Wunde hatte verursachen können. Lewis behauptete, einer seiner Schläge hätte dazu geführt. Beweisen kann ich es nicht, aber ich glaube, es war einer seiner Kopfstöße. Er hatte die Haare zu dünnen Zöpfen geflochten, die scharf wie Messerklingen waren. Unablässig versuchte er, mir seinen Hinterkopf ins Gesicht zu stoßen, von der ersten Runde an. Zum Glück schwoll mein Auge nicht zu. Ich behielt einen freien Blick. Aber der Cut blutete unaufhörlich.

In der Pause bekam Joe Souza richtig zu tun. Fritz hatte sich die ganze Zeit gegen einen Cutman gestemmt. Der, fürchtete er, könnte verbotene Substanzen in die Adrenalinchloridlösung mischen, mit der er Blutungen stillte, falls sie auftraten. In einem solchen Fall drohte dem behandelten Boxer die Disqualifikation. Das soll schon häufiger vorgekommen sein. Doch Souza galt nicht nur als äußerst erfahren, sondern auch als genauso seriös. Als Cutman genoss er einen exzellenten Ruf. Und an diesem Abend leistete er exzellente Arbeit. Fritz war froh, dass wir ihn in unserer Ecke hatten. Trotzdem machte er sich Sorgen. Ich sah die Wunde ja erst hinterher, aber Fritz' Augen verrieten, dass sie wirklich schlimm sein musste. Im Stillen schickten wir wohl beide die gleichen Stoßgebete zum Himmel: Hoffentlich entscheidet dieser Cut nicht den Kampf! Hoffentlich bricht der Ringrichter deswegen nicht ab! Was, wenn es Souza nicht mehr gelingen sollte, die Blutung zu stoppen?

Lewis zielte nur noch auf mein lädiertes Auge. Traf er es mit den Fäusten nicht, nahm er seinen Kopf zu Hilfe. Einmal bohrte er mir seine Rastalocken so tief in die Wunde, dass ich trotz des Adrenalins ein Stechen spürte. Von Runde zu Runde boxte er unsauberer. Als ich in der vierten auf der Ringplane ausrutschte, wuchtete er sofort seinen Körper auf meinen und drückte mich hinunter. Seinen Ellenbogen stieß er dabei gegen meinen Hals. Der Ringrichter wertete den Sturz zwar nicht als Schlagwirkung, doch Lewis ließ er auch weiterhin gewähren. Er schritt gegen dessen Fouls nicht ein. Nicht einmal, nachdem es in derselben Runde auch noch unter meinem linken Auge zu bluten begann, ohne dass mich dort ein Schlag getroffen hätte. Noch eine Risswunde! Ich revanchierte mich, woraufhin Lewis gegen die Ringseile torkelte. Im Gegenzug kam er mit einem Uppercut durch, mit dem er mein Kinn erwischte. Ich spürte die Wucht, doch ich merkte, dass sie mir nichts ausmachte. Natürlich kostete jede Minute Kraft, jede Sekunde, und meine Kondition ließ auch nach. Aber ich hatte das Gefühl, dass er mich an diesem Abend selbst mit einem Baseballschläger nicht klein kriegen könnte. Ich würde den Ring erst verlassen, wenn ich Weltmeister war.

Bis dahin hatte ich, außer der dritten, alle Runden für mich entschieden. In der sechsten lag Lewis vorn, aber auch nur knapp. Mir gelang zwar eine gute Rechte, doch ich vernachlässigte meine Deckung, wodurch er mir einen rechten Haken verpassen konnte und dann noch einen. Nach dem Pausengong sah ich, dass mein Gegner langsam in seine Ecke schlich und erschöpft auf seinen Hocker sackte. Er war also müde. Und gezeichnet war er auch, quer über seine Nase zog sich eine Wunde. Ich spürte noch Reserven. Der Cutman arbeitete zuverlässig, wie in den Pausen zuvor. Fritz redete auf mich ein. »Halte ihn mehr auf Distanz«, sagte er, »nur so kannst du seine unsauberen Attacken unterbinden.« Ich hörte genau zu, und ich verstand jedes Wort. Dass noch einer in unserer Ecke auftauchte, Paul Wallace nämlich, der Ringarzt, bekam ich gar nicht mit. Hinterher behauptete er, ich hätte auf seine Ansprache nicht reagiert. Natürlich tat ich das nicht. Wie hätte ich ihn überhaupt wahrnehmen sollen? Ich konzentrierte mich voll und ganz auf die Worte von Fritz.

Wie viele Millionen Menschen sahen das Ende? Wie viele begriffen, was Ringrichter Lou Moret vor dem Gong zur siebten Runde entschied? Ich verstand es nicht. Er brach den Kampf einfach ab! Weder Lewis noch ich hatten ihn entschieden. Der Ringarzt war es. Und das, obwohl ich bei klarem Verstand war und gut sehen konnte. Und obwohl unser Cutman die Wunde unter Kontrolle hatte. Moret stimmte ihm nur zu und waltete seines Amtes.

Was lief hier ab? Ich wollte es nicht wahrhaben. »Nein!«, schrie ich, »lasst mich kämpfen!« Ich rannte durch den Ring. »Nein! – Nein! – Nein!« Ich rannte zum Ringrichter. »Warum?«, fragte ich ihn. Aber der drehte sich weg. Ich rannte zu Lewis, der grinste nur. Die Zuschauer tobten mittlerweile auch. »Bullshit!«, riefen sie, als die Entscheidung verkündet wurde. Die meisten sahen es offenbar wie ich. Sie jubelten mir zu, mir, dem Verlierer! Sie feierten mich, als hätte ich gewonnen. Lewis hingegen, den

Weltmeister, buhten sie minutenlang aus. Er kann sich kaum wie ein Champion gefühlt haben.

Wurde ich an diesem Abend im Staples Center von Los Angeles um meinen Sieg betrogen, um den Titel? Ich kann es nicht sagen, auch heute noch nicht. Ich wollte damals unbedingt weiterkämpfen und hätte es auch gekonnt. Dem Cutman war es in jeder Pause gelungen, das Blut zu stillen. Außerdem schmierte er so viel Vaseline unter die Wunde, dass ein kleiner Damm entstand. Dadurch konnte mir das Blut nicht ins Auge laufen. Ob es auch vernünftig gewesen wäre weiterzukämpfen? Das vermutlich weniger. Der Riss sah schon brutal aus. Als ich eine Fernsehaufzeichnung sah, erschrak ich richtig, wie groß er war.

Der Schönheitschirurg Perlman Hicks nähte ihn direkt nach dem Kampf, noch in der Kabine. Er meinte, je schneller er das mache, umso besser würde die Wunde verheilen. Er erledigte seine Arbeit ohne jegliche Betäubung. Ich merkte nicht viel, in mir kochte noch eine Menge Adrenalin. Natalie hielt die ganze Zeit meine Hand. Sie hatte sich den Kampf von der ersten Reihe aus angesehen. Sie war wirklich tapfer. Die anderen Wunden verarztete Hicks auch gleich mit. Ich hatte insgesamt vier: Noch zwei auf dem Jochbein, und die Lippe war innen auch aufgerissen. Für alles zusammen benötigte er sechzig Stiche.

Es ist leichtsinnig, seine Gesundheit aufs Spiel zu setzen. Doch ich hatte lange auf diesen Kampf hingearbeitet. Er war mein großes Ziel. Ich wollte Lewis schlagen, und ich wollte unbedingt wieder Weltmeister werden. Wenn man von diesem Gedanken beherrscht wird, Jahre seines Lebens diesem Ziel unterordnet, sich noch antreibt, wenn die Glieder längst schmerzen, dann sieht man das alles etwas anders. Ich will nicht sagen, dass im Kampf der Verstand aussetzt. Aber ich bin dann nur darauf fixiert, den Ring als Sieger zu verlassen, und gebe einfach alles.

Unter Brüdern

Vitali und Wladimir

Es wird einem nichts geschenkt im Leben, außer das Leben selbst. Ein paar Träume vielleicht noch, die – ist einem das Glück gewogen – in Erfüllung gehen. Und manchmal, auch das ist ein Geschenk, bekommt man die Chance, sein Schicksal selbst in die Hand zu nehmen, um sich einen Traum zu verwirklichen. Wir hatten diesen Traum, und wir hatten es selbst in der Hand: Das Jahr 2004 sollte unser Jahr werden, das Jahr unseres größten Triumphes. Das Jahr, in dem die zwei Brüder aus Kiew Weltmeister würden, beide – zur gleichen Zeit.

Ein weiter Weg liegt hinter uns. Vor acht Jahren zogen wir aus, uns diesen Traum zu erfüllen. Wir verließen unsere Heimat, ohne sie ganz und für immer aufzugeben, und wir fanden in Deutschland eine neue. Wir ließen viele Freunde zurück und trafen auf Menschen, die zu neuen Freunden wurden. Wir sprachen kaum Deutsch und nur schlecht Englisch. Inzwischen beherrschen wir beide Sprachen recht gut. Wir kannten uns in der großen Sowjetunion, aber nicht in der großen weiten Welt aus. Heute ist uns kein Kontinent mehr fremd. Wir suchten die Herausforderung und kamen unserem Ziel Stück für Stück näher, Kampf um Kampf. Wir machten Fehler dabei und legten Umwege ein, die nicht immer freiwillig waren. Und Rückschläge erlitten wir auch, weil wir Menschen sind, nicht unfehlbar, mit Gefühlen, Stärken und Schwächen. Wir sind keine Roboter, die man auf Erfolg programmieren kann. Wir müssen jeden Erfolg hart erarbeiten. Wir haben einen enormen Willen und ordnen alles unserem Sport, dem Boxen, unter. Der steht an erster Stelle. Jedoch nicht zu jeder Zeit und nicht an jedem Ort. Das Leben soll nicht wie eine Wolke an uns vorüberziehen. Wir wollen teilhaben, es genießen, wie jeder andere auch. Nach einem Kampf – und bis die Vorbereitung auf den nächsten beginnt.

Dieser nächste Kampf nun sollte für uns beide jeweils ein

Kampf um die Krone werden, um einen Weltmeistertitel im Schwergewicht. Als »Schicksalsmonat« wurde der April auserkoren. Wladimir sollte zuerst in den Ring steigen, im Spielerparadies Las Vegas. Vitali exakt vierzehn Tage später in Los Angeles. Eine spannendere Dramaturgie hätte man sich kaum einfallen lassen können: zwei Brüder, zwei Wochen, zwei Boxverbände, zwei Weltmeisterschaftskämpfe! Als wären Drehbuchautoren aus Hollywood bei der Planung behilflich gewesen. Uns beiden schwebte natürlich ein Happy End vor. Doch die Geschichte entwickelte sich zu einem rätselhaften Thriller.

Sechs Monate nach seiner überraschenden und vor allem deprimierenden Niederlage gegen Corrie Sanders kehrte Wladimir Ende August 2003 in den Ring zurück. Hoch motiviert, bestens trainiert, bereit, den Boxfans zu beweisen, dass mehr in ihm steckte, als er gegen den Südafrikaner vorgebracht hatte. Doch dieses Vorhaben scheiterte schlicht und ergreifend an seinem Gegner. Gegen den konnte er so gut wie gar nichts zeigen. Fabio Moli forderte ihn keine Sekunde. Er überstand nicht einmal die erste Runde. Wladimirs nächster Kontrahent, Danell Nicholson, hielt sich etwas besser, eine ernste Herausforderung war aber auch er nicht. Der Mann aus Chicago klammerte mehr, als dass er boxte. Und die wenigen Male, die er zu schlagen versuchte, trafen seine Fäuste meistens ins Leere.

Auch Vitali, der nach seiner bravourösen, aber unglücklichen Schlacht gegen Lennox Lewis bis zum Jahresende nur noch einen Gegner vorgesetzt bekam, machte mit diesem kurzen Prozess. Um Kirk Johnson auszuknocken, benötigte er keine zwei Runden. Der Kampf fand in New York City im Madison Square Garden statt, der berühmtesten Boxbühne der Welt. Hier traten 1971 schon Muhammad Ali und Joe Frazier zu ihrem ersten unvergessenen Kampf gegeneinander an. Bei Vitali handelte es sich um einen so genannten Ausscheidungskampf. Als Sieger erkämpfte er sich das Herausfoderungsrecht für einen Weltmeisterschaftskampf. Damit war – mal wieder – der Weg frei für ein

Duell gegen Lewis, den WBC-Weltmeister. Doch der machte – mal wieder – Probleme. Obgleich er Vitali damals im Staples Center, im Ring noch, ein Rematch versprochen hatte, dachte er keineswegs daran, erneut gegen ihn anzutreten. Schien ihm das Wagnis doch zu groß? Stattdessen kündigte er seinen Rücktritt an und hängte die Boxhandschuhe tatsächlich an den Nagel. Wir hoffen, dass er es sich eines Tages noch einmal anders überlegt und wieder zurückkommt. Schließlich hat Vitali noch eine Rechnung mit ihm zu begleichen.

Mit unseren Siegen rutschten wir in den Ranglisten ganz nach oben, Wladimir bei der World Boxing Organization, Vitali beim World Boxing Council. Wie es der Zufall wollte, und wie wir es uns besser nicht hätten wünschen können, gingen beiden Verbänden fast gleichzeitig die Weltmeister aus. Zuerst legte WBO-Champion Corrie Sanders seinen Gürtel nieder, da ihm die Börse nicht hoch genug erschien, die sie ihm für eine Pflichtverteidigung gegen Lamon Brewster boten. Er spekulierte auf einen einträglicheren und prestigeträchtigeren Titelkampf gegen Lewis, den Weltmeister nach WBC-Version. Aber der trat ja dann zurück. Damit waren die beiden begehrten Gürtel vakant. Da das Reglement vorschreibt, dass in einem solchen Fall die zwei Erstplatzierten der jeweiligen Weltrangliste um den Titel kämpfen, bekamen wir die Chance, auf die wir hinarbeiteten, seit wir Berufsboxer sind. Wladimir sollte gegen Lamon Brewster boxen, Vitali gegen Corrie Sanders. Weltmeister war jeder von uns schon einmal gewesen, aber noch nie waren wir es zur gleichen Zeit.

Diesmal wollten wir alles besonders gut machen. Es sollte uns kein Fehler unterlaufen. Mitte Februar verlegten wir unser Trainingscamp von Hamburg nach Los Angeles. Wir quartierten uns in der Apartmentanlage in Marina del Rey ein, die wir jedes Mal nutzen, wenn wir uns dort auf einen Kampf vorbereiten müssen. Für unsere Zwecke ist sie bestens geeignet. Sie verfügt über ein eigenes Fitnessstudio und liegt günstig. Den Strandabschnitt, an dem wir morgens Kondition trainieren, erreichen wir mit dem Auto in fünf Minuten. Zum Gym, der La Brea Boxing Academy, sind es etwa zwanzig Minuten. Und bis nach Santa Monica ist es auch nicht weit. Dort gibt es eine hervorragende Trainingsmöglichkeit für unsere Beinmuskulatur. Ralf Moeller, der einstige Bodybuilder, der inzwischen Hollywood-Schauspieler ist und Actionfilme dreht, hat sie uns gezeigt. An einer ruhigen Wohnstraße führt eine Holztreppe einen steilen Hang hinunter: zweihundert Stufen. Die haben wir in unseren Trainingsplan eingebaut. Einmal die Woche, meistens am Donnerstagmorgen, absolvieren wir dort Stufenläufe. Wir beginnen relativ verhalten, steigern unser Tempo dann aber von Runde zu Runde, vor allem auf dem Weg von unten nach oben.

Nacheinander folgten auch die anderen unseres Teams. Zuerst flog Bernd aus Hamburg ein, dann Roman, der aus Kiew kam, danach Fritz in Begleitung von Matthias, dem Physiotherapeuten des Universum-Boxstalls. Mit ihm lieferte sich Wladimir manch packendes Schachduell. Wir spielen beide gern Schach und stellen uns gar nicht so schlecht an. Vitali trotzte sogar Schachweltmeister Wladimir Kramnik bei einer Runde Blitz-Schach schon ein Remis ab. Allerdings haben wir uns abgewöhnt, in der Vorbereitungsphase gegeneinander zu spielen. Das ist zu nervenaufreibend. Mit uns geht dann immer der Ehrgeiz durch. Die Spiele ziehen sich endlos in die Länge, weil keiner verlieren will. Meistens arten sie in hitzige Diskussionen aus. Und am Ende ärgert sich derjenige, dessen König zuerst fällt, mehr, als ihm gut tut. Also müssen in dieser Zeit Matthias und Roman ran, die spielen beide ziemlich gut. Niederlagen gegen sie können wir komischerweise besser verschmerzen.

Eine Sache sorgte für ziemlichen Wirbel. Nach einigen Wochen stieß noch jemand zu uns. Wladimir bat Emanuel Steward, den amerikanischen Starcoach, ihn bei seinen Vorbereitungen zu unterstützen. Zuvor trennte er sich von Freddy Roach, der Fritz als Kotrainer assistiert hatte. Zugegeben, dieser Wechsel ging etwas holterdiepolter vonstatten. Sofort wurde spekuliert, dass wir nicht nur mit Fritz unzufrieden, sondern auch untereinander zerstritten seien. Aber das war nur Kaffeesatzleserei. Wir wollten einfach alles richtig machen, nur darum ging es. Es hatte auch nichts damit zu tun, dass Wladimir mit Freddys Arbeit unzufrieden gewesen wäre. Er versprach sich von Emanuel nur noch mehr. Emanuel ist einfach erfahrener. Er dürfte der erfolgreichste Boxtrainer der Welt sein. Auf jeden Fall trainierte er schon so viele Weltmeister wie kein anderer. Leeonzer Barber und Oscar de la Hoya zum Beispiel, den legendären Thomas Hearns und Leon Spinks, Michael Moorer und Evander Holyfield.

Einige stießen sich daran, dass Wladimir ausgerechnet den Mann ins Boot holte, der zuletzt Lennox Lewis betreute. Emanuel hatte ja noch bei dessen Kampf gegen Vitali für ihn gearbeitet. Sicherlich war es im ersten Moment etwas gewöhnungsbedürftig, den ehemaligen Coach seines größten Rivalen anzuheuern. Aber Emotionen waren hier fehl am Platz. Wir wollen die besten Boxer sein, also müssen wir mit den besten Trainern zusammenarbeiten. Fritz und Emanuel sind die besten.

Völlig ohne Nebengeräusche lief dieser Wechsel aber auch innerhalb unseres Teams nicht ab. Fritz musste sich auf den Schlips getreten fühlen, spätestens an dem Tag, als Wladimir sich entschloss, Emanuel zu seinem Chefcoach zu machen. Aber an dieser Entscheidung war Fritz nicht ganz unbeteiligt. Anfang März, fünf Wochen vor seinem Kampf, fand Wladimir eine Meldung der Nachrichtenagentur dpa auf seinem Laptop vor. Darin wurde aus einem Interview zitiert, das der Berliner *Tagesspiegel* mit Fritz geführt hatte, kurz vor dessen Abreise nach Los Angeles. Wladimir kam an diesem Morgen gerade vom Training, er hatte sich richtig reingehängt und war noch völlig außer Puste. Und was musste er lesen? Dass Fritz ihm riet, bei einer erneuten Niederlage seine Karriere zu beenden. Und dass er Vitali für den besseren und disziplinierteren Boxer von uns beiden halte.

Später erfuhren wir, dass sie Fritz' Äußerungen nicht ganz korrekt wiedergegeben hatten. Zumindest den ersten Teil hatte er allgemeiner formuliert und nicht konkret auf Wladimir bezogen. Trotzdem ärgerte es den natürlich. Es war einfach ungeschickt, und es war der denkbar ungünstigste Zeitpunkt, sich vor einem so wichtigen Kampf über eine mögliche Niederlage auszulassen. Das fördert nicht gerade das Vertrauen. Wladimir musste den Eindruck bekommen, Fritz sei nicht mehr hundertprozentig von ihm als Boxer überzeugt.

Missstimmung konnten wir in dieser Phase allerdings am wenigsten gebrauchen. Wir sprachen mit Fritz und bereinigten das. Er versicherte Wladimir, dass man ihn falsch verstanden habe, dass er es so nicht meinte, dass er selbstverständlich an ihn glaube. Bei der Gelegenheit einigten wir uns auch gleich auf die neue Aufgabenverteilung: Emanuel würde für das Training im Gym zuständig sein, fürs Sparring und alles, was mit dem Boxtechnischen zusammenhing. Fritz sollte sich um Wladimirs Athletik und Kondition kümmern. Vitali hingegen änderte an seinem Team nichts. Er behielt Fritz als einzigen Coach.

Noch etwas sorgte in dieser Zeit für Trubel. Während sich in Deutschland die juristischen Auseinandersetzungen um das Ende unseres Vertrags mit Klaus-Peter Kohl hinzogen, gingen wir in Los Angeles mit einer Neuigkeit an die Öffentlichkeit, die die Gerüchte um eine baldige Trennung von Universum zusätzlich anheizte. Damit mussten wir rechnen, doch für uns gab es keinen Grund, Geheimniskrämerei zu betreiben. Wir spielten mit offenen Karten. Und so neu war die Nachricht auch wieder nicht. Denn unsere Vermarktungsagentur *K2 Promotions*, um die es ging, hatten wir bereits ein halbes Jahr zuvor aus der Taufe gehoben. Wofür *K2* steht, müssen wir wohl niemandem erklären.

Mit den jüngsten Meinungsverschiedenheiten zwischen Universum und uns hatte *K2* wenig zu tun. Es war vielmehr so, dass es Kohl als Promoter seit jeher Schwierigkeiten bereitete, uns auf dem amerikanischen Boxmarkt zu hochklassigen Kämpfen zu verhelfen. Da er für die USA keine Promoterlizenz besitzt, musste er sich jedes Mal amerikanische Partner suchen, von denen er sich in gewisser Weise abhängig machte. Daraus erwuchsen uns unter anderem auch finanzielle Nachteile. Also lag es doch nur nahe, diese Angelegenheit mit einer eigenen Firma selbst in die Hand zu nehmen. Inzwischen besitzt *K2* Promoterlizenzen für alle Bundesstaaten, in denen wichtige Boxkämpfe ausgetragen werden: für Kalifornien, New York, Nevada, Florida und New Jersey. Vitalis Kampf sollte der erste sein, den wir selbstständig veranstalteten.

Doch zunächst bewegte sich unser Tross in Richtung Las Vegas, um den ersten Teil der Verwirklichung unseres Traums in Angriff zu nehmen. Wladimir brach als Erster auf, an dem Wochenende vor seinem Kampf. Emanuel und dessen Assistent Harley, ein junger Bursche, den wir »Mister Brown« nennen, begleiteten ihn. In den folgenden Tagen fuhren sie die Intensität des Trainings allmählich herunter. Am Montag standen zwei Einheiten an, jeweils eine vormittags und nachmittags. Dienstag noch eine. Mittwoch auch, aber die etwas kürzer. Am Donnerstag dann nur noch Schattenboxen. Dafür musste Wladimir einige Pflichttermine absolvieren. Eine Pressekonferenz, die wesentlich undramatischer ausfiel als die vorhergehende, bei der Lamon Brewster, von seinen Gefühlen überwältigt, in Tränen ausgebrochen war. Für ihn bedeutete dieser Kampf die Chance seines Lebens. Zum ersten Mal könnte er richtig viel Geld verdienen. Mitte der Woche stand ein kurzes Showtraining für die Presse auf dem Programm. Zwei Tage vor dem Kampf dann das offizielle Wiegen, das ebenfalls öffentlich zelebriert wurde.

Vitali blieb solange mit Fritz in Los Angeles, um seine Vorbereitung planmäßig fortzuführen. Er war inzwischen zum Sparring übergegangen und wollte keine Trainingseinheit auslassen. Sie kamen am Abend vor dem Kampf nach. Die Anspannung stieg derweil bei uns beiden. Es ist wirklich so, dass es wesentlich mehr Nerven kostet, in der Ringecke zu stehen, wenn der Bruder kämpft, als selbst zu boxen. Im Gedanken kämpft man jede Runde mit. Und hinterher ist man ziemlich erschöpft, obwohl man sich ja nicht wirklich anstrengen musste. Das ist wahrscheinlich der Druck, der da von einem abfällt.

Als am Abend des 10. April 2004 elftausendfünfhundert Zuschauer ins Events Center des Mandalay Bay Hotels strömten, hatten wir alles getan. Emanuel dachte das, Fritz dachte es, und wir dachten es auch. Hatten wir etwas nicht berücksichtigt? Und wenn ja, was war es?

Eines war von der ersten Runde an unübersehbar: Der Mann, der Lamon Brewster im Ring gegenüberstand, der versuchte, ihn mit linken Jabs und linken Haken unter Druck zu setzen und mit seiner Rechten Wirkungstreffer zu erzielen – das war nicht der Wladimir, der beim letzten Sparring nicht die geringste Schwäche gezeigt, der sich in der besten Form seines Lebens präsentiert hatte. Dabei lief es in der erste Runde noch relativ gut. Brewster legte nach dem Gong zwar sofort explosionsartig los, aber davon ließ sich Wladimir nicht beeindrucken. Er wehrte die hastige Attacke nicht nur ab, er übernahm dann auch eindeutig das Kommando. Nach drei Minuten war er mit dreiunddreißig Treffern durchgekommen. Brewsters Ausbeute bezifferte sich auf ganze sieben. Der zweite Durchgang verlief ähnlich. Wladimir konzentrierte sich auf die linken Jabs, während sein Kontrahent die Fäuste zumeist nutzte, um den eigenen Kopf vor Schlägen zu schützen. Was allerdings bereits zu diesem Zeitpunkt auffiel: Wladimir bewegte sich längst nicht mehr so geschmeidig, wie es eigentlich sein Stil ist. Er wirkte müde und atmete schwer, er rang regelrecht nach Luft, als wäre er in der Ringpause zehnmal ums Hotel gerannt.

In Runde drei ließ er dann schon die Arme hängen. Nicht etwa, weil er sich zu sicher fühlte. Er wurde auch nicht leichtsinnig. Er verschätzte sich nicht. Es war vielmehr so, dass ihm unerklärlicherweise die Kräfte schwanden. Am liebsten wäre er nach der Pause auf dem Schemel in seiner Ecke sitzen geblieben. Die Beine versagten nämlich ebenfalls. Er konnte einfach nicht mehr. Er war k. o., ohne einen einzigen harten Schlag abgekriegt zu haben. Emanuel sagte er nichts davon. Ihm beichten, dass er jetzt schon mit seinen Kräften am Ende war? Das wäre Wladimir peinlich gewesen. Er quälte sich in der Hoffnung hoch, in den kommenden drei Minuten den einen, den entscheidenden Treffer an Brewsters Kopf zu platzieren, sodass der umfiel und alles vorüber wäre. Noch eine Runde würde er kaum durchstehen, das spürte er genau. Und beinahe hätte er es sogar geschafft. Ein Schlag gelang ihm so gut, dass er Brewster damit auf den Boden beförderte. Doch dieser eine genügte nicht. Brewster rappelte sich wieder auf und hielt bis zur Pause durch.

Und in der erholte er sich um einiges besser als Wladimir, der von Sekunde zu Sekunde mehr abbaute. Er wurde schwächer und müder, als hätte ihm jemand ein Schlafmittel verabreicht, das mit einem Mal zu wirken begann. Er fühlte sich praktisch schon kampfunfähig, als der Gong zur fünften Runde rief. Er verdrehte die Augen. Er schaffte es kaum noch, sie offen zu halten. Das sah Brewster natürlich auch und nutzte es aus. Sein erster linker Haken bedeutete eigentlich schon das Ende. Doch der Ringrichter ging nicht dazwischen. Er ließ ihn noch einen zweiten schlagen, ehe er Wladimir anzählte, im Stehen. Er hätte den Kampf ebenso gut abbrechen können. Denn Wladimir war schon nicht mehr bei sich, als er die nächsten Schläge kassierte. Er wäre auch auf dem Ringboden gelandet, hätten sie ihn nur mit halber Kraft getroffen. Wahrscheinlich hätte man ihn umpusten können, so kraftlos fühlte er sich.

Das war es auch, was seine Niederlage so schwer erklärbar macht. Nicht die Tatsache an sich. Im Schwergewicht ist alles möglich. Ein einziger Schlag kann einen Kampf entscheiden, auch zugunsten eines vermeintlich Schwächeren, in der letzten Runde noch. Nicht umsonst gibt es den Begriff *Lucky Punch*. Aber in diesem Fall waren nicht Schläge die Ursache. Die gaben Wladimir höchstens den Rest, k. o. gegangen war er bereits vorher, durch etwas anderes.

Es war nicht unbedingt hilfreich, dass unsere Zweifel an die Öffentlichkeit drangen. Man steht schnell als schlechter Verlierer da. Deshalb hielten wir uns mit irgendwelchen Verdächtigungen völlig zurück. Wladimir hatte den Kampf verloren, daran konnten wir nichts ändern. Es gab auch keine Entschuldigung dafür. Doch die Journalisten suchten offenbar nach einer Erklärung, wie wir auch, und sie stellten natürlich Fragen. Wer genau hingesehen hatte, dem war Wladimirs mysteriöser Zustand im Ring nicht verborgen geblieben. So hatte ihn noch niemand in einem Boxkampf gesehen. Und so war es ihm auch noch nie in einem Kampf ergangen. Wer konnte das besser beurteilen als er? Einige behaupteten zwar, es habe an seiner Psyche gelegen. Er habe das Trauma der Sanders-Niederlage noch nicht verarbeitet. Doch wir wussten, dass es anders war. Psychisch war er fit. Es war sein Körper, der versagte. Auch die Behauptung, er sei zuckerkrank, die zuerst im Internet und danach in vielen Zeitungen verbreitet wurde, entbehrte jeder Grundlage. Die ersten Bluttests nach dem Kampf hatten zwar einen erhöhten Blutzuckerspiegel ergeben, aber der war längst nicht so hoch, wie behauptet wurde, und medizinisch durchaus erklärbar.

Während die Spekulationen in den Medien wilde Blüten trieben, forschten wir selbst nach, was geschehen sein konnte. Dabei stießen wir auf eine Menge Ungereimtheiten. Für unseren Geschmack waren es zu viele, als dass es sich bei jeder um einen Zufall gehandelt haben konnte. Es begann schon damit, dass sich jemand vor dem Kampf unerlaubt Zutritt zu unserer Kabine verschafft haben musste. Wer auch immer das gewesen sein mag, er hatte sich irgendwie unter dem Namen von Emanuels Assistenten eine Akkreditierung erschlichen. Harley Brown ist in Amerika wahrscheinlich kein seltener Name, doch die Akkreditierungen wurden nur gegen Vorlage eines gültigen Passes oder Führerscheins ausgegeben. Es kam also nicht allein auf den richtigen Namen an, auch das Foto wurde kontrolliert, und die Geburtsdaten mussten ebenfalls mit denen in der Anmeldung übereinstimmen. Trotzdem hätten wir diesem Zwischenfall allein kaum Beachtung geschenkt. Wir kamen auch erst später drauf, dass er ein Teil in dem Puzzle darstellen könnte, das wir zusammenzusetzen versuchten.

Wladimir hatte bereits in der zweiten Runde gemerkt, dass etwas nicht stimmte. Dafür suchten wir eine Erklärung. Die Kraft war förmlich aus seinem Körper geflogen. Hier mussten wir ansetzen. Warum fühlte er sich zu diesem Zeitpunkt schon so schwach, als hätte er zehn anstrengende Runden geboxt? Warum konnte er sich kaum noch auf den Beinen halten? Als er in der vierten Runde von Brewster zu Boden gerissen wurde, half ihm der Ringrichter wieder auf. Allein hätte er es auch kaum geschafft. Wäre seine körperliche Schwäche auf irgendeinen Schlag zurückzuführen gewesen! Aber er hatte gar keinen abbekommen. Warum fühlte sich seine Zunge gelähmt an wie nach einer Betäubungsspritze? Warum bekam er die Lippen kaum auseinander? Warum konnte er nicht mehr richtig sprechen? Warum lallte er, als hätte er zu tief in ein Wodkaglas geschaut? Warum? Warum? Warum?

Wladimir, der es eigentlich hätte wissen müssen, konnte sich das alles am wenigsten erklären. Die Fragen bohrten in ihm. Abends schlief er mit ihnen ein, morgens wachte er mit ihnen auf, und tagsüber verschwanden sie auch nicht aus seinem Kopf. Das Gerücht, mit seiner Gesundheit stimme irgendetwas nicht, konnte er noch am schnellsten aus der Welt schaffen. Er ließ Blut und Urin von mehreren Ärzten untersuchen und sich selbst gründlich durchchecken. Sämtliche Befunde fielen negativ aus. Es musste also andere Ursachen geben. Die musste er finden, sonst würde er nicht zur Ruhe kommen. Aber wo sollte er mit der Suche beginnen? In der Umkleidekabine? Bis wir dort eintrafen, war nämlich alles wie immer abgelaufen: Frühstück, Spaziergang, Mittag, zuletzt das Nickerchen. Selbst zu Beginn des Kampfes hatte er sich noch blendend gefühlt.

Wir gingen wie Kriminalisten heran, versuchten, die letzten Minuten vor dem Kampf zu rekonstruieren. Vielleicht lag der Schlüssel zu dem Rätsel ja wirklich in der Kabine. Bis dahin hatte sich immer Fritz um das Wasser gekümmert, das es in den Pausen gab. Er hatte es im Hotel mit Eiswürfeln vermischt und in Trinkflaschen gefüllt, diese fest verschlossen und versiegelt und bis zum Kampf nicht mehr aus den Augen gelassen. Durch den Trainerwechsel war diese Aufgabe anderen zugefallen. Roman brachte das Wasser mit. Cutman Joe Souza, den wir nach Vitalis Kampf gegen Lewis erneut engagiert hatten, goss es in die Trinkflaschen und gab Eiswürfel hinzu, die in einem Kühlbehälter in der Kabine bereitstanden. Dass er die restlichen nicht einfach stehen ließ, sondern wegschüttete, erschien uns erst hinterher etwas merkwürdig. Im Moment achteten wir nicht weiter darauf. Das soll aber nicht heißen, dass wir Souza unterstellen, etwas ins Wasser gemixt zu haben, um Wladimir außer Gefecht zu setzen. Dafür gibt es bis heute keinen Beweis. Wir versuchten lediglich, eine mögliche Spur zu finden. Falls die Eiswürfel tatsächlich mit irgendeinem Mittel versetzt wurden, mit so genannten K.-o.-Tropfen etwa, wie einige Zeitungen spekulierten, muss Souza nicht zwangsläufig davon gewusst haben.

Nicht einmal die Tatsache, dass wenige Stunden vor dem Kampf in den Wettbüros von Las Vegas überraschend die Quoten zugunsten Brewsters fielen, der bis dahin als klarer Außenseiter gehandelt worden war, würde als Beweis für illegale Manipulationen ausreichen. Dazu müsste man schon wissen, wer so kurzfristig eine große Summe auf ihn gesetzt hatte. Ungewöhnlich war es natürlich trotzdem. Selbst den Buchmachern schien das nicht geheuer. Sie witterten tatsächlich einen groß angelegten Betrug. Es wäre nicht das erste Mal gewesen, dass Wetten mit illegalen Methoden beeinflusst wurden. Für Vitalis Kampf gegen Corrie Sanders nahmen einige Casinos in Las Vegas vorsichtshalber erst gar keine Wetten an.

Hatte es etwas zu bedeuten, dass Cutman Souza Wladimir in der Kabine nicht nur das Gesicht kräftig mit Vaseline einschmierte, sondern auch die Arme und Beine und den gesamten Oberkörper? Fritz hatte das nie gemacht. Aber vielleicht wollte Souza nur ganz sichergehen. Vielleicht hatte er das bei den Boxern, die er vorher betreute, immer so gemacht. Souza hat einen tadellosen Ruf. Wir registrierten das nur, weil es für uns ungewöhnlich war.

Die Medien legten es später so aus, als hätten wir Souza gefeuert, nachdem ihn FBI-Beamte befragt und an einen Lügendetektor angeschlossen hatten. Das legte den Schluss nahe, dass wir ihn für schuldig oder zumindest für verdächtig hielten. Es ist richtig, dass er sich einem Lügendetektortest unterziehen musste.

Aber das mussten Fritz und Emanuel genauso. Und die Ergebnisse fielen bei allen drei nahezu identisch aus: Keiner von ihnen kam als Übeltäter in Betracht.

Dass wir Souza für Vitalis Kampf nicht verpflichteten, hatte mit den Ermittlungen nichts zu tun. Das war mehr eine Entscheidung aus dem Bauch heraus, wie es in unserem bekannten Werbespot für einen Milchsnack so schön heißt. Obwohl wir Souza vielleicht Unrecht taten, wäre es psychologisch einfach nicht klug gewesen. Sportler sind nun einmal abergläubisch.

Die Sache mit dem Lügendetektor half uns also auch nicht weiter. Überhaupt traten wir auf der Stelle. Sosehr wir nach Indizien suchten – mehr als Mutmaßungen kamen dabei nicht zusammen. Nur war uns damit nicht geholfen, vor allem Wladimir nicht. Seine letzte Hoffnung, eine plausible Erklärung für seinen überraschenden Kräfteschwund zu finden, beruhte auf den Blut- und Urinproben, die er unmittelbar nach dem Kampf im Desert Spring Hospital in Las Vegas abgegeben hatte. Sollte ihm tatsächlich auf irgendeine Weise ein Medikament zugeführt worden sein, müsste man es darin nachweisen können.

Allerdings ließen sich die Mediziner Zeit. Sie kündigten alle paar Tage das Ergebnis ihrer Untersuchung an, blieben es uns dann aber jedes Mal schuldig. Wir warteten wochenlang. Um die Angelegenheit voranzutreiben, beauftragten wir einen Anwalt, der dafür sorgen sollte, dass sämtliche Proben zu Professor Don Catlin an die Universität von Los Angeles überstellt werden. Catlin gilt weltweit als einer der führenden Dopingexperten. Wenn einer etwas finden würde, dann er.

Wieder warteten wir. Als endlich die Sendung aus Las Vegas eintraf, glaubten wir, in einen Gangsterfilm geraten zu sein. Einen Tropfen Urin schickten sie, nicht mehr als einen Milliliter und die Hose, die Wladimir bei seinem Kampf getragen hatte! Mehr nicht. Was noch schlimmer war: Plötzlich behaupteten die Ärzte im Desert Spring Hospital, Wladimir hätte nie eine Blutprobe abgegeben. Eine glatte Lüge! Vitali hatte neben seinem Bruder gestanden, als sie dem das Blut abzapften. Wenn das ein Krimi sein sollte, war es ein verdammt schlechter. Mittlerweile beschäftigt sich sogar das FBI mit dem Fall. Es fragt sich nur, ob wir jemals die Wahrheit erfahren werden.

Das alles machte es für Vitali nicht einfacher. Wenn einer von uns gewinnt, ist es immer für beide ein Sieg. Verliert einer, tragen wir gemeinsam die Last der Niederlage. Irgendwie schaffte er es aber, das diesmal auszublenden. Zumindest verdrängte er es. Dass seine Nerven selbst in extremen Situationen nicht versagen, hatte er schon in Kiew bewiesen, als er unmittelbar nach Wladimirs Niederlage gegen Puritty zu seinem eigenen Kampf angetreten war und den überragend gewonnen hatte. Die Situation jetzt war ähnlich. Vielleicht war sie sogar noch etwas schwieriger. Damals musste er sofort in den Ring. Es war ihm gar keine Zeit geblieben, sich irgendwelche Gedanken zu machen. Diesmal lagen noch vierzehn Tage bis zu seinem Kampf vor ihm. Er hätte grübeln, sich den Kopf zermartern können. Das wäre sogar das Normale gewesen. Doch das tat er nicht. Er schüttelte alles ab, die schlechten Gedanken und jeden Zweifel. Er ließ sich von nichts aus der Ruhe bringen. Er konzentrierte sich voll aufs Training. Er sah sich Videokassetten mit Kämpfen von Corrie Sanders an und besprach mit Fritz die Taktik, mit der er dem Südafrikaner begegnen wollte. Motivieren musste ihn niemand mehr.

Am 24. April 2004 im Staples Center von Los Angeles gab es für Vitali eine ganze Reihe von Gründen, alles zu geben, um den Ring als Sieger zu verlassen. Da unser gemeinsamer Traum schon geplatzt war, wollte er sich wenigstens seinen erfüllen. Er kämpfte gegen Corrie Sanders um den begehrtesten Weltmeistertitel im Schwergewicht. Den Gürtel des World Boxing Council hatten schon Muhammad Ali und George Foreman und Mike Tyson getragen. Um unsere Familienehre ging es dabei auch. Schließlich hatte Sanders dreizehn Monate zuvor Wladimir geschlagen. Dass Lennox Lewis als Sanders' Manager auftrat, spornte ihn zusätzlich an. Und es kam noch hinzu, dass es für unsere Firma *K2* die Premiere war, ihr Einstand als Boxveranstalter. Und das gleich bei einem Weltmeisterschaftskampf und gleich in einer der größten Boxarenen der Welt. Anspruchsvoller hätten wir nicht starten können.

Außerdem hatte unser Vater an diesem Tag Geburtstag. Beim letzten Telefonat mit ihm meinte er, er könne auf Glückwünsche gut verzichten, wenn er nur einen Sieg geschenkt bekäme. Wir wussten, dass er zu Hause vor dem Fernseher sitzen und mitfiebern würde.

Manche meinten, es würde an diesem Abend auch um die Marke Klitschko gehen, um unsere Zukunft als Boxer. Nicht auszudenken, was geschehen wäre, wenn ... Doch unseren Beruf hätten wir sicherlich nicht aufgegeben. So wären wir von der Boxbühne nicht abgetreten. Aber eine zweite Niederlage hätte uns gewiss um Jahre zurückgeworfen.

Zum Glück kam es, wie es kam. Obwohl es weniger Glück war als verdammt harte Arbeit. Sanders machte es Vitali wahrlich nicht leicht. Gleich in der ersten Runde suchte er die Entscheidung. Er legte mit einer blitzschnellen Attacke los. Eine Überraschung war das freilich nicht. Die meisten seiner K.-o.-Siege hatte er bisher auf diese Weise errungen, und alle in den ersten drei Runden. Vitali hatte sich darauf vorbereitet. Er wusste, dass seine Chancen mit jeder Runde, die sie länger boxten, wachsen würden. Das verhinderte jedoch nicht, dass er einige schwere Treffer einstecken musste. Vor allem Sanders' Linke machte ihm zu schaffen. Die wurde extrem gefährlich, wenn sie an seinem Kopf landete. Und das tat sie einige Male, besonders in der ersten Runde und in der dritten noch mal. Für einen kurzen Moment wankte Vitali sogar. Er erholte sich aber schnell wieder. Hier zeigten sich seine sensationellen Nehmerfähigkeiten.

Sanders hat sich einen Kampfnamen ausgesucht, der gut zu seinem Boxstil passt. Er nennt sich *The Sniper*, der Heckenschütze. Und so geht er im Ring auch vor. Die meiste Zeit lauert er hinter seiner Deckung. Er bewegt sich kaum, arbeitet selten mit der Führhand und versucht mit seiner Passivität, den Gegner in eine Falle zu locken. Um ihn zu schlagen, ist man gezwungen, die Initiative zu übernehmen. Darauf wartet er nur. Dann schlägt er plötzlich los, und seine Fäuste fliegen einem mit einer ungeheuren Geschwindigkeit entgegen, dass man sie kaum kommen sieht. Diese Schnelligkeit traut man ihm gar nicht zu, da er sich zwischen den Attacken nur sehr langsam bewegt. Aber genau darin verbirgt sich seine Taktik. Ihm ist nicht daran gelegen, über die Runden zu gehen und sich mit vielen Treffern einen Punktsieg zu erarbeiten. Er boxt auch nicht so, als wolle er einen K.-o.-Sieg durch ständiges Angreifen und geschickte Kombinationen herbeiführen. Er kommt aus dem Hinterhalt und ist auf den einen Schlag aus, mit dem er seinen Kontrahenten vernichten kann. Bei Wladimir gelang ihm das. Doch Vitali ließ nicht das gleiche Spielchen mit sich treiben. Falls Wladimirs Niederlage zu etwas nutze war, dann dazu. Wir hatten beide aus ihr gelernt. Vitali konnte sich ausrechnen, was ihn erwartete.

Und er hatte das beste Rezept dagegen. Er setzte Sanders Runde für Runde mehr unter Druck. Mit der linken Führhand meißelte er dessen Deckung förmlich auf, schuf sich Lücken und setzte mit seiner Rechten nach oder mit einer Links-rechts-Kombination. Zwischendurch knöpfte er sich immer wieder Sanders' Oberkörper vor und landete einige Treffer in der Magengegend. In der fünften Runde schienen sich die Verhältnisse endgültig zu klären. Vitali erwischte Sanders mit einem linken Haken und gleich hinterher mit noch einem. Die Schläge trafen Sanders' Kopf mit solcher Wucht, dass er zu torkeln begann. Nur die Ringseile verhinderten, dass er zu Boden ging. Die benötigte er nach dem Pausengong dann auch, um den Weg in seine Ecke zu finden. Wie ein Betrunkener hangelte er sich an ihnen entlang.

Es heißt, angeschlagene Boxer seien besonders gefährlich. Vitali konnte davon ausgehen, dass Sanders in der nächsten Runde alles auf eine Karte setzen würde. Der Südafrikaner wusste, wie es um ihn stand, und er merkte, wie seine Kraft nachließ. Tatsächlich gab er seine Abwartetaktik auf und stürzte sich stattdessen mit einer Alles-oder-nichts-Strategie auf Vitali. Doch die Angriffe waren allzu durchschaubar. Und sein Koordinationsvermögen hatte an Präzision verloren. Vitali sah Sander's Fäuste kommen und wich ihnen mit geschickten Meidbewegungen aus. Eine Linke traf ihn, alle anderen Schläge verpufften in der Luft. Im Gegenzug erreichten seine besser das Ziel. Sanders' Nase blutete. Vitali hatte ihm das Nasenbein zertrümmert. Sein Trommelfell bekam auch etwas ab. Das führte zu Gleichgewichtsstörungen. Trotzdem hielt er sich irgendwie aufrecht. Vielleicht wäre es vernünftiger von seinem Coach gewesen, für seinen Schützling das Handtuch zu werfen. Aber der hatte natürlich das gleiche Ziel vor Augen wie Vitali – den Weltmeistergürtel. Und so stand er auch die siebte Runde noch durch. Doch fünfzehn Sekunden vor dem Ende der achten bewahrte ihn der Ringrichter vor weiteren Verletzungen. Er brach den Kampf ab. Niemand zweifelte diese Entscheidung an. Sanders ging stehend k. o. Vielleicht wäre er nicht umgefallen, doch wehren hätte er sich auch nicht mehr können. Gegen Vitali kam er nicht an. Er war, er *ist* der neue Champion!

Es war ein denkwürdiger Abend im Staples Center, ein Abend mit Symbolgehalt. Wir beide hielten den Weltmeistergürtel in die Höhe. In Las Vegas hatten wir zusammen verloren, hier gewannen wir gemeinsam, auch wenn der Titel natürlich Vitali gehört. Und neben uns im Ring standen diejenigen, die uns in den zurückliegenden Jahren auf unserem Weg an die Spitze begleitet hatten. Fritz freute sich mit uns und Bernd, Roman war da und Klaus-Peter Kohl, der sich jedoch etwas abseits hielt. Aber das passte nur zu gut ins Bild, wir hätten es nicht treffender inszenieren können. Als wir mit ihm später im Wilshire Grand Hotel, wo die übliche VIP-Party stieg, auf Vitalis Erfolg anstießen, hatten wir uns nicht viel zu sagen. Auch das war bezeichnend. Seit Wladimirs Niederlage hatte Kohl kein Wort mit ihm gewechselt. Die Chemie zwischen ihm und uns stimmte einfach nicht mehr. Manchmal fragen wir uns, ob unsere Beziehung jemals über das rein Geschäftliche hinausging. Falls uns einmal mehr verbunden haben sollte, ist davon leider nichts geblieben. Warum? Weil wir nicht mehr die naiven Anfänger sind, die wir waren, als wir vor acht Jahren zu ihm kamen? Weil wir uns weiterentwickelt haben? Weil wir Forderungen stellen, mitreden und unsere Zukunft selbst bestimmen wollen?

Manche werfen uns Undankbarkeit vor. In der letzten Zeit war das im Zusammenhang mit den Vertragsstreitigkeiten zwischen Universum und uns häufiger zu lesen. Klaus-Peter Kohl habe uns in seinem Boxstall aufgebaut. Er habe Millionen in uns investiert und uns berühmt gemacht. Dafür würden wir ihm jetzt die kalte Schulter zeigen. Wir sehen das etwas anders. Niemand bestreitet Kohls Verdienste. Aber wir haben genauso unseren Teil zum Erfolg beigetragen. Hätten wir nicht so hart trainiert und die Leistungen gebracht, die erforderlich waren, um uns nach oben zu kämpfen – es hätte sich niemand für uns interessiert. In unseren Verträgen gab es sogar eine Klausel, wonach der Promoter uns hätte kündigen dürfen, falls der erhoffte Erfolg ausgeblieben wäre. Umgekehrt gab es eine solche Vereinbarung nicht. Kein Promoter der Welt ist in der Lage, einen schwachen Boxer groß herauszubringen. Vielleicht könnte er ihm eine Reihe noch schwächerer Gegner beschaffen, ihm gar einen Titelkampf kaufen, auch das scheint hier und dort möglich zu sein, aber einen Star, für den sich Millionen von Boxfans interessieren, könnte er aus ihm nicht modellieren. Andersherum kann ein unfähiger Promoter einem erfolgreichen Boxer zweifellos gewaltigen Schaden zufügen. In unserem Fall aber haben beide Seiten ordentliche Arbeit geleistet, und alle Beteiligten verdienten gut daran. Wir sind Kohl dankbar. Sollte er nicht auch uns dankbar sein?

Es gehört nun einmal zum Lauf des Lebens, dass sich Dinge ändern – und dass nicht immer alles läuft wie geplant. Im Frühjahr 2004 wollten wir unseren großen Traum erfüllen und beide gemeinsam Weltmeister werden. Das hat nicht geklappt. Trotzdem haben wir weitergekämpft. Wladimir hat danach wieder Kämpfe gewonnen, Vitali seinen Titel verteidigt. Ende 2005, spätestens im ersten Halbjahr 2006, wollten wir unser großes Ziel noch einmal angehen. Doch diesmal machte uns Vitalis Gesundheit einen Strich durch die Rechnung. Und diesmal zerstörte sie unseren Traum für immer. Vitali hat seinen schwersten Kampf verloren, den gegen seinen lädierten Körper. Es kann sich kaum jemand vorstellen, wie schwer ihm, uns, sein Abschied fiel. Aber es gab keine Alternative. Vitali hatte schon zu viele Verletzungen auskurieren, zu viele Operationen überstehen müssen. Als Boxer ist man nur erfolgreich, wenn man hundert Prozent geben kann. Das kann Vitali nicht mehr. Deshalb musste Schluss sein.

Dass wir nicht ewig Boxer bleiben, war uns natürlich vorher schon klar. Aber warum es Vitali zu diesem Zeitpunkt erwischte, so früh, zu früh, weiß nur Gott im Himmel. Umso mehr lastet die Verantwortung jetzt auf Wladimirs Schultern. Er wird unsere Mission fortführen. Wieder ein Weltmeister-Titel für unsere Familie – das ist seine Motivation. Wer weiß, vielleicht gelingt ihm das schon in diesem Frühjahr.

Für uns beide hat nach Vitalis Abschied vom Boxsport ein neuer Lebensabschnitt begonnen. Wladimir kämpft jetzt allein weiter, obwohl ihn Vitali natürlich unterstützen wird, wie er das bisher getan hat. Dafür muss einfach Zeit bleiben, auch wenn er sich bei den nächsten Wahlen um ein politisches Amt in unserer Heimat, der Ukraine, bewerben wird.

Wie es weitergeht? Was uns das Leben noch bringen wird? Wer kann das schon sagen! Klar ist nur, dass es spannend bleibt. Wir spüren beide, dass der Kampf im Boxring nicht die einzige große Herausforderung war, die das Leben für uns bereithält. Bestimmt werden andere Kämpfe, andere Aufgaben kommen. Schwere und leichtere. Wir nehmen sie an – und wir werden sie gewinnen.

Personenregister

Bildnachweis

Alexej Abramov 31, 36–38, 58, 61, 68

AP Photo / Mark J. Terrill 49

Cathrin Baldessarini 76

Klaus Becker / BILD am SONNTAG 55–57, 65

BILD 78

Bernd Bönte 83 – 85

Bongarts 35, 39–45, 47, 48

Hugo Boss 91

People Image 77

Wilfried Witters 34, 72

Privatbesitz 1–30, 46, 51–54, 59, 60, 62–64, 66, 67, 69–71, 73, 74, 79–82, 86–88, 90, 92, 93

Die Rechtegeber der Abbildungen Nr. 32, 33, 50, 75, 89 konnten trotz intensiver Recherche nicht ermittelt werden. Der Verlag bittet Personen oder Institutionen, welche die Rechte an diesen Fotos haben, sich zwecks angemessener Vergütung zu melden.